다문화교육과 공생의 **실현**

— 재일한국인을 통해 본 다문화시대의 교육

다문화교육과 공생의 실현

재일한국인을 통해 본 다문화시대의 교육

김윤정 지음

일조각

공동주체 형성을 향한 다문화공생교육운동의 연구서

가와사키시에 있는 후레아이관은 혁신자치체 가와사키시의 다문화공생 정책의 중요 사례로서 외국인들이 많이 찾아가는 사회(평생)교육기관이다. 후레아이관은 가와사키시 정부가 시설과 운영사원, 인건비를 제공하고 재일한국인이 중심이 된 사단법인 세이큐샤青丘社가 위탁운영하고 있다. 후레아이관은 재일한국인이 밀집해 있는 가와사키시 사쿠라모토에 위치하고 있어서 상시 일본인들과 한국인들이 서로 학습하고 교류하는 장이다. 가와사키시는 일본의 선진 지방자치의 모델로서 한국의 학자들, 지방자치체 공무원, 그리고 특히 지방의회의원들이 다수 방문하였고, 그때마다 후레아이관에 들려 가와사키시의 재일한국인, 교육정책, 다문화 정책에 대해서 청취하였다.

이 책은 후레아이관의 성립배경과 사회(평생)교육 운동과정을 연구한 김윤정 박사의 도쿄대학 박사학위 논문이며, 일본에서 출간되어 다문화교육 관련 저서로서 주목을 받고 있다. 김윤정 박사의 연구는 현장에서 실제로 운동을 주도하고 참여한 재일한국인 지도자들, 가와사키시의 공무원들에 대한 심층 인터뷰와 여러 곳에 산재한 일차 자료들을 모아 실증적으로 분석한 보기 드문 역작이다. 김윤정 박사의 연구에 주목해야 할 이유는 여러 가지가 있겠으나, 가와사키시의 후레아이관의 성립과 활동은 사회(평생)교육운동의 실제사례이며, 후레아이관의 성립과정에서 가와사키시의 일본인 및 한국인이 여러 가지 어려운 난관을 극복하고 하나의 공동전선을 펴서 이 사업을 성공시키고 있다는 점이며, 가와사키시의 다문화공생교육의 실천이 지금 일본이나 한국의 여러 가지 다문화사회정책 및 실천에 중요한 시사점을 제공하고 있다는 점이다.

지금 한국이나 일본 모두 다문화공생사회라는 말은 이 시대의 문제를 풀어가는 하나의 열쇠개념이 되고 있다. 외국인 주민이 백만을 이미 넘어섰고, 국제결혼이 전체 결혼수의 13퍼센트에 이르는 한국사회는 아직 아무런 준비가 없는 상태에서 급격하게 '국제화' 되어 있다. 산업노동 분야에서는 외국인노동자의 존재를 상정하지 않고는 미래를 설계할 수 없게 되었고, 소자녀(저출산) 시대를 극복하는 데 결혼이민자의 존재를 무시할 수가 없게 된 것이다. 한국은 더 이상 단일민족을 내세울 수 없게 되었고, 다문화사회를 향해 사회의식, 교육체제, 그리고 정치사회체제에 있어서 변화를 피할 수 없게 되었다.

한국정부는 이러한 변화의 트렌드를 더 이상 방치할 수 없어서 2007년에는 외국인처우기본법을 제정하여, 종래 출입국 관리의 대상으로 간주하였던 외국인을 이제는 통합과 협력의 대상으로 간주하는 근본적인 정책전환을 시도하였다. 정책전환의 초점은 결혼이민자들의 정착을 돕는 일이며, 재외동포들에게 일할 기회를 확대하는 것, 그리고 우수 전문직 외국인들이 국내에서 일할 수 있는 조건을 정비하는 일 등이다. 2008년에는 외국인정책기본계획을 세워 향후 5년간 기본법에서 정한 방향에서 구체적인 실천안을 제시하고 있다. 한편, 결혼이민자를 지원하기 위한 다문화가정지원법을 만들어 언어교육, 문화적응교육 등을 실시하여 결혼이민자들이 향후 한국 국민의 한 사람으로서 살아가는 데 불편이 없도록 배려하고 있다. 한국은 이미 영주권을 가진 외국인들에게는 지방참정권을 부여하고 있어서, 정치적으로 외국인들에게 문호를 적극적으로 개방하고 있다.

다문화정책에 대한 정부의 의욕에도 불구하고, 아직 한국은 외국인들이 살아가기에 매우 불편한 나라이다. 정부는 외국인들이 어떻게 하면 한국의 언어와 문화를 습득하여 불편이 없도록 할 것인지 힘을 쏟고 있는 나머지 문자 그대로 의미하는 '다문화' 사회의 실현을 지향하고 있지 않다. 결혼이민자의 상당수가 경제적 어려움, 가족관계, 성격불일치 등으로 이혼하고 있다. 한국에 온 결혼이민자들은 자신들의 문화와 언어를 사용, 혹은 향유할 수 있는 기회를 얻지 못하고, 그 자녀도 모어母語를 계승할 수가 없는 경우가 많다. 노동현장에서는 외국인에 대한 임금차별, 노동조건의 차별, 사회적 제 권리의 부정 등 정말 다문화공생을 내세우기는 부끄러운 현실이 엄연히 존재하고 있으며, 명실상부한 다문화공생사회의 실현은 참으로 요원한 것처럼 보인다. 한국사람들의 외국, 외국인에 대한 의식구조가 근본적으로 바뀌고 배타적 민족주의가 불식되어야 비로소 외국인을 국민, 시민, 혹은 주민의 한 사람으로 받아들일 수 있을 것이다. 한국사회가 다문화사회를 향해 나아가야 할 이 시점에 김윤정 박사의 저서, 『다문화교육과 공생의 실현—재일한국인을 통해 본 다문화시대의 교육』은 우리에게 많은 것을 가르쳐주고 우리 스스로 반성해볼 수 있는 계기를 제공해줄 것으로 생각한다.

이 책은 가와사키시의 한국인, 조선인의 역사와 운동, 그리고 가와사키시 정부에 대한 투쟁과 교섭과정을 다루고 있다. 일본 가와사키시의 남부지역에는 해방 전부터 재일한국인들이 많이 정주하고 있으며, 재일동포들의 처우개선을 위한 시민운동이 매우 활발한 곳이다. 1970년대 초에는 박종석 사건으로 알려진 히타치 취업차별 사건을 계기로 일본인들과 재일한국인들이 공동전선을 형성하여 히타치사건을 승리로 이끈 경험이 있다. 이 운동의 중심에는 재일한국인교회 가와사키교회가 자리잡고 있었으며,

이 교회를 중심으로 지역의 유지들이 보육원을 설치하여 한국인 어린이들과 일본인 어린이들이 함께 배우고 생활하는 경험을 쌓아갔다. 이러한 협력사업을 기초로 사회복지법인 세이큐샤青丘社가 만들어졌다. 이 세이큐샤에도 일본인과 한국인이 함께 참여하였다.

한편 가와사키시 정부도 재일한국인의 요구를 수용하여 공생교육정책을 수립하고, 적극적인 외국인 시책을 펼쳐갔다. 1980년대에는 재일동포들의 지문거부운동이 일어났을 때에도 가와사키시는 재일한국인, 조선인의 지문거부를 용인하는 정책을 펴, 일본에서 지문날인을 실질적으로 폐기하는 데 크게 공헌하였다. 1990년대에는 외국인 시민들에게 지방공무원 임용에 있어서 이른바 '국적 조항'을 철폐하는 시책을 도입하여, 일본 전역에 외국인들의 지방공무원임용의 길을 터는 데 크게 기여하였다. 그리고 외국인 시민의 정치적인 참여를 중앙정부에서 허하지 않는 상황 속에서 외국인의 참가를 제도화하기 위해 가와사키시에서는 일본에서 최초로 '외국인시민대표자회' 제도를 도입하였다.

가와사키시의 이러한 재일한국인, 혹은 외국인정책의 전환 이면에는 재일한국인의 끈질긴 요구와 운동이 있었고, 이러한 운동에 동조한 일본인의 운동이 있었다는 것도 간과해서는 안 된다. 재일한국인, 조선인에 대한 가와사키시의 정책전환을 추구하는 한일 양측의 운동세력이 있었지만 동시에 가와사키시의 한국인, 조선인을 배려하는 정책에 반대하는 세력도 만만치 않았다. 특히 후레아이관의 운영을 재일한국인이 중심이 된 세이큐샤에 위탁하는 문제에 대해서는 공무원 내부에서도 반대가 있었고, 지역주민의 강한 반대가 있었다. 후레아이관은 이러한 복잡하게 얽힌 반대운동을 극복하고 가와사키시의 다문화공생시설로서 자리매김하게 되었다.

후레아이관은 재일한국인이 관장을 맡아서 운영하였지만, 스텝 가운데는 일본인도 있어서 실제로 양측이 공동으로 운영하고 있으며, 재일한국인에게 일본어를 가르치기도 하고 일본인에게 한국문화를 소개하는 등 상호학습의 장으로 사용되고 있다. 또한, 재일한국인 및 일본인 청소년들의 방과후 활동의 장으로 이용되고 있다.

재일한국인사회도 급격하게 변하고 있다. 한편에서는 해방 전부터 살고 있었던 재일한국인, 조선인은 일본국적의 취득으로 점차 줄어들고 있지만, 다른 한편에서는 전후에 일본에 와서 살게 된 한국인—이른바 뉴커머즈—도 급격하게 증가하여, 재일한국인들도 다원화되어가고 있다. 또한 중국인, 일본계 남미인, 동남아시아 등 여타의 외국인도 증가하여 일본사회도 식민지 역사의 유산으로서의 재일한국인, 조선인만을 따로 특별하게 다루지 않게 되는 경향이 강해졌다. 가와사키시에서 1990년대 중반 '외국인시민 대표자회의'를 설치하여 재일한국인, 조선인도 다른 외국인과 마찬가지로 일정한 대표성을 가지고 참여하였다. 따라서 다문화공생사회의 과제도 식민지 역사청산에 한정되지 않고 폭넓게 가와사키시의 외국인정책 속에서 다루어지고 있다.

가와사키시의 공생시회운동은 지금 우호도시협정을 맺은 부천시와의 관계에서도 진행되고 있다. 후레아이관 운동의 일본 측 중심인물이었던 야마다 다카오씨는 1996년 이래 매년 서른여 명의 가와사키 시민을 모집하여 부천시를 방문하고 있다. 또한, 부천시와 가와사키시의 고등학생들은 매년 상호 방문하여 역사현장을 방문하고 토론을 통해서 상호이해를 심화시키고 있다. 이러한 교류는 부천시와 가와사키시 사이의 수많은 시민교류 가운데 한두 사례일 뿐이다.

2006년 가을 나는 후레아이관의 관장 배중도 선생과 함께 후레아이관을 만드는 과정에서 가와사키시 측의 담당자였던 호시노 오사미 선생의 니이가타현 자택을 찾아간 적이 있다. 그는 은퇴 후 낙향하여 지역문화를 연구하고 지역 공민관 관장을 맡아서 운영하고 있다. 한때 서로 대립하며, 협상의 상대였던 두 사람이 이제는 둘도 없는 친구가 되어 서로 격의 없이 대화하고 서로 아껴주는 우정을 나누고 있었다. 이들 사이에는 민족의 차이도

문화의 차이도 큰 의미가 없는 것처럼 보였다. 나는 이들이 서로 의미 있는 접촉(후레아이)을 통해 하나의 주체—공동주체를 이룬 것처럼 보였다.

다문화공생사회의 궁극적 목표는 각각의 문화 특성을 견지하면서도 공생의 가치에 기반한 하나의 공동주체를 형성하는 일이 될 것이다. 가와사키시에서는 약 20년의 세월을 걸쳐 재일한국인과 일본인 사이에 대립과 타협을 통해서 공동주체를 이루어왔고, 또 후레아이관 성립 이후 20여 년 동안 이를 훌륭히 실천해왔다. 다문화사회의 실현이라는 국가적 과제를 앞에 두고 우리는 이 땅에 함께 살아가고 있는 외국인과 어떻게 하면 하나의 공동주체를 형성할 수 있을 것인가? 이 책은 이러한 물음에 대하여 중요한 실마리를 제공할 수 있을 것이라고 생각한다.

2010년 6월

이시재(가톨릭대학교 사회학과 교수)

서문

일본의 다문화교육을 재일한국인과의 관계를 중심으로 아이덴티티와 공생을 중심축으로 하는 '다문화공생교육'으로 규정하여 분석한 이 책은 2007년 9월 일본 아카시쇼텐明石書店에서 출간한 『다문화공생교육과 아이덴티티多文化共生教育とアイデンティティ』를 수정, 가필한 것이다.

일본에 온 지도 어언 십 년이 넘었다. 그동안 일본과 한국의 관계는 2002년 월드컵대회의 공동개최와 겨울연가로 대표되는 한류 붐으로 지리적 거리뿐만 아니라 문화적, 사회적 거리도 가까워지고 있다. 그런 일본에는 제2차 세계대전 이전부터 한국과 일본 사이에서 살아온 사람들이 있었다. '재일' 한국인이 그들이다(단, 이 책에서 '재일' 한국인이란 국적뿐만 아니라 그 '뿌리'가 한반도인 사람을 가리킨다).

한국에 있을 때 대학 캠퍼스에서 본 '재일' 동포학생은 일본에서 온 유학생으로 비칠 뿐이었고, 그들이 어떠한 생각으로 한국에 왔는지는 알지 못했다. 말하자면 그들은 내게 보이지 않는 존재였다. 하지만 나 자신이 일본에 와서 일본사회에서 살아가는 상황을 겪으면서 그러한 의식은 극적으로 변했다. 나 자신이 '외국인'이 되면서 비로소 그들이 보이기 시작했던 것이다.

'재일' 한국인이 어떠한 역사를 거쳐왔는지, 어떻게 생활해왔는지 한국에서 온 나는 아무것도 알지 못했다. 아무것도 알지 못했다는 것의 반동이었는지, 뉴커머new comer(1970년대 이후, 특히 1989년의 입국관리법 개정 이후 급증한 외국인) 외국인으로서 재일한국인에 관해 연구하는 것은 어느새 나의 연구과제 가운데 하나가 되었다.

이 책을 통해 나는 '코리안 디아스포라' 라는 관점에 서서 1970년대부터 현재에 이르기까지 재일한국인과 일본인이 가와사키에서 '다문화공생교육' 을 향해 시도한 도전을 정리하고자 했다. 가와사키의 실천이 재일한국인만의 것은 아니다. 이 실천은 그들을 받아들여 이해하고 재일한국인의 인권을 되찾는 활동을 함께 시작했던, 그리고 이러한 활동을 통해 일본을 '함께 살아가는 사회' 로 바꾸어가고자 한 일본인들과의 연대가 있었기 때문에 가능했다. 재일한국인과 일본인의 협력관계에 기반하여 생긴 것이 '공생' 이고 '다문화공생교육' 인 것이다.

하지만 이러한 실천을 분석하는 데 있어 재일한국인이 경험해온 것을 간접적 체험으로밖에 공유할 수 없었던 나를 자문하게 한 것은 '과연 나는 이것을 쓸 자격이 있는가?' 라는 어떤 의미에서 보면 일종의 자성적 질문이었다. 이 질문은 논문을 쓰는 과정에서 넘을 수 없는 벽으로 내 앞에 나타나 나를 힘들게 했다. 그때 에비사카 다케시의 글을 만났다.

에비사카 다케시海老坂武는 『검은 피부 하얀 가면』(黒い皮膚白い假面 Peau noire, masques blancs, みすず書房, 1998년)을 '검은 피부 하얀 가면' 으로 번역했을 때, 《Peau noire》라고 썼을 때의 파농Fanon, Frantz과, 검은 피부의 독자가 이것을 '포 노와르' 라고 발음했을 때 느꼈을 감정의 기복, 그 내면을 어디까지 알 수 있을 것인지 물으며 "검은 피부의 인간이 말하고 검은 피부의 인간이 받아들일 때의 이 말이 가지는 실존적 의미, 더 나아가 대타적對他的 의미에 접근할 수 있을 만한, 어떠한 언어적 수단을 우리(들)

는 가지고 있는 것일까" (318~319쪽)라고 말하였다.

에비사카 다케시가 이러한 고민을 하면서도 파농을 알리는 일이 어떤 의미가 있을지를 생각하면서, 나는 스토리텔러로서 나를 의식하게 되었다. 그러한 스토리텔러로서 독자들에게 가와사키의 실천을 전할 수 있기를 바란다. 사회에 존재하는 무수한 타자와의 공존·공생은 일본과 한국을 넘나드는 나 자신의 영원한 테마가 될 것이다.

지면을 빌려 이 책을 위해 아낌없는 지원을 해주신 분들께 감사의 말씀을 드리고 싶다. 우선 인터뷰조사와 자료열람, 대출에 전면적으로 협력해주신 후레아이관의 관장님이셨던 배중도裵重度 선생님과 미우라 도모히토三浦知人 관장님, 하라 치요코原千代子 님 등과 지금은 직원은 아니지만 주사主事 시대의 실천에 대해 말씀해주신 이상호李相鎬 님께 감사드린다. 그리고 '가와사키·부천시민교류회' 운영위원회의 여러분들, 특히 호시노 오사미星野修美 선생님, 이토 오사가즈伊藤長和 선생님, 야마다 다카오山田貴夫 님, 오다기리 마사다케小田切督剛 님, 가와사키시 시의회 의원 이즈카 마사요시飯塚正良 선생님은 인터뷰조사와 자료제공은 물론 운영위원으로 시민교류에 참가할 기회를 주셨으며, '공생'을 구현해가는 데 있어 시민실천의 중요성을 가르쳐주셨다. 또한 아낌없는 조언과 지도를 해주신 도쿄 가쿠게이대학東京學芸大學 명예교수 고바야시 분진小林文人 교수님과 대학원 연구생시절부터 석사, 박사과정에 이르기까지 지도교수로서 지도해주신 사토 가쓰코佐藤一子 교수님께도 감사드린다.

그리고 한국에서 이 책이 나오도록 도와주신 일조각 출판사, 이민주 선생님, 한경구 교수님께 감사의 뜻을 전하고 싶다. 바쁘신 가운데 추천문을 써주신 가톨릭 대학교 이시재 교수님께도 깊이 감사드린다.

마지막으로 외국인임에도 불구하고 교육학 분야의 오랜 전통과 역사를 가진 대학에서 연구할 수 있도록 도와주신 일본 수도대학도쿄Tokyo

Metropolitan University 교육학 연구실 여러분, 서울의 우리 가족에게 감사 드린다.

글로벌라이제이션이 진전되는 가운데 반이민정책을 취하는 나라들이 증가하고 있어 글로벌화하는 현상과 함께 이와는 반대되는 내셔널리즘을 강화하는 움직임도 많이 보이고 있다. 자신과는 다른 타자를 받아들여 함께 살아간다는 것은 결코 쉬운 일이 아니다. 그러나 함께 살아가는 것이 과연 어떠한 것인지 이 책을 통해 생각할 수 있는 계기가 될 수 있기를 바란다.

2010년 6월

김윤정

차례

다문화사회의 실현은 가능한가

자신과 다른 타자를 이해하고 수용하며 함께 살아가는 것은 일본뿐 아니라 한국사회의 중요한 과제이기도 하다. 2005년 이후 한국사회에서도 다문화사회를 둘러싼 다양한 정책과 담론들이 쏟아져나오고 있는 가운데 다문화사회로의 패러다임 전환은 한일의 공통 과제이다. 여기에서는 1990년대 이후 일본사회의 변화를 중심으로 앞으로의 다문화사회를 전망하고자 한다.

1. 1990년대 이후의 일본사회의 변화

재일외국인의 대부분이 재일한국인이던 시기를 거쳐 재일외국인들의 특성은 1980년대 이후 본격적으로 변하기 시작했다. 1970년대부터 일본에 들어오기 시작한 남미계 일본인들, 제2차 세계대전 당시 귀국하지 못하고 중국에 있었던 중국 잔류 고아와 그 후손, 난민들, 그리고 농촌 지역에 국제결혼을 통해 들어오게 된 외국인 신부 등 1990년에 개정된 입국관리법이 시행되면서부터 재일외국인의 수는 더욱 늘어나게 된다.

올드커머old comer(제2차 세계대전 이전부터 일본에서 생활하고 있는 중국 · 한반도 출신의 사람들과 그 후손. 또한 자이니치在日라고 할 경우 올드커머의 재일한국인을 뜻함)인 재일한국인, 화교들이 3세, 4세로 세대교체가 진행되는 가운데 새롭게 들어온 외국인의 존재는 일본사회 안의 이질성을 인식시키게 하는 한편, 유년기를 외국에서 보낸 후 일본으로 돌아온 귀국 자녀들의 학교 적응 문제가 대두되면서 국제이해교육, 이문화간교육, 다문화교육 등에 관한 관심이 높아졌다. 일본어, 일본문화에 대한 지식이 충분하지 않은 외국인들이 늘어나면서 외국인을 대상으로 한 일본어교실이 생기고, 지방자치체 시책, 정책에서도 국제화라는 말이 빈번하게 쓰이게 된다.

1990년대 이후 국제화라는 말은 공생, 다문화공생으로 대체되는데, 일본사회의 재일외국인도 '재일외국인＝재일한국인'이었던 시대에서 뉴커머 외국인이 재일외국인의 대부분을 차지하는 시대로 변하고 있다.[1] 이외에도 매년 1만 명에 달하는 재일한국인들의 귀화와 1985년의 국적법 개정에 의해 부모 한쪽이 일본국적이면 자녀도 일본국적을 선택할 수 있게 된 점 등도 재일외국인이 변화한 배경이다. 뉴커머 중심으로 재일외국인이 변화하면서 일본의 다문화공생을 둘러싼 움직임도 뉴커머 중심으로 바뀌고 있다.

이러한 움직임 속에 다문화공생이라는 말이 확산된 것은 1995년에 일어난 한신 아와지 대지진을 계기로 다문화공생센터[2]가 생기면서부터이다. 다문화공생이라는 말은 미국의 다문화주의의 다문화와 공생이 결합되어 만들어진 것[3]으로, 이 다문화공생이 중앙정부 차원에서도 사용되는 것은 2005년의 일이다.

2005년을 일본의 다문화공생 원년으로 보는 논자들이 있는데, 이는 이 해에 총무성이 다문화공생의 추진에 관한 연구회를 설치한 것과 관련이 깊다. 연구회는 2006년 3월에 「다문화공생의 추진에 관한 연구회 보고서—지역의 다문화공생 추진을 향해」를 내고 지금까지의 지방자치체 중심에서 정부가 종합적으로 다문화공생을 추진할 필요성을 명시했다.

지역의 다문화공생 추진에 관해 지금까지는 외국인 주민이 많은 지역의 지방자치체가 필요에 의해 선진적인 시책을 실시해왔고 국가에 대해 제도 개정을 요구해왔으나, 국가의 각 성청의 대응은 반드시 충분한 것이라고는 하기 어려우며, 또한 종합적 · 횡단적 대응이 부족한 면이 있었다. 국가 차원에서의 검토는 지금까지 주로 외국인노동자대책 또는 재류관리 관점에서 해왔지만 이러한 관점에서만 검토하는 것은 적당하지 않다. 외국인 주민도 지역에서 생활하는 생활인이고 지역주민임을 인식하고 지역사회 구성원으로서 함께 살아갈 수 있도록 하기 위한 조건 정비를 국가 차원에서도 본격적으로 검토해야 할 시기에 왔다고 할 수 있다.[4]

이 보고서에서는 지역의 다문화공생을 '국적과 민족 등이 다른 사람들이 서로의 문화적 차이를 인정하고 대등한 관계를 만들면서 지역사회 구성원으로서 함께 살아가는 것'이라 정의하고, 커뮤니케이션 지원, 생활지원, 다문화공생의 지역 만들기라는 세 가지 관점에서 지방자치체가 지역의 다문화공생 추진에 필요한 과제와 시책을 제시하고 있다. 또한 다문화공생추진 프로그램(참고자료 ①)을 제안하고 각 지역에 맞는 다문화공생을 추진할 것을 제기하고 있다.[5] 연구회는 2006년에 이어 2007년에도 보고서를 냈으며, 동년 12월에는 외국인 노동자와 관련된 관계 성청이 외국인을 생활자로 규정하고 「'생활자로서의 외국인'에 관한 종합적 대응책」을 발표했다.

이 대응책은 외국인들이 일본어 능력이 충분하지 않은 데에서 지역사회와 문제가 생기고, 자녀들의 미취학 문제와 사회보험 미가입 등의 사회보장문제 등 생활자로서 외국인이 지역사회에서 살아가는 데 필요한 문제들에 대해 문부과학성, 후생노동성, 총무성, 외무성 등 관련된 중앙정부조직이 함께 종합적으로 대응할 것을 표명한 다음 그림과 같은 각 과제에 대한 대응책을 실시할 것을 발표했다.[6]

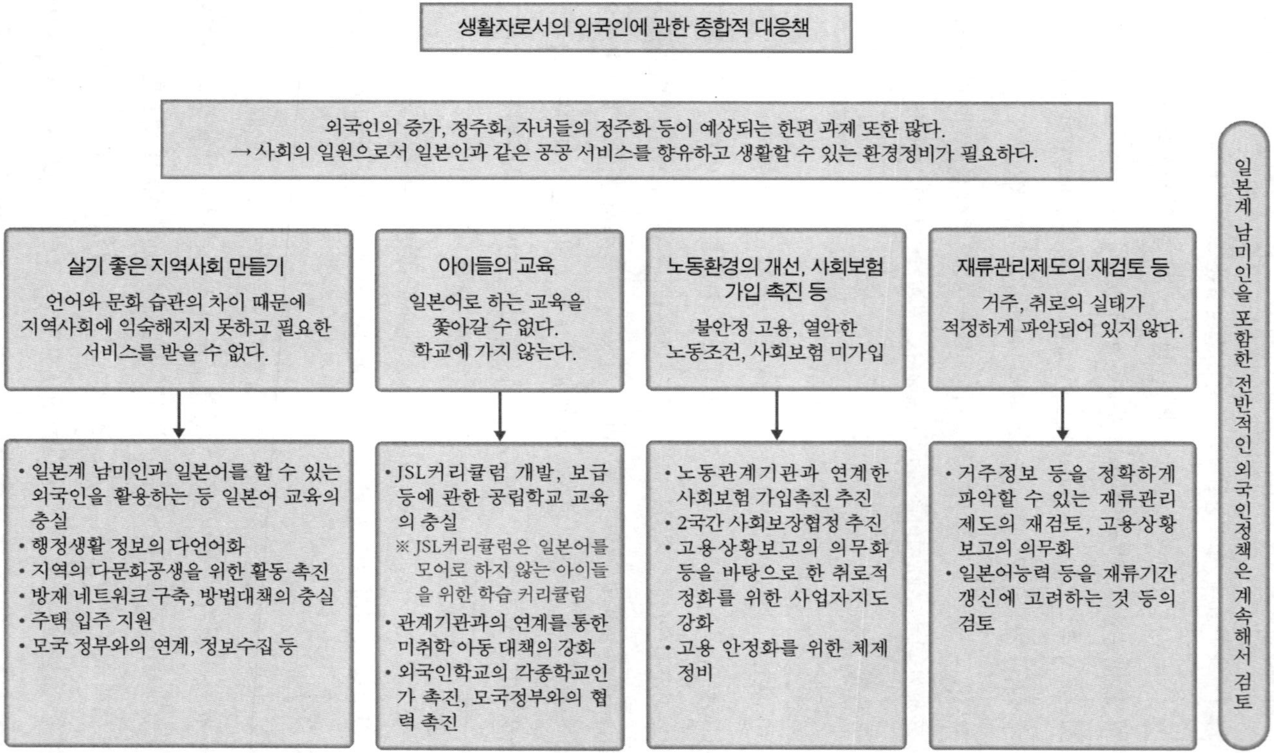

생활자로서의 외국인에 관한 종합적 대응책

외국인의 증가, 정주화, 자녀들의 정주화 등이 예상되는 한편 과제 또한 많다.
→ 사회의 일원으로서 일본인과 같은 공공 서비스를 향유하고 생활할 수 있는 환경정비가 필요하다.

살기 좋은 지역사회 만들기

언어와 문화 습관의 차이 때문에 지역사회에 익숙해지지 못하고 필요한 서비스를 받을 수 없다.

- 일본계 남미인과 일본어를 할 수 있는 외국인을 활용하는 등 일본어 교육의 충실
- 행정생활 정보의 다언어화
- 지역의 다문화공생을 위한 활동 촉진
- 방재 네트워크 구축, 방범대책의 충실
- 주택 입주 지원
- 모국 정부와의 연계, 정보수집 등

아이들의 교육

일본어로 하는 교육을 좇아갈 수 없다. 학교에 가지 않는다.

- JSL커리큘럼 개발, 보급 등에 관한 공립학교 교육의 충실
  ※ JSL커리큘럼은 일본어를 모어로 하지 않는 아이들을 위한 학습 커리큘럼
- 관계기관과의 연계를 통한 미취학 아동 대책의 강화
- 외국인학교의 각종학교인가 촉진, 모국정부와의 협력 촉진

노동환경의 개선, 사회보험 가입 촉진 등

불안정 고용, 열악한 노동조건, 사회보험 미가입

- 노동관계기관과 연계한 사회보험 가입촉진 추진
- 2국간 사회보장협정 추진
- 고용상황보고의 의무화 등을 바탕으로 한 취로적정화를 위한 사업자지도 강화
- 고용 안정화를 위한 체제 정비

재류관리제도의 재검토 등

거주, 취로의 실태가 적정하게 파악되어 있지 않다.

- 거주정보 등을 정확하게 파악할 수 있는 재류관리제도의 재검토, 고용상황 보고의 의무화
- 일본어능력 등을 재류기간 갱신에 고려하는 것 등의 검토

일본계 남미인을 포함한 전반적인 외국인정책은 계속해서 검토

이 대응책은 2006년의 총무성 보고서에서도 볼 수 있듯이 지금까지의 체류 자격을 중심으로 한 외국인 정책에서 외국인을 '생활자', '지역주민'으로 규정하고 그에 대한 대응책, 과제를 제시했다는 점에서 큰 의의가 있다고 할 수 있다.[7]

이외에도 이민을 둘러싸고 일본 경제단체연합회, 자유민주당 프로젝트팀 등에 의해 제언이 발표된 것은 지금까지 이민을 구체적으로 언급한 것이 없었다는 점에서 주목할 만하다. 그중에서도 2008년 10월에 발표된 경제단체연합회의 「인구감소에 대응한 경제사회의 모습」[8]에서 인구감소사회의 도래에 따른 중장기적 경제사회의 활력을 유지하기 위한 방책의 하나로 일본형 이민정책을 검토할 필요성을 주장하고 고급인재, 유학생, 일정한 자격과 기능을 가진 외국인 인재를 받아들여 그러한 외국인들의 정주화를 촉진할 것을 종합적으로 일본형 이민정책으로서 본격적으로 검토할 필요성을 제기하고 있다.

그러나 이러한 2005년 이후의 중앙정부 차원에서의 다문화공생과 이민을 둘러싼 움직임은 뉴커머 외국인들이나 일정한 자격 요건을 갖춘 외국인들을 받아들일 것을 언급하는 데 그치고 있어 올드커머 외국인들에 대한 시점이 결여되어 있다. 2009년 7월에 개정된 입국관리법에서는 올드커머와 뉴커머 외국인들에게 각각 특별영주자증명서와 재류카드제도를 도입함으로써 특별영주자격을 가진 올드커머와 그 외의 뉴커머 외국인들을 분리하는 움직임을 보이고 있다.

눈에 띄는 차이差異가 있는 뉴커머 외국인들의 등장으로 인해 일본어 습득이 긴급한 과제로 대두되는 한편, 올드커머인 재일한국인들도 겪었던 저학력低學力과 동일성 문제가 학교 현장의 과제가 되었다. 이는 1990년의 세계 문해文解의 해를 계기로 확산된 일본어교실 등과 함께 평생교육의 과제로도 인식되기 시작하는 것이다.

2. 다문화교육의 발전과 과제

재일한국인이 대부분이었던 재일외국인은 전술한 바와 같이 그 특성이 다양해지고 있다. 그에 따라 교육 현장의 과제도 다양화하고 있다는 것은 말할 것도 없다. 다문화교육과 관련된 이론이 일본에 들어오고 나서 20여 년이 지난 지금, 다문화교육을 둘러싼 연구는 다양하게 이루어지고 있지만 2006년에 '다문화가정 자녀 교육지원' 계획을 발표하고, 다문화교육을 내걸고 매년 다문화가정 자녀의 교육지원 계획을 내고 있는 교육과학기술부와는 달리, 문부과학성에서는 국제이해교육, 국제교육과 같은 개념은 사용하고 있지만, 다문화교육정책을 중앙정부 차원에서 내놓고 있지 않은 실정이다.

재일외국인 아동은 일본의 공립, 사립학교에 들어가거나 외국인학교[9]에서 배우게 되는데 외국인학교의 경우 인터내셔널 스쿨에서 중화학교, 조선학교, 한국학교에 이르기까지 2007년 12월 현재 221교가 설립되어 있다. 외국인학교 221개교 중 인터내셔널 스쿨이 33곳(14.9%), 남미·구미 계열의 민족학교가 105곳(47.5%), 아시아 계열의 민족학교가 83곳(37.6%)으로, 그 법적 지위는 일조교一條校(학교교육법 제1조에 규정하고 있는 학교), 각종 학교, 미인가 학교 등 다양하다. 상급학교로의 수험자격이 무조건적으로 인정되는 일조교一條校는 3개교(한국학교)로, 각종 학교는 학교교육법 제134조에 '제1조에 규정한 학교 이외의 것으로 학교교육에 속하는 곳(당해 교육을 실시하는 데 있어 법률에 특별한 규정이 있는 학교 및 제124조에 규정된 전수학교 교육을 하는 곳은 제외)'을 말하는 것으로 외국인학교의 반수(105교)가 이 각종 학교에 해당된다. 나머지 반수의 학교가 미인가 학교(113교)이다.[10] 미인가 학교는 말할 것도 없이 각종 학교의 경우 상급학교로의 수험자격이 인정되지 않고 학교에 대한 공적 보조에 있어서도 일조교와 많은 차이가 있는데 박삼석은 외국인학교에 재학중인 학생이 약 3만 4천 명이 되는 것으로 추정하고 있다.[11] 최근 들어서는 외국어를 익히려고 외국인학교에 오는 일본인 학생들이 느는 추세이다.

외국인학교에 가지 않으면, 대부분 일본의 공립학교에 진학하게 되는데 외국인 학생들을 위해 학교에서는 민족학급이나 국제교실을 설치해서 일본어를 가르치거나 모국의 언어와 문화를 배울 수 있도록 하고 있다. 구체적으로 어떤 경로를 거쳐 학교에 입학하게 되는지 가와사키시의 예를 통해 살펴보도록 한다.

외국국적이거나 제1언어가 일본어가 아닌 경우, 가와사키시 종합교육센터(해외귀국, 외국인 학생교육 상담실)나 각 구의 교육 담당을 통해 교장 면접을 실시하게 되고 그 후에 입학통지서를 받아 통학하게 되는데 필요에 따라 일본어지도협력자(日本語指導等協力者)를 학교에 파견하게 된다.[12] 가와사키시의 경우 일본어 지도를 중심으로 한 일본어 교실이지만, 오사카시의 경우에는 출신국가의 문화와 언어를 배우는 민족학급이 설치되어 있다.

그 외에도 일본어지도 보조교재 작성, 교육 상담, 교직원 연수, 외국인 학생 실태조사를 실시하고 있으며, 2000년에는 '외국인교육 추진연락협의회'를 설치해 평생교육, 학교교육, 시민활동 간의 연계를 꾀하고 있다.

이러한 지방자치체의 움직임 이외에 문부과학성에서는 매년 일본어 지도가 필요한 학생 수를 통계로 파악하고 있다. 2008년도의 '일본어 지도가 필요한 외국인 아동 학생의 수용(受け入れ)상황 등에 관한 조사'[13]에 따르면, 일본어 지도가 필요한 외국인 학생은 28,575명으로 모어母語별로 보면 포르투갈어 11,386명, 중국어 5,831명, 스페인어 3,634명, 그 외 모어가 7,724명으로, 1년 이상 해외에 체류한 후 귀국한 학생을 포함해서 이러한 귀국 · 외국인 학생들에 대해 다음과 같은 시책을 실시하고 있다.

그리고 2003년 7월에는 「학교교육에서의 JSL 커리큘럼(최종 보고) 초등학교 편」을, 2007년 3월에는 「학교교육에서의 JSL 커리큘럼 중학교 편」을 공표했다. 일본의 경우 일상회화가 가능한 일본어 능력이 반드시 학습에 필요한 일본어 능력과 일치하지 않는다는 점에 주목하고 지금까지의 일본

귀국 · 외국인 학생교육의 충실에 관한 국가 시책

외국인 학생 등에 대해 일본어를 지도하는 교원 등 배치	— 일본어 지도 등에 대응하기 위한 교원 정수의 추가 배치 조치에 의해 의무교육 학교에 근무하는 교원 급여의 1/3을 국고부담 — 외국인 학생에 대한 일본어 지도에 활용하기 위한 퇴직 교원 등 외부인재활용사업(보조 선생님 배치)에 의한 시간강사 배치
일본어지도자 등에 대한 연수 실시	독립행정법인 교원연수센터와 문부과학성의 공동 주최로 외국인 학생 교육에 관련된 교원, 교장, 교감, 지도주사 등 관리직을 대상으로 일본어지도법 등을 주 내용으로 한 실천적 연수를 실시 (연1회, 4일간, 11명 정도)
취학 가이드북의 작성과 배포	— 공립의무교육 학교에 대한 취학 기회를 놓치는 일이 없도록 일본의 교육제도와 취학 절차 등을 정리한 취학 가이드북을 포르투갈어, 중국어 등 7개 언어로 작성 — 교육위원회, 재외공관 등에 배포.
귀국 · 외국인 학생의 수용 촉진 사업	귀국 · 외국인 학생을 학교에서 받아들이는 체제와 미취학 외국인 어린이에 대한 취학 촉진에 관한 모델 사업 실시 실시 내용의 예 — '취학촉진원'을 활용한 취학지원활동의 실시 — 취학 전 외국인 어린이에 대한 초기지도교실 실시 — 학교에서의 일본어지도 보조, 학교와 보호자 간의 연락조정 등을 실시할 때 필요한 외국어를 쓸 수 있는 지원인 등의 배치 — 지역 내에 센터학교를 설치하고 인근의 초등학교, 중학교와의 연계에 의한 수용체제 구축

출전 : 文化廳,『平成21年度「文化廳日本語教育大會」』, 2009, 21쪽.

어교육을 교과지도와 관련해서 실시하는 방향으로 일본어 지도의 방향을 재검토하고 있는 단계에 와 있다.

이러한 지방자치체와 문부과학성에 의한 일본어교육[14] 등이 추진되고 있는 가운데 학교에 적응하지 못하고 퇴학하거나 고등학교에 진학하지 못하는 외국인 학생 수가 증가하고 있으며, 일본에서 태어난 아이라도 모어, 모국어가 서툴러 부모와 의사소통이 잘 되지 않거나 정체성에 혼란을 겪는 경우도 적지 않다. 그리고 베트남 등에서 온 뉴커머 학생들이 자신의 이름을 일본이름으로 바꾸는 경우도 볼 수 있는 등 많은 노력이 이루어지고 있지만, 다양성을 받아들이고 인정하는 다문화교육이 해야 할 과제들은 아직도 산적해 있다.

그리고 일본의 다문화교육을 둘러싼 이론연구와 실천이 축적되고 있는 가운데 다문화교육의 많은 과제들이 아직도 외국인 학생들을 주 대상으로 하고 있다는 점도 지적하지 않을 수 없다. 본문에서 살펴본 바와 같이 재일한국인 2세들이 1970년대, 1980년대에 자신들의 권리를 되찾고 민족교육의 권리를 위해 운동을 하는 과정에서 일본인들이 그것을 자신들의 과제, 일본사회의 과제로 인식하는 것이 필요했으며, 그러한 과정 없이는 다문화교육, 다문화사회가 현실적인 것으로 구체화되기가 어렵다.

그러나 근래 이민을 둘러싼 논의에서 볼 수 있는 것처럼 외국인을 받아들일 수밖에 없는 상황 속에서 다문화적인 가치를 교육이라는 틀 속에 자리매김하는 것은 앞으로의 사회를 전망하는 데 있어 중요하며, 이는 한국사회에 대해서도 마찬가지이다.

3. 다문화사회로의 패러다임 전환

일본과 한국은 미국이나 캐나다와 같이 이민을 받아들여 이루어진 나라가 아니기 때문에 그와는 다른 정책이 필요한 것은 말할 것도 없다. 한국의 경우 국제결혼으로 인한 다문화가정을 둘러싼 문제들이 사회의 중요한 이슈가 되고 있는 가운데 어떻게 그들을 받아들일 것인지가 한국인들에게, 한국사회에 요구되고 있다.

다양한 문화와 가치를 인정하고 받아들이며 서로의 민족적 동일성을 존중하는 다문화교육을 통해 다문화사회를 실현해나가는 데 있어 무엇보다 중요한 것은 다문화교육, 다문화사회가 외국인 '그들'의 문제가 아니라 '우리'의 문제, '우리'의 과제로 인식하는 시점의 전환이다. 그렇지 않고는 다문화사회, 다문화공생은 미사여구에 그칠 뿐 아니라 외국인을 억압하는 기제가 될 위험성도 있다.

한국과 일본의 경우 고령화, 저출산이 진전되는 가운데 사회와 경제를 지탱해나가기 위해서는 외국인 인구의 유입이 불가피하며, 특히 국제결혼의 경우 외국인 여성의 연령이 한국 남성, 일본 남성보다 20세 이상 차이가 나는 경우가 많다는 것을 생각하면 앞으로 외국인 여성과 그 자녀들을 사회의 일원으로서 적극적으로 받아들이지 않는다면 어떻게 될 것인지는 몇 년 전의 프랑스 폭동이 시사하는 바가 크다. 즉, '국민'이라는 패러다임이 아닌 '시민', '주민'의 관점에 서서 한 사람 한 사람의 권리를 어떻게 보장할 것인가라는 기본인식 위에 학교교육, 평생교육 안에서 다문화교육을 추진해야 한다.

한국사회, 일본사회에서 살아가기 위해 그 나라의 언어와 문화를 배우는 것도 물론 중요하다. 하지만 그들을 어떻게 변화시킬 것인지를 생각하기에 앞서 우리 사회가 어떻게 변화할 것인지를 생각해야 한다. 단순한 시혜施惠적 입장이 아니라 동등한 사회의 일원으로 인식하고 함께 살아가는 사회를 어떻게 만들어갈 것인지를 진지하게 생각해야 하는 시기에 온 것이다.

다문화사회로 어떻게 사회의 패러다임을 재구축할 것인가에 앞으로의 한국사회, 일본사회의 미래가 달려 있다고 해도 과언이 아니다. 타자로, 이방인으로 배제하고 소외하는 것이 아니라 함께 손을 잡고 어떻게 다문화사회를 만들고 사회적 통합을 이끌어낼 것인지 고민해야 한다. 다문화사회로의 패러다임 전환이 한국과 일본사회가 당면한 국가적 과제임에 틀림없다.

〈참고자료〉 다문화공생 추진프로그램(개요)

1. 검토 대상

근년 뉴커머가 대폭 증가하여 정주定住 경향에 있으나 일본어에 의한 커뮤니케이션 능력이 충분하지 않은 외국인 주민에 관한 과제를 주 검토 대상으로 하고, 그 외 외국인 주민 및 외국에 뿌리를 가진 일본국적 취득자도 과제에 따라 시야에 넣어 검토하기로 하였다.

또한 본 연구회에 있어 지역의 다문화공생이란 국적과 민족 등이 다른 사람들이 서로의 문화적 차이를 인정하고 대등한 관계를 만들면서 지역사회 구성원으로서 함께 살아가는 것이다.

2. 지방자치체의 검토가 필요한 다문화공생시책

(1) 커뮤니케이션 지원

① 지역정보의 다인어화

외국인 주민을 위해 다언어에 의한 행정, 생활정보 제공과 생활 상담을 위한 창구 설치, 통역 자원봉사자의 육성 등을 실시한다.

② 일본어 및 일본사회에 관한 학습지원

외국인 주민이 지역사회 생활을 시작할 때 오리엔테이션을 실시하고 행정정보와 일본사회의 습관 등에 대해 배우는 기회를 제공함과 동시에 그 후에도 계속해서 일본어, 일본사회를 배울 수 있는 기회를 제공한다.

(2) 생활 지원

① 거주

외국인 주민에게 일본 주택에 관한 습관 등의 정보를 다언어로 제공하고 입주 차별이 일어나지 않도록 부동산 업자에 대한 계발활동도 실시한다. 또 외국인 주민에게 주택입주 후에 오리엔테이션을 실시한다.

② 교육

외국인 학생에게 자원봉사단체와 연계해서 학습지원과 모어에 의한 학습지원 등 보습활동을 실시한다. 또 미취학 어린이에 대한 대응과 외국인 학생의 고교, 대학으로의 진로지도, 취업지원을 실시한다.

③ 노동환경

공공직업 안정소와의 연계를 통한 취업지원과 상공회의소 등과의 연계를 통한 취업환경 개선 등을 실시하고 외국인 노동자의 취로 환경 개선을 촉구한다.

④ 의료 · 보건 · 복지

외국인 주민에게 외국어 대응이 가능한 병원, 약국에 대해 정보를 제공함과 동시에 문진표의 다언어 표기와 광역적인 통역파견체제 구축 등을 실시한다.

⑤ 방재

평상시부터 외국인 주민에게 방재교육, 훈련 등을 실시함과 동시에 긴급시의 대응으로 다언어에 의한 재해정보의 제공과 외국인 주민의 피난방책 등에 대해 검토한다. 또 이러한 외국인 주민을 대상으로 한 대책을 각 지방자치체의 방재 계획에 명확히 자리매김한 뒤에 대규모 재해 발생 시에 외국인 피해자에 대한 대응을 전문으로 하는 지원반을 재해대책본부에 설치한다. 더 나아가 대규모 재해 시의 통역 자원봉사자의 확보 등에 대비하고 광역의 지원협정을 책정한다.

⑥ 그 외

다문화 사회복지사를 양성하고 전문성이 높은 분야의 외국인 주민에 대한 상담체제를 정비함과 동시에 유학생 지원 등을 실시한다.

3. 다문화공생의 지역 만들기

① 지역사회의 의식계발

다문화공생의 추진에 관한 일본인 주민의 의식계발을 촉구하기 위해 지역 주민 등에 대한 다문화공생 계발 등을 실시함과 함께 다문화공생을 주제로 한 교류 행사를 개최한다.

② 외국인 주민의 자립과 사회참획

외국인 주민이 지역사회에 참획하는 기회를 확보하기 위해서 지역의 외국인 커뮤니티의 중심인물과 외국인 주민 네트워크를 만들고 외국인 자조自助조직의 육성 등을 실시한다.

4. 다문화공생시책의 추진체제 정비

① 지방자치체의 체제 정비

다문화공생 추진을 소관하는 담당 부서의 설치, 다문화공생에 관한 지침, 계획의 책성 등 지방자치제의 다문화공생시책을 추진하기 위한 체제를 정비한다.

② 지역 내 각 주체의 역할 분담과 연계 · 협동

지방자치체의 외국인 주민시책 관계 부서 간의 연락체제를 정비하고 국제교류협회, NPO, NGO, 그 외 민간단체 등 지역의 다문화공생시책을 실시하는 각 주체의 역할 분담을 명확히 하고 연계, 협동한다.

주

1 일본의 외국인등록자수는 221만 7426명(2008년 말 기준)으로 일본 전체 인구의 1.74%를 차지하고 있다. 국적별로 보면 중국, 한국(조선), 브라질, 필리핀 순이다.

2 다문화공생센터는 현재 오사카, 도쿄, 효고, 교토, 히로시마에 설립되어 있으며, 기본적 인권 실현과 민족적 · 문화적 소수자에 대한 임파워먼트 등에 관한 활동을 하고 있다. 자세한 것은 다문화공생센터 웹페이지(http://www.tabunka.jp/index.html) 참조.

3 金泰泳, 『アイデンティティ・ポリティクスを超えて』, 世界文化社, 1999, 43쪽.

4 總務省, 『多文化共生の推進に關する研究會報告書－地域における多文化共生の推進に向けて』, 2006년 3월, 2쪽.

5 이 보고서를 받아 아이치현愛知縣에서는 2008년 3월에 아이치 다문화공생추진 플랜あいち多文化共生推進プラン을 책정하였다. 이 계획은 야마와키 게이조山脇啓造에 의하면 '기본적으로 총무성 연구회 보고서에 입각한 내용으로 되어 있으나 주목할 만한 사업으로 일본어학습 지원기금 창설과 외국인 노동자의 적정고용을 추진하는 현장의 보급이 있다' 고 한다.

미야기현宮城縣에서도 다문화공생사회 형성의 추진에 관한 조례多文化共生社會の形成の推進に關する條例를 제정, 시행하고 있다. 미야기현에서는 2005년에 다문화공생추진조례의 제정에 관한 간담회를 설치하고 이 간단회의 검토를 거쳐 2007년 7월에 미야기현 의회에서 가결되었다. 이 조례는 일본에서 처음으로 제정된 다문화공생 추진조례로, 이 조례는 '다문화공생사회의 형성의 추진에 대해 기본 이념을 제정하고 이와 더불어 현 사업자 및 현민의 책무를 명확히 함과 공시에 다문화공생사회 형성의 추진에 관한 시책의 기본이 되는 사항을 정하고 종합적이고 계획적으로 시책을 추진함으로써 국적, 민족 등의 차이에 상관없이 현민의 인권존중 및 사회참여가 이루어지는 지역사회 형성을 촉진하고 그럼으로 풍요롭고 활력있는 사회 실현에 기여하는 것' 으로 하고 있다. 山脇啓造, 「地域における多文化共生の推進に向けて」, 『自治體國際化フォーラム』 第223號, 2008, 3쪽.

6 外國人勞動者問題關係省廳連絡會議, 「『生活者としての外國人』に關する總合的對應策」(2006년 12월 25일)

7 야마와키 게이조山脇啓造는 2006년의 총무성 보고서에 대해 다음의 두 가지 점에서 그 의의를 평가하고 있다. "첫 번째로 외국인에 관련된 과제에 대해 지금까지 정부의 검토는 노동자 대책과 재류관리라는 두 가지 관점이 돌출되어 있었으나 처음으로 생활자, 지역주민으로서의 외국인이라는 제3의 관점을 제시했다는 점이다. …… 두 번째의 의의는 다문화공생이라는 용어를 정의하고 다문화공생시책의 체계를 처음으로 제시했다는 점이다. '다문화공생' 은 '다문화주의' 와 같은 의미로 사용되기도 하지만 다문화공생추진 프로그램의 내용은 캐나다나 오스트레일리아와 같은 이민국가가 취하고 있는 다문화주의정책과 반드시 일치하지 않으며 현재 EU 국가들이 추진하고 있는 통합정책에 가까운 내용으로 되어 있다. 또 다문화공생과 외국인 지원이 동일하지 않으며 지역 만들기의 관점을 담고 있는 것도 중요하다." 山脇啓造, 앞의 책, 2008, 2~3쪽.

8 이러한 내용은 자유민주당의 외국인인재 교류추진 의원연맹의 「인재개국! 일본형 이민정책의 제언」(自由民主體外國人人材交流推進議員連盟, 「人材開國!日本型移民政策の提言」中間とりまとめ) 에서도 볼 수 있다.

9 朴三石, 『外國人學校』, 中央公論新社, 2008, 6～7쪽.

10 위의 책, 190～192쪽.

11 위의 책, 3쪽.

12 일본어 지도 협력자는 1988년부터 시작되어 2008년 현재 10여 개국, 약 12명이 등록되어 있다. 이 사업은 일본어로 학교생활을 보내는 데 불안을 느끼고 있는 학생들에게 모국어가 가능한 협력자를 파견하는 것으로 주 2회(1회 2시간)로, 교실 안에 들어가서 학습보조, 통역을 하는 경우와 다른 교실에서 개별지도를 하는 경우로 나뉜다. 이러한 협력자 파견 이외에 외국국적의 아동이 5명 이상 재학하고 있는 학교의 경우는 일본어교실(국제교실)을 설치해서 담당교사가 1명 배치되는데 2009년 현재 5개교(초등학교 3개교, 중학교 2개교)에 설치되어 있다.

13 이 조사는 1991년부터 시작된 것으로 여기에서 말하는 일본어 지도가 필요한 외국인 학생이란, 일본어로 일상회화를 충분히 할 수 없는 아동 학생 및 일상회화가 가능하다 하더라도 학습언어가 부족하고 학습활동에 지장이 있어 일본어 지도가 필요한 아동 학생을 말한다. 文化廳, 『平成21年度「文化廳日本語教育大會」』, 2009, 20쪽.

14 2006년 12월에 발표된 「'생활자로서의 외국인'에 관한 종합적 대응책」에 기반한 문부과학성의 「'생활자로서의 외국인'을 위한 일본어교육사업」은 2009년도 예산 약 1억 7천 6백 만 엔으로, ① 일본어교실 · 일본어교사 양성 등의 사업내용을 검토하고 선정하는 기획위원회의 개최, ② 「생활자로서의 외국인」을 위한 일본어교실 실시, ③ 퇴직교원을 대상으로 한 일본어 지도자 양성, ④ 자원봉사자를 대상으로 한 연수, ⑤ 상급지도사 연수, ⑥ 일본어 학습, 생활 핸드북 배포를 추진하고 있다. 위의 책, 8～9쪽.

1 다문화공생교육의 제기

2006년 후반 현재 한국, 중국, 브라질, 필리핀 등 188개국에서 일본에 입국하여 외국인등록을 한 외국인의 수는 208만 명을 넘어섰다.[1] 1989년 시행된 입국관리법 개정[2]과 세계화globalization의 영향으로 일본계 남미인과 외국인 노동자의 수가 급격히 늘어나면서 일본사회는 다문화공생, 다민족국가로서의 인식에 대한 필요성을 느끼게 되었다. 그러나 지금까지의 외국인 시책은 지방자치체가 필요에 따라 선진적인 활동을 하며 중앙정부에 대해 제도개정 요구를 해왔지만, 중앙정부 각 부처의 대응은 충분하지 않았고 종합적 대응이 결여된 측면이 있었다.[3] 그러나 이제는 외국인도 지역주민이자 시민으로서 인식하여 함께 살아가기 위한 대응이 일본사회에 요구되고 있다.

이처럼 이웃으로서 외국인의 존재가 일본사회의 현대적 과제가 되면서 다문화교육의 필요성을 의식하게 되었다. 즉, 외국인과의 관계에서 일본사회를 생각할 때, 종래의 교육제도를 전환시켜 일본인뿐만 아니라 외국인도 학습자로서 다양한 문화를 전제로 하는 다문화교육이 필요하다. 다문화교육은 1980년대에 일본에 소개된 이후 학교교육뿐 아니라 평생교육으로도 확대되어 다문화교육의 비전인 공생이념 또한 평생교육에 뿌리를 내리고 있다.

1. 일본 안의 재일한국인

2006년도 외국인등록자 통계에 따르면, 일본에 거주하는 외국인 가운데 가장 많은 수를 차지하는 것은 약 60만 명의 한국·조선 출신자들이다.[4] 1985년의 국적법 개정[5]의 영향으로 재일한국인의 수는 계속해서 감소하고 있지만, 여전히 전체 외국인 수 가운데 약 3할을 차지함으로써 이른바 정주외국인[6]으로 자리를 잡았다. 일본사회의 외국인을 고려할 때, 최근 새롭게 일본에 이주한 뉴커머 외국인과는 다른 특성을 가진 올드커머 외국인으로서 재일한국인을 이해하는 것은 중요하며, 이는 일본의 다문화교육을 이해하는 전제가 된다.

(1) 역사적 산물[7]로서의 재일한국인

한국인의 일본정주는 1910년 한일합병으로 시작된 식민지 지배와 깊은 관계가 있다. 즉, 1910년부터 1945년까지 36년간에 이르는 일본의 한반도 식민지 지배 결과, 많은 한국인이 자의나 타의로 일본으로 건너가 하층노동자로 생활하였고, 그들이 전후에도 일본에 남아 재일한국인이 되었다.

그들은 이향異鄕의 땅에서 전후 국적선택권을 인정받지 못한 채 외국인이 되었다. 이에 의해 한국인은 국민국가의 "법적 제도로서의 국가에서 민족적 제도로서의 국가로의 변질"[8](한나 아렌트Hannah Arendt) 과정 중에 여러 권리로부터 배제, 소외되었다. 즉, 일본인이 아닌 외국인은 일본인과 똑같이 생활을 영위할 권리, 근로의 권리, 교육을 받을 권리 등을 보유하지 못한 채[9] 무권리상태를 강요받게 되었다.[10] 더욱이 문부성(현 문부과학성)은 재일한국인의 민족교육의 권리를 인정하지 않고 일본인으로 동화를 강제하는 정책을 취해왔다.

재일한국인은 무권리자로서 "고향(고국)"을 상실하고 "정부의 보호"도 받지 못한 채 "책임을 져줄 정부도 통용될 만한 법률도 없이", "태생에 의해 정해져 바꿀 수 없는 것을 이유로 박해를" 받아왔던 것이다.[11] 즉, 국가에 귀속된 이들이 갖게 되는 권리를 갖지 못했다. 평생교육에 한정해서 본다 하더라도 재일한국인의 학습권은 정부뿐 아니라 학습권론에서도 인지되지 못했다(사사가와 고이치笹川孝一).[12]

그러나 인간이라면 누구나 소유하고 있는 인권의 관점에서 생각해볼 때 재일한국인도 권리의 향유자임은 명백하므로 이러한 무권리상태는 시정되어야 한다. 일본인화化라는 동화同化의 길을 걸을 것인가, 아니면 현실을 시정하고 재일한국인으로서 살아가는 길을 걸을 것인가? 재일한국인은 과거의 역사가 재일한국인에게 부여한 숙명을 동화에 맞서 싸움으로써 그들 스스로의 존재의의를 명확히 하는 길을 선택했다.

(2) 파리아[13]로서의 존재의의를 찾다

식민지 지배에서 생기는 지배/피지배의 관계는 재일한국인에게 낮은 사회적 · 경제적 지위와 민족차별이라는 중층적 소외구조하에서의 생활을 가져왔으며 긴 시간 동안 그들을 괴롭혀왔다. 그러나 한국인이라는 소여의 사실로 인해 살아가는 것조차도 제대로 할 수 없는 생존권의 문제를 앞에 두고 그에 맞서는 사람들이 나타나게 된다.

재일한국인 1세들은 한반도에서 태어나 고향인 한국을 동일성의 기반이자 원형으로, 일본을 잠시 거주하는 땅으로 생각하고 있었다. 그러나 일본에서 태어나 일본에서 교육을 받은 재일한국인 2세들은 일본인과 다르지 않는 자신과 한국인이라는 태생(출신) 사이에서 '나는 누구인가'라는 물음에 항상 시달리게 된다. 즉, 정형화된 한국인 상이 통용되지 않는 것이다.

이로써 1970년대를 경계로 새로운 자이니치상인 에스니시티로서의 재일한국인이 형성되었다.[14] 후쿠오카 야스노리福岡安則는 재일한국인의 인터뷰조사를 통해 젊은 세대의 동일성으로서 조국지향, 귀화지향, 개인지향, 갈등, 공생지향, 갈등회피, 동포지향의 일곱 가지 유형[15]을 추출해냈다. 이는 재일한국인의 동일성이 정태적이라기보다는 동태적이라는 사실을 보여주며, 여기에서 후쿠오카 야스노리가 공생지향이라 명명한 "자기 동일성을 바꾸기" 보다 "사회적, 법적 지위의 변혁을 위해 싸우고자"[16] 하는 사람들의 존재를 읽을 수 있다.

"일본사회의 민족차별을 없애고 민족적 태생이 다른 사람들이 그 입장의 차이를 인식한 위에 함께 살아갈 수 있는 사회를 실현하는 것 …… 사회적 차별에 대해 사회변혁의 방향에서 문제해결을 위해 노력하는 사람들", 즉 "민족차별과 싸우는 삶" 에서 자기 동일성을 찾고자 하는 사람들이 등장하게 되는 것이다.[17] 재일한국인을 괴롭혀온 차별을 개인적 문제로 받아들이는 것이 아니라 이방인, 즉 파리아일반을 낳은 사회의 차별성, 억압성 그 자체를 고발해나가는 자세[18]를 가진 사람들이 출현하게 되었다.

일본인으로의 동화同化가 아닌 한국인으로의 이화異化를 통해 자신들의 존재의의를 모색한다는 '의식적 파리아'[19](한나 아렌트)로 규정할 수 있는 재일한국인 2세의 형성은 이제까지 일본사회가 가지고 있던 구조와 의식을 바꾸는 움직임으로 발전해나가게 된다.

(3) 재일한국인,[20] 새로운 가능성을 열어가다

이러한 재일한국인의 등장은 어떠한 의미를 가지는 것일까? 강상중姜尙中과 요시미 준야吉見俊哉는 이질적 타자로서의 재일한국인으로부터 이제까지 자명한 것으로 여겨졌던 내셔널한 공공공간을 대신하여 동일성의 복수성을 인정하는 새로운 공공공간의 창출을 제시하고 있다.[21] 즉, 허위의 에스니시티로서의 일본인=국민이라는 동일화 패러다임을 넘어 "이주노동자와 일본국적자의 경계영역에 위치하고 데니즌으로서 일본에 정주한 외국인인 재일한국인이 바로 동일성의 복수성을 가지고 있으면서도 내셔널리티를 선험적으로 거절하는 것이 아니라 오히려 그 역사적 관계성을 적극적으로 받아들이고자 하는 소위 디아스포라(이산)적인 공간의 주체로서 등장"하는 가능성을 놓치지 않고 있는 것이다.[22]

지금까지 국적에 한정되어 있던 단일한 공공공간에서 "지역적인 공공공간에 참가하면서 다른 한편으로는 북동아시아의 트랜스 내셔널한 에스닉 그룹으로 등장하고 있는"[23] 디아스포라적 공공공간의 새로운 가능성. 이러한 주장은 재일한국인이 경계인으로서 가지는 입장을 반대로 활용하면서 새로운 가능성을 가진 존재로 정립하는 시각을 제기하고 있는 것이다.

지역사회를 변혁하는 주체, 일본과 한국을 연결하는 매개적 존재인 재일한국인에 대한 관점은 지역사회의 미시적 차원과 국제사회의 행위자(actor)라는 거시적 차원[24]에서 재일한국인이 가지는 가능성을 논하고 있다는 점에서 중요하다.

재일한국인이라는 존재를 통해 새로운 전망을 열고자 하는 것은 국민교육이라는 교육 패러다임에 있어서도 동일하다고 할 수 있다. 일본국민을 기르는 국민교육론으로서 기능해온 종래의 교육 패러다임을, 국민교육론에서 소외된 존재[25]인 재일한국인의 입장에서 비판함으로써 새로운 교육 패러다임을 만들어내는 것이 가능해지기 때문이다.[26]

이처럼 자신들의 '권리를 위한 투쟁'[27](예링Jhering, Rudolph von)을 통해 국민교육의 틀 안에서 생각해온 종래의 교육이 다양성 및 이질성을 용인하는 다문화공생교육으로 바뀌는 과정을 밝히는 것이 본서의 중심과제이다.

또한 이 다문화공생교육을 재일한국인과 관련하여 생각하기로 한다. 왜냐하면 나카지마 도모코中島智子가 "1970년대에 일본 학교에서 일어난 재일한국인교육의 실천활동과 운동에서 한국을 배제해온 일본의 커리큘럼 개혁과 그에 의해 재일한국인 아이들의 민족적 자각을 적극적으로 촉진하고, 동시에 일본인 아이들의 민족적 편견을 제거하는 것이 목표가 되어왔다. 이러한 의미에서 재일한국인교육은 이미 우리 나라의 다문화교육의 사례이다"[28]라고 지적하고 있는 것처럼, 일본의 다문화교육은 재일한국인과의 관련성에 입각하여 생각해야 하기 때문이다. 즉, 다문화교육이라는 이론이 일본에 들어오기 이전부터 재일한국인과의 관계에서 이미 다문화교육에 상응하는 것이 실천현장에서 형성되어왔으며, 본서에서는 이를 다문화공생교육이라 정의하고, 가와사키를 사례로 설명하고자 한다. 단, 이때 민족학교와 다문화공생교육과의 관계에 대해서는 다른 기회를 빌려 고찰하고자 한다.

그러면 구체적인 분석에 들어가기에 앞서, 다문화공생교육을 어떠한 개념으로 설정하는지, 또 왜 가와사키시川崎市를 사례로 드는지 살펴보고자 한다.

2. 다문화공생교육의 개념설정

교육에 있어서 문화의 다양성을 전제로 하는 다문화교육은 다원주의, 다문화주의[29]에 입각하여 하나의 문화를 절대적으로 파악하기보다는 복수의 문화를 상대적으로 파악해 여러 민족이 공존하는 것을 목적으로 한다. 고바야시 데쓰야小林哲也는 1985년 일본에서 가장 먼저 발행된 다문화교육에 관한 문헌인 『다문화교육의 비교연구』에서 다문화교육을 "소수·다수 민족 집단의 공존을 촉진하기 위해 교육내용과 방법, 교육환경을 전반적으로 개선하고자 하는 광범위한 활동"으로 "다민족 집단 간의 공존을 위한 장애 극복과 공존조건의 촉진을 아이들에 대한 교육, 그 생육生育 과정을 통해 실현하는 것"이라고 정의했다.[30]

다문화교육은 1960년대 이후 미국 등 여러 나라에서 발전되어온 개념으로, 고바야시 데쓰야가 지적한 것처럼 한 사회에서 다른 민족 집단과의 공존과 공생을 지향하는 것이지만, 여기에는 간과할 수 없는 측면이 존재한다. 예를 들면 칼 그랜트Grant, Carl A.는 다문화교육을 "학생들이 복수 집단에 속하면서 긍정적인 자기개념을 발달시켜 '나는 누구인가'를 알 수 있도록 지원하는" 것으로 보고 있다.[31] 즉, 다문화교육은 긍정적인 자기개념=동일성을 형성하기 위한 측면을 가지고 있는 것이다.

다른 문화를 가진 복수 집단이 공존하고 공생하기 위해서는 평등한 주체로서의 관계성이 필요하다. 그러한 상호입장을 이해하고 존중하는 수평적 관계를 형성하기 위해서는 자기 자신을 긍정적으로 받아들이는 것이 각각의 집단에 요구된다. 왜냐하면 부정적인 자아상을 가진 행위자(actor) 간의 관계는 수평적일 수 없어서 수직적인 억압관계밖에 형성하지 못하기 때문이다.

이러한 다문화교육에 대한 시점은 주로 학교교육을 중심으로 발전해왔지만 평생교육에 있어서도 그 기본적 논점을 공유하며 1990년대 이후 실천과 이론의 양 영역에서 발전, 전개되어왔다. 그리고 평생교육에서 다문화교육이 제기되는 과정에서 다문화공생교육의 중심축 하나가 도출되는데, 그것이 바로 인권이다.

(1) 평생교육에서의 다문화교육연구의 전개

다문화교육과 공생이념 등을 논하는 흐름은 1990년을 기점으로 본격화되었다. 이러한 흐름은 인권을 현대적 인권으로써 파악하고자 하는 움직임이 활성화된 것과 관계가 깊다.

1) 인권 개념의 재구축—인권 개념의 재인식

다문화교육을 생각하기 전에 인권의 관점을 고려해야 하는 것은 학습하는 권리 향유자로서의 외국인이라는 존재 인식이 바로 인권 개념의 재인식을 계기로 일어나기 때문이다.

평생교육에서 권리를 둘러싼 논의는 1970년대의 국가의 교육권에 대한

국민의 교육권을 제창한 호리오 데루히사堀尾輝久와 오가와 도시오小川利夫를 중심으로 전개되었다.[32] 헌법 제26조(교육을 받을 권리)를 비롯한 법 규정에 의거하여 국민을 학습권의 주체, 평생교육의 주체로 정의해 평생교육의 권리를 명시하는 것으로, 이후 인권으로서 학습권의 토대를 구축했다. 하지만 아직 국민이라는 개념에서 권리를 정의함으로써 사실상 외국인은 그 대상에서 제외되어 있었다.[33]

그러나 1985년의 유네스코 학습권선언[34]은 학습의 권리가 일부 사람들에게 한정된 것이 아니라 모든 사람들이 가지는 기본적 인권이라는 것을 명확히 했다. 인간이라면 누구나 가지고 있는 인권으로서의 학습권이라는 관점은 국민이라는 틀에서 만들어지는 관점에 비해 보다 포괄적이며 보편성을 가진다. 이러한 인권사상의 유입은 소위 '잊혀진 사람들'[35](고바야시 분진小林文人)이라는 사회적 약자를 주목할 것을 촉발시켰던 것이다.

즉, 국민이 가지는 권리라는 관점에서 인간이 가지는 인권이라는 관점으로의 이행은 지금까지 보이지 않는 존재였던 고령자와 외국인, 여성 등 사회적으로 소외된 사람들의 존재를 뚜렷이 부각시켰다. 이처럼 인권이라는 시점은 다문화교육을 지탱하는 사상적 토대의 하나가 된다.

예를 들면 1970년대에 권리로서의 평생교육론을 전개해온 오가와 도시오는 지금까지의 연구 업적을 바탕으로 이를 발전시키는 데 있어 인권의 시각에 서서 인권으로서의 평생교육에 대한 이행을 논했다.[36] 즉 종래 논의되어왔던 권리에서는 누구보다도 권리를 보장받아야 할 사람들이 소외되어버린다는 점에서 인권이라는 필터를 통해 평생교육의 권리성을 생각해야 할 필요성을 논하였던 것이다. 이러한 입장에서 인권교육의 필요성이 제창되는 한편, 제3세대 인권[37](카렐 바삭Karel Vasak)이라는 현대적 인권에서 평생교육의 틀을 변용시켜갈 것을 제안한 것은 구로사와 노부아키黑澤惟昭이다.

구로사와 노부아키의 제3세대 인권으로부터의 지적은 지금까지 교육권의 피·불이익자被·不利益者[38]를 학습권의 주체로서 평생교육의 중심에 자리매김하는 것으로, 소위 마이너리티를 적극적으로 정면에서 파악하려고 하는 것이기도 하다.

구로사와는 인권과 표리의 관계에 있는 차별개념에 주목하여 "필연적으로 이질한 존재(異者)를 배제하고 열위劣位로 하는" 대신에 "차이差異를 차이로서 권리 짓는 일"[39]을 대전제로 차별하는/차별당하는 관계에서 "소여로서의 차이, 그것을 단적으로 서로 인정하는"[40] 공생과 공육의 관계(사회)를 창조하자고 주장한다. 그때 구로사와가 주목한 것이 제3세대 인권이었다. 왜냐하면 "차별, 억압으로부터의 해방의 관점"인 제3세대 인권은 인권의 본질을 "타자와의 관계성"에 두고 있기 때문에 지금까지 교육권의 피·불이익자였던 사람들의 학습권을 생각하는 데 유효한 개념이기 때문이다.[41] 또한 피차별/차별의 관계에서 공생교육을 논하는 다른 이론가로는 미야사카 고사쿠宮阪廣作를 들 수 있다. 미야사카도 차별의식에서 벗어나 다른 타자와의 인간적 관계를 맺고 살아갈 수 있는 공존, 공생의 회복을 지적했다.[42]

또한 종래의 권리론에서 말하는 국민의 권리를 주민의 권리, 시민의 권리로 발전시켜 외국인의 학습권을 주민의 권리로서 규정하고, 인권을 기축으로 한 광역적인 공동체로서 '북동아시아 학습권공동체' 구상을 제기한 사사가와 고이치笹川孝一의 선구적 논점도 빼놓을 수 없다.[43] 이와 더불어 외국인 노동자의 권리를 '인권으로서의 학습권'[44]으로 파악하고, 과제제기형 일본어교육[45]을 주장하여 일본어 학습을 논의했던 노모토 히로유키野元弘幸의 연구도 주목할 만하다.

이러한 인권이라는 관점은 일본사회교육학회 창립 50주년 기념강좌인 '현대평생교육의 이론2 현대적 인권과 평생교육의 가치(『現代社會教育の理論II 現代的人權と社會教育の價值』)'에도 계승되어 인권으로서의 평생교육은 지금도 계속해서 주요한 연구과제로 인식되고 있다.[46]

인권 개념의 재인식에서 외국인도 학습권의 향유자라고 인식하는 접근은 다문화교육이 인권론으로부터 지탱되는 이론[47]임과 동시에 궁극적으로 차별/피차별의 관계에서 공생/공존의 관계를 목적으로 하는 비전을 공유하고 있다는 측면에 있어서도 다문화교육과 공통항을 가진다. 이와 더불어 외국인이라는 카테고리를 사유할 때, 뉴커머new comer 외국인에 비해 올드커머old comer인 재일한국인에 대한 관점을 충분히 고려하지 못했다는 점은 여전히 과제로 남아 있었다.[48] 이러한 경향은 1990년대 중반부터 본격적으로 발전하는 다문화교육연구에서도 발견되었다.

2) 평생교육 연구영역으로써의 다문화교육의 정착

다문화교육은 1980년대부터 급증한 외국인 여성(결혼이주여성), 일본계 남미인 등의 증가로 사회교육의 과제로 자리 잡았다.

모토키 겐元木健은 다문화교육의 개념인 다문화 · 공생사회에 대해 그 근저에 "마이너리티의 시점"이 있고, 특히 공생이 "서로의 차이를 깊이 인식하면서 통합된 사회를 이념"으로 "반드시 그 기저에 인권 그리고 마이너리티의 시점을 두는 것"이라고 지적하며[49] 인권과 마이너리티 개념을 기반으로 함을 분명히 밝히고 있다. 이러한 다문화교육은 1995년에 일본사회교육학회에서 출판된 『다문화 · 민족공생사회와 평생학습多文化 · 民族共生社會と生涯學習』에서 볼 수 있듯이 외국의 사례를 소개하는 연구와 함께 이를 일본의 실천적 과제로서 논하는 연구가 주로 이루어지면서 다문화교육으로써 평생교육을 생각하는 관점이 심화되어왔다.[50]

그 가운데에 지역다문화교육 개념을 논하는 성구미成玖美의 연구는 다문화교육을 평생교육으로 자리매김하고 있다는 측면에서 주목할 만하다.

성구미는 다문화교육을 "국민교육으로서의 근대 공교육을 문제시하고 재인식을 촉구하며 민족적 소수자의 역사 · 문화 · 동일성을 존중하면서 함께 사회를 만들어가기 위한 새로운 교육의 방향성과 실천을 제시하는 것"

으로 규정하고 있다. 특히 지역을 기반으로 전개하는 평생교육실천을 '지역다문화교육'으로 정의했다.[51] 이러한 지적은 지금까지 아이들을 대상으로 한 학교교육 중심의 다문화교육 논의 안에 성인을 포함한 지역사회를 중심으로 한 평생교육의 측면을 갖는 다문화교육을 새롭게 자리매김해야 하는 시각을 제시하고 있다.

더 나아가 학교교육을 상정하고 있는 그랜트Grant, C. A.와 슬리터Sleeter, C. E.에 의한 다섯 가지 다문화교육 접근을 통해 일본인 주민과 외국인 주민의 관계성의 벡터와 교육 활동 목표에 입각한 지역 다문화교육의 접근을 제안한다.[52] 이와 같은 지역다문화교육이라는 제안은 지금까지의 국민국가의 논리와는 달리 '지역공생의 논리'[53]로 뒷받침되면서 다문화교육을 새로운 평생교육의 틀로 보는 데 있어 유효한 시점을 제공하고 있다.

외국인을 지역의 일부로 파악하여 일본어 학습지원 등을 중심으로 외국인과의 공생을 모색하는 1990년대 이후의 실천적 연구의 축적[54]은 세계화가 심화되는 가운데 소위 단일민족국가 일본의 이데올로기 안에서 구축되어온 교육의 틀을 서로 다른 문화와 인종 등의 다양성을 용인하는 교육체제로 이행시킨다는 의미에서 현실적 적합성을 요구하는 움직임으로도 이해할 수 있다.

하지만 실질적으로 뉴커머라고 일컬어지는 외국인의 증가가 배경이 되어 발전해온 연구는 그 이전부터 외국인으로서 존재해온 올드커머인 재일한국인의 특수성이 충분히 고려되어 있지 않았다. 즉, 역사적 산물로서 일본에서 외국인이라는 이름 아래 살아가야 했던 재일한국인이 가지는 뉴커머 외국인과는 다른 독자성·역사성을 제대로 인식하는 것이 과제로 남아 있던 것이다.

그러나 일본의 국제화를 생각하는 데 있어 올드커머인 재일한국인과의 관계를 제대로 인식하는 것은 뉴커머와의 관계를 구축하는 원리를 생각하기 위해서도 빼놓을 수 없는 중요한 관점이다.[55]

(2) 다문화공생교육이란

재일한국인과의 관계에 있어 일본의 다문화교육을 생각하는 관점은 1970년대부터 이미 제기되어왔다. 오자와 유사쿠小澤有作는 그 가운데 선구적인 연구자였다.

1) 다문화교육과 재일한국인과의 관계성에 대한 착목

다문화사회로서 일본이 가지는 측면에 주목하여 재일한국인교육을 논의한 연구자로는 오자와 유사쿠가 있다는 것을 잊어서는 안 된다. 오자와 유사쿠의 『재일조선인교육론在日朝鮮人教育論』은 외국인도 포함하는 교육의 틀로 바꾸어 나가려는 선구적인 노력을 담고 있는 책이다.[56]

일본의 동화교육同化教育 체제가 어떻게 형성되어 재일한국인의 민족교육을 억압해왔는지를 역사적 관점에서 밝힌 후에 일본인과 구별하지 않는 교육체제의 문제점(재일한국인의 특성을 존중하지 않고 일본인과 같은 교육을 실시하는)을 첨예하게 지적하는 오자와의 논의는 교육체제가 재일한국인을 억압하는 기제로 작용하고 있다는 것을 비판하는 점에서 윤건차尹健次[57] 등과 같은 재일한국인 당사자의 주장과 내용을 같이하고 있다.

또한 재일한국인교육을 학교교육에서 다문화교육으로 개념화하는 것의 적합성을 주장하는 나카지마 도모코中島智子의 연구도 귀중한 관점을 제시한다. 나카지마 도모코는 재일외국인교육이라는 용어가 "재일한국인을 …… 일반 외국인과 같이 다룸으로써 그 역사성, 즉 일본의 식민지 지배의 결과라는 역사성을 은폐하기" 때문에[58] "내적 국제화라는 것의 중심에 재일한국인을 자리매김하는 관점에서 말하자면, 오히려 다문화교육이라는 틀이 유효성을 갖게 된다"[59]고 주장했다.

이처럼 재일한국인과의 관계에서 다문화교육에 주목하는 논의는 이미 존재하고 있었다. 하지만 이러한 연구들을 계승하여 현재의 다문화교육연구 안에 재일한국인과의 관계를 명확히 자리매김하는 관점은 평생교육연구 분야에서 더욱 구체화되지 못한 과제로 남겨져 있었다.

1970년대 이후 한국인의 민족교육 실천활동과 교육의 권리를 요구하는 움직임 등으로 지자체의 교육시책이 변화하는 상황에 입각한 논리의 구축은 국제화에 대응하는 평생교육을 구상하는 데 꼭 필요한 것이라 할 수 있을 것이다.

2) 개념 규정

이처럼 본서에서는 재일한국인과의 관계 안에서 지역사회에 형성된 교육을 다문화공생교육이라 정의하고 논증하기로 한다.

즉, 다양한 민족의 문화, 역사 등을 존중하고 공생을 지향해간다는 다문화교육의 관점을 계승하면서 일본인과 외국인과의 공생개념을 도입한 다문화공생교육이라는 개념을 설정하고자 한다.

이와 같은 개념설정은 다이 에이카戴エイカ의 "다문화공생에서 문화란 민족문화이며 공생이란 국내에 존재하는 민족 간의 공생이다. 이 공생은 …… 서로 다른 민족 간에 있는 차별구조의 시정을 목적으로 한다"[60]는 지적에서 시사를 얻은 것이다. 즉, 다문화교육이 실질적인 의미를 가지기 위해서는 서로의 타자성他者性을 받아들여 편견과 차별을 없애는 것이 무엇보다도 중요하다는 입장이 필요하다고 생각하기 때문이다. 이와 함께 개개인이 자신의 민족적 배경을 긍정적으로 받아들인다는 동일성의 확립이 기본 전제가 되어야 한다는 것을 간과해서는 안 된다. 긍정적인 동일성의 형성을 바탕으로 공생을 목표로 하는 것, 이것이 본서에서 논증해가는 다문화공생교육이다. 다문화공생교육은 이미 야마와키 게이조山脇啓造[61]와 전국외국인교육 연구협의회 등에 의해 사용되고 있지만, 본서에서는 이상과 같은 의미를 가진 것으로 규정하고자 한다.

이러한 다문화공생교육을 논증하기 위해 가와사키시川崎市를 그 사례로 들고자 한다. 가와사키시에 주목하는 이유를 살펴보기 위해서는 우선

1970년대 이후에 시작되었던 실천이 관서지역과는 다른 차이를 가진다는 것을 이해해야 한다.

3. 연구대상으로서의 가와사키시의 교육운동

1970년대에 본격화되었던 재일한국인에 대한 교육실천은 관서지방과 관동지방에서 각각 다른 양상을 드러내고 있었다. 관서지방에서는 재일한국인에 대한 교육실천이 교사를 중심으로 한 해방교육을 토대로 한 것이었으나, 관동지방에서는 시민운동적 성격이 강한 차이가 있었던 것이다.[62]

관서지방에서는 1960년대 중반에서부터 월경통학문제越境通學問題를 겪으며 부락해방교육이 시작되었지만, 이후 재일한국인 학생들의 문제제기를 계기로 한국인 아이들과 관련해 전면적으로 대응하고자 하는 실천이 일부 교사를 중심으로 시작되었다. 오사카大阪에서는 1971년 공립학교에 재적하는 조선인 아이들을 생각하는 모임(후에 일본학교에 재적하는 조선인 학생의 교육을 생각하는 모임으로 개칭)[63]이, 효고兵庫에서는 효고 재일조선인 교육을 생각하는 모임이 결성되어[64] 재일한국인 아이들이 겪는 취직차별과 같은 진로보장 문제를 비롯하여 본명을 쓰는 운동과 인권교육의 실천이 시도되기 시작했다. 1970년의 오사카시 교육위원회가 제정한 학교교육지침 가운데 외국인교육이라는 항목 아래 인권존중의 입장에서 차별과 편견을 인정하지 않는다는 견해가 표명되고 나서[65] 재일한국인교육에 관한 교육지침의 제정이 잇달아 이루어졌는데, 이러한 관서지방의 움직임은 관동지방에 비해 비교적 이른 단계에 추진되었던 것이다.

관서지방에서는 부락 출신 아이들의 차별 · 고발로 교사들이 중심이 되어 한 교실에서 같이 책상을 맞대고 있는 재일한국인 아이들이 이야기하는 목소리를 받아들이고자 하는 움직임이 이른 시기에 형성되었으며 해방교육이라는 토대를 가진 교사를 중심으로 한 실천이 그 특징이었다.

이에 반해 관동지방에서는 해방교육을 기반으로 한 교사 중심의 실천보다는 시민운동적 측면이 강하였고[66] 가와사키시의 경우만을 보더라도 교육위원회가 학교현장에 존재하는 한국학생들에 대한 차별을 좀처럼 인정하지 않는 상황이었던 것이다.

물론 같은 관서지방이라 해도 지역별로 다르게 존재하는 다양성으로 인해, 오사카와 나라奈良, 효고兵庫 등 각 지역의 실천을 단일한 관서지방의 실천으로 이해할 수는 없지만, 가와사키시의 사례를 본서의 연구대상으로 이해하는 데 이러한 관동지방과 관서지방의 차이가 배경으로 존재한다는 것을 미리 말해두고 싶다. 1970년대 학교교육을 중심으로 재일한국인 아이들에 대한 실천을 하고 있던 관서지방에 비해 관동지방, 특히 가와사키시에서는 1970년에 시작된 히타치日立 취직차별투쟁을 기점으로 하여 지역사회에서 아이들에 대한 교육실천을 시작하게 된다. 즉, 민족교육의 권리가 인정되지 않은 채[67] 재일한국인의 정주화가 진행됨에 따라 1970년대에 히타치 취직차별투쟁이라는 의의제기가 일어났고, 이로 인해 가와사키시의 사쿠라모토 지구櫻本地區에 사쿠라모토 보육원, 사쿠라모토 학원 등과 같은 교육실천이 시작되었던 것이다.

가와사키시의 사쿠라모토 지구는, 재일한국인 거주지역이 형성되었지만 일본인들도 거주하게 되면서 지역사회 차원에서 일본인과 한국인의 공존과 공생이 현실적 과제로 제기된 지역이었다. 또한 1970년대 이후에 행해진 실천이 한국인과 일본인의 협력, 연대관계 하에 추진되어 1980년대 이후에는 시와의 협동관계가 구축됨으로써 다문화공생교육이 전개되고 있는 것도 가와사키시를 주목하는 이유의 하나이다. 즉, 사쿠라모토 지구는 지역사회의 이념이나 실천 스타일 면에서 분명히 공생을 체현해온 지역이라 할 수 있는 것이다.

이러한 활동들의 중심에는 세이큐샤靑丘社라는 사회복지법인이 존재한다. 피차별자(집단)로부터의 고발 · 비판과 그에 상응하는 차별하는 측의 의식 변혁[68]이 세이큐샤가 중심이 된 청소년회관설립 요구 및 가와사키시 재일외국인교육 기본방침제정 요망, 지문날인 거부운동을 통해 1980년대에 전개될 수 있었다. 후레아이관은 1988년에 개관하여 1990년에 일본에서 처음으로 외국인이 관장을 역임한 평생교육시설이다. 후레아이관 설립의 기본 이념인 가와사키시 재일외국인교육 기본방침은 지역의 재일한국인과 일본인이 중심이 된 가와사키 재일한국인교육 추진모임의 문제 지적을 받아들여 제정되었으며, 지역의 실천을 바탕으로 하고 있다는 점이 다른 지자체의 교육 기본방침 및 지침과는 다른 특성을 가진다.[69]

본서에서는 1970년대와 1980년대에 세이큐샤를 중심으로 가와사키시에서 발생하였던 실천활동과 양 교섭의 메커니즘을 분석함으로써 다문화공생교육이란 무엇인가를 더욱 명확히 제기하고자 한다. 또한 가와사키시의 외국인시책 형성 경위를 밝힘과 동시에 억압된 재일한국인을 '주체'로서 형성되는 과정과 일본인과의 연대관계 형성 및 실천 안에서 생성된 공생이념을 검증하는 과정을 거쳐 과거 및 현재의 분석을 통해 앞으로의 전망을 제시하고자 한다.

주

1 外國人登錄事務協議會全國連合會,『外國人登錄』第580號, 2007, 49～50쪽.

2 1989년의 입국관리법 개정의 내용은 재류자격을 28종으로 확충하여 보다 넓게 외국인을 받아들이고자 했던 것과, 모든 외국인을 취로 가와 취로 불가로 명확히 이분한 것, 취로 가능한 외국인에게는 취로자격 증명서를 교부한 것 등이다. 田中宏,『在日外國人 新版－法の壁 心の溝』, 岩波書店, 1995, 217쪽.

3『多文化共生の推進に關する研究會報告書－地域における多文化共生の推進に向けて』, 總務省, 2006. 2쪽. 이 보고서는 2005년 6월에 총무성이 설치한 다문화공생의 추진에 관한 연구회에서 낸 것으로, 지방자치체가 지역의 다문화공생을 추진하는 데 있어서의 과제 및 앞으로 필요한 대응에 대해 커뮤니케이션 지원, 생활지원, 다문화공생의 지역 만들기의 세 가지 관점에서 검토가 이루어져 중앙정부차원에서 외국인이 지역사회의 구성원으로서 함께 살아갈 수 있도록 조건 정비를 본격적으로 검토해야 할 시기에 왔음을 명확히 했다.

이 보고서를 기반으로 총무성은 전국의 지방자치체에 다문화공생 추진계획을 책정하도록 해서 다문화공생시책을 종합적 · 계획적으로 추진할 것을 의뢰함과 동시에 앞으로 다문화공생의 추진을 향해 방재 네트워크 및 외국인주민에 대한 적합한 생활 서비스 제공을 중점적으로 검토할 필요성에 따라 두 분과회를 설치하고 2007년에 다문화공생의 추진에 관한 연구회 보고서로 정리했다. 이러한 총무성에 의한 움직임 외에 2006년도부터 거주외국인의 생활환경 정비에 대해 중앙정부기관 간의 벽을 뛰어넘은 검토가 본격화되었고, 외국인노동자 문제 관계성청省廳 연락회의는 2006년 12월에 '생활자로서의 외국인'에 관한 종합적인 대응책을 정리해 자녀들에 대한 교육과 노동환경 등의 개선을 명확히 했다.『多文化共生の推進に關する研究會報告書』, 總務省, 2007, 2쪽.

4 한국인은 59만 8,291명(2006년 말 기준)이며 전 외국인 인구의 28.7%로 가장 많다. 그 다음으로 중국인이 56만 명(26.9%)이다. 外國人登錄事務協議會全國連合會, 앞의 책, 51쪽.

5 1985년에 국적법이 개정되어 지금까지의 부계주의에서 부모 어느 한쪽이 일본 국적이면 아이도 일본 국적을 갖는 것이 가능하게 되었다.

6 정주외국인이란 "정주성定住性이 강한 일본 사회의 구성원 입장에 있는 외국인"을 가리키는 개념으로 1977년에 재일한국인이 일반외국인과는 다르다는 인식하에 서용달에 의해 처음으로 사용된 이래, 재일한국인을 의미하는 용어로 쓰이고 있다. 大沼保昭 · 徐龍達,「定住外國人としての在日韓國 · 朝鮮人」, 大沼保昭 · 徐龍達 編,『在日韓國 · 朝鮮人と人權－日本人と定住外國人との共生を目指して』, 有斐閣, 1986. 5쪽.

7 재일한국인 문제를 역사적으로 파악하는 것은 이 문제를 이해하는 기본적 전제로, 역사적 사실로서 파악하는 것에 의해서만 문제의 본질에 접근할 수 있다. 즉, 1970년대에 본격화되는 재일한국인과 일본인에 의한 민족차별 철폐운동은 피억압자 또는 억압자로서 자기 자신을 역사적 문맥에 놓고 자신들의 동일성을 재정립하는 것에 의해 가능했다. 그러므로 뒤의 분석에서 볼 수 있듯이 역사인식, 즉 재일한국인 문제를 일본의 식민지 지배가 초래한 역사적 문

제라고 파악하는 시점은 매우 중요하다.

8 ハナ・アーレント著, 大島通義・大島かおり 譯, 『全體主義の起原2 帝國主義』, みすず書房, 1972, 249쪽.

9 예를 들어 미노베 다쓰키치는 『일본국 헌법원론』에서, "헌법이 국민에게 보장하고 있는 생활을 영위하는 권리, 교육을 받을 권리, 근로의 권리는 오로지 국민에게만 주어지는 것으로 외국인은 권리로서 그것을 요구할 수 없다. 이와 마찬가지로 아이들에게 교육을 받게 하는 의무 및 근로의 의무도 국민에게 부과하는 것으로 외국인은 교육 및 권리도 없으며 의무도 없다"고 말하고 있다. 美濃部達吉, 『日本國憲法原論』, 有斐閣, 1952, 190쪽.

10 후쿠오카 야스노리는 전후 일본 정부의 시책들이 재일한국인에게는 기본적 인권을 인정하려하지 않는 억압정책이었다고 하면서 일본정부는 자신들의 식민지 지배에 의해 생겨난 재일한국인을 귀찮은 존재로 보고 단순한 치안 유지의 관리 대상으로서만 간주해왔다고 지적하였다. 福岡安則, 『在日韓國・朝鮮人－若い世代のアイデンティティ』, 中央公論新社, 1993, 48쪽.

11 川崎修, 『アレント－公共性の復權』, 講談社, 2005, 127～128쪽.

12 笹川孝一, 「外國人の學習權問題とポスト『國民教育』時代の教育學」, 『教育』 1993년 2월호, 22쪽.

13 파리아pariah란 원래 인도의 카스트 제도의 최하층민을 뜻하는 개념이었으나 일반적으로 outsider를 가리키는 의미로 사용되는 경우가 많다. Gordon Marshall A Dictionary of Sociology OXFORD UNIVERSITY PRESS 1999, p.479.

14 나카지마 도모코는 이러한 새로운 자이니치상에 대해 에스니시티 개념을 가지고 설명한다. "1970년대 이후의 정주화 경향에 대해 새로운 자이니치상이 필요해졌다. 조국과의 거리, 일본에서의 영주권 취득, 세대교체, 국제적인 인권의식의 고양에도 불구하고 존재하는 일본사회의 민족차별 그리고 그 철폐를 목표로 자이니치에게 있어 새로운 운동의 진전 등이 보여주는 현재의 상황은 오늘날의 재일한국인을 이해하기 위해 새로운 개념을 필요로 하게 되었다. 에스니시티 개념이 주목받는 이유이다." 中島智子, 「在日朝鮮人のエスニシティと教育－『文化的志向性』と『社會的志向性』の視點から」, 『教育學硏究』 第61巻 第3號, 1994, 29쪽.

15 福岡安則, 앞의 책, 76～107쪽.

16 ハンナ・アレント著, 寺島俊惠・藤原隆祐宜 譯, 『パーリアとしてのユダヤ人』, 未來社, 1989, 23쪽.

17 福岡安則, 앞의 책, 90～91쪽.

18 ハンナ・アレント著, 寺島俊惠・藤原隆祐宜 譯, 앞의 책, 250쪽.

19 위의 책, 29쪽.

20 예를 들면 서경식은 아우슈비츠에서 살아남은 유태인 프리모 레비Primo Levi의 사례를 통해 "같은 인간이라는 개념은 차별자에게 있어서는 그저 제목에 그치는 일도 가능하겠지만 피차별자에게 있어서는 자신의 육체와 정신을 지키는 싸움, 투쟁의 근거이며 무기이기도 하기 때문이다. 이 때문에 언제나 피해자 측이 가해자를 포함한 새로운 보편성의 틀을 재구축하는 역할을 맡게 된다. 이것이 인류의 역사를 관철해온 변증법이다"라고 지적하면서, 억압받는 자이기 때문에 가지고 있는 가능성을 시사하고 있다. 徐京植, 『プリーモ・レーヴィへの旅』, 朝日新聞社, 1999, 147쪽.

21 姜尙中・吉見俊哉, 『グローバル化の遠近法－新しい公共空間を求めて』, 岩波書店, 2001, 217쪽.

22 위의 책, 162쪽.

23 위의 책, 166쪽.

24 위의 책, 166~167쪽.

25 尹健次,『異質との共存－戰後日本の教育・思想・民族論』, 岩波書店, 1987, 107쪽.

26 예를 들어 윤건차는 "재일조선인을 일본국가와 일체화된 국민교육에서 해방시켜 자립된 민족으로서의 교육을 보장하는 것을 통해 일본의 교육변혁을 달성하고자 하는 것이다"라고 지적하고 재일한국인 이라는 존재를 통해 일본의 교육을 변화시키는 가능성을 도출하고 있다. 위의 책, 116쪽.

27 イェーリング著, 村上淳一 譯,『權利のための鬪爭』, 岩波書店, 1982.

28 中島智子,「多文化教育をめぐる論爭と課題」,『西山學報』第39號, 1991, 20~21쪽.

29 세키네 마사미는 다문화주의를 다음과 같이 정의하고 있다. "다문화주의는 국민국가가 단일언어, 단일문화, 단일민족에 의해서 성립되어야 한다는 동화주의에 입각한 국민통합정책을 부정한다. …… 각 인종, 민족, 에스닉 집단의 전통적 문화, 언어, 생활습관을 중앙정부가 적극적으로 보호하고 공적 원조를 할 뿐 아니라 인종차별금지와 어퍼머티브 액션(적극적 차별시정조치)을 도입해서 에스닉 마이너리티의 교육과 직업을 기축으로 한 사회참가를 촉진한다. 요컨대 정치적, 사회적, 경제적, 문화・언어적 불평등을 없애고자 하는 일종의 국민통합 내지는 사회통합 이데올로기이며 구체적인 일련의 정책을 이끌어내는 지도원리이다." 關根政美,『エスニシテイの政治社會學－民族紛爭の制度化のために』, 名古屋大學出版會, 1994, 199쪽.

30 小林哲也,「總括－多文化教育の課題」, 小林哲也・江淵一公 編,『多文化教育の比較硏究－教育における文化的同化と多樣化』, 九州大學出版會, 1985, 354~356쪽.

31 カール・A・グラント,「多文化教育」, カール・A・グラント他 編, 中島智子他 譯,『多文化教育事典』, 明石書店, 2002, 233쪽.

32 자세한 내용은 金侖貞,「社會教育における學習權概念に關する一考察」,『生涯學習・社會教育學硏究』第28號, 東京大學大學院教育學硏究科社會教育學硏究室, 2003, 55~56쪽.

33 사사가와 고이치는 국민의 학습권과 외국인의 관계에 대해서 다음과 같이 말하고 있다. "(외국인의 학습권에 관한) 합의의 미확립은 문부성을 비판하면서 국가-국민의 틀 안에서 민중의 학습권 확립을 주도해온 국민의 교육권・학습권론과도 관계가 있다. 1950년대의 국민의 교육권・학습권론의 등장시 국민이라는 말은 민중의 의미와 미국에의 종속에서 일본 민족의 독립이라는 민족교육 수립의 두 가지 의미도 포함하고 있어 이론의 실천적 기반인 민간교육운동은 아이누와 재일조선인의 민족교육을 지지하는 경향에 있었다. 그러나 이론으로서의 국민의 교육권・학습권론은 국민국가의 틀 안의 것이었기 때문에 이 사실에 관한 적극적인 이론 전개는 없었다. 그 때문에 지금 다시 주민의 학습권 일반으로의 탈피가 요구되고 있는 것이다. 80년대 이후의 일본으로의 대량의 인구 이동 속에서 국민의 학습권론은 재일외국인의 학습권을 의식적으로 배제하고 있지는 않았으나 결과적으로 그들의 학습권을 옹호하지 못하고 국민=민중=일본 민족에 집중시키는 작용도 했기 때문이다." 笹川孝一,「多民族・多文化社會における學習權と教育の社會化としての,『社會教育』－日本在住外國人とくに『ニューカマー』の學習權を考える」,『月刊社會教育』1992년 2월호, 51쪽.

34 후지타 히데오는 "학습권 선언이 문해의 권리를 서두에서 언급하고 있다는 점에서 가장 빈곤한 사람들을 중시하고 있으며 불리한 입장의 사람들이야말로 학습의 권리가 있다는 것이 이

선언의 기조이다"(17쪽)라고 지적하였다. 학습권 선언이 갖는 의의에 대해서는 藤田秀雄, 「ユネスコの學習權宣言」, 藤田秀雄 編, 『ユネスコ學習權宣言と基本的人權』, 教育史料出版會, 2001, 15~38쪽을 참조.

35 小林文人, 「公民館における學習權創造の步みと課題」, 小林文人 編, 『公民館の再發見－その新しい實踐』, 國土社, 1988, 40~45쪽.

36 小川利夫, 「『人權としての社會教育』の追究」, 『月刊社會教育』 1985년 12월호, 12쪽.

37 현대적 인권으로서의 제3세대 인권이란 카렐 바삭에 의해 1970년대에 제창된 새로운 개념으로 권리의 내용과 주체 등에 있어 종래의 권리개념과는 다른 새로움을 갖는 인권개념이다. 자세히는 Karel Vasak A 30years struggle Unesco Courier 1977 및 岡田信弘, 「古典的人權から第3世代の人權へ」, 『ジュリスト』 No.937, 1989를 참조.

38 黑澤惟昭, 「生涯學習時代の差別と人權」, 黑澤惟昭・森山沾一 編, 『生涯學習時代の人權』, 明石書店, 1995, 87쪽.

39 黑澤惟昭, 「現代的人權と社會教育」, 日本社會教育學會 編, 『現代的人權と社會教育』, 東洋館出版社, 1990, 12쪽.

40 黑澤惟昭, 앞의 책, 93쪽.

41 위의 책, 76~77쪽.

42 宮阪廣作, 『生涯學習の理論』, 明石書店, 1990, 265~266쪽.

43 笹川孝一, 「外國籍住民の學習權とアジア太平洋學習權共同體の展望」, 『月刊社會教育』, 編集部 編, 『日本で暮らす外國人の學習權』, 國土社, 1993, 9~34쪽.

44 野元弘幸, 「外國人勞動者の移入に伴う生涯學習計畫化の課題－在日日系人の生活實態と日本語の學習に關する調査を中心に」, 『名古屋大學教育學部紀要』, 1993, 118~119쪽.

45 노모토 히로유키는 "문제제기식 일본어교육을 단순히 일본어 운용능력을 습득하는 것을 목적으로 하는 것이 아니라 공생의 마을만들기와 인간답게 살아가는 것으로 이어지는 일본어교육을 탐색하는 것으로 파울로 프레이리Paulo Freire의 방법과 미국의 문제제기형 ESL 교육의 실천에서 제기한 것이다"라고 정의하였다. 野元弘幸, 「多文化共生のまちづくりと外國人住民の學習權保障」, 『月刊社會教育』 2001년 3월호, 14쪽.

46 鈴木敏正, 「現代的人權と社會教育の價値」, 日本社會教育學會 編, 『現代的人權と社會教育の價値』, 東洋館出版社, 2004, 11~27쪽.

47 예를 들면 사사가와 고이치는 외국인의 학습권을 보장하기 위해서 "다원적 가치관에 선 공생의 교육으로서의 다문화교육＝포스트 국민교육의 중요한 축으로 보는 것이 적절"하다고 지적하였다. 笹川孝一, 앞의 책, 30쪽.

48 金侖貞, 「在日外國人による地域の, 『學習空間』の創造」, 佐藤一子 編, 『生涯學習がつくる公共空間』, 柏書房, 2003, 213쪽.

49 元木健, 「社會教育研究と多文化・民族共生社會」, 日本社會教育學會 編, 『多文化・民族共生社會と生涯學習』, 東洋館出版社, 1995, 13~15쪽.

50 이와 같은 연구동향은 1995년에 일본사회교육학회에서 출판한, 『다문화・민족공생사회와 평생학습』(『多文化・民族共生社會と生涯學習』, 東洋館出版社, 1995)과 『월간사회교육』 편집부에 의해 출간된 『일본에서 생활하는 외국인의 학습권』(『日本で暮らす外國人の學習權』, 國土社, 1993) 등을 참조.

51 成玖美, 「地域多文化教育の展開」, 佐藤一子 編, 『生涯學習がつくる公共空間』, 柏書房, 2003,

216～217쪽.

52 지역다문화교육의 접근이란 적응촉진 접근 · 상호교류 접근 · 단일집단 접근 · 다문화학습 접근 · 사회변혁 접근으로서 제기하고 있다. 위의 책, 224～227쪽.

53 위의 책, 228쪽.

54 이와 같은 경향은 『일본에서 생활하는 외국인의 학습권』(1993년)의 내용 중 많은 부분이 일본어학습지원과 일본어 볼런티어 활동이었다는 것과 『다문화 · 민족공생사회와 평생학습』(1995)에 있어서도 일본어 볼런티어와 문해학급에 관한 논고가 많았다는 것에서도 알 수 있을 것이다.

55 예를 들어 호시노 오사미는 "국제화라고 할 경우 재일한국인 문제에 대한 대응을 확실히 하는 것이 그 전제이다. 그 위에 서서 최근에 온 외국인에 관한 이론이 성립되어야 할 것이다"라고 지적하였다. 岩淵英之 · 伊藤長和 · 星野修美 · 裵重度 · 山崎信喜, 「國境をこえて, すべての人の學習權を保障する－川崎市の實踐に學ぶ」, 『月刊社會教育』 1989년 1월호, 59쪽.

56 小澤有作, 『在日朝鮮人教育論 歷史編』, 亞紀書房, 1973.

57 尹健次, 『異質との共存－戰後日本の教育 · 思想 · 民族論』, 岩波書店, 1987.

58 中島智子, 「在日外國人教育から多文化教育へ」, 『人權教育は今, そしてこれから－「協動」の橋を架ける』, 財團法人アジア太平洋人權情報センター, 1997, 35쪽.

59 中島智子, 『多文化教育と在日朝鮮人教育』, 全國在日朝鮮人教育研究協議會, 1995, 7쪽. 이외 中島智子, 「日本の多文化教育と在日韓國 · 朝鮮人教育」, 『異文化間教育』 第7號, 1993을 참조.

60 戴エイカ, 「『多文化共生』とその可能性」, 『人權問題研究』 No.3, 2003, 50쪽.

61 다문화공생교육이라는 개념은 야마와키 게이조 등에 의한 논고에서 이미 사용되고 있어 다문화공생교육을 교육 현장에서 실천하기 위해서는 "첫째, 일본은 단일민족국가가 아니라 국민 중에서는 다양한 민족적 · 문화적 배경을 가진 사람들이 있다는 것을 어린이 · 학생이 이해하는 것이 중요하다. …… 둘째, 시민적 동일성 육성을 위한 교육을 실시한다. …… 셋째, 민족적 동일성을 보장하는 교육이 필요하다"라고 지적하여 동일성의 확립과 유지에 중요한 논점을 두고 있다는 면에 있어서 본서의 관점과 공통점을 가지고 있다 할 수 있다. 山脇啓造 · 柏崎千佳子 · 近藤敦, 「多民族國家日本の構想」, 金子勝 · 藤原歸一 · 山口二郎 編, 『東アジアで生きよう!』, 岩波書店, 2003, 159～160쪽.

62 이처럼 관서지방과 관동지방의 차이를 언급하는 것은 관련 문헌과 실제 그 활동에 관여하고 있는 분들의 인터뷰조사를 바탕으로 하는 것으로 지역실천의 역사성과 다양성을 단순화시키는 측면이 있지만, 관서지방과 관동지방의 실천의 토대가 다르다는 것으로서 이해하길 바란다.

63 오사카 지역의 실천에 관해서는 稻富進 編著, 『ムグンファの香り－全國在日朝鮮人教育協議會の軌跡と展望』, 亞紀書房, 1988을 참조.

64 효고 지역의 시립 아마가사키고교市立 尼崎高校를 중심으로 한 실천에 대해서는 藤原史朗, 『生徒がチョゴリを著るとき－生徒とつくる人權教育』, 明石書店, 1992를 참조.

65 鄭早苗 · 樸一 · 金英達 · 仲原良二, 藤井幸之助 編, 『全國自治體在日外國人教育方針 · 指針集成』, 明石書店, 1995, 53쪽.

66 배중도 후레아이관 실장은 관동지방과 관서지방의 실천의 차이에 대해 다음과 같이 말한다. "(관서지방에서는) 해방교육을 하고 있던 교사들이 참여하고 있었다. 하지만 관동지방에서는 그러한 기반이 없었다. 그러한 의미에서 시민운동으로써 실천이 전개되었다. 관서지방에서는

해방교육의 토대가 있어서 해방교육의 기반을 가진 학교의 지역성이 있는 것을 기반으로 한 지역실천이었기 때문에 주민운동이었다. 관동지방은 시민운동적이었다. …… 하지만 관동지방도 관서지방도 지역의 교육실천이라는 면에서는 공통된 면이 있었다. 그렇지만 두 지역을 비교 대상으로 해서 본다면 관서지방은 주민운동적이고 관동지방은 시민운동적이다. 그런 차이는 있다고 할 수 있다." 〔裵重度ふれあい館館長聞き取り調査(2006년 7월 14일)〕 참조.

67 예를 들어 오와타 히사시小和田恒는 1990년대에 들어서도 외국인에게는 교육을 받을 권리가 없다는 발언을 하고 있다. 外務省條約局法規課法令研究會 編, 『わが國における外國人の法的地位』, 日本加除出版, 1993. 2쪽.

또 기시다 유미는 일본의 교육과제에 있어 재일한국인교육이 어떠한 사상, 상황적 배경에서 배제되어 또 승인을 얻었는가를 검증하여 1970년대 이후에 공립학교 및 행정에서 교육과제로서의 인지가 확대되게 되었다고 지적하였다. 岸田由美, 「在日韓國・朝鮮人教育にみる『公』の境界とその移動」, 『教育學研究』 第70卷 第3號, 日本教育學會, 2003.

68 黑澤惟昭, 앞의 책, 16쪽.

69 가와사키시의 실천에 관한 선행연구로는 후레아이관과 외국인교육 기본방침 제정을 '지역교육운동'으로서 규정하고 분석한 도호쿠대학東北大學 재일코리안연구회의 일련의 연구가 있다. 재일코리안연구회는 1994년부터 1996년까지 『재일한국인의 생활・문화・교육과 동일성 형성』(『在日韓國・朝鮮人の生活・文化・アイデンテイテイー形成』, 1994), 『외국인의 지역적 정착과 지역문화 형성과정에 관한 사회학적 연구—재일한국인 다주지역을 대상으로 해서』(『外國人の地域的定著と地域文化形成過程に關する社會學的研究—在日韓國・朝鮮人多住地域を對象にして』, 1995), 『외국인 다주지역에서의 주민의식조사—「후레아이교육」을 실마리로 해서』(『外國人多住地域における住民意識調査—「ふれあい教育」を手がかりとして』, 1996), 「재일한국인의 지역교육운동과 평생교육—가와사키시의 후레아이관 설립과정의 사례」(「在日韓國・朝鮮人の地域教育運動と社會教育—川崎市『ふれあい館』設立過程の事例」, 『東北大學教育學部研究年報』 第44集, 1996), 『정주외국인 다주지역의 지역생활과 학교교육, 평생교육의 과제—국제화와 인권교육을 둘러싼 주민의식조사에서』(『定住外國人多住地域の地域生活と學校教育・社會教育の課題—國際化と人權教育をめぐる住民意識調査から』, 1996) 등의 연구를 통해 사쿠라모토 지구와 재일한국인에 한정된 시점과 함께 가와사키시와 학교교육에 이르기까지 종합적 시점에서 폭넓게 다면적・다층적 연구를 했다.

또 세이큐샤의 후레아이관 설립 교섭과 가와사키 재일한국인교육 추진모임의 재일외국인교육 기본방침 제정 교섭에서 담당 직원으로서 참여하였던 호시노 오사미는 행정 내부의 갈등과 정책이 수립되기까지의 경위를 상세히 그려내는 것으로 당시의 상황을 이해하는 데 귀중한 자료가 되는 『자치체의 변혁과 재일코리안—공생의 시책만들기와 그 고뇌』(星野修美, 『自治體の變革と在日コリアン—共生の施策づくりとその苦惱』, 明石書店, 2005)를 썼다. 그리고 1970년부터 히타치 취직차별투쟁에 참여하여 그 이후는 가와사키시의 민족차별 철폐운동의 중심멤버로 활동하는 야마다 다카오에 의한 「가와사키의 외국인과의 공생 마을만들기의 태동」(山田貴夫, 「川崎における外國人との共生の街づくりの胎動」, 『都市問題』 第89卷 第6號, 1998)을 들 수 있다. 그리고 세이큐샤에 의한 양교섭이 진행되는 가운데 교육감으로서 관여하고 있었던 이와부치 히데노리는 「가와사키시의 재일외국인과 세이큐샤」(岩淵英之, 「川崎市における在日外國人と青丘社」, 『教育學論集』 第36集, 中央大學教育學研究會, 1994)에서 가와사키시의 재일외국인교육과 세이큐샤는 면밀한 관련성을 가지고 있다고 지적하였다. 또한 호시노 오사미 「가와사키시의 외국인교육 기본방침제정과 운용상의 과제」(星野修美, 「川崎市における『外國人教育基本方針』の制定と運用上の課題」, 『月刊社會教育』, 編集部 編, 『日本で暮らす外國人の學習權』, 國土社, 1993)와 야마와키 게이조 「전후 일본의 외국인정책과 재일 코리안의 사회운동－1970년대를 중심으로」(山脇啓造, 「戰後日本の外國人政策と在日コリアンの社會運動－1970年代を中心に」, 梶田孝道 編, 『國際化とアイデンティティ』, ミネルヴァ書房, 2001)도 당시의 가와사키시의 상황을 이해하는 데 빼놓을 수 없는 문헌이다.

2 재일한국인의 역사적 형성사

전후 외국인으로 어쩔 수 없이 일본에 머물게 된 재일한국인은 1910년 한일합병 이후 일본의 식민지 지배에서 비롯된 역사적 산물[1]이었다. 즉, 전전 일본의 자본주의 발전과 식민지정책의 결합[2]에 의해 재일한국인이 탄생한 것이다.

본 장에서는 그들이 어떠한 경위로 일본에 건너와 어떠한 생활을 하게 되었는지 전전과 전후로 나누어 개관하고자 한다. 이와 같은 재일한국인의 근원(루트)에 대한 역사적 분석은 전후의 재일한국인들이 처한 상황과 1970년대 이후의 민족차별 철폐운동 등이 일어나는 필연성을 이해하는 데 중요하며 이를 토대로 재일한국인 문제를 본질적으로 이해할 수 있을 것이다.

1. 재일한국인 형성의 루트

전전 시기에 많은 한국인이 일본으로 도항한 이유는 한반도에 대한 일본의 식민지 정책과 큰 관련이 있기 때문에 재일한국인의 형성은 일본 식민지 정책의 변화와 함께 살펴보아야 한다(표 2-1). 당시 일종의 경계선이 된 것은 1939년의 강제연행이었다. 1939년 강제연행 이전에는 표면상 자유 의지로 일거리를 찾아 일본에 오는 사람들이 대다수를 차지한 반면, 강제 연행을 계기로 강제적이고 조직적으로 일본에 끌려온 이들의 수가 급증했

| 표 2-1 | 일본으로의 재일한국인 이주 상황

연도	거주 인구	약년표	
1885	1	· 일본 해군 절영도(현 영도) 진입, 한성조약	
1895	12	· 청일전쟁 종결, 일본 측의 민비학살	
1897	–	· 조선이 대한제국으로 국호 변경	
1905	303	· 러일전쟁 종결, 을사보호조약, 외교권 박탈	
1907	459	· 헤이그밀사 사건, 고종 퇴위 후 이토 총감	
1909	790	· 이토 히로부미 암살	
1910	–	· 한일합병, 총독부 설치, 회사령 공포	제1기 토지조사사업기 약 2만 5천 명 증가
1912	3,171	· 토지조사 시행, 중화민국 성립	
1914	3,542	· 일본 제1차 세계대전에 참전	
1917	14,501	· 러시아혁명, 조선 수리조합령 공포	
1918	22,262	· 토지조사 완료, 쌀 소동, 제1차 세계대전 종결	
1919	28,272	· 3 · 1독립운동, 도항조절제도	
1920	30,175	· 산미증식계획 착수	제2기 산미증식계획기 약 27만 명 증가
1922	59,856	· 도항조절제도 폐지, 자유도항제	
1923	80,617	· 관동대지진, 조선인 6천 명 이상 학살	
1925	133,710	· 도항제한제도 실시	
1927	175,911	· 일본 경제공황 발생, 미국 주가 폭락	
1928	243,328	· 토지개량령	
1930	298,091	· 지방제도개정	
1931	318,212	· 만주 사건(15년 전쟁 돌입)	제3기 중국대륙침략기 약 50만 명 증가
1932	390,543	· 농촌진흥, 정신작흥운동 개시, 항일빨치산조직	
1934	537,576	· 산미증식계획 중지	
1936	690,501	· 조국광복회 창립	
1937	735,689	· 일화사변(중일전쟁), 국민정신총동원운동	
1939	961,591	· 국민동원계획, 창씨개명, 오주전쟁	제4기 강제연행기 약 150만 명 증가
1940	1,190,444	· 국민총력운동, 동아일보 폐간	
1941	1,469,230	· 태평양전쟁	
1942	1,625,054	· 조선징용령, 증세 강화, 조선어학회 탄압	
1943	1,882,456	· 학도병제 강제	
1944	1,936,843	· 조선징병령	
1945	2,365,263[4]	· 패전, 조선 해방	

출전 : 大沼保昭 · 徐龍達 · 姜在彦, 「在日韓國 · 朝鮮人の形成と現狀」, 大沼保昭 · 徐龍達 編, 『在日韓國 · 朝鮮人と人權 – 日本人と定住外國人との共生を目指して』, 有斐閣, 1986, 73쪽.

기 때문이다. 단, 자유의지라는 것이 식민지정책이 낳은 간접적 강제에 의한 도항[3]이라는 사실을 잊어서는 안 된다.

(1) 농촌 피폐화로 인한 이주—1938년까지의 자유도항

한국인들의 일본 이주는 1910년 한국병합 이후 본격화되었으나 그 이전인 1909년부터 외국인으로서 790명의 조선인이 있었다는 통설이 유력하다. 당시의 조선인은 대부분이 유학생으로 노동자의 수는 적었다. 이는 1899년 외국인 노무자의 입국을 금지하는 칙령 제352호 조약 또는 관행에 의해 거주의 자유를 갖지 않는 외국인의 거주 및 영업 등에 관한 건이 발표되어 조선인도 그 대상에 포함되었기 때문이다.[5]

1910년 8월 한일합병[6] 때문에 한국인들은 소위 외지인外地人으로 일본에 입국하게 되었는데, 1938년까지 일본에 입국한 도항자 대부분이 농촌 출신자로, 식민지정책으로 인한 농촌의 피폐화로 도항을 결심하게 되었다는 사실을 눈여겨보아야 한다. 가지무라 히데키梶村秀樹의 지적은 그 경향을 정확히 설명하고 있다.[7]

> 식민지 농정하에서 가내수공업의 해체를 강요당하는 한편, 도시 프롤레타리아로 전환하는 길도 막혀 토지조사사업을 기반으로 한 식민지 지주제의 창출 과정에서 전반적인 몰락이 강요되어 일본 자본주의는 농촌에 남겨져 산업 예비군화된 조선 농민을 저임금 노동력으로 필요한 규모에 맞춰 빼내어갔다.

즉, 농촌 경제의 파탄으로 인한 생활 기반의 붕괴를 맞이한 조선인들의 선택지 가운데 하나가 일본으로 도항하는 것이었고[8] 이 때문에 일본 자본주의 경제의 저변노동자로의 편입이 일어난 것이다.

당시 한반도 인구의 8할 이상을 차지하고 있던 농민들의 생활 기반을 붕괴시킨 것은 1910년 3월부터 실시된 토지조사사업(1910~1918)이다.

토지조사사업은 토지소유권 조사, 지세 및 지세 부과세를 부여하기 위한 토지가격 사정, 측량에 의한 지형지변 조사의 세 가지를 내용으로 하고 있으며, 특히 토지소유권의 경우 신고주의를 채택하고 있었기 때문에 대부분 문맹이었던 농민들의 토지는 그대로 국유화되어 일본인 지주와 토지회사로 흡수되었다. 이 때문에 많은 농민이 소작농 또는 자작 겸 소작농으로 전락하게 되었던 것이다.[9]

이러한 상황에서 1920년부터 실시된 산미증식계획(1920~1934)은 농민들의 이농을 부추기는 결정적인 계기로 작용했다.

산미증식계획은 1918년에 쌀 소동이 일어난 일본 국내의 식량문제를 해결하기 위해 토지개량과 경작방법의 개선, 수리시설의 완비를 통해 조선에서 15년간 쌀 약 120만 석의 증산을 목표로 하는 내용이었으나, 세계공황에 따른 쇼와공황昭和恐慌의 영향으로 쌀 가격이 폭락하고 일본인 지주들이 조선 쌀 이입을 반대해 도중에 중지되었다.[10] 그러나 산미증식계획에 의해 증가된 생산량에 비해 이입량은 폭발적으로 늘어난 데다 수리시설 설치로 인한 비용 등의 부담 증가로 조선인의 농촌 이탈이 가속화되었던 것이다.

1920년대와 1930년대 이후 일본으로의 도항 이유[11] 가운데 대부분이 이와 같은 정책이 야기한 빈곤과 기아 등으로, 농업 부진과 생활난 등이 전체

| 표 2-2 | 조선인이 일본으로 도항하는 이유

도항 이유	세대 수(%)	도항 이유	세대 수(%)
농업 부진	6,587(55.7)	노동	148(1.3)
생활난	2,037(17.2)	생활 향상	140(1.2)
돈벌이	1,745(14.7)	수학修學	115(1.0)
구직	241(2.0)	상업 경영	88(0.7)
상업 부진	228(1.9)	기타	344(2.9)
불황	162(1.4)	총계	11,835

출전 : 中塚明, 「在日朝鮮人の歷史的形成」, 佐藤明 · 山田照美 編, 『在日朝鮮人ー歷史と現狀』, 明石書店, 1986, 104쪽.

의 9할을 점하고 있는 것이 이를 증명하고 있다.[12] 이처럼 조선반도 농촌의 황폐로 발생한 잉여 노동력은 급속하게 발전하고 있던 일본의 노동시장으로 흡수되었다.[13]

한편 일본기업 또한 1911년경부터 노동자 모집을 개시하고 있었으며[14] 1922년에 도항조절제도가 폐지되자 일본으로 건너오는 조선인의 수는 급격하게 증가해 일본 전국의 공업지대와 탄광지대를 중심으로 확대되었다.

마쓰무라 다카오松村高夫는 1939년 이전에 노동자로서의 이동이 유발된 것에 대해 한 가지는 "조선에서 토지조사사업을 중심으로 한 본원적 축적 과정의 수행 결과 식민지 노동력이 대량으로 창출되어 이를 조선에서 배출하는 조건이 형성되었던 점", 다른 한 가지는 "일본 자본주의가 제1차 세계대전을 계기로 독점 단계로 이행하는 가운데 급속한 자본 축적의 강행으로 대량의 노동력을 흡인하였던 것이 부분적인 노동력 부족을 가져와 식민지 노동력을 일본이 흡인해야 하는 상황이 심화되었던 점"[15]을 지적하고 있다. 즉, 식민지정책으로 인한 농촌의 황폐화와 자본주의 발전으로 인한 조선인 노동력 흡수에 대한 필요가 결합되어 제1차 세계대전 중에 이미 재일한국인이 일본사회의 저변노동자 계층으로서 자리하기 시작했던 것이다. 그리고 이에 박차를 가하였던 것이 1939년부터 실시된 강제연행[16]이다.

소니아 량Sonia Ryang이 "강제연행은 그 억압과 폭력으로 인해 조선인이 일본에 살게 된 출발점, 즉 그들이 일본으로의 식민지적 이주를 어쩔 수 없이 하게 된 근본 원인으로서 가장 타당한 논점"으로, "그 타당성으로 인해 일본에 사는 조선인들이 일본제국주의와 식민지 지배를 규탄할 수 있는 가장 정당한 출발점이 되고 있다"[17]라고 지적하고 있듯이, 강제연행은 노동력의 강제적 유입이라는 자체의 의미와 함께 강제연행으로 표상되는 폭력 · 억압 · 차별이라는 상징성을 함께 인식해야 한다.

(2) 강제연행에 의한 이주—1939년 이후의 강제도항

1937년 중일전쟁의 발발 후 일본 국내의 노동력 부족을 보충하기 위해 국가총동원법에 근거하여 당시까지의 정책 기조가 근본적으로 전환[18]되는데 이것이 바로 강제연행이다.

강제연행은 모집 방식(1939~1941) → 관알선 방식(1942~1943) → 징용 방식(1944~1945)의 3단계로 나누어 실시되었으며, 당시 동원된 명수는 표 2-3과 같다.

즉, 강제연행은 내무성·후생성 차관통첩 조선인 노동자 내지 이주에 관한 건에 입각하여 노동력으로서의 이주가 유도되었는데, 사업주가 이입허가신청서를 제출한 후 후생성과 조선총독부의 허가를 받아 노무자를 모집하여 집단적으로 도항, 취업시키는 자유모집에 의한 동원으로부터 시작되었다. 그러나 1941년 태평양전쟁이 시작되자 1942년부터 지역 단위로 할당을 부과하여 노무자를 일대로 조직해 연행하는 관알선에 의한 대隊 조직 형식으로 바뀌었고, 1944년 9월에는 국민징용령에 의한 동원이 전면적으로 적용되어 공장과 광산, 비행장 등 군사시설의 건설현장, 군수공장에 많은 한국인이 연행되어 혹독한 노동을 강요받게 되었다.[19]

가마다 사와이치로鎌田澤一郎는 당시의 상황에 대해 "설득 후에 원하는

| 표 2-3 | 조선인 강제연행자 수(노무동원관계)

연도	석탄산	금속산	토건	공장 그 외	계
1939	24,279	5,042	9,379		38,700
1940	35,431	8,069	9,898	1,546	54,944
1941	32,099	8,988	9,540	2,865	53,492
1942	74,576	9,483	14,848	13,100	112,007
1943	65,208	13,660	28,280	15,089	122,237
1944	85,953	30,507	33,282	130,462	280,304
1945	1,000		2,000	3,000	6,000
계	318,546	75,749	107,327	166,062	667,684

출전 : 徐根植, 「在日朝鮮人の歷史的形成」, 朴鐘鳴 編, 『在日朝鮮人第2版—歷史·現狀·展望』, 明石書店, 1999, 91쪽.

사람의 응모만을 받아서는 그 할당수를 쉽사리 맞출 수가 없었다. 그래서 읍이나 면 등에 노무계勞務係가 심야에 와서 이른 아침에 갑자기 남자들이 있는 집에 들이닥치거나, 밭에서 일하고 있는 중에 아무렇지도 않다는 듯이 트럭에 태워 그들을 집단으로 편성해 홋카이도와 규슈의 탄광으로 보내는 난폭한 일을 했다"[20]라고 쓰고 있는 것처럼 강제연행은 일본제국주의가 확대되고 있는 가운데 행해진 집단적 폭력이었으며, 강제노동에 종사하고 있는 조선인의 실태는 실로 가혹한 것이었다.

(3) 전전의 재일한국인 실태

전전 시기 일본의 저변 계층으로 단순육체노동에 종사하고 있던 조선인들은 어떠한 생활을 강요받았을까? 당시에 대한 유용한 지표가 될 수 있는 것은 임금수준과 직종일 것이다.

일본으로의 이동을 재촉한 직접적 계기로 작용한 임금은 "식민지＝조선에서보다는 제국주의 본국＝일본이 상대적으로 높았고"[21] 실제 조선에

| 표 2-4 | 전전 시기 일본 · 조선 노동자의 임금 비교표(오사카시)

	조선인			일본인			임금차
	최고	보통	최저	최고	보통	최저	
농작부夫	1.70	1.60	1.20	2.20	2.00	2.00	80
농작부婦	0.90	0.85	0.85	1.20	1.20	1.20	71
세탁부婦	1.90	1.80	1.00	2.70	2.00	1.00	90
색염공	1.90	1.20	0.80	2.80	2.10	0.90	57
메리야스공	1.90	1.30	1.00	3.00	2.20	1.50	59
방적공	2.00	1.20	0.90	2.80	1.70	1.00	70
유리공	3.00	1.20	0.90	3.50	1.60	1.10	75
하역인부	2.50	2.00	1.70	3.00	2.50	2.00	80
인부	1.70	1.70	1.00	2.00	1.90	1.80	89
일용잡부	2.50	2.00	1.70	2.80	2.50	2.00	85
탄광부	2.50	2.10	1.60	3.00	2.50	1.80	84

출전 : 松村高夫,「日本帝國主義下における植民地勞動者－在日朝鮮人・中國人勞動者を中心にして」,『經濟學年報10』, 慶應義塾經濟學會, 1966, 146쪽.(1923年 6月まで平均)

| 표 2-5 | 재일조선인 직업별 구성(1923년)

직업별	인원 수	%
학생	1,101	1.3
정신노동자	291	0.3
육체노동자		
(내역)인부	61,528	69.7
직공	16,452	18.6
그 외 영업 및 무직	8,890	10.1
합계	88,262	100.0

출전 : 姜在彦,『在日からの視座』, 新幹社, 1996, 226쪽.

서의 임금과 일본에서의 임금 간에는 40~60%의 지역적 임금격차가 존재했다. 그러나 일본인 노동자의 임금과는 민족적 임금격차가 있었던 것도 사실이다(표 2-4).

또한 직종에 있어서도 "단순한 미숙련 노동 또는 일본인 노동자가 기피하는 노동 부문에 집중되어 이민족異民族 노동자로서의 직업 구성상에서의 특성"이 생겨났다(표 2-5).[22]

이와 더불어 강제연행에 의해 이루어진 강제노동은 임금이 제대로 지불되지 않는 경우도 비일비재하여, 조선인들이 처한 상황은 상상을 초월하는 것이었다. 어느 조선인 노동자는 다음과 같이 증언하고 있다.[23]

내 이름도 제대로 쓰지 못하는 채로 스무 살이 지난 1943년에 징용되어 규슈의 이즈카 메이지 제철탄광飯塚明治製鐵炭鑛으로 끌려갔다. 150명의 동포와 같이 일했다. 그중에서 가장 놀란 것은 천 명 이상의 동포가 있다는 것을 안 일이었다. 괴로웠던 것은 밥이 홍당무와 무의 잎으로 만들어졌는데 양이 굉장히 적어서 다른 사람 것을 훔쳐서 먹게 되었고, 같은 현장에서 일하던 150명의 동료 중 3할에 가까운 사람들이 도망쳤다. 일본 헌병이 도중에 붙잡힌 한 사람을 모두의 앞에서 반죽음 상태로 만들면서 '이것을 봐라, 도망간 놈은 이 녀석과 같이 된다'라고 위협하였을 때는 무서워서 한동안 목소리는커녕 몸도 움직일 수 없었다.

식민지/피식민지라는 관계에서 생긴 차별 · 억압 구조는 조선인이 우물에 독을 넣었다는 유언비어가 살포되어 6천여 명의 사람들이 학살되었던 관동대지진,[24] 1939년부터 실시된 창씨개명(조선의 성제도를 일본의 씨제도로 바꾸어 일본식 성과 일본풍 이름을 강요한 정책),[25] 그리고 조선어 사용을 금지하고 일본어 사용을 강제한 조선교육령 등의 정책에도 강하게 나타나 있다.

요시오카 마스오吉岡增雄가 이와 같은 전전 시기의 일본정부 정책에 대해 "일본인이기는 하지만 일본인으로서 인정되는 권리(예를 들어 정치적, 문화적 활동의 자유)를 부정당한 제2第二 일본인"인 "예속 〈일본인화〉정책"[26]이라고 논하였던 것처럼 전후의 민족차별을 재생산하는 구조는 전전 시기의 일본사회에 이미 뿌리를 내리고 있었다.

말하자면 낮은 사회적 · 경제적 지위와 한국인에 대한 편견, 차별의식으로 인한 이중적 억압구조는 전전 시기에 이미 형성되어 전후로 이어졌던 것이다.

이후 1945년에 맞이한 일본의 패전으로 인해 강제연행으로 끌려온 이들의 대부분은 조선반도로 돌아갔으나[27] 노동자로서 생활의 기반이 있었던 사람들은 일본에 잔류했는데, 그들 60만 명의 조선인들이 재일한국인이 되었다.[28]

2. 외국인으로서의 한국인의 성립

전후에도 일본에 남게 된 조선인들은 일본정부로부터 바로 외국인으로 처우를 받지 못하고, GHQ(연합국사령부)와 일본정부의 협상에 의해 1952년이 되어서야 외국인으로 자리잡게 되었다. 이로써 재일한국인들의 원형이 형성되었다.

(1) 외국인이라는 법적 지위

GHQ는 패전 후의 한국인 처리에 대해 1945년 11월에 낸 '일본점령 및 관리를 위한 연합국 최고사령관에 대한 항복 후에 있어서의 초기 기본 지령'에서 최초로 공식적 견해를 표명하였는데, 그 내용은 '대만계 중국인 및 조선인을 군사상 안전이 허용하는 한 해방민족으로 처리해야 할 것이다. 그들은 본 지령에서 사용하고 있는 일본인이라는 말에는 포함되지 않으나 일본 신민이었기 때문에 필요한 경우에는 적국인으로 처우해도 좋다'는 것이었다. 해방민족이라고 하면서도 적국인(필요한 경우라는 조건이 있기는 하지만)이라고 하는 이의적二義的 규정은 그 후 적국인=일본인으로서 한국인들을 억압하는 방향으로 전환되었다.[29]

GHQ는 다음 해인 1946년에 본국에 돌아가지 않는 조선인은 일본국적을 보유한다고 규정하였고, GHQ 섭외국涉外局도 귀국하지 않은 조선인은 일본 법률에 따라야 한다는 지령을 내는 등 외국인이면서 일본인으로 보는 이중적 태도를 취하고 있었다.[30]

한편 일본정부는 1947년 5월에 최후의 칙령 '외국인 등록령'을 공포, 시행하면서 '대만인 및 조선인은 이 칙령의 적용에 있어서 당분간 외국인으로 본다'[31]고 정했다. 그러면서도 1949년 4월 28일 당시 참의원 법제국장 오쿠노 겐이치奧野健一 앞으로 법무조사 의견장관 가네코 하지메兼子一가 보낸 회답 '재일조선인의 청원권 및 재일조선인의 국적에 대해'에는 '일본 거주 조선인은 일본국적을 상실한 것으로 보지 않는다'라고 기록되어 있다.[32] 즉, 일본정부도 '외국인 등록령'을 가지고 외국인으로 관리하는 체제를 정비하면서 다른 한편으로는 일본국적 보유자로 보는 애매한 태도를 보이고 있었다.

이러한 일본 정부의 모순된 자세는 1948년 1월 문부성 학교 교육국장 통달 「조선인 학교의 취급에 대해」를 통해 민족교육의 권리를 부정하고 일본 학교로의 취학 의무를 강요하였고 1948년 한신교육사건[33]으로 대표되는 조선인학교 탄압으로 이어졌다.[34] 게다가 제삼국인第三國人개념의 유포,[35] 참정권 정지, 민족단체 조선인연맹 및 민족청년동맹의 해산 · 재산 몰수 등을 단행했다.

때로는 외국인으로 때로는 일본국적 보유자로 취급하는 자의적 태도는 1952년의 샌프란시스코조약의 발효로 인해 국적선택권을 인정하지 않은 채 모든 한국인의 일본국적을 일방적으로 상실시켰다.[36] 또한 '외국인 등록령'은 1952년에 '외국인 등록법'으로 개정되어 1951년의 '출입국 관리령'과 함께 재일한국인을 외국인으로 관리하는 일본정부의 기본 법률이 되었다.

(2) 재류자격의 변천

한국인은 1952년 4월 28일에 발효된 평화조약으로 인해 일본국적을 박탈당하게 되면서 외국인의 출입국 및 재류에 관한 출입국 관리령(현재의 출입국관리 및 난민인정법)의 대상이 되었다. 따라서 유학과 흥업 등 재류 목적에 맞는 재류자격[37]을 보유해야 했다. 그러나 식민지 지배의 결과로 일본에 잔류하게 된 한국인이 재류자격 영주에 해당하는데도 일본정부는 '포츠담선언의 수락에 따라 발하는 명령에 관한 건에 의거한 외무성 관계 제 명령의 조치에 관한 법률'(법률126호)을 제정, 2조 6항에 의거해 한국인의 재류를 인정했다.[38]

> 일본국 정부와의 평화조약 규정에 의거한 동 조약의 최초 효력 발생일에 있어서 일본국적을 이탈한 사람으로 1945년 9월 2일 이전부터 이 법률시행일까지 계속해서 본방本邦(일본)에 재류하는 사람(1945년 9월 3일부터 이 법률시행일까지 본방에서 출생한 그 자녀를 포함)은 출입국 관리령 제22조 2항 1의 규정에 관계없이 다른 법률이 규정하는 바에 의거하여 그 사람의 재류자격 및 재류기간이 결정될 때까지 계속해서 재류자격을 가지는 일 없이 본방에 재류할 수 있다.

즉, 법률 126호 2조 6항의 적용은 1945년 9월 2일 이전부터 법률 시행일까지 일본에 거주한 사람과 그 자손으로 한정되었기 때문에 이 1952년 체제는 영주를 인정하는 것이 아니라 재류자격과 재류기간만을 출입국 관리령의 적용 대상에서 제외하는 잠정적 조치로써 영주라는 자격의 부여를 회피하는 방편에 지나지 않았다.

일본정부는 이에 대해 영주 자격을 부여할 생각이기는 하지만, 일본이 마음대로 정할 수는 없으며 '한일회담에서 논의가 된다면 영주 자격을 인정할 것이다' 라고 밝히면서 한일에서 재일한국인의 재류자격을 외교 홍정 수단의 하나로 사용하고자 했다.[39]

이후 1965년에는 일본과 한국의 국교가 정상화됨에 따라 '일본국에 거주하는 대한민국 국민의 법적 지위 및 대우에 관한 협정'(일한법적지위협정)을 체결, 협정영주가 허가되었다. 이 협정영주는 1966년부터 한국국적을 가지고 있는 사람이 5년간 신청하면 협정영주권을 획득할 수 있도록 한 것으로, 배후에는 한국의 분단 현실을 이용하여 더 많은 재일한국인을 한국정부의 지배하에 두고자 하는 의도가 자리하고 있었으며,[40] 1981년에는 난민조약의 비준을 계기로 출입국 관리령이 일부 개정되어 협정영주를 취득하지 않았던 사람들을 대상으로 한 특례영주가 생겼다.

당시의 시점에서 재일한국인들의 재류자격은 법126, 법126의 자손, 협정영주, 특례영주 네 가지였다. 그러나 1965년 일한법적지위협정에 규정되어 있던 협정영주자의 자손에 대해 발효로부터 25년을 경과할 때까지 협의한다는 것에 대해 한국정부의 제안으로 협상을 시작하여 1991년에 '일본국과의 평화조약에 기반하여 일본국적을 이탈한 사람 등의 출입국 관리에 관한 특례법' 이 제정되면서 재류자격은 특별영주 한 가지로 되었다.[41]

(3) 불안정한 법적 지위

1991년 체제에 의해 재류자격이 최종적으로 확정되었지만 재일한국인들의 법적 지위는 결코 안정된 것이라 할 수 없었다.

특별영주 이전의 재류자격은 출입국 관리령 제24조의 퇴거강제가 적용되어 7년을 넘는 징역 또는 금고에 처한 사람은 국외 추방의 대상이 되었다.[42] 또한 외국인 등록법에 의해 외국인 등록증의 상시 휴대와 1992년 법이 개정되기 전까지는 지문 날인이 의무화되어 있었다. 또한 재입국 허가를 받지 않으면 일본에 돌아올 수 없는 불이익도 안고 있었다.

특별영주에 대해서도 그것이 권리가 아닌 자격이라는 사실은 변하지 않아 1998년에는 국제연합의 규약인권위원회로부터 "일본에 생활의 기반을 두고 있는 자(외국인)가 일본을 떠날 권리와 일본에 재입국할 권리를 빼앗겼다. 이 규정(입관법26조)은 규약에 위반한다. …… 일본에서 출생한 재일한국인과 그러한 영주자에 관해서는 사전에 재입국 허가를 취득해야 하는 필요성을 없애도록 강력하게 요구"하는 권고를 내기도 했다.[43]

재일한국인으로부터 여러 권리를 박탈하고 관리하고자 하는 체제는 일본제국주의 최후의 칙령이 외국인 등록령이었던 사실에도 상징적으로 드러나 있으며, 강상중姜尙中이 "전후 처음으로 출입국에 관한 일반법의 형태를 띤 이 등록령은 전전의 연장선상에서 재일조선인의 단속을 의도한 것으로 이러한 치안대책적 발상은 자이니치의 전후 시작을 규정하고 오늘날에도 또한 저류底流로서 계속해서 살아 있다. 이 점에서 특히 재일조선인에 관한 한 전전과 전후에는 단절이 없다고 해도 과언이 아니다(방점, 인용자)"[44]라고 지적하듯이 전전 시기의 차별구조는 전후로 이어져 재일한국인을 억압하는 기제로 기능하고 있었다. 이러한 차별구조는 재일한국인이 살아가는 생활의 장에서도 마찬가지였다.

3. 자이니치의 생활환경

재일한국인이 저변노동자로서 가지는 사회적 · 경제적 지위는 전후에도 그대로 지속되었다. 이 때문에 재일한국인 경시가 증폭하고 재생산되는 메커니즘이 일본사회에 뿌리내리게 되었다. 즉, 불안정한 법적 지위와 사회적 · 경제적 지위라는 제도적 장치, 편견과 차별의식이라는 인식적 장치는 재일한국인이라는 낙인을 부여하였으며, 이는 사회적 문제의 재생산으로 전후의 재일한국인들을 괴롭혔다.

(1) 열악한 사회적 · 경제적 지위

전전 시기에 탄광과 토건 노동에 종사한 재일한국인들은 전후에도 영세기업과 단순노동, 일용노동 등으로 생계를 꾸려가는 사람들이 대부분이었기 때문에 그들의 사회적 지위는 전전 시기와 그다지 다르지 않았다.

표 2-6을 통해 알 수 있듯이 재일한국인이 종사하는 직종에는 단순노동과 육체노동, 영세기업이 수위를 점하고 있다. 1969년 당시 재일한국인들의 취직률이 26%였던 것에 비해 중국인이 36%, 미국인이 38%, 그 외 외국인이 58%였던 것을 고려한다면 다른 외국인들에 비해 실업률이 높음을 알 수 있다.[45]

또한 1995년에 오사카부大阪府 교육위원회가 낸 「재일외국인 학생 진로 추적조사 보고서」에 따르면, 고교 졸업 후 학교의 소개를 통한 취직이 14.9%, 직업안정소 소개가 2.2%에 그치고 있어 과반수 이상의 학생(55.6%)이 아는 사람의 소개로 직업을 얻었으며, 취직을 하는 곳도 일본기업(36.2%)보다 재일동포기업(53.5%)의 수가 압도적으로 많았다.[46]

이러한 낮은 사회적 지위는 그대로 빈곤이라는 경제적 지위로 연결되어 재일한국인들 가운데 생활보호 피보호자 수는 일본인에 비해 상당히 높은 수치를 나타냈다. 예를 들어 1955년의 경우 일본인의 피보호율은 2.1%인 반면, 외국인의 피보호율은 21.4%로 10배나 높았고, 그다음 해에는 정부에 의해 외국인 보호에 관한 일제조사가 실시되기도 해 12.7%로 감소하였지만 그럼에도 불구하고 일본인의 피보호율을 크게 상회하는 수치였다.[47]

하지만 재일한국인들에 대한 생활보호는 권리로 보장된 것이 아니었다.

| 표 2-6 | 재일한국인의 취업 형태 추이

직업별 \ 연차별	(1) 1959년 4월 1일 현재			(2) 1969년 4월 1일 현재			(3) 1974년 4월 1일 현재		
	명수	순위	백분율	명수	순위	백분율	명수	순위	백분율
그 외 공업	32,173	1	5.30	33,700	1	5.58	34,909	1	5.46
그 외 판매업	13,780	4	2.27	23,437	3	3.88	23,099	2	3.62
사무원	7,065	7	1.16	14,530	4	2.41	20,769	3	3.25
단순노동자	26,090	2	4.29	25,864	2	4.28	16,921	4	2.65
자동차운전수	6,733	8	1.11	11,805	5	1.96	12,861	5	2.01
건설	18,166	3	2.99	8,701	6	1.44	10,815	6	1.70
고물상	13,434	5	2.21	7,802	7	1.29	7,494	7	1.17
관리적 직업	1,200	15	0.20	4,732	9	0.78	4,797	8	0.75
농임업	10,659	6	1.75	5,333	8	0.88	3,699	9	0.58
그 외 서비스업	1,845	13	0.30	3,638	10	0.60	3,025	10	0.47
요리인	3,380	10	0.56	1,056	13	0.17	1,538	11	0.24
이용미용사	638	18	0.11	1,002	15	0.16	1,046	12	0.16
교원	614	19	0.10	1,008	14	0.17	1,039	13	0.16
소계	135,777		22.35	142,608		23.62	142,012		22.23
그 외 유식자계	12,766		2.10	7,729		1.28	6,505		1.02
유식자계	148,543		24,45	150,337		24.90	148,517		23.25
무직자(학생포함)	458,990		75,77	453,375		75.10	490,289		76.75
합계	607,533		100.00	603,712		100.00	638,806		100.00

출전 : 金總領 · 大沼保昭 · 徐龍達, 「在日韓國 · 朝鮮人の社會 · 經濟 · 文化生活」, 大沼保昭 · 徐龍達 編, 『在日韓國 · 朝鮮人と人權 - 日本人と定住外國人との共生を目指して』, 有斐閣, 1986, 103쪽

1950년에 제정된 생활보호법은 외국인인 재일한국인들을 대상에서 제외했으며, 1954년 후생성 사회국 통지(1954년 5월 8일)에 의하면, "일반 국민에 대한 취급에 준해" "당분간" 적용한다고 하면서 "불복신청은 할 수 없다"고 했던 것이다.[48]

이러한 악순환은 한국인이라는 이유로 기업이나 공무원직 등에 취직할 수 없어 육체노동이나 동포기업 등에서 일할 수밖에 없는 구조로 인해 생겨났다고 할 수 있다. 실제로 한국인이라는 이유만으로 채용이 취소되어 1970년에 재판을 시작하는 히타치제작소에 의한 취직 차별과 1975년의 전전공사電電公社(현 NTT)의 재일한국인의 수험 거부(1977년에 국적조항철

폐), 그리고 1984년의 나가노현長野縣의 재일한국인 여성의 교원채용 취소 등 취직 차별의 예는 일일이 열거할 수 없을 정도로 빈번했다.

한국인이라는 낙인은 전전 시기의 낮은 사회적 지위를 끌어올리지 못하게 함으로써 한국인들을 따라다녔던 빈곤으로 이어지는 순환의 경로를 끊는 것을 불가능하게 했다. 이러한 사회적·경제적 지위는 차별의식과의 연쇄반응으로 그 결합이 더욱 강화되었고, 이러한 차별과 편견은 한국인이라는 이유만으로 감수해야 했다.

(2) 차별의식의 재생산

제도는 사람들의 의식을 규정한다. 즉, 제도상 차별은 "재일한국인들에 대한 멸시감을 재생산한다."[49] 일본사회의 차별의식은 부정적인 재일한국인상을 만들어냈고, 그러한 부정적인 이미지는 재일한국인들의 자기부정을 불러일으켰다. 그 상징이 일본명=통명이다.

1939년의 창씨개명 당시 약 8할의 한국인들이 일본식 이름을 사용하다가 일본의 패전으로 민족명을 되찾을 수 있었지만, 일본인화를 강요하는 일본사회는 한국인들에게 일본명의 사용을 강요했다.

표 2-7에서 드러나는 사실은 8할의 중국인들이 일본식 이름을 가지고 있지 않은 것에 비해 한국인들은 9할 이상이 일본명을 사용하고 있다는 것이다. 어느 재일한국인 고교생이 "자신의 본명을 사용한다는 것이 왜 그렇게 힘드냐고 하면 재일한국인으로서 태어난 나에게는 일본사회가 너무 냉엄하고 무섭기 때문입니다. 일본인이 차별만 하지 않는다면 본명을 사용하는 일은 간단한 일입니다"[50]라고 말했던 것처럼 일본사회의 억압구조가 자신들의 의사에 반해 일본명의 사용을 강요했던 것이다.

또한 1979년 9월에 사이타마현埼玉縣 가미후쿠오카시上福岡市에서 일어난 중학교 1학년 임현일 군의 자살 사건은 민족차별에 의한 따돌림이 얼마나 쉽게 무의식적으로 일어나 당사자를 자살까지 몰고 가는지를 보여 주

| 표 2-7 | **통명소지와 사용 상황**(국적별) ( ) : %

통명소지	총수	일본명(통명)있음							통명없음	무응답
사용 상황 / 국적		본명만 사용	주로 본명 사용	본명/통명 양쪽을 나누어 사용	주로 통명 사용	통명만 사용	무응답	소계		
총수	1,028 (100.0)	30 (3.7)	68 (8.3)	138 (16.8)	275 (33.6)	303 (37.0)	5 (0.6%)	819 (79.7)	206 (20.0)	3 (0.3)
한국·조선	866 (100.0)	28 (3.5)	63 (8.0)	137 (17.3)	266 (33.6)	293 (37.0)	4 (0.5)	791 (91.3)	73 (8.4)	2 (0.2)
중국	161 (100.0)	2 (7.1)	5 (17.9)	1 (3.6)	9 (32.1)	10 (35.7)	1 (3.6)	28 (17.4)	132 (81.7)	1 (0.6)
국적 무응답	1 (100.0)	- (-)	- (-)	- (-)	- (-)	- (-)	- (-)	- (-)	1 (100.0)	- (-)

출전 : 神奈川縣內在住外國人實態調査委員會, 『日本のなかの韓國 · 朝鮮人,中國人』, 明石書店, 1986, 175쪽.

었다.[51]

일본 이름의 사용은 자신의 민족적 동일성을 부정하는 것으로 한국인으로서의 자신을 감추는 것이기도 하다. 이는 분명 "전전 시기에 존재한 발전된 일본과 뒤떨어진 조선으로 상징되는 편견과 차별"[52]이 전후에도 일본인화로의 강요와 재일한국인의 문화적 동일성의 부정, 그리고 열등의식의 재생산을 가져왔다는 것을 나타낸다. 그 배후에는 재일한국인의 민족교육을 인정하지 않으려 하는 문부성의 방침이 있다는 사실을 간과해서는 안 된다.

재일한국인 어린이 대부분이 민족학교보다는 일본학교에 재학하고 있지만 재일한국인으로서의 자신을 긍정적으로 받아들이는 교육을 인정하지 않으며 재일한국인들의 교육을 권리가 아닌 은혜로 인식하고, 일본학교에서의 민족교육 권리를 계속 부정해온 문부성의 교육정책은 일본인과 똑같이 교육한다는 동화同化를 강요해왔다.

예를 들어 1965년의 일한조약의 발효로 인해 12월에 문부차관통달 '법적 지위 협정에 있어서의 교육관계 사항의 실시에 대해'와 '조선인들만을 수용하는 교육시설의 취급에 대해'가 발표되었다.[53] 전자의 통달에서는 영

| 표 2-8 | 재일한국인 자녀의 취학 상황

연도	학교별	초등학교	중학교	고등학교	소계	총계
1966년	민족학교	15,841	10,050	7,564	33,355	138,994
	일본인학교	59,405	31,646	14,588	105,639	
1970년	민족학교	11,973	13,791	11,189	36,953	129,831
	일본인학교	50,032	24,848	17,998	92,878	
1981년	민족학교	14,640	7,160	6,384	28,184	117,407
	일본인학교	48,328	22,584	18,311	89,223	

출전 : 小澤有作, 「經るべき歴史の通路にて－解說 · 在日朝鮮人の世界小澤有作編」, 『近代民衆の記錄10 在日朝鮮人』, 新人物往來社, 1978, 33쪽.
1981년 통계는 「在日韓國 · 朝鮮人の一般的現況と問題」, 『川崎市櫻本地區〈川崎 · 南部〉青少年問題調査研究報告書(I)』, 青丘社, 1985, 18쪽

주 자격을 가진 사람의 초, 중, 고교의 입학을 허용하는 것이 기재되었지만 교육 과정에 관해서는 "일본인 자제와 똑같이 다루는 것으로 하여 교육과정 편성, 실시에 대해 특별 취급을 해서는 안 된다" 면서 일본학교에서 민족교육의 권리를 가지는 것을 공식적으로 부정하고 있다. 이와 더불어 후자의 통달은 재일한국인에게 특별한 교육을 인정하지 않는 것을 전제로 공립 초등학교의 분교 폐지 방향을 제시함으로써 분교와 특별학급 설치를 인정하지 않는 점, 학교교육법 제1조교에 근거해 조선인 학교를 허가할 수 없다는 것을 분명히 했다.

즉, 일본 교육의 틀 안에서는 재일한국인 어린이들이 재일한국인인 자신을 열등한 존재로 부정할 수밖에 없었으며, 이는 또 다른 차별의식을 끊임없이 생산해내는 기제로 기능하고 있었다. 1990년대가 되어서야 재일외국인 교육의 기본방침과 후레아이ふれあい교육 등의 교육시책이 본격화된 것을 상기한다면 그 이전의 교육이 어떠했는지는 상상하기 어렵지 않다. 이러한 상황은 1970년대 이후의 민족차별 철폐운동을 필연적으로 야기했던 것이다.

인간으로 살아가는 데 있어 기본적 인권, 그러한 인권의 보편성과 인간의 보편성을 인정받지 못한 채 전전과 전후의 민족차별과 억압을 견뎌야

했던 재일한국인들이 인간으로 살아가기 위해 민족차별 철폐운동을 하게 되었던 배경에는 그들이 처한 힘든 현실이 있었음을 결코 잊어서는 안 될 것이다. 또한 이러한 구조를 만들어낸 것이 일본의 식민지 지배라는 역사적 사실이라는 것도 간과해서는 안 된다. 바로 여기에 1970년대와 1980년대의 가와사키의 실천의 전제, 그리고 더 나아가 1970년대 이후 벌어진 재일한국인을 둘러싼 변화를 이해하는 전제가 존재하는 것이다.

이처럼 재일한국인들에 대한 역사적 관점은 그들이 일본에 정주하게 되었던 근본적 이유가 1910년의 한일합병으로 시작된 36년간의 식민지 지배에 기인하고 있다는 점을 이해하고, 그로부터 재일한국인들에 대한 제도적 차별과 편견 등이 만들어졌다는 것을 인식하는 데 중요한 인식적 토대를 제공한다. 또한 전전 시기의 지배/피지배라는 구조로부터 이어진 열악한 사회적 · 경제적 지위와 재일한국인에 대한 차별의식은 전후에도 지속됨으로써 이러한 이중적 억압구조는 재일한국인들에게 일본 이름을 쓰고 재일한국인으로서의 자신을 부정하는 것과 같은 가혹한 삶을 강요했다.

가와사키시의 실천은 이처럼 가혹한 상황에서 인간으로 살아가기 위한 인권을 되찾으려는 1970년대의 민족차별 철폐운동과 민족교육실천 등과 같은 활동으로부터 시작되었다는 인식에서 이해되어야 한다. 즉, 재일한국인의 형성을 역사적으로 이해하는 관점은 세이큐샤를 중심으로 한 움직임이 시작된 배경을 드러냄과 동시에 교육시책을 비롯한 가와사키시의 외국인시책을 만들어가는 과정에서 장벽이 된 시 공무원 및 주민들과의 인식적 차이가 발생한 근원 그리고 시책을 확립하며 제시했던 논점(예를 들어 본명 사용의 원칙 등)을 이해하기 위한 것이라 할 수 있다.

주

1 나카쓰카 아키라는 재일한국인의 수가 조선에 대한 식민지 지배 36년 동안 증가했다는 점에서 "재일조선인 문제는 역사적으로 형성되었다"고 지적하였다. 中塚明, 「在日朝鮮人の歷史的形成」佐藤明 · 山田照美 編, 『在日朝鮮人－歷史と現狀』, 明石書店, 1986, 89～90쪽.

2 이러한 관계에 대해 마쓰모토 도시로는 다음과 같이 지적하였다. "전전 일본의 자본주의적 발전에 있어 식민지가 가지고 있었던 경제적 위치와 역할은 시장, 원료 공급 면에서뿐 아니라 노동력 공급 면에서도 컸다. 제1차 세계대전 기간을 실질적인 기점으로 1920년대에 본격화된 조선의 대일 이민은 일본 본국의 미숙련 노동시장을 받드는 저임금 노동력으로서 커다란 비중을 차지하게 된 것이다." 松本俊郎, 「朝鮮からの對日移民」, 溝口敏行 · 梅村又次 編, 『舊日本植民地經濟統計』, 東洋經濟新聞社, 1988, 94쪽.

3 姜在彦, 「在日朝鮮人の65年」, 『季刊三千里』 第8號, 1976, 21～22쪽.

4 1945년 해방 당시에 재일한국인이 2,365,263명이었다는 것에 대해 김영달은 해방 시의 재일조선인 인구가 2,365,263명이라는 설이 "어떠한 자료적 검증도 없이 정설화되었다"(124쪽)라고 지적하며 인용원을 거슬러 올라가 추적한 결과 『재일조선인 귀국문제의 진상』(『在日朝鮮人歸國問題の眞相』, 日本赤十字社, 1956, 9쪽. 稿訂再版)에 '종전 직전 현재 수가 2백만 명으로 전시 중 군인 · 군속의 동원 누적 수가 365,263명이었다고 한 것인데도 『일본 잔혹 이야기』(『日本殘酷物語』)가 그것을 왜곡해서 양쪽의 숫자를 더해 종전 시의 현재 수인 2,365,263명이라는 터무니없이 잘못된 인용을 해버린 것이다'(130쪽)라고 지적하였다. 金英達, 『金英達著作集Ⅲ 在日朝鮮人の歷史』, 明石書店, 2003, 123～132쪽. 2005년 11월에 재일한인역사자료관에서 출간된 『100년의 증거－재일한인역사자료관 개설기념』에서는 1945년 8월 20일의 인구가 1,968,807명으로 되어 있다. 在日韓人歷史資料館, 『100年のあかし－在日韓人歷史資料館開設記念』, 2005, 19쪽.

5 1909년 이전의 재일조선인의 통계는 일본제국통계연감에 의한 것으로, 1882년의 4명에서 1886년의 19명으로 두 자리 수였던 조선인이 1887년 이후 1898년을 제외하고 100명을 넘고 있다. 森田芳生, 「朝鮮における在日朝鮮人の人口統計」, 『朝鮮學報』 48號, 1968, 64～65쪽.

6 이 한국병합에 의해 "식민지 통치를 위한 권력기관 조선총독부를 서울에 설치, 군사 · 사법 · 경찰의 권력기구를 장악하게 되어" "조선을 완전한 식민지로서 지배하자마자 헌병경찰제도, 이른바 무단정치하에 일본은 모든 최신의 기술적 발명과 순純아시아적 고문을 결합시킨 전대미문의 학대 방법으로 조선을 약탈하는 것을 본격적으로 개시했다." 松村高夫, 「日本帝國主義下における植民地勞動者」, 『經濟學年報10』, 慶應義塾經濟學會, 1966, 109쪽.

7 梶村秀樹, 「1920～1930年代朝鮮農民渡日の背景」, 『在日朝鮮人史研究』 第6號, 1980, 55쪽.

8 당시 농민들의 국외 유출은 일본만 아니라 중국에 대해서도 있었다. 1920년대 이후에 급증하는 일본으로의 이민에 비해 식민지 지배 초기인 1910년대에는 중국으로의 이민이 급격하게 증가했다. 松本俊郎, 앞의 책, 94쪽.

9 姜在彦 · 金東勳, 『在日韓國 · 朝鮮人－歷史と展望』, 勞動經濟社, 1989, 26～27쪽.

10 徐根植, 「在日朝鮮人の歷史的形成朴鐘鳴編」, 『在日朝鮮人第2版－歷史・現狀・展望』, 明石書店, 1999, 83쪽.

11 가지무라 히데키는 1920년대와 1930년대에 일본에 건너온 사람들의 출신 계층이 최저변보다는 조금 위고 기력과 모험심을 가진 사람들과 학교에서의 일본어 습득이 도일과 관계가 있었던 점에서 학력자가 도항했다고 지적하였다. 梶村秀樹, 「1920～30年代朝鮮農民渡日の背景」, 『在日朝鮮人史研究』 第6號, 1980.

12 1920년대의 경우 독신자 도항 이유의 약 90%가 노동과 돈벌이, 생활 곤란이며 1930년대도 농업 부진과 생활난, 돈벌이, 구직을 이유로 든 사람이 또한 90%를 차지하고 있었다. 徐根植, 앞의 책, 87쪽.

13 다케다 유키오는 당시 조선인 노동자의 고용증가에 대해 "조선인 노동자를 고용해본 결과 그들이 순종적이고 비교적 성실하며 임금도 높지 않는 본질적인 장점이 있었고, 당시 일본공업의 융성으로 인해 노동자의 수요가 높아지고 임금도 급등했기 때문에 조선인 노동자의 고용이 증가하게 되었다"고 지적하였다. 武田行雄, 「內地在住半島人問題」, 『社會政策時報』 213號, 1938, 104쪽.

14 1911년부터 조선인 노동자를 고용하고 있는 공장은 예를 들어 오사카부大阪府에서는 세쓰보방적 미카와공장(1911년), 동양방적 산겐마공장(1914년), 스미토모 주강소鑄鋼所(1916년 3월), 아마가사키방적 쓰모리공장(1917년 6월) 등 주로 방적공장과 조선소 등이었으며 그 외에도 효고현兵庫縣과 와카야마현和歌山縣, 미에현三重縣, 오카야마현岡山縣에서도 1910년 중반 전후부터 모집을 개시하고 있었다. 姜在彦, 『在日からの視座』, 新幹社, 1996, 192～193쪽. 또한 다케다 유키오에 의하면 오사카부의 세쓰보방적 미카와공장(1911년)과 효고현의 아카시공장(1911년)이 조선에서 노무자 모집을 한 결과 후자로의 응모는 16명, 그 후 5년간 열한 차례 모집으로 가까스로 208명을 얻었다고 한다. 武田行雄, 앞의 글, 103쪽.

15 松村高夫, 앞의 글, 116쪽.

16 강제연행의 자세한 실태에 관해서는 朴慶植, 『朝鮮人强制連行の記錄』, 未來社, 1965를 참조.

17 ソニア・リャン著, 中西恭子 譯, 『コリアン・ディアスポラ－在日朝鮮人とアイデンティティ』, 明石書店, 2005, 74～75쪽.

18 戶塚秀夫, 「日本における外國人勞動者問題について東京大學社會學研究所紀要集」, 『社會科學研究』 第25卷 第5號, 1974, 140쪽.

19 徐根植, 앞의 책, 89～91쪽.

20 鎌田澤一郞, 『朝鮮新話』, 創元社, 1950, 320쪽.

21 松村高夫, 앞의 글, 127～129쪽.

22 姜在彦, 앞의 책, 225쪽.

23 朴慶植, 『朝鮮人强制連行の記錄』, 未來社, 1965, 93쪽.

24 위의 책, 39쪽.

25 자세한 내용은 金英達, 『創氏改名の研究』, 未來社, 1997을 참조.

26 요시오카 마스오는 예속 일본인화의 정책 구조로서 "〈일본인화〉 강요・사회적 지위 박탈・생존권 박탈"의 세 가지를 지적하였다. 吉岡增雄, 「今日の問題吉岡增雄編」, 『在日朝鮮人の生活と人權－社會保障と民族差別』, 社會評論社, 1980, 27쪽.

27 전후의 귀향은 일본정부의 종전 처리의 일환으로서 이루어져 1945년 9월 말에 재조선 미군이 재조선 일본군인과 일반인의 계획 유송과 재일조선인의 유송을 같이 행하는 것을 기획하고

연합국 총사령부는 11월 이후 재일조선인의 귀향항, 순위, 절차 등의 지시를 하고 1946년 봄까지는 재일조선인들의 대부분이 귀향, 그 후에도 귀향을 계속해서 추진하였지만 1950년 6월의 한국전쟁의 발발에 의해 귀향은 종료되었다. 森田芳生, 「戰後の在日朝鮮人の人口現象」, 『朝鮮學報』 47號, 1968, 36~37쪽.

28 1946년 2월 17일에 GHQ의 조선인, 중국인, 류큐인琉球人 및 대만인의 등록에 관한 각서가 발표되어 3월 18일을 기해 등록이 이루어졌다. 조선인의 등록 총수는 646,943명이었다. 또 1947년의 외국인 등록령 공포, 실시 이후의 조선인 등록 수는 1949년 10월 당시 597,561명, 1950년 3월 당시에 535,236명이었다. 姜在彦, 앞의 책, 24쪽.

29 金日化, 「在日朝鮮人の法的地位」, 朴鐘鳴 編, 『在日朝鮮人第二版 歷史・現狀・展望』, 明石書店, 1999, 185쪽.

30 Loc, cit.

31 田中宏, 『新版 在日外國人－法の壁,心の溝』, 岩波書店, 1995, 64쪽.

32 金英達, 『在日朝鮮人の歸化』, 明石書店, 1990, 8쪽.

33 일본관헌 측으로부터는 한신교육 사건이지만, 재일한국인 측으로부터는 한신교육 투쟁이라 불리고 있어 각각의 입장에 따라 어떻게 인식하고 있는지 그 차이가 있음을 적어둔다.

34 李月順, 「在日朝鮮人の民族教育」, 朴鐘鳴 編, 『在日朝鮮人 第二版 歷史・現狀・展望』, 明石書店, 1999, 143~144쪽.

35 재일한국인에 대한 차별 용어인 제삼국인은 패전 후 일본인의 차별의식이 만들어낸 말로서 당시의 관료와 매스컴에 의해 의도적으로 유포된 것이었다. 水野直樹, 「『第三國人』の起源と流布についての考察」, 在日朝鮮人運動史硏究會, 『在日朝鮮人史硏究』 Vol.30, 2000.

36 1952년 4월 19일에 발표된 법무부 민사갑 제438호 민사국장통달 「평화조약의 발효에 수반되는 조선인, 대만인 등에 관한 국적 및 호적 사무의 처리에 관해」에 의하면, "조선 및 대만은 조약의 발효일로부터 일본국 영토에서 분리되는 것이므로 조선인 및 대만인은 내지에 거주하는 자를 포함해 모두 일본국적을 상실"하게 되었다. 金英達, 앞의 책, 9~10쪽.

37 재류 자격은 크게 일정 활동을 하기 위한 재류 자격과 활동에 제한이 없는 재류 자격의 두 가지로 나뉘어 전자는 외교・유학・공용・단기체류 등의 재류 자격이, 후자는 정주자와 영주자 등의 재류 자격이 해당된다. 田中宏, 앞의 책, 36~38쪽.

38 金東鶴, 「在日朝鮮人の法的地位・社會的諸問題」, 朴鐘鳴 編著, 『在日朝鮮人の歷史と文化』, 明石書店, 2006, 157쪽.

39 姜在彦・金東勳, 앞의 책, 180쪽.

40 金日化, 앞의 책, 191쪽.

41 田中宏, 앞의 책, 48쪽.

42 위의 책, 47쪽.

43 田中宏, 『岩波ブックレットNo.566 在日コリアン權利宣言』, 岩波書店, 2002, 9~10쪽.

44 姜尙中, 「『在日』の現在と未來の間」, 『季刊三千里』 第42號, 1985, 119쪽.

45 姜在彦, 앞의 책, 85쪽.

46 田中宏, 앞의 책, 32쪽.

47 여기에서 인용한 수치는 외국인의 생활보호율이지만, 당시의 외국인 약 9할 이상이 재일한국인이었다는 점에서 재일한국인의 생활보호율이라고 해도 지장이 없을 것이다. 吉岡增雄, 「在日朝鮮人と生活保護」, 吉岡增雄, 『在日朝鮮人の生活と人權－社會保障と民族差別』, 社會評論

社, 1980, 208쪽.

48 田中宏, 앞의 책, 39~40쪽.

49 東北大學敎育學部, 「在日コリアン硏究會」 編, 『在日韓國 · 朝鮮人の生活 · 文化 · 教育とアイデンティティー形成』, 1994, 19쪽.

50 金永子, 「在日朝鮮人の社會生活朴鐘鳴編」, 『在日朝鮮人 第2版ー歷史 · 現狀 · 展望』, 明石書店, 1995, 251쪽.

51 임현일의 자살은 당초 따돌림 때문이라고 하였지만 사건 발생 한 달 후에 실은 그가 재일한국인 3세로 민족 차별에 의한 따돌림이 그 원인이었다고 『朝鮮時報』에 처음으로 보도되었다. 이 사건을 조사한 김찬정은 임현일의 초등학교 졸업 사인장에 '바보, 빨리 죽어, 임이 하는 일-자살' 등 민족 차별이라 생각되는 말이 적혀 있었으며 재일한국인이기 때문에 받은 차별이 그를 자살로 몰고 갔다는 것을 밝혀냈다. 金贊汀, 『故國からの距離』, 田端書店, 1983, 8~38쪽. 그리고 처음에는 그것을 인정하려고 하지 않았던 학교 측도 인정하게 되어 가미후쿠오카시 교육위원회가 「가미후쿠오카시 재일한국인 아동 · 학생에 관한 교육지침에 관하여」(1983년 3월 31일)를 제정하기에 이르렀다.

52 李月順, 앞의 책, 161쪽.

53 위의 책, 151~152쪽.

3 가와사키시 재일한국인의 거주지역 형성

제2차 세계대전 이전에 한반도의 농촌 경제가 무너지고 자본주의 경제가 미처 성숙하지 못한 탓에 일을 찾아 일본에 건너온 이들과 강제연행으로 일본에 끌려온 이들은 재일한국인 거주지역을 형성하게 되었다. "낮은 수입과 민족 차별이라는 상황 속에서 살아가기 위해서는 집단을 이루어 이른바 조선인 부락을 형성할 수밖에 없었기 때문에"[1] 좀처럼 집을 빌릴 수 없는 상황에서 몇몇 한국인이 정주하게 되면 먼저 이주한 사람을 믿고 다른 한국인들이 이동하여 가구 수가 늘어가는 방식으로 조선인 부락[2]이 일반적으로 형성되었다.[3]

1970년대에 세이큐샤가 설립되었던 사쿠라모토 지구 이케가미초櫻本地區池上町도 전전 시기부터 한국인이 많이 거주했던 지역 가운데 하나였다. 이러한 재일한국인 거주지역은 환경의 열악함과 같은 부정적인 측면도 가지고 있었지만, 서로 함께 돕고 한국문화를 보존하는 등 긍정적인 측면도 함께 가진 커뮤니티로 기능하였다. 재일한국인 당사자들에 의한 운동이 사쿠라모토 지구에서 시작되는 배경에는 사쿠라모토 지구가 재일한국인 커뮤니티였다는 사실을 빼놓을 수 없다.

또한 재일한국인 거주지역에서 일본인과 함께 거주함으로써 지역의 현실로 그 필요가 제기되었던 공생의 체현體現은 세이큐샤를 움직이는 원동력이었으며, 지역사회에 대한 이러한 관점은 세이큐샤의 활동들을 이해하는 데 중요한 시각을 제공한다.

본 장에서는 가와사키시의 재일한국인 집중거주지역의 성립 경위와 그 실태를 분석하고자 한다. 이처럼 지역에 밀착된 미시적 관점은 당시 재일한국인들의 실제 상황을 파악하는 데 있어 매우 중요하다.

1. 재일한국인 집중거주지역의 성립

2장에서 개관한 바와 같이 한국인들이 노동자로 일본에 이주하게 된 배경에는 1910년 이후 가속화된 식민지정책으로 인한 농촌 경제의 파탄이 자리잡고 있었다. 이와 같은 시기에 일본에서는 조선인 부락이 생기기 시작하였다. 처음에는 도항자들이 모이는 관부연락선이 도착하는 시모네세키下関와 모지門司에 부락이 형성되었다.

당시 오사카에는 1924년 당시 3개의 부락 수가 있었던 반면, 1930년에는 139개에 달할 정도로 부락 수가 급증하였으며, 이들은 주로 공장숙소나 한바飯場(건축현장 근처에 지어진 숙박소), 그리고 한국인들이 빌린 집을 중심으로 형성되는 경우가 많았다. 관동지역에서는 1923년의 관동대지진을 계기로 부락이 형성되었다. 이는 지진 후의 복구공사나 매립 등에 많은 노동자를 필요로 했기 때문이다(표 3-1).[4]

히구치 유이치樋口雄一는 조선인 부락 성립 조건을 "① 한바나 회사 사택에 살기 시작하면서 그곳을 거점으로 한 경우, ② 토지소유자가 명확하지 않은 저지나 습지, 하천변 등에 자력으로 임시주택을 짓는 경우, ③ 일본인이 살지 않게 된 집에 사는 경우, ④ 아파트 · 나가야長屋(여러 가구가 살 수 있도록 만들어진 집) 등을 빌려 이를 중심으로 부락이 생기는 경우" 등의 네 가지로 설명하며, 조선인 부락은 "조선인 차별체제라는 일본사회를

| 표 3-1 | 재일조선인 부락의 형성 상황

	장소	성립 시기	도수 (가구)	거주인구 (명)	성립 이유
오사카부大阪府	西成郡鷺州町大仁 (속칭 兼頭市場)	1922년	13	44	시장으로 지은 곳이 불경기로 빈 집이 되어 그곳에 살기 시작했음
	泉北部北掃村春木 (속칭 朝鮮町)	1922년 봄부터	19	76	기시와다 방적이 한국인 직공용으로 지은 곳
	東成區東小橋町	불명	55	585	오래 되었지만 보통 나가야를 빌려 거주자 증가
	東成區猪飼野町	불명	162	1,577	위와 같음
	港區船町	1923년	45	347	빈 땅에 자력으로 지은 임시주택
	港區小林町	1923년	45	333	위와 같음
	東成區生野國分町	1924년	15	27	원래 양조장이었던 곳을 개조해서 살게 됨
도쿄도東京都	小石川戶崎 · 氷川下町 (속칭 태양이 없는 마을)	1924년 이후로 추정	101	349	센가와를 따라 지어진 나가야. 도쿄의 대표적인 '빈민지구'
	豊島區西巣鴨 (속칭水久保)	위와 같음	120	400	지진 후 구 시내 지역은 집세가 비싸 이곳에서 증가했음
	荒川區三河島町	1923년	350	700	부근 공장에 취업하는 사람들에 의해 만들어진 터널식 나가야
	城東區大島町	1919년	247	909	운하 개척을 위해 모인 사람들에 의해 형성됨

출전 : 樋口雄一, 「在日朝鮮人部落の成立と展開」, 小澤有作 編, 『近代民衆の記錄10 在日朝鮮人』, 新人物往來社, 1978, 551~552쪽을 참고로 작성.

모체로 생겨나 형성된 것" 이라 설명하였다.[5]

조선인 부락은 일본사회의 차별구조에서 비롯된 산물이었지만 일본에서 힘든 노동을 견뎌야 했던 한국인 노동자들에게는 한국말을 하거나 한국음식을 먹으며 한국문화를 향유하고 유지하는 공간으로 기능하였다.[6]

내선일체하에서 일본인화 정책을 적극적으로 추진하였던 일본 파시즘 정부는 1930년대에 이러한 이유로 조선인 부락을 체제를 위협하는 존재 가운데 하나로 인식하여 강압과 해체를 꾀하였다. 예를 들어 1934년 오사카에서는 한국인대책조직 교후카이矯風會를 만들어 조선인 통제체제를 확

립한 후 불량주택 정비를 구실로 삼아 시가 조직적으로 조선인 부락을 해체하기도 하였다.[7]

이러한 조선인 부락은 기업이 필요로 하는 경우에만 도항이 인정되었던 선별도항체제에 의해 한국인 노동자가 일본에 건너왔는데도 일본정부와 기업 측이 한국인의 처우를 전혀 고려하지 않은 채 받아들였을 뿐 아니라[8] 한국인이기 때문에 집을 빌려주지 않았던 집주인, 그리고 일본인과 민족적 임금 격차를 설정했던 기업 등 여러 요인에 의해 형성된 것이었다. 전전 시기의 조선인 부락은 전쟁이 끝난 후에도 한국인 거주 지역으로서 일부는 일본인들도 살기 시작했지만 전전 시기와의 연장선 위에서 지속되었다.

가와사키시의 경우 전쟁이 진행되던 중에 일본강관 주위에 약 450가구의 조선인 부락이 있었다고 한다. 1923년의 관동대지진과 게이힌공업지대京浜工業地帶의 발전으로 인해 많은 수의 한국인 노동자가 이주한 가나가와현神奈川縣에도 몇 개의 조선인 부락이 전전 시기부터 형성되었다.

2. 가와사키시 사쿠라모토 지구의 형성

사쿠라모토 지구가 위치한 가와사키 남부는 전전 시기로부터 '이어진' 조선인 부락이라는 점, 관동지구 내에서 '전형적인 조선인 거주지구'인 점, 그리고 전후의 일본 경제 안에서 한국인들이 해온 역할이 명확하고 한국인들의 자주적 활동이 활발한 지역이라는 점 등에서 재일한국인 거주지역으로서의 특성을 가지고 있는 곳이다.[9] 또한 한국인들이 가나가와현의 역사 속에서 도호쿠지방東北地方과 오키나와沖繩 출신자들과 함께 게이힌공업지대를 발전시켜왔다는 사실도 간과해서는 안 된다.[10]

(1) 가나가와현의 노동자집단으로서의 한국인

가나가와현에는 제1차 세계대전으로 인한 토목공사, 자갈채집노동 등등 때문에 요코하마橫浜를 중심으로 한국인들이 가와사키川崎, 요코스카橫須

| 표 3-2 | 가나가와현의 한국인 인구 추이

연도	총인구	연도	총인구	연도	총인구
1910	50	1922	902	1934	13,075
1911	56	1923	1,860	1935	14,410
1912	71	1924	4,028	1936	14,597
1913	82	1925	5,561	1937	15,077
1914	.85	1926	6,158	1938	16,663
1915	64	1927	7,253	1939	20,935
1916	112	1928	10,207	1940	24,842
1917	213	1929	9,042	1941	37,877
1918	350	1930	9,794	1942	43,392
1919	360	1931	9,483	1943	54,793
1920	514	1932	10,525	1944	62,197
1921	532	1933	12,976	1945	58,818

출전 : 神奈川と朝鮮の關係史調査委員會, 『神奈川と朝鮮－神奈川と朝鮮の關係史調査報告書』, 神奈川縣涉外部, 1994, 122쪽을 참고로 작성.

賀, 오다하라小田原 등의 지역에서 일하고 있었다. 이 지역의 한국인 노동자의 수는 1923년의 관동대지진 이후 급격히 증가하여 1944년에는 6만 명을 넘기에 이르렀다(표 3-2).[11]

한국인들은 주로 육체노동자로, 1923년 당시 가나가와현 거주 조선인 직업별 조사에 따르면 토목 1,215명, 인부 294명, 직공방적회사 18명, 철강회사 13명, 해안에서 일하는 인부 16명, 잡역부 15명 등과 같은 직종에서 근무하였으며, 가와사키와 쓰르미鶴見의 한바, 오다와라 방면의 아타미선熱海線 공사현장, 도쓰카戶塚의 철도공장 현장 등에 많이 있었던 것으로 추정된다.[12]

1920년대와 1930년대의 가나가와현에 한국인 노동자들의 수가 급증한 것은 게이힌공업지대 조성이 그 배경에 자리하고 있으며, 뒤이어 차례로 현 내 각지의 철도와 도로공사에도 한국인들이 종사하게 되었다. 이로 인해 요코하마의 집합소(요세바寄せ場) 고토부키(壽)지구의 자갈채취노동자 가운데 8할을 차지하고 있던 한국인들이 살고 있던 슈쿠가하라 기타무라宿河原北村 · 마르코丸子 · 후타고二子 · 도데戶手 그리고 일본강관 주변의 이케가미초池上町에 조선인 부락이 형성되었다.

(2) 한국인의 가와사키 이주

한국인 노동자는 게이힌공업지대의 설립 초기부터 이에 참여했으며, 노동자들의 수도 그 발전과 함께 급증하였다.

1) 게이힌공업지대 형성과 한국인 노동자

게이힌공업지대는 아사노 소이치로淺野總一郞에 의해 시작된 간석지에 일본강관이 공장 건설을 착수한 1912년경부터 시작되어 그 후 후지가스방적 · 스즈키상점(현 아지노모토) · 도쿄전기(현 도시바) 등 공장 건설이 이어졌고, 1917년에는 아사노시멘트(현 다이이치 시멘트)가 다지마촌에 공장을 건설하였으며, 1919년에는 다마가와 자갈철도가 설립되었다.[13]

1920년대 당시 노동자의 숙박과 직업 소개를 하고 있던 가와사키 사회관의 이용자 중에는 적지 않은 한국인이 포함되었던 것으로 보인다(표 3-3).

제2차 세계대전이 끝난 후 가와사키시에 이주한 한국인들은 크게 네 가지로 분류된다. 첫째, 주로 임해부의 개발과 시내 각 곳의 교통망 정비, 공장 건설현장에서 근무한 노동자, 공장노동자, 항만노동자와 같은 노동자

| 표 3-3 | 가와사키 사회관 숙박자의 연인원수

연도	총계	조선 출신자	부현府縣별 순위
1921	12,299	370	10
1922	25,016	1,140	7
1923	31,812	2,113	4
1924	44,001	8,927	1
1925	33,961	9,255	1
1926	25,753	3,189	3
1927	26,554	2,972	3
1928	28,557	1,684	3

출전 : 梶村秀樹, 「在日朝鮮人の生活史」, 『神奈川縣史各論編1 政治 · 行政』, 神奈川縣, 1983, 667쪽.

와 그 가족, 둘째, 자갈채취노동자로 다마가와강변에서 촌락을 만들어 생활한 이들과 그 가족, 셋째, 전쟁 중에 가와사키시 중부부터 북부까지의 각 곳에 해군과 군수공장용 지하시설 건설을 위해 군과 청부업자에 의해 노동하게 된 사람들, 넷째, 전쟁 중에 시내 각 공장에 강제연행되어 강제노동을 하게 된 사람들이다.[14]

특히 일본강관에는 많은 한국인이 강제연행되어 가혹한 노동을 강요받고 있었다. 일본강관 가와사키 공장에는 1942년 3월부터 10월까지 다섯 차례에 걸쳐 총 999명의 노동자들이 연행되어 1943년 말에는 총 인원수의 1할 이상에 달하는 1,904명이 있었다고 한다. 이후의 인원수는 명확하지는 않으나 수만 명에 달했던 것으로 보인다.[15]

일본강관은 1,800도 이상인 고열의 용광로 입구에서 석탄을 던져 넣는 위험한 중노동이기 때문에 이직률이 높고 노동력이 부족하여 강제연행자를 받아들이고 있었다. 당시의 모집 조건으로는 ① 만 14세에서 20세까지, ② 국민학교 초등과 졸업 이상, ③ 일본어를 할 수 있는 사람, ④ 독신, ⑤ 경기도 출신자의 다섯 가지를 정해[16] 1개월의 훈련기간을 거쳐 각 직장에 배치했다.

당시의 일본강관은 '목숨 교환'이라고 일컬어질 정도로 악명이 높아 관 알선으로 연행되어 일본에 온 김인식의 증언을 바탕으로 박경식은 다음과 같이 말했다.[17]

> 훈련기간 중에는 회사 근처에 있는 후생 숙소에 넣어져 일절 외출을 금지당한 채 일했지만 이는 무급으로 일하는 것이었다. 동포들은 훈련기간이 끝나고 각지의 숙소로 배치되었으나 …… 일급으로 계산하여 월급이 월 60~80엔밖에 되지 않았다. 같은 직장에서도 일본인은 80~90엔이었다.
>
> 매끼 식사에는 거의 밥알이 없고 보리와 톳이 섞인 밥에 소금 국물이 나왔다. 나중에는 남경 쌀의 죽인 경우도 있었다.

군인 출신의 지도원은 조금이라도 속도가 느리거나 일이 생각대로 되지 않으면 자주 때렸다. 1943년 겨울 아침, 김인식 씨들보다 먼저 연행된 제4차생들은 선착장 앞 다리까지 구보한 후 바다 안에 들어가야 했다. 바닷물이 가슴 높이까지 차오르는 가운데 팔굽혀펴기를 하라는 명령이 내려졌다. 동포들은 바닷물 안에서 허우적거리면서 물을 꽤 많이 먹었다.

일본강관 외에도 후루카와주조古川鑄造 가와사키공장에 약 150명, 일본야금日本冶金 가와사키제조소에 훈련공 70명, 일본단공日本鍛工에 훈련공 100명, 가와사키 기기제작소에 300명의 훈련공 등 한국인들은 각 공장에 노동자로 연행되어 있었다.[18]

1945년 8월 15일, 일본의 패전으로 한국인들은 해방될 수 있었지만 그들을 기다리고 있던 것은 힘든 현실이었다. 일본인 귀향자, 병사 등이 귀국하여 직업을 찾고 있던 가운데 한국인들은 외국인이기 때문에 직장에서 쫓겨나고 주택도 부족하여 일할 수 있는 직업도 살 수 있는 장소도 제대로 없는 상태였다. 이들은 일본의 패전으로 인해 빈 집이 된 일본인 사택으로 옮겨 살면서 사쿠라모토 3조메(현 이케가미초)와 사쿠라모토 2조메,[19] 하마초 등에 많은 수의 한국인이 모여 살게 되었다. 이것이 전후의 한국인 거주지역으로서의 이케가미초의 원형이다.

2) 전후 한국인 거주지역으로서 이케가미초의 성립

다지마지구의 최동북부에 자리하여 미로와 같이 좁은 길, 틈도 없이 밀집하게 지어진 주택, 일본강관의 용지라는 이유로 수도시설도 몇 년 전에야 주민들 손으로 만들어진, 산업도로를 사이에 둔 사쿠라모토 1, 2조메와는 전혀 다른 얼굴을 가진 곳. 그곳이 이케가미초이다(그림 3-1).

한국인들이 사쿠라모토櫻本·하마초浜町·이케가미초池上町에 정착하게 된 직접적인 계기는 1925년에 가와사키 남부의 해안가 변에서 시행된

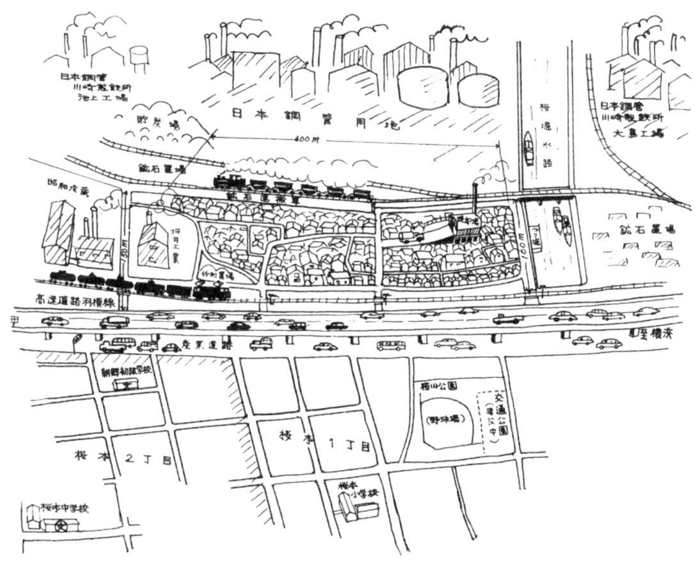

| 그림 3-1 | 이케가미초의 개략도

출전: 神奈川縣第二愛泉ホーム, 『川崎市池上町における住民とホームの福祉關係』, 1969.

해안선기궤도의 시설공사로, 1939년 일본강관이 이케가미초 일대를 매수하여 게이힌 제철소 건설에 착수하면서 한바가 만들어져 많은 한국인이 이동해온 것으로 추정된다.[20] 그리고 전쟁이 끝난 후 한국인들이 일본강관의 용지를 불법점령해서 간이주택을 짓고 이를 거점으로 삼아 살게 된 것이 이케가미초이다.

또한 이케가미초는 1976년 당시 인구 1,449명 가운데 한국·조선적朝鮮籍[21](조선적이란 조선국적을 의미하는 것도 북한국적을 의미하는 것도 아니다)이 860명, 일본 국적이 589명인 것에서 알 수 있듯이 한국인과 일본인이 함께 거주하는 지역이기도 하다(표 3-4).

일본의 패전 후 빚어진 경제 불황으로 이 지역의 한국인 가운데 일부는 일용노동자나 실업자로 전락하기도 했지만, 1950년대 당시 음식점이나 동포를 대상으로 하는 상업인 고철상이나, 또는 수설옥銖屑屋이라 불리는

| 표 3-4 | 이케가미초의 인구와 세대수 추이

연도	세대수	총수	남	여	연도	세대수	총수	남	여
1950	218	890	499	391	1964	649	2,495	1,402	1,093
1951	303	1,192	693	499	1965	632	2,428	1,360	1,068
1952	337	1,317	756	561	1966	542	2,109	1,130	979
1953	421	1,507	865	642	1967	546	2,099	1,119	980
1954	437	1,521	890	631	1968	530	2,004	1,057	947
1955	489	1,664	953	711	1969	524	1,972	1,029	943
1956	527	1,804	1,007	797	1970	534	1,911	991	920
1957	572	1,972	1,081	891	1971	436	1,672	873	799
1958	605	2,218	1,160	968	1972	429	1,616	857	759
1959	623	2,217	1,224	993	1973	384	1,576	842	734
1960	645	2,287	1,256	1,031	1974	376	1,493	792	701
1961	677	2,735	1,511	1,224	1975	368	1,457	775	682
1962	684	2,724	1,513	1,211	1976	404	1,449	782	667
1963	646	2,528	1,426	1,102					

출전: 「櫻本地區の在日韓國人」, 『川崎市櫻本地區〈川崎・南部〉青少年問題調査研究報告書』, 青丘社, 1985, 35쪽.

동철업, 그리고 많은 수의 사카린 공장 등 상공업에 일하면서 생활기반을 만든 사람도 많았다.[22] 한편으로 암거래 쌀이나 막걸리 같은 술의 밀주를 하는 등 암거래 상업 활동도 많아서 일 년 내내 경찰 조사가 끊이지 않을 만큼 생계를 꾸려나가는 것은 결코 쉬운 일이 아니었다.

이러한 경제적 어려움에 더해, 조선인 부락으로 성립된 이케가미초는 게이힌공업지대의 중심부였기 때문에 매연과 먼지 등으로 열악한 생활환경이 조성되었던 점도 간과해서는 안 된다.

3. 이케가미초 한국인의 실태

다요 구니지로田代國次郎가 1966년 일련의 조사를 통해 이케가미초는 "인간이 생존하기에 적당한 환경이 아니다. …… 이미 인간이 살 거주지로서의 이용가치가 떨어졌을 뿐 아니라 전혀 인간의 생존에 적합하지 않다. 즉, 매연・소음・비위생・녹지는 물론 안전하게 놀 곳조차 없는 이곳은 인간의 생존에 전혀 적당하지 않은 황폐 지대이다"[23]라고 지적하고 있듯이, 일본강관, 가와사키카세이川崎化成, 쇼와석유昭和石油, 그리고 쓰레기 소각장 등과 같은 공장에 둘러싸인 이케가미초의 생활환경은 사쿠라모토 슬럼이라고 불릴 정도로 심각했다.

(1) 열악한 주거환경 — 사쿠라모토 슬럼

이케가미초뿐만 아니라 한국인 거주지역은 빈곤 · 질병 · 차별 · 비행 · 범죄 · 비위생 등의 문제가 복합적으로 존재하는 '조선인형 슬럼'[24]이라는 슬럼지구에 형성되는 경우가 많았다. 민족차별로 한국인에게 주어진 곳은 일본인이 살 수 없는 곳뿐이었던 것이다. 또한 이케가미초의 지역적 특성으로 인해 공해가 심했던 것도 열악한 환경이 된 한 이유였다.

1) 높은 불량 주택률

이케가미초는 1969년 1월 당시 평방킬로미터 당 인구밀도가 1만 1,067명으로, 인접한 사쿠라모토 1~2조메의 2만 2,967명, 하마초의 2만 5,551명과 함께 가와사키시의 인구밀도 6,873명에 비해 인구밀도가 약 2배 가까이 높았으며,[25] 거의 대부분이 소위 불량 주택이었다.

표 3-5에서 드러나는 것처럼 이케가미초(사쿠라모토 3조메)는 다른 지구에 비해 불량 주택률이 굉장히 높아서 이케가미초의 9할에 해당하는 주민이 불량주택에서 살고 있다. 또 가나가와현의 『주택지구 실태조사보고서』(1959년)에도 이케가미초는 건물구조별 불량도, 소유별 형태 불량도와 관련해 현 내에서 불량도가 가장 높고 배수시설과 화장실 조건도 나쁜 상태임을 밝히고 있다.[26]

이러한 열악한 주거환경에 더해 한국인들을 괴롭힌 것은 1971년에 이토시정伊藤市政을 탄생시킨 이유이기도 한 공해문제다.

| 표 3-5 | 총 호수에서 점하는 불량 주택의 수와 비율

마을 이름	주택 총호수	불량주책도수와 총호수비율(%)	불량주거세대수와 총주택세대비율(%)		불량주택거주인수와 총주택인원비율(%)	
			총수		총수	
총수	4,722	2,157	5,336	2,361	21,321	9,607
川崎市합계	2,333	1,663(71.3)	2,446	1,718(70)	10,114	7,225(71)
池上新町	293	187(63.8)	337	201(60)	1,335	769(58)
櫻本1町目	613	250(40.8)	648	268(41)	2,443	1,011(41)
櫻本2町目	574	530(92.3)	591	546(92)	2,552	2,315(91)
浜町3町目	127	76(59.8)	133	81(61)	523	300(57)

출전 : 樋口雄一, 「川崎市おおひん地區朝鮮人の生活狀況－1955年前後を中心に」, 『海峽』Vol.20, 2000, 73쪽.

2) 공해문제

가와사키시는 성장을 중시해 여러 공장들을 유치해 공업도시로서 발전을 달성했으나, 필연적으로 세탁물이 금세 까맣게 되거나 철분과 시멘트 분진이 떨어져내리는 등의 환경문제를 안고 있었다. 한국인들 또한 그러한 환경문제의 피해자였다. 재일한국인 1세 할머니는 당시의 상황을 다음과 같이 말하고 있다.[27]

> 강관의 연기가 심했지. 매연이 심해서 세탁물을 집 안에서 말렸어. 겨울에는 북쪽바람이 불어서 괜찮지만 여름에는 문도 열어둘 수가 없었지. 가랑비가 내리는 것 같았어. 친척이 와서 '뭐가 온다'고 물어봐서 '철분이야, 철분. 강관의 철분이 내리고 있는 거야'라고 말했어. 매연이 심할 때는 화분도 키울 수 없었어. 바로 옆에는 쓰레기 소각장도 있었지.

1972년부터 1982년까지 외국국적 공해 인정환자의 전체 163명 가운데 159명이 한국인이었으며, 1981년 당시 일본인 인구의 총 0.4%가 피인정자였던 것에 비해 거주 외국인의 경우에는 약 1.6%가 피인정자였다. 이를 가와사키시에 한정하여 생각한다면 일본인은 약 1.1%, 외국인은 2.5%가

되는 것[28]에서 알 수 있듯이, 이케가미초 주민들은 불량주택 문제뿐만 아니라 공해로 인한 질병과 주거환경의 열악함을 겪어야 했다. 게다가 이 지역은 범죄와 비행 등 청소년 문제와 빈곤과 같은 사회문제도 안고 있었다.

(2) 빈곤의 만성화

2장에서 개관한 바와 같이 일본사회의 하층계층으로 살아갈 수밖에 없었던 한국인들에게 빈곤은 언제나 떼려야 뗄 수 없는 것이었다. 슬럼지구에 위치한 이케가미초는 더욱 심각한 빈곤의 양상을 보이고 있었다.

1) 높은 생활보호율

일본인에 비해 재일외국인의 생활보호율이 높은 것은 이미 전술한 바 있다. 이러한 구조적 상황은 이케가미초에서도 별반 다르지 않아서, 1965년 10월 당시 일본인 가구의 47.5%, 재일한국인 가구의 52.5%가, 1969년 1월 당시에는 각각 49.4%, 50.6%의 가구가 생활보호를 받고 있다. 일본인세대와 재일한국인세대 양쪽 모두 반수 가까이 생활보호를 받았으며, 생활보호세대의 대부분이 경제활동을 하는 사람이 없는 세대이다(표 3-6).

실업자 외에도 일용노동자와 같은 잠재적 실업자가 1/4을 차지하지만, 상용노동자는 겨우 1.6%에 머물러 있는 것은 이케가미초의 경제적 상황

| 표 3-6 | 이케가미초의 생활보호세대의 노동유형

노동유형	수	%
세대주가 상용노동자	3	1.6
세대주가 일용노동자	46	25.6
세대주가 내직자	1	0.6
그 외 취업자	1	0.6
세대주 이외의 사람만 일하고 있다	15	8.3
일하는 사람이 없는 세대	114	63.3
계	180	100

출전 : 神奈川縣第二愛泉ホーム, 『川崎市池上町における住民とホームの福祉關係』, 1969, 18쪽.

이 어떠한지를 잘 보여준다. 이러한 빈곤의 고착화는 청소년 비행문제로 바로 이어졌다. 미래에 대한 희망을 가질 수 없는 아이들은 범죄나 약물과 같은 문제행동에 빠지는 경우가 많았던 것이다.

2) 심각한 청소년문제

놀 수 있는 공간도 없고 경제 · 사회적으로 일본사회의 저변에 위치할 수밖에 없었던 이케가미초의 청소년들은 어떤 생활을 하고 있었을까?

사쿠라모토초, 이케가미초 등 린코臨港 경찰서 관할지역에서 1965년도 비행청소년의 거주지역을 살펴보면 비행청소년 396명 가운데 71.9%가 이케가미초 등 타지마지구에 살고 있으며, 이를 더욱 세분하여 살펴보면 압도적으로 많은 수의 청소년들이 이케가미초에 살고 있다. 실제로 이케가미초에 거주하는 10살에서 20살 미만 청소년 500명의 약 1할을 차지하는 45명이 비행청소년이었다.[29]

'사쿠라모토 = 재일한국인이 많다' 라는 도식은 아이들에게 장래에 대한 불안을 증폭시켰기 때문에 이케가미초의 아이들은 '아무리 열심히 공부해봤자 한국 사람이니까' 라는 의식을 가지게 되었다. 이로 인해 이케가미초에는 아버지 세대의 사회적 문제점을 다음 세대가 그대로 이어받는 구조가 존재하고 있었다.

1973년도 사쿠라모토 중학교를 졸업한 재일한국인 25명 가운데 18명(72%)이 진학, 7명(28%)이 취직했으나, 가와사키시의 다른 지역 공립중학교 졸업자의 대부분(94.6%)이 진학하고 있는 상황과 비교한다면 취직하는 학생이 상대적으로 많다는 것을 알 수 있다. 1982년도를 보아도 재일한국인 학생 18명의 진학상황은 100%로 수치상으로는 개선된 것처럼 보이지만, 진학한 아이들 중에는 중퇴하는 경우가 많아 아무런 희망도 찾을 수 없었던 아이들은 부모와 같이 육체노동을 하든지 일부는 폭력단에 들어가기까지 하였다.[30]

이와 같은 이케가미초에 존재하는 유무형의 소외·차별구조의 근저에는 한국인에 대한 민족차별이 자리하고 있으면서 빈곤 문제를 비롯한 이케가미초의 여러 문제들을 야기하였다. 그러나 이처럼 무수한 문제들에도 불구하고 이케가미초가 사람들을 끌어들이는 흡인력을 가지고 있었다는 점 또한 부정할 수 없다.

(3) 한국인 거주지역으로서의 이케가미초

1961년도 가와사키 복지사무소의 조사에 따르면 외국인의 50.3%가 아는 사람을 통해 사쿠라모토에 왔다고 답하고 있으며, 이 가운데 75%의 사람들이 같은 나라 사람이 있다는 것을 이유로 들고 있다. 즉, 다른 지역에서는 생활조건이 더욱 나쁘기 때문에 같은 나라 사람이 많은 곳에 집결하는 경향이 강해지는데 이것이 이케가미초에 보다 많은 한국인이 모이는 기제로 기능한 것으로 보인다.[31]

게다가 가나가와현의 재일한국인의 많은 수가 특정시역출신인 것도 관련이 있다. 1938년 가나가와현 내 사람들의 40.9%가 경상남도 출신으로, 30.2%가 경상북도 출신인 것에 비해 같은 해의 오사카의 경우 38.7%가 전라남도 출신이었다. 즉, 특정지역의 인간관계가 일본에서의 지역형성에도 영향을 미쳐 이것이 일본에서의 생활을 성립시키는 면이 있었던 것이다.[32] 이와 같은 상황이 제2차 세계대전 이후에도 확대 발전되어 같은 고향 출신의 사람들을 끌어들이는 요인으로 작용한 것이라 할 수 있다.

1) 외부사회와 다른 일본인 · 재일한국인의 관계

이케가미초에는 재일한국인이 많아서 한국 문화가 보존되어 있었기 때문에 열악한 환경에도 불구하고 그곳에 거주하는 이들도 많이 있었다. 또한 이 지역에 거주하는 재일한국인의 수가 많았기 때문에 다른 지역의 일본사회와 비교했을 때 일본인과의 관계 또한 다소 다른 양상을 띠고 있었다.

재일한국인 1세의 할머니는 당시의 생활 상황을 다음과 같이 회고했다.[33]

> 전쟁이 끝난 후에는 한국사람이 많아서 일본사람은 거의 살지 않았어. 여기에 살고 있는 일본인은 우리와 똑같은 일을 했어, 여기에서 사는 이상은. 여기에 살고 있는 동안은 사이가 좋았지. 한 발만 밖에 나가도 '조센징, 조센징' 이라고 했지만.

이를 통해 이케가미초라는 지역사회 안에서는 재일한국인과 일본인이 같은 주민으로서의 관계를 형성하며 생활했던 것을 알 수 있다. 정대균은 이와 같은 이케가미초의 사회적 관계가 가지는 특수성에 주목해, "현실의 힘 관계에서 한국인이 우위의 입장에 있는 경우가 많았다" 라고 지적했다.[34] 지역 내의 고용관계에서도 한국인이 일본인을 고용하는 경우라든지, 아이들 사이에서도 한국인이나 다문화가정 자녀(재일한국인과 일본인 사이에서 태어난 자녀)들이 리더인 경우가 많았고, 한국문화가 문화적 차원에서도 우위였기 때문에 일본인과의 관계가 일본사회의 일반적 차별구조와는 달리 역전된 형태였다.

그러나 정대균은 "일본사회에 한 발자국 발을 내딛는 순간, 지역사회에서의 이러한 관계는 표층적인 것에 지나지 않기 때문에 일본인은 한국인과의 관계에서 여전히 우위를 점한다"[35]라고 주장하였다. 단, 이케가미초라는 지역사회의 미시적 차원에서는 재일한국인과 일본인의 피지배/지배 구조가 역전되어 존재했으며, 이는 재일한국인으로서의 자신을 형성하는 데 있어 토대가 되었다. 이와 함께 이케가미초는 지역공동체로서 한국인 커뮤니티만의 특질도 만들어가고 있었다.

2) 지역공동체로서의 결속력

이케가미초가 재일한국인 거주지역으로서 가지는 긍정적 측면 가운데 간과할 수 없는 것은 이케가미초 전체가 하나의 생활공동체로서 기능[36]하고 있다는 점이다. 즉, 민족차별이라는 같은 역사와 기억을 소유하고 있는 사람들 간에 생기는 연대감은 이케가미초를 서로 돕고 정보네트워크를 공유하는 하나의 지역공동체로 만들어낼 수 있었다.

일본이라는 이국땅에서 살아가기 위해 같은 나라 사람들이 서로 돕고 단결할 수밖에 없다는 것은 상상하기 어렵지 않다. 이케가미초 사람들은 결코 좋다고 할 수 없는 생활환경에 지지 않는 '공동체의식'[37]을 가지고 있었으며, 이는 일본사회의 '소외에 대항하는 지지 않는 힘의 표출'로 '피차별 체험의 공유에 기반한 동료의식'이기도 하였다.[38]

이케가미초의 재일한국인들은 일본사회의 압도적인 차별과 소외의 힘에 굴하지 않은 한국인 특유의 정신을 가지고 있었다. 이러한 이케가미초의 상황은 다니 도미오谷富夫가 '대외분리와 대내결속'[39]이라 표현하며 외부사회의 차별과 편견이 강하면 강할수록 방어를 위해 민족 간의 결속력은 더욱 강해질 수밖에 없다고 분석한 것처럼 일본사회의 차별에 의해 민족의식이 강화되며 생겨난 것이라 할 수 있다.

말하자면 이케가미초는 재일한국인이기 때문에 감수해야 했던 차별을 살아가는 힘으로 승화시키는 자생적 힘을 가지고 있었던 것이 아닐까? 이것이야말로 후일 세이큐샤를 중심으로 한 운동들을 추진하는 데에 원동력으로 작용하기도 하였다.

이처럼 민족적 소외와 경제적 · 사회적 소외라는 중층적 소외에 시달리면서도 재일한국인 거주지역으로 변화하여 지금까지도 존속되고 있는 이케가미초. 이곳에서 이제까지의 차별과 소외에 대항하여 일본사회의 억압구조에 변화를 일으키는 움직임이 시작된 것은 1969년의 재일대한기독교회 가와사키교회의 사쿠라모토 보육원이 개원하면서부터이다. 전전 · 전후의 견고한 구조를 바꾸어낸 힘은 이 작은 실천에서 시작되었던 것이다.

주

1 小澤有作, 『在日朝鮮人教育論 歷史編』, 亞紀書房, 1973, 42쪽.

2 조선인 부락은 차별 용어이지만 당시 사용된 개념이기 때문에 그대로 사용하기로 한다.

3 樋口雄一, 「在日朝鮮人部落の積極的役割について」, 『在日朝鮮人史硏究』 創刊號, 1977, 26쪽.

4 樋口雄一, 「在日朝鮮人部落の成立と展開」, 小澤有作 編, 『近代民衆の記錄10 在日朝鮮人』, 新人物往來社, 1978, 550~551쪽.

5 위의 책, 553~555쪽.

6 히구치 유이치樋口雄一는 서로 돕는다거나 한국인 아이들을 교육하는 기관을 설치하는 등 조선인 부락을 비참한 것으로만 보는 것이 아니라 그것이 가지고 있었던 긍정적 측면에도 눈을 돌려 조선인 부락의 적극적 역할에 주목할 필요성을 제기하고 있다. 樋口雄一, 앞의 책, 28~32쪽. 또한 "파시즘 전시하에서도 조선인 부락에서는 금지된 조선말을 할 수 있었으며 강제연행 노동자들이 도망쳐서 일단 부락에 오기만 하면 관권 측은 거의 발견할 수가 없었다. 전쟁 승리의 꿈에 젖어 있던 일본사회, 일본인들과는 전혀 별개의 반전적이라고도 할 수 있는 사회를 형성하고 있었던 것이 조선인 부락이었다" 라고 지적하였다. 樋口雄一, 앞의 책, 564쪽.

7 위의 책, 560~561쪽.

8 위의 책, 549쪽.

9 樋口雄一, 「川崎市おおひん地區朝鮮人の生活狀況－1955年前後を中心に」, 『海峽』 Vol.20, 2000, 61~62쪽.

10 梶村秀樹, 「在日朝鮮人の生活史」, 『神奈川縣史各論編1 政治・行政』, 神奈川縣, 1983, 655쪽.

11 神奈川と朝鮮の關係史調査委員會, 『神奈川と朝鮮－神奈川と朝鮮の關係史調査報告書』, 神奈川縣涉外部, 1994, 56쪽.

12 宗田千繪, 「關東大震災と朝鮮人虐殺」, 『神奈川のなかの朝鮮』, 編集委員會, 『神奈川のなかの朝鮮』, 明石書店, 1998, 50쪽.

13 「櫻本地區の地域形成史」, 『在日韓國・朝鮮人を理解するハンドブック－日本人と在日韓國・朝鮮人が同じ市民として生きることの意味を考えます』, 川崎市市民局, 1990, 6쪽.

14 神奈川と朝鮮の關係史調査委員會, 앞의 책, 157쪽.

15 川崎勞動史編さん委員會 編, 『川崎勞動史 戰前編』, 川崎市, 1987, 1162쪽.

16 위의 책, 1166~1167쪽.

17 朴慶植, 앞의 책, 118쪽.

18 裵重度, 「共に生きる地域社會をめざして」, 『季刊青丘』 No.15, 1993, 58쪽.

19 재일한국인 거주지역으로서 사쿠라모토라는 지명이 얼마나 일본 국내에 알려져 있었는가를 보여주는 일화로, 1960년대경 가와사키교회의 직원이 야간열차로 센다이仙台에 도착하자 사복형사로부터 '어디에서 왔지' 라고 질문을 받아 '사쿠라모토입니다' 라고 대답하자 외국인등록증을 제시할 것을 요구했다는 일화가 있다. 「同胞のすむ街－川崎・櫻本編上 陸の孤島－戰後40年間, 未整備」, 「統一日報」(1994년 4월 21일) 참조.

20 三國惠子, 「在日韓國・朝鮮人の集住に關する硏究: 川崎南部地域を例として」, 『人口學硏究』 第25號, 1999, 71～72쪽.

21 조선적은 외국인등록증명서 국적란의 조선이라는 표기에서 유래하는 것으로, 제2차 세계대전 이후 외국인 등록령이 시행되면서 당시 재일동포들의 국적표기는 전부 조선으로 표기되었다. 외국인등록증 갱신 시기를 맞이했던 1950년대에 들어 한국정부의 요청에 의해 일본정부가 1950년 2월 23일에 「외국인 등록에 관한 법무총재담화 및 민사국장 통달 554호」를 내고 본인의 희망에 따라 한국 또는 대한민국의 호칭을 사용해도 무방한 것으로 바뀌었다.

22 樋口雄一, 앞의 책, 66～68쪽.

23 田代國次郎, 「都市の福祉問題(3)－川崎市のドヤ街とスラム街の實態」, 『福祉問題硏究』 Vol.2 No.2, 童心社, 1966, 11쪽.

24 다요 구니지로田代國次郎는 슬럼분류에 관한 논고에서 동화형 슬럼, 도야ドヤ(간이숙박시설 등이 많아서 일용직 노동자들이 많은 지역－필자주)형 슬럼, 재해형 슬럼과 함께 오사카 이쿠노구大阪生野區 등에 밀집하는 제삼국인(차별용어이기는 하지만 원문그대로 인용하기로 한다)을 주체로 하는 슬럼을 조선인형 슬럼이라고 규정하고 있어 본서의 개념은 이 분류를 사용한 것이다. 田代國次郎, 「スラムの分類に關する一試論」, 『福祉問題硏究』 Vol.2 No.6, 童心社, 1966, 1～2쪽.

25 神奈川縣第二愛泉ホーム, 『川崎市池上町における住民とホームの福祉關係』 1969, 6쪽.

26 樋口雄一, 앞의 책, 52쪽.

27 小林知子, 「川崎市における在日韓國・朝鮮人高齢者の生活史」, 『川崎 在日韓國・朝鮮人の生活と聲』, 靑丘社, 1999, 52쪽.

28 神奈川縣自治總合硏究センター, 「國際化に對應した地域社會のあり方」, 硏究チーム, 『神奈川の韓國・朝鮮人－自治體からの提言』, 公人社, 1984, 113～115쪽.

29 神奈川縣第二愛泉ホーム, 앞의 책, 15～16쪽.

30 靑丘社, 『川崎市櫻本地區〈川崎・南部〉 靑少年問題調査硏究報告書(1)』 1985, 62～63쪽.

31 田代國次郎, 앞의 책, 17～18쪽.

32 樋口雄一, 「日本の地域社會と在日朝鮮人－神奈川縣域を中心に」, 朝鮮史硏究會 編, 『朝鮮史硏究會論文集』 No.37, 綠蔭書房, 1999, 8～9쪽.

33 小林知子, 앞의 책, 51쪽.

34 鄭大均, 「池上町 "朝鮮人部落" の社會關係(下)」, 『朝鮮硏究』 186號, 1979, 57쪽.

35 Loc.cit.

36 「同胞のすむ街－川崎・櫻本編 9 ひとつ屋根の下 中 住宅情報ち密に交換」, 「統一日報」(1994년 5월 14일) 참조.

37 「同胞のすむ街－川崎・櫻本編 10 ひとつ屋根の下 下 新たに台頭する2世」, 「統一日報」(1994년 5월 18일) 참조.

38 鄭大均, 위의 책, 59쪽.

39 谷富夫, 「エスニック・コミュニティの生態硏究」, 鈴木廣 編, 『現代都市を解讀する』, ミネルヴァ書房, 1992, 274쪽.

4 지역교육의 실천활동 형성
—1970년대 가와사키시의 변혁을 중심으로

재일한국인이 거주하는 이케가미초池上町에서 보육원활동을 중심으로 한 민족교육실천이 시작된 1970년대는 1980년대 이후에 이루어진 지방자치체와의 교섭을 위한 기반을 마련한 시기였다.

본 장에서는 가와사키시 재일외국인교육 기본방침 제정과 후레아이관ふれあい館(후레아이란 교류라는 의미) 설립을 1980년대에 실현하는 데 중심 역할을 했던 세이큐샤青丘社에 대해 살펴볼 것이다. 구체적으로는 세이큐샤가 어떻게 조직되었으며, 지방자치체에 문제를 제기하는 동인動因으로서 어떠한 역할을 하였는지, 그리고 이들의 실천이 가지는 의미를 고찰하려고 한다. 이는 1970년대의 가와사키시 사쿠라모토 지구川崎市櫻本地區라는 특정 지역사회를 미시적 차원에서 분석하는 것일 뿐만 아니라, 당시의 재일한국인 및 일본인에 대한 거시적 차원의 분석을 시도하는 것이기도 하다. 또한 1970년대가 재일한국인들의 사회권에 대해 처음으로 자각하게 된 소위 자이니치의 세대교체가 일어나는 분기점이었다는 사실과 함께, 조선인과 일본인이 연계하는 새로운 형태의 운동이 확립되는 데에 중요한 변혁의 시기로 규정된다는 점을 고려할 때, 본 장은 1980년대의 움직임을 이해하는 전제를 제공한다.

이러한 관점에서 우선 재일대한기독교회 가와사키교회의 사쿠라모토 보육원 설립, 그리고 재일한국인뿐만 아니라 일본인의 자기변혁을 촉발시킨 히타치 취직차별투쟁에 대해 검토할 것이다. 또한 세이큐샤의 설립과 사쿠라모토 학원의 실천활동을 개괄 및 분석하면서 가와사키시 재일외국인 교육 기본방침 제정과 후레아이관 설립이 구체화되어가는 배경을 살펴볼 것이다.

1. 사쿠라모토 보육원의 개원

이인하李仁夏 목사가 재일한국인 거주지역인 사쿠라모토의 재일대한기독교회 가와사키교회에 초대 담임목사로 부임한 것은 1959년의 일이였다. 이인하 목사는 전쟁 중에 일본에 건너온 재일한국인 1세로, 일본인 여성과 결혼하여 한국으로 돌아갈 예정이었지만 아들의 병 때문에 귀국을 단념하고 가와사키교회에 부임하게 되었던 것이다.

그러나 딸을 공립유치원에 입학시키기 위한 수속을 밟을 때, '강 건너 사람이 여기에 들어오면 안 된다'고 거절당한 것이 피차별 경험의 원형이 되었다.[1] 목사의 자녀라는 사실 때문에 나중에 입학이 인정되기는 했지만, 이러한 피차별 경험은 이인하 목사가 재일동포의 현실에 눈을 돌리는 계기로 작용했다. 이와 함께 캐나다 장로교회의 선교 교육을 담당하며 오사카부 이쿠노지구大阪府生野地區(재일한국인 거주지역)를 중심으로 교회와 지역사회의 관계를 연구해온 M. 랜섬 목사가 "재일대한기독교회는 60만 명에 이르는 동포들의 현실에 대해 도움이 되지 못하고 있다"[2]라고 지적했던 것 또한 이인하 목사가 재일동포에 대한 교회의 역할을 고민하는 계기가 되었다.[3] 이러한 고민들은 1968년 재일대한기독교회 선교 60주년기념대회에서 '그리스도를 따라 이 세상으로'라는 주제로 교회 방침을 전환하게 된다. '① 교회에는 혁신을 ② 동포사회에는 변혁을 ③ 세계에는 희망

아동수당 · 공영주택차별문제 지역집회(1975년)에서의 이인하 목사(제공: 후레아이관)

을' 목표로 설정하면서[4] 동포들이 겪어온 고난의 역사에 참여하며 지역사회에 봉사하는 교회 선교로 전환할 것을 선언한 것이다.[5]

교회 안에만 갇혀 있던 교회를 지역사회를 향해 열어간다는 근본적인 발상의 전환은 적도 사랑한다는 '화해'를 지역사회에서 전개해가는 것을 의미했다. 실제로 가와사키교회는 지역사회에 봉사하는 선교의 일환으로 보육원을 만드는 사업을 1968년 7월에 구체화했으며,[6] 1969년 교회부설 보육원이 아닌 지역의 이름을 딴 사쿠라모토 보육원櫻本保育園이 탄생하게 되었다.

원장인 이인하 목사와 3명의 보육사는 재일동포 7명, 일본인 27명으로 이루어진 34명의 원아를 돌보는 것으로 보육원활동을 시작했다.[7] 사쿠라모토 보육원은 1969년 당시부터 '국적 · 민족 · 종교 · 사상 등에 의한 구분이 존재하지 않는 신의 나라의 복음이 가지는 보편적 원리를 근원으로 삼는 기관'[8]으로서 '사랑에 근원을 둔 기독교정신의 보편성을 보육의 중심원칙으로 두었다. 따라서 일본인과 재일한국인이 서로의 민족을 존중하고 사이좋게 자라는 것'[9]이 보육원의 기본 이념이었다.

사쿠라모토 보육원은 재일한국인 거주지역에서의 배제와 소외라는 지역사회의 현실적 문제와 재일동포의 현실에 적극적으로 다가가고자 하는 교회의 방향전환을 기반으로 탄생했다. 그리고 교회가 내건 화해의 복음은 한국인과 일본인 사이에 존재해온 벽을 뛰어넘는 공생이념의 원류가 되었다.

하지만 보육원 설립 당시에는 재일한국인 보육사들도 일본명을 사용하고 있었으며 민족교육을 의식한 활동은 특별히 이루어지지 않았다. 그러나 1970년에 요코하마横浜 지방재판소에 제소하는 것으로 시작된 히타치 취직차별투쟁日立就職差別闘争(이하 히타치 투쟁)에 가와사키교회의 청년이 우연히 참여하게 되면서 보육원의 방침도 크게 변화하는 계기를 맞게 되었다.

히타치 투쟁은 민족 차별에 맞서 일본인과 재일한국인이 연대하는 움직임을 만들어냈을 뿐만 아니라 의식적 변화도 이끌어낸 중요한 사건이었다.

2. 자이니치 세대의 의식변혁 — 히타치 취직차별투쟁[10]

히타치 투쟁은 1970년 8월에 히타치 제작소의 입사시험에 합격하여 채용이 결정되었으나 이력서의 부실기재[11]를 이유로 해고된 재일한국인 2세 박종석朴鐘碩(일본명 아라이 가네시新井鐘司)이 사상 처음으로 재판에 그 부당성을 호소하여 1974년에 승리를 거둔 사건이다. 이 사건은 재일한국인 2세의 아이덴티티 재구축, 재일한국인 문제에 대한 한국인과 일본인의 협동관계[12] 확립, 그리고 지역에 밀착된 실천의 중요성을 제기한다는 측면에서 중요한 의미를 가진다. 히타치 운동은 또한 1970년대 이후의 재일한국인의 권리를 되찾기 위한 운동과 교육실천 등과 같은 지역 활동의 출발점이기도 하다.

(1) 히타치 투쟁의 경위

1970년 당시 일본사회에는 외국인에 대한 차별의식이 만연해 있었다. 이로 인해 재일한국인들은 대기업은 물론 중소기업에 취직하는 것도 어려워[13] 가업을 잇거나 육체노동에 종사하는 것이 일반적이었으며, 취업과 관련하여 부당한 대우를 받아도 참을 수밖에 없는 경우가 많았다.

해고통지를 받아든 박종석도 예외가 아니었다. 히타치 입사를 포기하고 있던 1970년 10월, 우연히 요코하마역에서 출입국관리법 반대[14]안내물을 나눠주고 있었던 게이오 대학의 '베트남에 평화를, 시민연합(「ベトナムに平和を, 市民連合」)'[15] 소속 학생들에게 재판에 관한 도움을 청하면서[16] 상황은 크게 바뀌기 시작했다. '베트남에 평화를, 시민연합' 학생들의 도움으로 재판을 준비해서 1970년 12월 8일에 요코하마 지방재판소에 제소했으며, '재일한국인의 취직차별을 막는 모임在日朝鮮人の就職差別を粉砕する會'[17]이 조직되어 재판을 지원하게 되었다. 또한 가나가와판 아사히신문에서 재판에 관한 기사를 본 가와사키교회의 청년〔후에 세이큐샤의 초대 간사(主事)〕이 방문하면서[18] 히타치 투쟁과 가와사키교회 사이에 접점이 생기게 되었다.

하지만 당시의 히타치 투쟁 지원조직은 몇 가지 문제점을 안고 있었다. 첫째, 취직차별에 대한 접근방식이 동화주의적 발상에 머물러 있었다. 소장 제7항에 '일본인과 동일한 환경에서 자라 노동 능력도 일본인과 전혀 다르지 않다'라는 표현이 동화주의적 발상에 기반했다는 것에 대해서는 문제시했지만, 아라이 가네시라는 일본명에 체현體現되어 있는 차별의식은 문제시하지 않음으로써 지원 조직은 '무의식적 차별의식'에서 벗어나지 못하고 있었다.[19] 둘째, 취직차별이라는 구체적인 문제를 일반론에 근거해 파악하려는 관점에는 '재일한국인이나 차별을 일반화하게' 되는 위험성이 있었다. 재일한국인 60만 명이라든지 일본인과 전혀 다르지 않은데 차별을 받는 것은 이상하다는 논리는 재일한국인이 가진 역사성과 민족성을 고려하지 않는 한계를 가지고 있었다. 셋째, 지원자들이 가지고 있던 재일한국인 1세 중심의 재일한국인상을 일본에서 태어나 일본에서 교육을 받은 재일한국인 2, 3세로 바꿀 필요가 있었다.[20]

이상과 같은 문제점에 대한 반성을 토대로 1971년 3월 이인하 목사를 비롯한 7명을 발기인으로, 일본인과 한국인 청년이 반반씩 참여하는 사무국 '박 군을 둘러싼 모임朴君を圍む會'[21]이 발족되었다. 이 모임은 취직차별재판을 중심으로 일본인과 한국인의 공동의 장을 재창조하기 위한 것이었다.[22]

이후 재판과 히타치 제작소에 대한 직접 교섭, 한국의 기독교관계자를 중심으로 한 히타치 불매운동,[23] 그리고 극비문서[24] 발각 등의 사건을 통해 히타치 투쟁은 전국적으로 확대되었다. 이로 인해 판결 한 달 전인 5월 17일에 히타치 측이 한국인에 대한 민족차별을 인정하고 앞으로 이를 반복하지 않을 것을 문서로 확인하는 성과를 올렸다. 재판에서도 원고 측의 주장이 전면적으로 인정되어 박종석은 1974년 9월 2일 히타치 제작소에 입사하게 된다.

(2) 새로운 움직임의 태동

약 4년간에 걸친 히타치 투쟁은 일본인 중심의 지원조직에서 한국인과 일본인의 공동조직으로 개편되어 1974년에 승리하기까지의 과정을 통해 한국인의 의식변혁뿐만 아니라 일본인의 의식변혁도 이끌어냈으며, 이와 함께 재일한국인의 생활과 현실 문제를 직시하는 움직임을 만들어 이후의 지역실천으로 발전된다.

1) 한국인과 일본인의 의식변혁

처음으로 한국인으로서 자신들의 권리를 주장한 히타치 투쟁은 한국인과 일본인의 의식을 변화시키는 원동력으로 작용했다.

제2차 세계대전 이전부터 계속되어온 동화정책으로 인한 부정적인 한국인상, 즉 타자로부터 강요된 아이덴티티[25]를 극복하고 아이덴티티를 긍정적으로 바꾸어가는 아이덴티티의 재구축은 재일한국인들에게 히타치 투쟁의 가장 큰 성과였다. 박종석이 재판이 진행되던 중 이제부터는 한국인 박종석으로 살아가겠다는 조선인 선언을 하게 된 것[26]은 이러한 아이덴티티의 재구축 과정에서 일본인화된 자신이 아니라 한국인으로서 살아가겠다는 선택이 발생했음을 의미한다. 또한 이러한 선택이 일본명인 아라이 가네시를 버리고 본명을 쓰는 상징적인 행위로 나타난 것도 간과해서는 안 된다.

전술한 바와 같이 재일한국인은 1939년의 창씨개명으로 본명(민족명)과 일본명(통명)이라는 두 가지 이름을 가져야 했다. 특히 일본명은 억압 장치로서의 역사적 산물이며 살아가기 위한 수단—즉, 일본인으로서 위장함으로써 민족차별로부터 자신을 보호한다는 방어기제[27]—으로 사용되면서 한국인으로서의 자기부정自己否定으로 이어졌다. 그러나 히타치 투쟁을 계기로 본명 사용의 의미를 재확인함으로써 본명을 사용하고 한국인으로서 인간답게 살아가는 삶의 방식을 확립하게 되었다.

이로써 본명을 사용하며 민족차별과 싸우는 것을 통해 민족성을 찾아가는 도식圖式이 성립하게 되었으며 이와 같은 한국인의 주체성 회복과 자기변혁에 대한 연쇄반응으로 일본인들 또한 변화된 모습을 보이기 시작했다.[28]

발기인으로 참여한 이인하 목사는 관계개념인 아이덴티티의 어원을 언급하며 히타치 투쟁을 통해 한국인 청년뿐만 아니라 일본인 청년 또한 주체성을 모색하게 되었음을 지적한다.[29] 즉, 일본인 청년들은 자신들과 동일한 공간과 시간을 공유하고 있었지만 전혀 다른 삶을 살아온 한국인의 억압적 상황을 인식하게 되면서[30] 자신이 지니고 있던 억압하는 자로서의 일본인성日本人性에 대해 자문함과 동시에 억압당하는 자의 입장에 자신을 놓고 생각하면서 의식의 변화를 겪을 수 있었다.

사무국의 한 사람이었던 다카나미 데쓰오高浪徹夫는 '박 군을 둘러싼 모임'의 설립에 대해 "일본인 1억 명 대 재일조선인 60만 명이라는 1억 대 60만의 구도에서 문제를 생각하는 것에 그쳐서는 안 되며, 개개인이 다시 한번 일본인의 입장에서 자기 자신에게 되돌아오는 문제로 인식할 수 있는 장場 …… 억압자로서의 일본인에 대한 조선인의 문제 제기를 통해 조선인의 경험을 일본인 안에 사상적 핵으로 삼아 일본인들이 재일조선인 문제를 자신의 근원적 문제(原点)로까지 사유할 수 있는 장이어야 한다"[31]고 했다. 즉, 한국인의 민족차별 문제가 한국인의 문제일 뿐만 아니라 일본인의 문제이기도 하며, 그곳에서 자신을 재구축하는 것이 '박 군을 둘러싼 모임'이었음을 명확히 밝히고 있다.

이처럼 히타치 투쟁은 한국인에게는 민족차별과의 싸움을 통해 한국인으로서의 자신을 되찾고, 일본인에게 재일한국인 문제를 자기 자신의 과제로 재인식하는 계기가 되었다. 이는 이후의 운동에서도 이러한 양자의 자기 변혁으로 인한 일본인과 한국인의 협동을 가능하도록 이끌었다.

2) 지역실천으로의 계승

히타치 투쟁의 성과는 이후 지역에 밀착된 실천의 심화와 민족차별과 싸우는 연락협의회(이하 민투련)의 결성으로 이어졌다.

1974년 6월의 승리판결을 전후로 지방자치체에 아동수당과 공영주택의 입주 자격 등의 국적조항을 철폐할 것을 요구하는 운동이 시작되었으며,[32] 같은 해 9월에 '히타치 취직차별 투쟁 완전승리 전국 집회'에서 처음으로 민투련 결성 구상이 제안되었다. 11월에는 각 지역의 그룹들이 모여 가와사키에서 제1회 '민투련 전국 대표자 집회'를 개최하였고, 그다음 해에는 오사카에서 제1회 민투련 전국 교류 집회를 열어 지금까지의 민단(재일본대한민국거류민단)이나 총련(재일본조선인총연합회)과 같은 민족 단체와는

공영주택 입주차별로 열린 지역집회
(제공: 후레아이관)

다른 성격의 단체를 조직했다.

이처럼 민투련은 히타치 투쟁을 지원한 각 지역의 그룹들, 즉 재일한국인과 일본인의 시민그룹들이 실천교류의 심화를 목적으로 형성한 연락협의체였다. 민투련 운동은 자이니치의 생활을 지켜보는 가운데 민족주체성이란 무엇이고, 재일한국인과 일본인이 함께 싸운다는 것은 어떠한 것이냐는 과제를 추구해가는 것을 주축으로 삼으며, 실천 · 교류 · 공투共闘(공동투쟁)의 세 가지 원칙 아래 각 지역을 활동 거점으로 삼았다.[33]

다른 한편으로는 각 지역에서 본명 사용을 중심으로 하는 교육실천이 이루어지기도 했다. 야오八尾의 도깨비회トッカビの會,[34] 다카쓰키高槻의 무궁화회むくげの會[35] 등의 활동과 함께 가와사키의 사쿠라모토 보육원에서도 히타치 투쟁을 통해 민족의식의 자각에 자극을 받은 보모와 청년들이 지금까지와는 다른 차원에서 민족교육 · 민족보육 활동을 시작했다. 또한 히타치 투쟁이 한창이었던 1973년에는 교육실천뿐만 아니라 민투련 활동에서도 거점이 된 세이큐샤가 사회복지법인으로 설립되었다.

3. 사회복지법인 세이큐샤의 탄생

히타치 투쟁은 가와사키시 사쿠라모토 지구에 어떠한 변화를 가져왔을까? 보육사와 학부모들이 히타치 투쟁으로 인해 의식의 전환을 경험하게 되면서, 사쿠라모토 보육원은 본명실천을 비롯한 민족보육 활동을 추진하게 되었다. 또한 같은 시기의 가와사키교회 내부에서는 보육원 사업을 관할하는 복지법인 설립이 논의되면서, 조직의 정비와 이후 여러 활동의 중심축이 되는 세이큐샤의 탄생으로 이어졌다.

(1) 본격적인 본명 사용 실천

보육사들이 히타치 투쟁 집회 등에 참가하며 의식의 전환을 경험한 것은 사쿠라모토 보육원이 민족교육에 대해 이전과는 다른 태도로 그 이념과 실천을 확립해나가는 데 중요한 출발점으로 작용했다.

1) 보육사들의 의식변화[36]

초기의 사쿠라모토 보육원에서는 민족교육에 대한 인식이 거의 없었으며, 보육사들 가운데에는 일본명을 사용하는 이들도 있었다. 그러나 이후에는 보육사들 자신의 의지로 민족명을 사용하기 시작했고, 1970년 5월에는 보육사들의 본명사용이 보육원의 방침으로 정해지기에 이르렀다.[37] 이러한 변화는 보육사들에게서 끝나지 않고, 같은 해 11월에 열린 동포학부모회를 통해 원아들의 본명사용으로 확대되었다.

실제로 1969년부터 1971년까지의 3년 동안 사쿠라모토 보육원에 본명으로 입학한 아동이 전혀 없고 1972년이 되어서야 3명의 본명 입학자가 등장한 것에서 알 수 있듯이[38] 민족차별의 경험을 가진 대다수의 재일한국인 2세 학부모는 한국인으로서 받게 되는 차별을 우려해 아이들에게 일본명을 사용하게 하는 경우가 많았다. 그러나 히타치 투쟁을 지원하는 과정에서 한국인으로서 살아가는 것의 중요성을 자각하게 된 보육사들은 학부모회를 통해 본명사용의 중요성을 제기하고, 인근 초등학교에도 졸업원아의 본명사용을 요청하는 한편, 1972년 9월에는 본명사용을 보육원의 방침으로 삼았다.

학부모들은 이러한 본명사용에 대해 강하게 반발했다. 한국·조선인 학부모들 가운데에서도 본명사용에 대한 의견이 반반으로 나뉘었으며, 일본인 학부모들은 본명을 부르기 어렵다는 의견을 내놓기도 했다. 그러나 보육사들은 본명을 사용함으로써 일본사회에 동화된 자신을 자각하는 동시에 일본의 차별구조를 지적해야 한다는 확신을 가지고 본명사용을 방침으로 정했다.[39]

2) 기본이념으로서의 민족보육

본명사용을 방침으로 정한 뒤, 이를 정착시키기 위해 원아명찰의 한글 표기와 졸업원아의 교육에 관한 근린 초등학교 교사들과의 간담회[40](교사 9명, 학부모 9명, 보육원 6명 참가) 개최, 그리고 학부모에게 본명사용 관련 안내문을 배부하는 등의 노력들이 있었다.[41] 본명사용의 실천은 한국 노래를 부르고 한국어로 인사를 하고 한복과 같은 민족의상을 입는 경험을 일상적인 보육활동에 도입하는 것과 함께, 차별하지 않는, 차별에 지지 않는 아이라는 민족차별과 싸우는 보육, 소위 민족보육 이념[42]의 형성으로 이어졌다.

민족보육이 단순히 민족문화를 가르치는 것은 아니다. 당시 보육원 원장 이인하 목사는 민족보육을 다음과 같이 정의한다.[43] "민족보육은 사회학에서 말하는 민족적 소수자 사회집단이 다수자 사회집단의 가치의식에 의해 편견과 차별이라는 억압을 받아 인간으로서의 발달에 장애를 겪게 되는 상황에서 민족적 소수자 집단의 민족적 주체와 권리를 자각하게 해 차별에 지지 않는 인간의 발달과 자립을 촉구하는 보육을 말한다." 말하자면 "재일한국 · 조선인이 …… 본명을 사용하고 자신의 문화(말, 언어 등)에 긍지를 가지는 것은 그들 자신의 발달을 도울 뿐만 아니라 일본인에게도 좋은 영향을 주어 서로가 서로를 존중하는 관계를 만드는" 것을 목적으로 하고 있으며 어린이의 발달을 보장하는 보편성을 가지는 것이었다. 이러한 민족보육의 움직임은 지속성持續性과 실질성實質性을 구현하기 위해 사쿠라모토 학원이라는 민족교육체제로 발전하게 되었다. 그리고 이를 촉진한 것이 세이큐샤의 설립이다.

(2) 실천 거점으로서의 세이큐샤의 설립

1970년 1월에 열린 가와사키교회의 제19회 공동의회에서는 지역선교의 일환으로 설립된 사쿠라모토 보육원의 원아 수가 증가하여 수용 인원을 초과한 것과 관련해 사용 장소[44]의 확대가 논의되었다. 당시 공동의회에서는 가와사키시의 보육 관계자가 정부와 지자체의 공적원조를 받기 위해서는 사회복지법인을 교회와 독립해 설립해야 한다고 제안했는데, 그것이 세이큐샤 설립의 직접적 계기가 되었다.[45] 또한 가와사키교회는 보육시설의 쇄신, 재정과 인사 체제의 충실한 정비가 시급하다는 차원에서 제안된 법인 구상에 대해 토지의 대여와 보육원 신축을 전면적으로 지원할 것을 약속했다.[46] 이어 1972년에는 법인의 이름을 한반도의 별칭을 가져와 세이큐샤로 하기로 정했고, 1973년 10월 4일에는 가와사키시 보육회와 민생국의 적극적 지원 아래 후생성으로부터 법인허가를 받아 사회복지법인 세이큐샤를 설립했다.

세이큐샤는 기독교정신에 입각해 인종 · 국적 · 종교 등을 불문하고, 원호援護 · 육성 또는 갱생을 필요로 하는 이들이 독립심을 잃지 않고 정상적인 사회인으로서 생활하도록 돕는 것을 목적으로 사쿠라모토 보육원을 설립해 10명의 이사, 2명의 감사로 이루어진 임원회 조직 체제로 운영하기 시작했다.[47] 이후 사쿠라모토 보육원은 1974년 2월 1일 가와사키시의 공인시설로 지정되어 원아 70명과 직원 15명의 체제를 갖춘 공인 보육원으로 거듭났다.

4. 지역교육체제의 확립

1974년 인가보육원으로 거듭난 사쿠라모토 보육원은 연령이 높은 영아들을 진달래반(한국인)과 해바라기반(일본인)으로 나누어 가르치는 민족반을 운영함으로써 민족보육활동을 강화해나가는 움직임을 보였다.[48] 민족반과 관련한 구상은 본명실천활동이 한국인 아동들에게 과연 실질적인 힘이 되고 있느냐는 자문에서 시작되어, 이미 1972년경부터 일본인과 한국인을 나누는 반편성의 형태로 제안되어왔으나 1974년이 되어서야 시행할 수 있었다.

이와 함께 다른 한편에서는 '박 군을 둘러싼 모임'의 한국인부회韓國人部會를 중심으로 한 이케가미초池上町 어린이회도 지역 아동들에 대한 활동을 시작했다.

(1) 사쿠라모토 학원의 전신 — 이케가미초 어린이회

한국인부회는 1974년 5월 27일에 열린 5 · 27 히타치 규탄대집회에서 공식화된 이후, 히타치 직접규탄과 병행해 민족차별에 대한 싸움과 극복을 중심이념으로 삼는 히타치 투쟁의 정신을 지역 활동의 장에서 구체화해나가는 민족교육실천으로서 이케가미초池上町 어린이회의 활동을 시작했다.

어린이회는 1974년 8월부터 마을회관 · 민단한국회관을 빌려 주 2회의 활동을 시작했지만, 다음 해에 회관 사용이 어렵게 되자 약 5개월간 지속되었던 활동을 중단했다.[49] 이 과정에서 박 군을 둘러싼 모임의 한국인부회는 '가와사키 재일동포의 인권을 지키는 모임'[50](이하 지키는 모임)으로 탈바꿈했다. 그러나 본명으로 학교에 진학한 아이들의 일부가 교사의 이해 부족 등으로 인해 다시 일본명을 사용하게 되는 상황[51]은 보육원의 활동이 가진 문제점에 대한 지적으로 이어졌고, 한국인부회와 지키는 모임의 일원이기도 했던 사쿠라모토 보육원 보육사들의 이케가미초 어린이회 활동 경험과 지역의 현실적인 문제로서 아이들을 지켜보는 체제가 가진 중요성에 대한 문제제기를 바탕으로[52] 1975년 4월에 사쿠라모토 학원을 발족하게 되었다. 발족 당시의 사쿠라모토 학원은 학원 형식으로 초등학교 1학년생에서 중학교 3학년생까지를 대상으로 삼았으며, 어린이 113명,

어머니 모임

이불판매를 둘러싸고 작크스에 민족차별철폐를 요구하는 등의 독자적인 활동도 했다.(제공: 후레아이관)

교사 41명으로 출발했다.[53]

한편, 지키는 모임 이외에도 몇몇 모임이 세이큐사 주위에 능장하게 되는데 그 가운데 하나가 '아이들을 지켜보는 어머니 모임(이하 어머니 모임)' 이다. 이는 한국인 어머니들이 아이들을 지키고 싸우기 위해 결성한 모임이다.

어머니 모임은 처음에는 재일동포 아이들의 교육을 생각하는 어머니 모임으로 출발했지만 '① 동포 아이들을 지켜보고 ② 학교와의 관계에 있어 ③ 어머니들의 계몽과 의식화' 라는 목적 하에 1975년 4월에 재발족한 단체이다.[54] 어머니 모임은 '한국인은 한국인답게, 일본인은 일본인답게' 를 슬로건으로 내건 당시 사쿠라모토 보육원의 민족보육을 접하면서 민족적 주체성을 자각한 어머니들을 중심으로 월 1회의 정기모임을 가지면서 시작되었다. 어머니 모임은 민족무용 · 한국요리 강습 · 공부모임, 그리고 역사와 본명의 중요성을 이야기하는 장으로서 기능했다.[55]

어머니 모임은 학교에서 따돌림을 당하면서 바보 취급 받는 한국인 아이들을 위해 어머니들이 일어나지 않으면 사회적으로 아무것도 바꿀 수 없다는 결의에서 탄생한 조직이다.[56] 어머니 모임은 이후에 이루어진 가와사키시 재일외국인교육 기본방침 제정에 있어 중요한 역할을 한 단체이기도 하다.

이러한 사쿠라모토 보육원과 사쿠라모토 학원의 발족은 세이큐샤 활동이 지역의 교육실천을 중심으로 자리잡아나가는 것을 보여주는 것이기도 하다.

(2) 사쿠라모토 학원의 설립 ― 사쿠라모토 보육원 · 학원의 실천체제

사쿠라모토 학원은 1976년에 또 한 번의 재편을 겪었다. 사쿠라모토 학원에 사쿠라모토 보육원의 졸업 원아가 차지하는 비중이 적고, 주 2회라는 학원 형식의 방법으로는 본명실천과 저학력 극복이라는 문제를 해결할 수 없다는 인식하에 보육원의 졸업 원아들이 졸업 후에도 계속해서 본명을 쓸 수 있도록 지켜보는 체제의 필요성이 제기되었던 것이 재편의 한 이유였다.[57]

같은 시기에 사쿠라모토 보육원의 실천, 사쿠라모토 학원의 설립, 지역에서 일하는 어머니들의 강한 희망이 학동보육學童保育[58]설립 희망으로 이어져[59] 맞벌이가정아동홀(학동보육)을 둘러싸고 가와사키시와의 교섭이 시작되었다.[60] 이것이 시의 위탁사업으로 인정되어 가와사키시에서는 최초로 민간이 운영하는 학동보육이 시작되었던 것도 재편의 한 요인이었다.

사쿠라모토 학원은 '① 사쿠라모토 보육원의 졸업원아 및 지역의 아이들의 민족교육을 보장한다 ② 민족의식을 바르게 기른다 ③ 저학력 극복이라는 민족 차별에 지지 않는 아이들의 주체성을 만든다'는 목표를 가지고[61] 학동보육 당나귀회(초등학교 1~3학년생), 민들레회(초등학교 4~6학년생), 중학생모임의 체제로 재발족했다. 학년별 시간표는 표 4-1과 같다.

이러한 사쿠라모토 학원의 재편은 교회의 봉사정신과 이웃에 대한 사랑,

| 표 4-1 | 사쿠라모토 학원의 학년별 시간표

학년	요일 시간		
당나귀회, 초등학교 1~3학년	매일 하교 시부터 5시반까지(월요일부터 토요일까지)		
초등학교 4~6학년	(월)4:30~6:00	(수)4:30~6:30	(토)2:00~5:30
중학생	(월)6:30~8:30	(수)6:30~8:00	(토)2:00~5:30

출전 :「櫻本學園生徒募集のお知らせ」ふれあい館ファイル『櫻本學園ロバの會, 櫻本學園報』 참조.

보육원 활동과 지역교육실천, 민족차별 극복을 위한 운동의 전개라는 중심 활동의 세 가지 축[62]을 정비하는 것으로 이어졌다. 이러한 초창기의 활동[63]은 지역교육활동이라는 세이큐샤 운동의 밑거름이 되었으며, 1978년 이후 운영위원회와 활동자회의와 같은 내부조직의 정비와 실제적인 실천에서 발견하게 된 문제에 대한 논의를 중심으로 한 활동으로 발전되었다.

5. 조직정비 및 요구의 구체화

보육원활동이 학동보육과 같은 사쿠라모토 학원의 활동으로 심화되어 가는 가운데 세이큐샤 내부에서는 참여자의 수가 증가하고 각각의 실천 현장이 분산되었다. 이로 인해 지역의 문제가 개별화되면서 내부 정보의 원활한 교류 및 실천을 정리하는 중심조직의 필요성이 대두되었다.

(1) 세이큐샤 조직의 정비

1978년은 세이큐샤 운영위원회(이하 운영위원회)와 활동자회의가 세이큐샤의 실천활동 조직과는 별개로 내부의견을 수렴하는 공론의 장이자 활동방침과 실천문제를 총괄하는 기구로 설립되면서 내부조직이 갖추어지는 시기였다.

1) 조직체제의 확립 — 1978년 체제

세이큐샤는 행정투쟁과 교육실천을 병행해왔는데, 특히 1977년에는 행정투쟁의 일환으로 장학금제도의 국적조항문제[64]를 가와사키시에 제기하면서 가와사키시의 장학금 제도의 민족차별을 규탄하는 위원회를 결성했다.

세이큐샤는 위의 사무국에서 만든 논의자료인 「민족차별이란 무엇인가」를 가지고 세 차례의 토론회(Teach-in)를 실시했다. 그곳에서 '① 세이큐샤란 민족차별과 싸우는 장이다 ② 세이큐샤란 조선인과 일본인이 함께 싸우는 장이다 ③ 세이큐샤란 지역에 밀착된 실천단체이다 ④ 현재 사회복지법인 하에 사쿠라모토 보육원과 사쿠라모토 학원이 존재한다'는 네 가지 항목을 확인했으며, 장학금 투쟁의 승리를 이어 세이큐샤 활동의 축으로 기능할 운영위원회의 필요성 또한 제안되었다.[65]

이후 두 번의 준비모임을 거쳐 1977년 11월 5일에는 세이큐샤의 전 구성원의 동의하에 세이큐샤 운영위원회 준비회[66]에서 운영위원회가 발족되었다. 운영위원회는 '민족차별과 싸운다'는 세이큐샤의 이념을 구현하기 위해 '① 운동방침을 세운다 ② 실천을 총괄한다 ③ 직원과 자원봉사자가 일하는 것을 돕는다'(운영위원회 규약 제2조)는 세 가지 활동 목적을 내걸었다.[67] 또한 운영위원회의 산하에는 세이큐샤 활동을 지역에 알리고 세이큐샤에 참여하고 있는 이들의 교류를 꾀하기 위한 세이큐샤 뉴스를 발행하는 홍보부와, 세이큐샤 후원회[68]의 활동을 돕고 세이큐샤의 활동을 재정적으로 지원하는 재정부가 설치되었다(제4조).

운영위원회가 발족되면서 세이큐샤 활동이 체계화되고 이념의 공유가 가능해졌으며, 1978년부터는 지역주민과 동료들에게 정보를 제공하고 논의의 장을 마련하기 위해 매월 세이큐샤 뉴스를 발행하는 한편, 세이큐샤의 모든 구성원이 논의에 참여할 수 있는 공동합숙이 시작되었다.

1978년은 세이큐샤에서 한국인과 일본인의 협력관계가 확립된 해이기도 했다. 즉, 지금까지 한국인만 담당하였던 간사직[69]을 1978년도부터는 일본인과 한국인의 공동체제로 전환한 것이다. 더 나아가 세이큐샤 실천에 직접 참여하고 있는 보육사와 간사, 그리고 자원봉사자들이 매일 경험하는 실천과 문제에 어떻게 대응할 것인지를 이야기하는 장인 활동자회의

가와사키 교회의 크리스마스회(1970년대)(제공: 후레아이관)

가 같은 해 12월부터 매주 수요일마다 열리게 되었다.

활동자회의에서는 세이큐샤 활동이 가진 문제점과 방향성에 대해 논의하면서 일본인과 한국인의 새로운 관계—각자가 주체성을 가시고 함께 민족 차별에 대항하여 싸우는 동료—를 만들자는 주장이 제기되었다.[70]

2) 새로운 활동의 개시

한편, 세이큐샤의 조직 정비와 같은 시기에 가와사키시에서는 처음으로 문해학급(識字學級)개설과 고교생모임의 조직이 검토되었다.

문해학급은 지역의 생활실태에 기반한 활동을 지향해온 세이큐샤의 실천과정에서 국제결혼으로 한국에서 온 사람들의 요구가 존재할 뿐만 아니라, 아동수당투쟁 등에서 서명활동을 하는 도중에 글을 쓰고 읽지 못하는 사람들이 상당수 있다는 것을 확인하면서 시작하게 되었다.

문해학급 개설을 위해 1977년부터는 오사카시 이쿠노쿠大阪市 生野區에서 시작된 어머니학교와 고마쓰가와小松川 제2중학교 야간중학을 견학하고, 교재와 참고자료 등의 구체적인 준비를 위해 오자와 유사쿠小澤有作 교

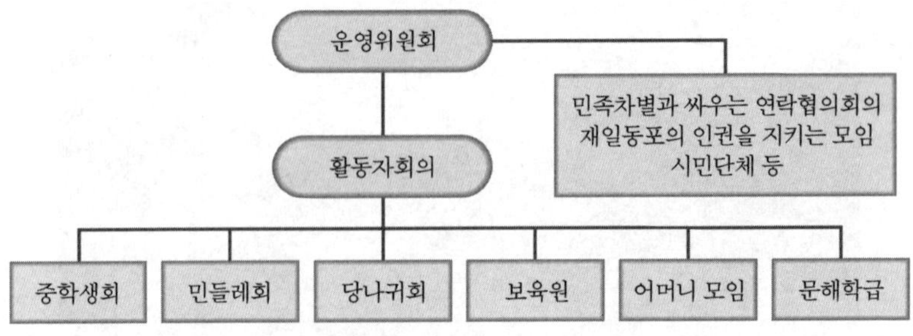

| **그림 4-1** | 세이큐샤의 1978년 체제

수를 방문했으며, 1978년 2월부터는 세 번의 준비회(교사 인선,[71] 교재와 운영방법, 개설시기 검토)를 개최했다. 1978년 4월 11일에는 '민족의 긍지를 기르고 인간답게 사는 길을 함께 찾고 함께 걷고 싶다'[72]라는 이념을 가지고 주 2회(화/수요일) 수업을 개강했다.[73]

그러나 문해학급 수업의 대상자가 대부분 일을 해야 하고, 생활에 쫓기며 살아가는 세대였기 때문에 결과적으로 참가자의 수가 미비하여[74] 1982년의 가와사키교회 어머니학교와 1988년의 후레아이관 문해학급[75]으로 그 명맥을 이어나가야 했다.

1978년 4월에는 고교생 모임 준비회가 발족되었다. 그러나 실제로 모임이 시작된 것은 1980년으로, 중학생 모임 출신의 고교생들이 만날 때 중학생 모임의 지도원이 모임 장소를 제공하였던 것이 그 시작이었다.[76]

세이큐샤 운동의 조직 및 사상적 토대가 정비되기 시작한 1978년 당시 세이큐샤의 조직체계(이른바 1978년 체제[77])는 그림 4-1과 같다.

(2) 부상하게 된 실천상의 한계

1978년 세이큐샤가 체제를 확립하면서 내부적인 논의의 장이 확보되자 세이큐샤 운동은 실천의 이념성을 심화시켜가는 단계로 이행했다. 이러한 과정에서 자연스럽게 활동의 한계가 드러나기 시작했고, 이로 인해 지방자치체와의 교섭을 모색하기 시작했다.

1) 세이큐샤 운동의 이념 모색

세이큐샤 실천의 이념과 사상적인 모색은 1978년 개최된 제1회 합동합숙(사쿠라모토 보육원 · 사쿠라모토 학원 · 지키는 모임 등이 참가)에서 가와사키 사쿠라모토의 활동을 세이큐샤 운동으로 총칭하는 것과 세이큐샤 운동의 삼대원칙(세이큐샤는 민족차별과 싸우는 장이다, 한국인과 일본인이 함께 싸우는 장이다, 지역에 밀착된 실천 단체이다)으로의 합의를 형성하는 과정에서 시작되었다. 이를 통해 세이큐샤를 중심으로 한 활동을 세이큐샤 운동으로 규정하는 동시에, 지역을 거점으로 민족차별에 대한 저항과 극복을 주요 실천으로 삼아 민족 해방을 지향하는 운동[78]으로 정의했다.

이러한 개념틀의 설정은 그 내실의 심화로 이어져 1979년에 개최된 제2회 합동합숙에서는 세이큐샤 운동의 삼대원칙의 확립을 꾀하는 '세이큐샤로의 인식을 명확히 하자! 민족차별에 대한 인식을 깊이 하자! 공동작업 실천을 바르게 평가하자!' 라는 슬로건 하에 민족차별과 싸우는 보루를 만들자는 제안이 제기되었다. 이와 함께 운영위원회의 총괄, 간사 4인 체제,[79] 운동체 만들기를 위한 합동합숙, 활동가회의, 간사회, 스탭회의[80]의 조직정비가 이루어졌다.[81]

이와 같은 민족차별과 싸우는 보루로서의 이미지는 세이큐샤를 세이큐샤 내부의 실천 안에 가두는 것이 아니라, 지역에 입각하고 지역을 기반으로 활동하는 단체임을 표명하는 것이다. 즉, 지금까지 세이큐샤 실천의 핵심이었던 민족교육을 통한 아이들의 자각화 · 주체화를 실제로 차별이 일어나고 있는 지역으로 눈을 돌려 종합적인 관점에서 재인식해야 한다는 필요성이 제기된 것이다. 이러한 인식은 1980년 제3회 합동합숙의 슬로건인 '민족차별과의 싸움을 지역주민과 함께 만들어가자' 로 이어지면서 지역과 학교와의 관계에 그 초점이 맞추어졌다.

재일대한기독교회 가와사키교회
당나귀회 간판이 보인다.(제공: 후레아이관)

1980년에 개최된 공동합숙에서는 세이큐샤 실천에 대한 반성, 즉 민족차별과 싸우고자 하는 세이큐샤의 활동이 지역사회에 아무런 변화를 가져오지 못하고 있다는 활동의 폐쇄적 성격이 지적되었다. "세이큐샤 운동이 지역에서 민족차별과 싸우는 실천 및 운동으로 나아가야 한다"는 이념을 확인하는 동시에, 지역을 기반으로 삼아 아이들과 학부모와 함께 만들어나가는 활동의 중요성이 인식되었다.[82]

1978년 체제 이후 세이큐샤의 삼대원칙을 비롯한 이념의 확립과 지역사회를 거점으로 민족차별과 싸우는 보루로서의 세이큐샤의 이미지 확대, 그리고 내부에서 실천을 비판하는 동시에 아이들과 학부모와의 협력관계를 통해 지역사회를 거점으로 만들어가는 활동들은 세이큐샤의 중심 이념으로 자리 잡았다. 그러나 이러한 이념적 심화에도 불구하고 세이큐샤 실천이 가지는 한계—본명을 사용하는 아이들을 받아들이는 학교와 지역사회의 체제 미정비—로 인해 공교육 안에서의 토대 만들기가 불가피한 문제로 떠올랐고, 이로 인해 공교육과의 행정교섭의 필요성을 인식한 '對가와사키시 교섭 프로젝트 팀'이 1980년에 발족되었다.

2) 행정 관련 운동의 필요성 확인

사쿠라모토 보육원에서는 1970년대 초반부터 보육원 내부에서 본명을 사용하는 것부터 시작하여 민족교육을 통해 차별을 없애려고 노력해왔으며, 세이큐샤에서는 본명 입학자를 받아들이는 곳으로서 학교의 이해를 구하는 활동이 함께 이루어져왔다. 그러나 본명을 사용하는 채로 초등학교에 입학하는 것을 목표로 해온 진달래반의 졸업 원아들이 도중에 일본명으로 바꾼다거나, 사쿠라모토 학원에서 함께 공부하는 일본인 어린이가 보육원에서 배운 조선어와 본명을 가지고 일본명으로 바꾼 한국인 어린이를 괴롭히는[83] 등의 상황이 벌어지자 학교뿐만 아니라 지방자치체에도 민족차별과 관련한 협조를 호소할 필요성을 깨닫게 되었다.

세이큐샤 운동에서 공교육과의 관계 형성은 1979년도 활동방침의 하나로 추진되었으나, 일부 학교교사에 대한 문제제기나 관계 구축 이상의 아이들을 위한 체제 정비까지는 이루어지지 않은 상태였다. 이러한 현실 인식 아래 1979년 말부터는 시교육위원회 교섭에 대한 논의과정을 거쳐 "일본학교에서 벌어지는 민족 차별의 실태를 구명하는 동시에, 이에 대한 학교와 시교육위원회의 책임을 추급하고 재일조선인교육에 관한 방침을 내게 하는 것, 시 공무원(市職) 학교교육의 국적조항 철폐, 지역교육에서 공교육으로의 공동 투쟁 호소"를 목표로 삼아, 1980년 2월에는 이인하 목사, 배중도 등 7명이 참여한 교섭 프로젝트 팀이 결성되었다.[84]

교섭 프로젝트 팀은 구체적인 요구 내용으로 '① 공립학교에 재적하는 외국인(특히 재일한국인) 자녀에 대한 견해와 교육지침, ② 시 공무원 채용에 있어서의 국적조항 철폐, ③ 민생국-경제국 등의 생활권에 대한 제도 차별의 유무와 대응과 조치, ④ 민족차별을 인식함과 동시에 극복을 위한 계몽활동, ⑤ 시 공무원 등에 대한 계몽활동, ⑥ 지역센터의 설립'이라는 여섯 가지 항목을 설정하여 교육뿐만이 아니라 여러 분야에 걸친 교섭을 상정했다.[85]

또한 프로젝트 팀은 대시교섭을 행정에 대해 그 책임을 명확히 하는 외부적인 것과 이를 어떻게 지역에 환원시킬 것이냐는 내부적인 것으로 나누어[86] 활동하려 했다. 그러나 당시에는 시교육위원회에 재일한국인의 실태파악 등을 묻는 단계에 그쳐 직접적인 교섭까지 발전되지는 못했다.[87] 이 활동이 본격적으로 세이큐샤 외부의 단체와 개인과의 협력체제로 전개될 수 있었던 것은 이후 1982년 가와사키 재일한국인교육 추진모임이 발족되었을 때였다.

1980년대에는 같은 시기에 우연히 전개된 청소년회관 설립 요구 내용이 위의 여섯 항목에 포함되는 동시에 세이큐샤의 활동 공간 확보에 대한 요구도 구체화되면서, '교육과 보육원의 좁은 공간을 확장하여 지역에 열려 있는 종합 지역센터'[88]를 요구하는 움직임도 시와의 교섭을 위한 체제를 갖추게 되었다.

또한 1982년에는 "재일한국인이 편견과 멸시를 피하기 위해 어쩔 수 없이 감수해온 동화가 초래하는 인간성의 파괴 문제와, 민족주체를 어떻게 회복할 것이냐는 문제는 현실, 즉 지역과 관련하여 고민해야 한다"[89]는 문제의식에서 두 교섭이 시작되었다.

위와 같은 1970년대의 움직임은 1982년에 시작되는 가와사키시 재일외국인교육 기본방침제정과 후레아이관 설립 교섭을 왜 가와사키시에게 지방자치체의 책임으로 요구하였는지에 대한 기본적인 이념적 밑거름이며, 이것이 재일한국인 아이들에게 어떠한 의미를 가지게 되는지를 드러내는 것이기도 하다. 1980년대의 두 교섭은 이러한 세이큐샤의 실천에 대한 이해에 입각해 이해해야 한다.

주

1 李仁夏青丘社理事長聞き取り調査(2005年5月14日). 여기에서 말하는 '강건너'란 사쿠라모토 지구를 말하는 것으로 조선인 부락에 대한 차별과 편견의 의미가 포함되어 있다.

2 李仁夏,『寄留の民の叫び』, 新教出版社, 1979, 48쪽.

3 1968년의 선교전략의 전환에 있어 중심적 역할을 한 것이 이인하 목사였다는 점에서 이러한 두 가지 개인적 체험이 가와사키교회뿐만 아니라 재일대한기독교회의 방침전환에 그대로 반영되었다고 봐도 지장이 없을 것이다.

4 李仁夏, 앞의 책, 48쪽. 그리고 이러한 방향전환은 1968년부터 세계교회협의회WCC의 「인종차별과 싸우는 위원회」의 부위원장을 이인하 목사가 맡게 되어 같은 해의 웁살라 세계대회에 인종차별철폐를 향해 교회가 구체적인 행동을 하는 것이 결의된 움직임이 그 배경에 있다는 것도 잊어서는 안 된다(당시의 WCC의 움직임에 대해서는 李仁夏, 「人種差別と闘う教會」, 『朝鮮研究』 100號, 1970을 참고). 히타치 투쟁이 전개되는 가운데 가와사키교회뿐만 아니라 WCC와의 연대가 생기는 것도 이러한 교회전체를 둘러싼 사상 전환과 관계가 깊다. 崔勝久·朴鐘碩·佐藤勝巳·李仁夏·高浪徹夫·和田純, 「〈座談會〉日立糾弾へのあゆみ」, 朴君を圍む會 編,『民族差別－日立就職差別糾弾』, 亞紀書房, 1974, 42～43쪽.

5 『川崎教會50年史』, 在日大韓基督教會川崎教會, 1997, 191쪽.

6 위의 책, 62쪽.

7 사쿠라모토 보육원의 원아수는 다음과 같다. 1973년까지 일본인 아동이 더 많았지만 1974년을 기점으로 재일한국인 아동이 많아졌다.

연도	일본인	재일한국인	합계
1969	27	7	34
1790	47	8	55
1971	43	13	56
1972	37	23	60
1973	40	26	66
1974	32	49	81
1975	32	48	80

1970년대부터 1975년까지의 통계는 鄭賢卿, 「地域における共生文化の形成過程」, 『外國人の地域的定着と地域文化形成過程における社會學的研究』, 地域社會研究所·第一住宅建設協會, 1995, 29쪽.

8 在日大韓基督教會川崎教會, 앞의 책, 62쪽.

9 李仁夏, 「青丘社の二十年を顧みて」, 『共に生きる－青丘社創立20周年記念』, 青丘社, 1994, 18쪽.

10 히타치 취직차별투쟁이 갖는 중요성은 여러 논자들에 의해 이미 지적된 바 있다. 예를 들면 다나카 히로시田中宏는 "한국인이라는 이유로 취직이 안 되는 일은 종종 있었지만 종래에는 '체념' 하고 포기했었다. 게다가 굳이 재판이라는 형식으로의 도전이 시도된 것이었다. 이전부터 베트남 전쟁에 관한 시민운동과 입국관리법안 반대운동을 배경으로 한 새로운 지원 운동이 일어나 일본인 자신이 스스로 일본 사회의 모습을 자문하는 방향으로 발전해 갔다. '마음의 벽' 을 극복하기 위해 움직이기 시작했다고 할 수 있다"(田中宏, 앞의 책, 134쪽.)고 지적하였다. 나카지마 도모코中島智子도 "1970년대에 나타난 '히타치 취직차별투쟁' 이나 '전전공사電電公社(현 NTT) 수험거부 철폐투쟁' 은 일본사회와 공무원 취직에 있어 취직차별을 철폐할 것을 요구하는 새로운 운동으로, 운동의 중심이 된 사람들은 기존의 민족단체와는 거리를 둔 일본학교 출신의 청년들이었다. 그 이후 일본사회에 대등하게 참여하면서도 민족성을 유지하는, 또는 새로운 자이니치상을 모색하는 방향으로 운동이 확대되게 되었다. 이러한 움직임 속에서 민족학급과 어린이회의 지도자도 양성되었다. 이렇게 해서 일본학교에서의 한국인교육을 거론하는 것이 자이니치 측에서도 조금씩 터부가 되지 않게 되는 상황이 생겨나게 되는 것이다."(中島智子, 「日本の多文化教育と在日韓國・朝鮮人教育」, 異文化間教育學會, 『異文化間教育』 7號, 1993, 73쪽.)이라고 했다. 다케노시타 히로히사竹ノ下弘久는 "1970년대 전반의 히타치 취직차별재판투쟁에서 원고 측의 전면승소는 재일한국인에게 있어 하나의 시대를 여는 커다란 사건이었다. 지금까지 일본을 '임시로 거주하는 곳' 으로 생각해왔던 재일한국인에게 있어 이제 일본은 '정주하는 곳' 이라는 것, 그렇기 때문에 자이니치로서의 권리주장, 인권획득이 필요불가결한 과제라는 것이 명확히 되었던 것이다."(竹ノ下弘久, 「エスニック・アイデンティティの葛藤と變容」, 日本解放教育學會, 『解放社會學硏究』 10號, 1996, 33쪽.)라고 '히타치 투쟁' 이 재일한국인뿐만 아니라 일본인에게 있어서도 하나의 '분기점' 이었다고 논급하고 있다.

11 히타치 측은 박종석이 이력서에 아라이 가네시라는 일본명과 본적지에 출생지를 기입했기 때문에 허구 사실을 썼다는 이유로 해고를 통지했다.

12 이러한 한국인과 일본인의 협동관계 외에 교회를 중심으로 한 연대가 히타치 투쟁을 지탱하는 축의 하나였다. WCC는 교회의 네트워크를 통해 운동을 지지했을 뿐 아니라 450만 엔의 자금을 지원하는 한편 히타치 투쟁을 진행하는 과정에서 세이큐샤와 민투련의 중심이 되었던 재일한국인 문제연구소(在日韓國人問題硏究所 RAIK)의 설립도 원조했다.

13 1971년에 도쿄도립대학東京都立大學 오자와 세미나(오자와 유사쿠小澤有作 교수)가 실시한 설문조사에 의하면 '재일한국인이라는 것을 문제시한다' 라고 대답한 기업이 약 41%, '본인에 따라 결정하겠다' 라고 대답한 기업이 약 38%였으며 한국인이라는 것을 문제시하는 기업이 전체의 79%를 차지하고 있다는 것을 알 수 있다. 小澤有作・和田純, 「在日朝鮮人と就職差別ー企業調査の中間報告」, 『朝鮮硏究』 109號, 1971.

또 1984년에 가나가와대학神奈川大學 가지무라 세미나(가지무라 히데키梶村秀樹 교수)가 가와사키의 민간기업 417사를 대상으로 실시한 조사에 따르면 조사에 응한 회사가 38% 있는 가운데 한국인임을 문제삼지 않겠다는 대답은 52.2%였지만 '문제 삼겠다, 본인에 달려 있다, 그 외, 무응답' 이 과반수를 차지하고 있었다. 그리고 '지금까지 채용한 적이 없다' 는 회사가 61%를 차지하고 있었으며 '없다' 라고 대답한 기업의 79.4%가 지금까지 응모한 사람이 없었다고 했다. 『川崎市櫻本地區青少年問題調査硏究報告書(I)』, 青丘社, 1985, 65~66쪽.

14 당시의 출입국관리령을 "크게 개정된 법안이 등장한 것이 1969년 3월" 로, 그 법안에는 "정치

활동 금지, 사실조사권 신설, 재류특별허가에 관한 법무대신에 대한 의의신청을 본인신청에서 입국관리소 소장의 上申으로 바꾸는 등의 규제강화"를 내용으로(田中宏, 『在日外國人・新版—法の壁, 心の溝』, 岩波書店, 1995, 19쪽)하는 법안으로 이를 둘러싸고 반대운동이 일어났다. 결국 이 법안은 성립되지 않았다.

15 게이오대학慶應大學의 '베트남에 평화를, 시민연합'(ベトナムに平和を, 市民連合)은, 1969년 1월에 베트남에 평화를 시민연합의 대표자의 한 사람인 오나카 요타로小中陽太郎를 맞이한 결성집회에서 지금까지의 정치적 섹트와는 다른 성격의 조직으로서 만들어졌다. 1969년 당시 베트남에 평화를 시민연합에 소속된 시민운동단체는 142그룹, 그 중에 대학에 소속된 단체는 42그룹이었다고 한다. 勝山雅繪, 『日立就職差別裁判支援活動における日本人青年の研究』, お茶の水女子大學修士論文, 2004, 38～39쪽.

16 高浪徹夫, 「朴君を囲む會この三年」, 朴君を囲む會 編, 『民族差別—日立就職差別糾彈』, 亞紀書房, 1974, 59쪽.

17 재일한국인의 취직 차별을 막는 모임在日朝鮮人の就職差別を粉碎する會은 사무국 4명, 게이오대학의 '베트남에 평화를' 시민연합소속 학생 10명 전후로 구성되어 있었다.

18 崔勝久・朴鐘碩・佐藤勝巳・李仁夏・高浪徹夫・和田純, 앞의 책, 4쪽.

19 高浪徹夫, 앞의 책, 64쪽.

20 和田純, 「朴君の『就職差別裁判』の經過と問題点」, 『朝鮮研究』 106號, 1971, 24～27쪽.

21 高浪徹夫, 앞의 책, 69쪽.

22 박군을 둘러싼 모임의 발기인은 오자와 유사쿠小澤有作(도립대학 조교수), 오자와 신이치로大澤眞一郎(평론가), 사토 가쓰미佐藤勝巳(일본조선연구소 사무국장), 리은직李殷直(작가), 이인하李仁夏(재일대한기독교회 목사), 야마모토 마사노부山本將信(일본 그리스트교단 목사), 다가와 겐조田川健三(와카야마대학 강사)의 7명이었다. 이 모임은 개인자격으로 참가하는 회원제로 매월 1회의 집회를 갖는 것 등을 원칙으로 하고 있었다. 飯沼二郎, 『われら人間見えない人々—在日朝鮮人』, 日本基督教團出版局, 1973, 231쪽.

23 1974년 4월 16일에 한국 기독교장로회 여신도회 서울 연합회는 제50회 정기총회에서 재일한국인에 대한 차별처우에 항의해서 히타치제품의 불매운동을 전개하는 결의를 채택했다. 「就職差別糾彈鬪爭日誌」, 朴君を囲む會 編, 『民族差別—日立就職差別糾彈』, 亞紀書房, 1974, 90쪽.

24 극비문서란 '공산당, 민청民青 등의 사상적 편향자・열성 창가학회원創價學會員・정신・육체 이상자는 고용하지 않는다, 외국인도 적극적으로 고용하지 않는다'고 기록한 히타치의 연수회 문서를 말한다. 위의 책, 88쪽.

25 호소미 가쓰노리細見和之는 마이너리티의 아이덴티티 문제에 대해 다음과 같이 지적하였다. "마이너리티의 입장에 있는—있을 수밖에 없는—사람들에게 있어 아이덴티티를 둘러싼 문제는 머조리티 측의 토양土壤, 압도적으로 타자가 지배하고 있는 무대에서 이루어질 수밖에 없다는 측면이 존재하고 있는 것이다. 자신이 자유로운 개인으로서 아이덴티티를 고르기 전에 머조리티의 무수한 손가락이 자신에게 향해 있어 자명한 것처럼 귀속클래스를 지정하고 있는 불합리한 사태" 細見和之, 『アイデンティティ／他者性』, 岩波書店, 1999, 10쪽.

26 박종석은 법정에서의 최후진술에서 "나는 이 재판에서 이기지 않으면 안 된다. 하지만 가령 지는 일이 있다고 하더라고 나는 승리한 것이다. 왜냐하면 내 자신이 아라이新井에서 박朴으로 자기 자신을 되찾았기 때문"(李仁夏, 앞의 책, 150쪽)이라며 "이 재판을 계기로 해서 나는

잃어버렸던 민족의 혼을 되찾고 조선인으로서 살아가겠다고 결의할 수 있었다. 그것이 나에게 있어 최고의 승리라고 생각한다"(石塚久, 「弁護士だから－ではなく」, 朴君を圍む會 編, 『民族差別－日立就職差別糾彈』, 亞紀書房, 1974, 161쪽.)라고 말했다.

27 김일면金一勉은 일본명이 '자기를 위장하는 방편이 되는, 청개구리와 같은 보호색의 요소'이며 '차별사회의 가시를 피하는 방편'이었다고 지적하였다. 金一勉, 『朝鮮人はなぜ「日本名」を名のるか－民族意識と差別』, 三一書房, 1978, 9쪽.

28 다카나미 데쓰오高浪徹夫 "히타치는 분명히 나를 눈뜨게 만들었다. 하지만 …… 그것은 나에게 있어 주체변혁의 서장이라고 말할 만한 것에 지나지 않는다. …… 조선인에 대한 주체 변혁 …… 그(박 군)는 지금 히타치라는 장에서 손에 넣은 문제의식의 연장선상에서 지역을 두고 자신이 서야 할 만한 위치는 사회의 어느 부분이고 거기에서 자신은 무엇을 해야 할 것인가라는 것, 즉 이번에는 다시 한번 일본인 안으로 돌아온다는 것이 어떠한 것인가를 생각해 나가고자 한다"라고 히타치 투쟁에서 촉발된 주체변혁에 대해 말하고 있다. 谷口智彦, 「日本人と在日韓國・朝鮮人(下)－その『主體的』關わり合いを檢討する」, 「民闘連ニュース」 第19號, 1977, 10쪽.

29 李仁夏, 앞의 책, 150~151쪽.

30 사무국의 한 사람이었던 야마다 다카오山田貴夫는 히타치 투쟁에 대해 다음과 같이 지적하였다. "그것은 역시 아무것도 몰랐었다는 충격. 같은 사회 안에 살고 있으면서 조선인에 대해 아무것도 알지 못하고 있었다는 충격이 가장 컸었다. 이와나미岩波 신서의 『조선사朝鮮史』 정도는 읽었지만 …… 내 주변에서는 전혀 (느낄 수) 없었다. …… 초등학교때 가네야마 하르코金山はる子라는 여성이 있었는데 선생님이 '이번에 북조선으로 돌아가게 되었습니다'고 했었다. …… 1958년인가 59년에 그런 일이 있어서 '아, 아이가 조선인이었구나'라는 것은 있었지만, 그 의미를 전혀 알지 못했기 때문에 자이니치의 역사도 몰랐었고 북조선에 돌아가는 것이 도대체 어떤 일인지, 아무튼 돌아갔구나라는 인상밖에 남아 있지 않았다"라고 말하면서 "일본인은 재일조선인의 전후 역사라든가 생활체험 같은 것이 주변에서 만나는 사람들 중에 거의 없었기 때문에 결국 같은 시대를 살아왔지만 전혀 생활체험이 다르다는 것에 압도되었다"라고 말한다. 川崎市職員山田貴夫さん聞き取り調査(2005년 1월 31일) 참조.

31 高浪徹夫, 앞의 책, 66쪽.

32 가와사키시의 경우 1974년에 지역집회 재일한국인에 대한 차별을 그대로 두면 안 된다!－지역문제와 히타치 차별을 생각한다. (「在日韓國人への差別を許すな!－地域の問題と日立差別を考える」, 재일대한기독교회 가와사키교회・박 군을 둘러싼 모임 한국인부회 주최)에서 아동수당의 문제가 제기된 것이 그 시작이었다. 그리고 같은 해 7월 15일에 가와사키시에 아동수당과 시영주택 입주자격에 대한 공개질문서가 제출되어 7월 30일에 가와사키시는 제1차 답변에서 개정실시를 약속했다. 시의회에서 아동수당 지급이 조례화된 것은 다음 해인 1975년 3월의 일이었다. 青丘社10周年記念誌刊行委員會 編, 「社會福祉法人青丘社・櫻本保育園, 學園及び運動關係年表 1969~1984」 참조.

33 「基調報告」, 『第15回民闘連全國交流神奈川集會』, 民族差別と闘う連絡協議會, 1989, 8~9쪽.

34 도깨비회トッカビの會는 야오八尾의 피차별부락 야스나카安中에서 1960년대부터 시작된 부락해방운동 중에 자각하게 된 지역 내의 재일한국인 청년과 고교생들이 자신들의 투쟁의 발판을 만들고 싶다는 요망이 높아지는 가운데 1974년 10월에 결성된 어린이회를 말한다. 『第10回民闘連全國交流集會－民族差別との闘いの原点にたちかえる』, 民族差別と闘う連絡協議

會, 1984, 71쪽.

35 무궁화회むくげの會는 오사카부 다카쓰키시大阪府高槻市에서 1972년 8월에 재일조선인 서클 무궁화회로서 만들어져 그 후에도 고교생부회, 부모회 등이 생겨 현재는 NPO단체로서 어린이회 활동과 일본어문해교실, 한글강좌 등이 활동을 하고 있나. むくげの會홈페이지(http://www/mukuge.net/mukugetoha.htm)로부터. 또 金泰泳, 『アイデンティティ・ポリティクスを超えて－在日朝鮮人のエスニシティ』(世界思想社, 1999, 137～191쪽)를 참고.

36 배중도 후레아이관 관장은 히타치 투쟁을 통해 민족차별에 어떻게 맞설 것인가라는 투쟁, 이러한 자이니치의 삶의 방식을 모색하는 움직임이 본명실천과 민족보육을 모색하고 있었던 사쿠라모토 보육원의 보모들의 생각에 영향을 주었다고 지적하였다. 裵重度, 「だれもが力いっぱい生きていくために－青丘社の20年を振り返って」, 『共に生きる－青丘社創立20周年記念』, 青丘社, 1994, 22쪽.

37 또 장애아동을 받아들이는 통합보육이 개원 2년째부터 실시되고 있었다.

38 「保育園・學童保育, 學園の現狀」, 『共に生きる－青丘社創立10周年記念』, 青丘社, 1984, 79쪽.

39 「櫻本保育園における民族保育の歷史」, 青丘社活動者會議 編, 『民族差別と闘う地域活動をめざして』, 青丘社, 1980, 27쪽.

40 그러나 당시 모인 교사들로부터는 "우리 학교에 차별은 없다", "내 입장에서는 차별 등을 하지 않고 있다는 생각에서 한 행동도 조선인이기 때문에 때렸다라고 하기 때문에 난처하다"라는 등의 발언이 나왔다. 본명사용의 실천이 학교현장에서 어떻게 인식되고 있는지를 엿볼 수 있다. Loc.cit.

41 青丘社10周年記念誌刊行委員會 編, 「社會福祉法人青丘社・櫻本保育園, 學園及び運動關係年表 1969～1984」 참조.

42 小椋千鶴子, 「『民族保育』を求めて」, 『共に生きる－青丘社創立20周年記念』, 青丘社, 1994, 60쪽.

43 部落解放研究所 編, 『部落問題事典』, 解放出版社, 1986, 873쪽.

44 1969년부터 사쿠라모토 보육원은 예배당을 개조해서 그것을 2개의 보육실로 사용하고 있었다. 하나는 예배당의 의자를 치워서 공간을 만드는 것, 또 하나는 안에 있던 주택을 보육실로서 바꿔서 사용한 것이었다. 李幸子, 「創設時代を思いながら」 『共に生きる－青丘社創立10周年記念』, 青丘社, 1984, 44쪽.

45 在日大韓基督教會川崎教委會, 앞의 책, 62쪽.

46 보육원 신축에는 가와사키교회와 자매관계에 있었던 캐나다 장로교회로부터 1,000만 엔의 헌금이 보내졌다.

47 「社會福祉法人青丘社定款」 참조.

48 青丘社, 1980, 앞의 책 27쪽.

49 青丘社10周年記念誌刊行委員會 編, 「社會福祉法人青丘社・櫻本保育園, 學園及び運動關係年表1969～1984」 참조.

50 지키는 모임에 의한 지역활동은 사상적으로는 히타치 투쟁을, 물리적 행동기반으로는 재일대한기독교 가와사키교회, 주요한 활동으로는 사쿠라모토 보육원으로 이 두 기둥이 주축이 되어 후의 세이큐샤운동을 만들어나가게 된다. 裵重度, 「青丘社運動のあゆみ」, 青丘社活動者會議 編, 『民族差別と闘う地域活動をめざして』, 青丘社, 1980, 2쪽.

51 본명을 쓰는 아이들을 학교에 보내는 일의 어려움은 다음과 같은 교사들의 반응에서도 알 수

있을 것이다. 본명을 쓰는 아이들에 대해 "아, 이 이름 부르기 귀찮네요" 라고 한 마디로 끝내버린다든지 한국어 읽기 이름을 일본어 읽기로 한다든지 하는 학교 현실에서 동포아이들의 반수가 간단히 일본명으로 바꿨던 것이다. 李仁夏, 「青丘社－民族差別と闘い, 人間主體の確立をめざして」『解放教育』135號, 1981, 65쪽.

52 「川崎における地域運動の歩み－組織的な變遷と發展を軸として」, 川崎・在日同胞の人權を守る會 編, 『民族運動としての地域活動3川崎における青丘社の實踐』, 1977.

53 朴世一・三浦知人・佐藤勝巳他, 「子供と向き合って－櫻本學園の實踐」『朝鮮研究』157號, 1976, 2쪽.

54 ふれあい館ファイル『青丘社活動者會議』 참조.

55 『苦難から起き上がるオモニたちの聲』子供を見守るオモニの會, 1979, 1쪽.

56 青丘社, 1980, 앞의 책, 30쪽.

57 朴世一・三浦知人・佐藤勝巳他, 앞의 책, 3～4쪽.

58 방과후 보육이 결여된 상태로 있는 초등학교 저학년 아동의 집단적인 보육, 교육활동을 하는 클럽. 학동보육은 기혼 여성 노동자의 증대, 핵가족화의 진행, 지역의 생활문화 환경의 악화 속에서 아이들을 '열쇠 아이カギッ子(부모님이 맞벌이를 하는 관계로 열쇠를 목에 걸고 방과 후 혼자 지낼 수밖에 없는 아이들—인용자주)' 로 기다리게 해야 했던 부모들에 의해 생겨났다. 제2차 세계대전 이후에는 1948년에 오사카의 이마가와 학원今川學園이 아동복지법에 근거해서 학동보육을 시작한 것이 그 출발점이라고 일컬어지고 있다. 학동보육은 국가 제도로서 확립된 것이 아니기 때문에 운영형태는 ① 지방자치체가 운영하는 공립 공영의 형태 ② 지방자치체가 사회복지법인이나 지역운영위원회에 민간 위탁하는 형태 ③ 부모가 공동운영을 하는 형태 등 다양하다. 青木一他 編, 『現代教育學辭典』, 勞動旬報社, 1988, 72쪽.

59 ふれあい館ファイル『櫻本學園・ロバの會・櫻本學園報』 참조.

60 가와사키와의 교섭은 3월 10일에 개최된 학동보육을 생각하는 회에서 세이큐샤로의 위탁을 확인, 실행위원회가 명칭결정과 커리큘럼 등이 검토되어 1976년 4월부터 민생국으로부터 월 5만 5천 엔의 재정보조가 결정되었다. ふれあい館ファイル『櫻本學園・ロバの會・櫻本學園報』 참조.

61 「川崎の地域實踐史」川崎市民生局・青丘社研究協議會學習會資料II 『在日韓國・朝鮮人の現狀』, 青丘社, 1983, 47쪽.

62 裵重度, 앞의 책, 22쪽.

63 裵重度, 앞의 책, 2쪽.

64 가와사키시의 장학금문제란, 생활보호세대 아동들을 대상으로 한 입학준비금(초등학교, 중학교 입학자에게는 1만 5천 엔 내외, 고등학교 입학자에게는 5만 엔 내외)및 장학금(고교생을 대상으로 월 5천 엔)을 빌려주는 제도가 사실상 국적조항을 두어 재일한국인을 배제해온 것으로, 이에 대응하기 위해 1977년에 가와사키시의 장학금제도의 민족차별을 규탄하는 위원회 재일대한기독교 가와사키교회, 사회복지법인 세이큐샤, 사쿠라모토 보육원, 사쿠라모토 학원, 학동보육 당나귀회, 재일동포의 인권을 지키는 모임, 아이들을 지켜보는 어머니 모임이 조직되었다. 「民闘連ニュース」第19號(1977년 3월) 11쪽.

65 「青丘社運營委員會設立の經過竝びに趣旨」(1977년 11월 5일)ふれあい館ファイル『青丘社運營委員會(Ⅰ)』 참조.

66 준비회에는 각 현장의 대표, 재일동포의 인권을 지키는 모임, 아이들을 지켜보는 어머니 모

임, RAIK, 교회 청년회, 이사와 간사 등이 출석하였다. 「青丘社通信」(1977년 12월 14일) ふれあい館ファイル 『青丘社運營委員會(Ⅰ)』 참조.

67 Loc.cit.

68 세이큐샤 후원회는 후원회 규약 제7조 "회원은 제3조(세이큐샤가 하는 공익사업을 재정적으로 지원하는 것의 목적)와 제4조(활동으로서, 차입금의 변제, 사회복지사업의 촉진, 그 외 관련활동)에 명기된 것을 원활하게 하기 위해, 하기의 회비를 납입하는 것(특별회원 연 1만 엔, 찬조위원 연 5천 엔, 일반회원 연 2,400엔)" 이라고 되어 있다. 후원회는 1974년 2월에 발족했으나 1977년 2월에 재편성되어 현재에 이르고 있다. ふれあい館ファイル 『青丘社運營委員會(Ⅰ)』 참조.

69 그 전의 초대간사(1974년 4월~1976년 3월) 및 제2대 간사(1976년 4월~1978년 3월)는 재일한국인이었다.

70 「青丘社ニュース」 第13號(1979년 5월 10일) 14쪽.

71 교사는 한국인 5명, 일본인 4명의 체제로 되어 있었다.

72 「學習をはじめる皆さんへ」(識字學級案內より) ふれあい館ファイル 『識字學級』 참조.

73 ふれあい館ファイル 『識字學級』 참조.

74 裵重度・原千代子・李福美・吉崎篤志, 「在日韓國・朝鮮人にとっての識字運動と非識字者の實態」, 國際識字年推進中央實行委員會 編, 『識字と人權－國際識字年と日本の課題』, 解放出版社, 1991, 140~141쪽.

75 후레아이관의 문해학급에 있어서도 그 목적의 하나로서 "문자를 되찾는 배움 안에서 민족차별로부터의 해방－'자립해서 살아가는 힘'을 창출하는 것" 이 자리매김되어 1970년대의 문해학급 실천이 계속해서 계승되고 있는 것을 알 수 있다. 野元弘幸, 「機能主義的日本語教育の批判的檢討－『日本語教育の政治學』試論」 『埼玉大學紀要教育學部』 第45卷 第1號, 1996, 97쪽.

76 金秀一, 「新しい戰士達－高校生部會四年の步み」 『共に生きる－青丘社創立10執念記念』, 青丘社, 1984, 57쪽.

77 중학생 모임과 당나귀회 등에는 각각 교사회와 부모모임이 있었다.

78 ふれあい館ファイル 『青丘社活動者會議』 참조.

79 ふれあい館ファイル 『青丘社運營委員會(Ⅱ)』 참조.

80 여기에서 말하는 간사 4인체제란, 1978년에 세이큐샤의 주사가 되었던 세 명의 간사와, 사쿠라모토 보육원에서 학동보육 당나귀회로 보낸 간사를 말한다.

81 스탭회의란 원장, 간사, 보모, 사무직원으로 구성되어 앞으로 세이큐샤직원 한 사람 한 사람이 일하기 쉽게, 그리고 활동을 하기 위해 시정해야 하는 사항들을 중점적으로 검토하기 위한 장, 즉 1. 취학상・활동상의 모든 내부문제, 2. 세이큐샤내의 모든 사람들과 물건들에 대한 주민의 불만, 비판 3. 가정내에 큰 문제를 가지고 있는 주민의 문제 4. 원고의뢰, 각종모임 출석 5. 사무 관리직 등 세이큐샤의 운영상의 문제점들을 인식하는 장으로서 설정되었다. 「青丘社(保育園)運營と體制の整備に向けて」 ふれあい館ファイル 『青丘社運活動者會議』 참조.

82 ふれあい館ファイル 『青丘社運活動者會議』 참조.

83 1980년의 세이큐샤의 실천을 둘러싸고 "조선인 주민이 오늘날 지역사회 안에서 본명을 쓰고 조선인으로서 살아가는 것을 고집하면 할수록 반드시 여러 가지 무리와 거절을 낳을 것이다. 일본인과 조선인뿐만 아니라 조선인들 사이의 분열을 지역사회의 인간관계 안에서 낳을 것" 이며 "아무리 제도적 행정차별을 문제시하는 것은 가능하다 하더라도 그 목적이었던 우리들

의 운동과 지역의 관계, 지역의 일본인과 조선인의 관계는 조금도 변화하지 않고 반대로 '조선인이 자신들과 동등한 권리를 요구하는 것은 외국인이기 때문에 이상하지 않은가'라는 움직임조차 있었다"라는 지적이 보여 세이큐샤에 의한 실천이 지향하는 목표 및 이상과 현실 간에 '괴리'가 인식되고 있었다는 것을 알 수 있다. 裵重度, 1980, 앞의 책, 9~10쪽.

84 ふれあい館ファイル『青丘社運活動者會議』 참조.

85 ふれあい館ファイル『青丘社合宿資料78~81年』 참조.

86 ふれあい館ファイル『青丘社運營委員會(II)』 참조.

87 ふれあい館ファイル『青丘社運營委員會(II)』 참조.

88 배중도 후레아이관관장 인터뷰조사(2005년 3월 12일)로부터.

89 「青丘社ニュース」第19號(1980년 1월 15일) 참조.

90 高橋滿 · 石澤眞貴 · 內藤隆史, 「在日韓國 · 朝鮮人の地域教育運動と社會教育ー川崎市『ふれあい館』設立過程の事例」『東北大學教育學部硏究年報』第44集, 1996, 75쪽.

5 공교육에 대한 요구
—가와사키시 재일외국인교육 기본방침 제정을 중심으로

세이큐샤는 1970년대부터 지역사회에서 꾸준하게 교육 실천을 해왔으며, 특히 아이들이 한국인으로서의 자각화 · 주체화를 하도록 민족교육실천에 중점을 두어왔다. 그러나 이러한 실천이 지역이나 학교를 바꾸지 못하고 아이들을 끌어안는 것에 그치는 상황에 직면하자, 시교육위원회에 자신들의 실천을 지원 · 보장해줄 수 있는 지침을 제정할 것을 요구하게 되었다. 즉, 본명을 사용하기로 결심한 아이들이 좌절해 다시 일본명을 쓰게 되는 한계를 실감하면서 지역사회와 학교에 존재하는 차별의식과 편견을 근본적으로 시정하기 위해서는 제도의 정립이 필요하다는 것을 인식하고 이를 지방자치체에 요구하기로 했다.

이로 인해 1980년에는 대시교섭對市交涉 프로젝트 팀을 해산하고, 1982년에 가와사키의 재일한국인교육 추진모임(이하 추진모임)을 결성해 교육위원회와의 긴 교섭을 통해 이전까지 사실상 교육행정에서 배제해온 재일한국인들을 포함한 시책을 이끌어낼 수 있었었다. 이는 가와사키시 교육행정의 근본적인 변혁을 요구하는 것일 뿐만 아니라, 지금까지 재일한국인에 대한 기본적인 생각(관점)을 바꾸는 것으로, 이후의 선진적 시책의 출발점이 되었다.

본 장에서는 1986년에 제정된 가와사키 재일외국인교육 기본방침—재일한국인교육을 중심으로—을 위해 가와사키 시교육위원회와 세이큐샤를 중심으로 형성된 추진모임이 약 4년간에 걸친 교섭을 통해 어떻게 가와사키시의 재일외국인교육시책을 만들어냈는지 분석하고자 한다.

1. 추진모임—그 전사前史

1970년대 말에 활동자회의와 운영위원회를 중심으로 구상했던 대시교섭은 총체적인 관점에서 세이큐샤의 실천을 재점검하면서 이전까지 조직 내부에 머물렀던 실천을 지역사회를 기반으로 한 것으로 바꾸겠다는 결의에서 시작되었다. 재일한국인이라는 이유만으로 매일 따돌림을 당하는 아이들에게 아무런 힘이 되어주지 못할 뿐만 아니라, 지역사회의 재일한국인과 일본인, 그리고 학교와의 관계를 바꾸는 데 한계를 느낀 세이큐샤는 1980년에 대시교섭 프로젝트 팀을 발족했다. 그러나 이 팀은 실질적인 성과를 거두지 못한 채 같은 해 11월에 해산했다. 시교육위원회 교섭을 향해 다시 움직이기 시작한 것은 1981년 10월의 일이었다.[1] 세이큐샤를 중심으로 이루어진 논의의 장에서 생활 전반에 걸친 교섭을 목표로 했던 이전의 구상을 반성하고, 세이큐샤의 교육실천을 강화한다는 의미에서 그 대상을 교육위원회로 한정하는 방향으로 전환한 것이다. 세이큐샤는 교육위원회와의 교섭에서 다음 네 가지 사항을 근거로 했다.[2]

첫째, 본명을 사용할 수 없어[3] 일본명으로 바꾸는 아이들이 겪는 학교 안에서의 민족차별과 저학력이나 비행 등이 지역문제로 존재한다는 점, 둘째, 학교 교사들이 재일한국인 아이들에 대한 방침과 지도가 없는 채로 이에 대해 무지하거나, 열악한 근무조건을 이유로 다른 학교로 이동을 희망하는 경우가 많이 있다는 점, 셋째, 지역교육실천이 지도원과 아이들의 관계 안에 한정되어 학교와 가정에서 소외되는 아이들의 욕구불만 해소에 많은 에너지와 실천이 낭비되고 있다는 점, 넷째, 세이큐샤의 민족차별과 싸우는 실천이 일상 활동에 쫓겨 결과적으로 세이큐샤 운동을 폐쇄적으로 만들고 있다는 점이 그것이다.

그리하여 이러한 상황을 악순환시킬 뿐 아니라 재생산하는 지역사회의 구조를 교육행정의 문제점으로 지적하는 것을 시교육위원회 교섭으로 규정했다.[4] 더 나아가 학교 내의 민족차별을 인정하는 것, 학부모 · 교사 · 지역실천자 삼자로 이루어진 민족교육추진협의회(가칭)를 설치하는 것, 재일한국인교육에 관한 기본방침 확립, 지역의 특수성을 고려해서 학교를 바꾸어나가는 것을 교섭의 목표로 정했다.[5]

이러한 세이큐샤 내부의 논의는 11월 6일에 열린 두 번째 논의의 장에서 일본의 교육행정 전반에서 재일한국인교육이 소외되고 있다는 제안에서 출발하여 가와사키시의 재일한국인교육을 생각하는 모임(가칭)의 결성으로 구체화되었다. 또한 11월 8일에 열린 논의의 장에서는 세이큐샤뿐만 아니라 재일대한기독교회 재일한국인 문제연구소(RAIK), 현립 가와사키 고등학교, 사쿠라모토 중학교 등의 단체와 개인이 참가하는 가운데 가와사키의 재일한국인교육 추진모임(가칭) 결성을 위한 첫 번째 준비회가 개최되었다.

1981년 12월 6일에 열린 제2회 준비회에서는 추진모임의 목적과 활동, 운영체제가 처음으로 명확하게 되었다.[6] 사무국을 중심으로 한 운영체제 하에 ① 가와사키시의 재일한국인교육을 추진하기 위한 모체, ② 지역교육의 공통과제 모색이라는 두 가지 목적을 가지고, 모임을 이제까지 개별적으로 해온 재일한국인교육의 실천을 하나로 모으는 장으로 모임을 규정했다. 이를 위한 구체적인 활동으로는 ① 각 지역과 각 교육현장과의 교류, ② 정보교환, ③ 재일한국인의 실태조사, ④ 학습회 개최의 네 가지로 설정했다. 즉, 세이큐샤를 중심으로 단체와 개인들의 네트워크를 구축해 협력체제를 만들어가는 동시에, 실태를 파악하고 그 안에서 드러나는 과제를 흡수하여 추진모임에서 해결해나갈 것을 다짐한 것이다.

특히 학습회는 연속세미나 형식으로 추진모임에서 확인된 과제들을 중심으로 실시했으며, 결성을 위한 전前 단계로서 연속세미나 실행위원회를 조직했다. 이것이 추진모임의 전신이다.

2. 가와사키의 재일한국인교육 추진모임의 발족

추진모임은 1982년 6월 20일의 결성집회에서 공식적으로 발족하였으나, 재일한국인교육의 문제를 시민들에게 알리기 위해 그 전 단계로 열린 것이 재일한국인교육을 생각하는 연속세미나였다.

(1) 연속세미나의 실시

교육위원회의 교섭조직으로서 추진모임의 결성에 합의한 후에 열린 제1회 사무국에서 연속세미나 개최가 결정되었다. 1982년 6월 추진모임의 발족을 향한 기반 구축의 일환으로, 2월부터 역사편(제1회)—재일한국인 민족교육의 역사(리은직李殷直), 실천편1(제2회)—일본인교사의 재일한국인교육을 위한 활동(후지와라 시로藤原史朗), 실천편2(제3회)—재일한국인교육과 교육행정(배중도裵重度)의 세미나가 3회에 걸쳐 월 1회마다 실시되었다.

세미나에서는 재일한국인교육의 문제를 알리고 관심을 높이기 위해 전후의 재일한국인교육과 관련된 정책과 민족교육 강압 등과 같은 역사적 사실을 개관하고, 지금까지 민족교육의 권리를 인정받지 못한 사실을 명확히 하고 한국인교육의 문제가 일본인의 문제이며 본명을 쓰는 실천이 어떠한 의미를 가지고 있는지를 분명히 했다. 여기에는 세이큐샤를 비롯한 어머니 모임, 가와사키에 야간중학[7]을 만드는 모임, NCC청년협의회, 일본기독교단 도데戸手전도소, 가나가와현 고등학교 교직원조합 민족차별과 인권 소위원회, 가와사키지부 교육연구소 민족차별과 인권 분과회 등의 단체와 개인 등 매회 100명 이상이 참가했다.[8]

민족교육문제를 연속적인 세미나 형식으로 실시하는 최초의 사례[9]인 연속세미나는 이들이 참가했지만, 그 가운데 초중학교 교원의 참가가 적었다는 점은 교원을 대상으로 하는 활동의 중요성과 각 학교, 지역에서의 실천활동 심화, 그리고 교류를 위한 네트워크의 확장이 필요하다는 것을 보여주었다.[10] 이로 인해 1982년 5월 9일에 열린 제6회 준비회에서는 ① 가와사키시 교직원노동조합을 대상으로 한 활동, ② 재일한국인 학부모와 청년들의 의견을 충분히 반영한다, ③ 가와사키시 전체를 총괄하는 폭넓은 모임 만들기와 같은 사항이 확인되었다.[11]

추진모임에서는 지역교육운동으로서 교육위원회 교섭을 시작하는 데 있어 교육지침, 재일외국인교육추진협의회(가칭), 제일한국인교원의 추가 채용요구라는 세 가지 목표를 설정했다. 또한 재일한국인의 역사와 생활실태파악과 진로지도조사, 재일한국인들이 많이 거주하는 지역의 아동관 조기 설립 등 세부항목을 설정하고,[12] 교섭활동과 함께 학습회(정례회)와 시민강좌 실시에도 합의하여, 추진모임은 1982년 6월 20일 개최된 결성집회에서 민족차별철폐를 본격적으로 추진하는 공식조직으로 탄생했다(참고자료 1).

(2) 추진모임의 결성

1982년 6월 20일에 가와사키시 산업문화회관에서 열린 집회에는 100여 명이 참가하여 리은직(조선장학회[13] 상임이사), 가지무라 히데키梶村秀樹(가나가와대학 교수) 등을 모임 결성의 발기인으로, 미우라 다이이치三浦泰一(현립가와사키 고교)와 이상호李相鎬(세이큐샤 간사)를 대표로 결정했다.[14]

추진모임은 일본사회에 뿌리깊이 존재하는 민족차별의 현실을 직시하는 것을 근본과제로, ① 학부모와 교원, 지역교육 실천자들의 네트워크를 강화하고 재일한국인교육을 어떻게 추진해나갈 것인지를 놓고 서로 교류한다, ② 많은 시민들에게 재일한국인교육에 관한 기본적 이해를 심화시

추진모임 결성집회
사진 중앙에서 말하고 있는 사람이 가지무라 히데키 교수(제공: 후레아이관)

킨다, ③ 가와사키시 교육행정에 재일한국인교육을 적극적으로 반영시키기 위한 활동을 한다는 세 가지를 활동 내용으로 교섭을 향해 움직이기 시작했다.[15]

추진모임은 원칙적으로 개인회원제로 운영되었으며, 크게 어머니 모임 등의 학부모 그룹, 가나가와현 고등학교 교직원조합 민족차별과 인권소위원회 등의 교원그룹, 그리고 세이큐샤 사쿠라모토 보육원, 사쿠라모토 학원 등의 지역실천그룹의 세 그룹으로 구성되었다. 또한 교원과 지역의 실천교류를 목적으로 하는 정례회, 시민들에 대한 계몽활동을 목적으로 하는 시민강좌, 그리고 교육행정투쟁이 추진모임의 구체적인 활동이었다. 1982년 7월 24일에는 일본학교에 재학중인 재일한국인학생의 교육에 관한 요구서(제1차 요구서)를 제출함으로써 실질적인 교섭활동을 시작했다.

3. 기본인식의 표명 — 가와사키시의 재일한국인교육 추진을 위한 기본인식 공식화

가와사키시 재일외국인교육 기본방침 제정에 이르기까지의 과정은 교육위원회가 재일한국인에 대한 차별상황을 인정하는 가와사키시의 재일한국인교육을 추진하기 위한 기본인식(이하, 기본인식)의 표명과, 기본인식에 입각한 기본방침 제정의 두 단계로 크게 나눌 수 있다.

본 절에서는 제1차 요구서를 제출한 이후의 교섭개시[16]부터 1983년 11월 1일의 기본인식 표명까지의 과정을 분석할 것이다. 기본인식을 공시하기까지의 과정은 민족차별을 인정할 것인지 인정하지 않을 것인지를 놓고 긴 논의를 거쳐야 하는 험난한 여정이 수반되었다.

(1) 제1차 요구서 제출과 민족차별을 둘러싼 논의

추진모임은 모임 결성 이후의 첫 활동으로 그들의 생각과 요구항목을 정리한 제1차 요구서를 7월 24일에 교육위원회에 제출했다. 당시의 이와부치 히데노리岩淵英之교육감[17]은 이인하 목사와의 교섭에서 "이 문제는 굉장히 중요하다고 생각하기 때문에 앞으로 적극적으로 의견을 교환하고 싶다"[18]고 말해 교섭은 순조롭게 진행되는 듯했다.

1) 요구서와 교섭 개시

제1차 요구서는 전문前文과 6가지의 요구항목으로 구성되어 있었다.[19] 전문에는 전전의 재일한국인의 역사를 언급하며 재일한국인 아이들이 일본사회의 배타적 풍조 속에서 조센징과 같은 차별적 언어를 들으며 본명이 아닌 일본명을 사용할 수밖에 없는 상황을 설명하고, 이러한 민족차별이 존재하는 교육은 일본인학생들의 교육에 있어서도 큰 문제임을 지적했다. 그 다음에는 오사카시大阪市, 도쿄도東京都 등의 다른 지자체의 움직임도 함께 언급하며, 과연 시교육위원회가 민족차별의 극복을 향해 인권을 존중하는 동시에 국제인식을 기를 수 있는 교육을 제공하고 있는지 의문을 제기했다.

이와 함께 의견교환의 장을 설립할 것과 가와사키시의 초중고교의 재일한국인학생 재적수, 그들에 대한 실태파악 및 졸업생들의 진로실태 파악, 지도요록과 출석부 등의 성명기재 지도, 민족차별에 관한 연수와 부교재 등 계몽활동 및 재일한국인교원의 채용에 관한 견해를 묻는 여섯 항목을 제안했다.

요구서를 받아든 교육위원회는 재일한국인 학생의 실태파악은 지도과, 기획조사과, 교직원과에서, 교사들에 대한 지도내용은 지도과가 담당하도록 정하고, 학교현장의 차별 여부에 관해서는 "가능한 한 별다른 조치를 취하지 않고 끝냈으면 좋겠다 …… (차별이 있다고 그 개선을—필자) 약속하면 현장을 설득하는 것도 큰일이고, 다른 곳에 끼치는 영향도 적지 않을 것이다. 어떻게 해서든 지금 그대로 끝내고 싶다"는 생각을 가지고 있었다.[20] 이처럼 추진모임과 교육위원회의 의견 차이는 차별을 둘러싼 긴 논의의 시간이 필요함을 의미하는 것이었다.

제1회 대중교섭의 장(1982년 9월 24일)은 여섯 항목에 대한 답변으로 시작되었다. 교육위원회는 다음과 같이 답변했다.[21]

1. 재적수(기획조사과)—매년 5월 1일자 문부성의 지정통계조사에 근거한다. 외국국적의 학생수를 조사할 때, 재일한국인만을 대상으로 하는 조사는 하고 있지 않다.
2. 재일한국인학생의 실태에 대해(지도과)—시교육위원회는 민주교육의 기반으로서 한 사람 한 사람의 인권을 존중하는 교육을 지도해왔다. 어떠한 차별과 편견도 있어서는 안 된다. 교직원 연수회에서 인권존중 활동을 하고 있다.
3. 지도요록 등의 이름기재에 대해서—보호자로부터의 요구를 바탕으로 확인하고 있다.
4. 진로 실태—외국국적 학생을 대상으로 하는 조사는 특별히 하고 있지 않다.
5. 부교재 및 계몽활동에 대해—모든 교육활동을 통해 인권존중을 철저히 하고 교직원연수를 충실히 해나가고자 한다.

6. 교직원 채용에 대해(교직원과)—가와사키시의 수험자격에 국적조항은 없다. 따라서 채용과정에서 일본국적을 가지고 있는지에 대해서는 조사하지 않고 있다.

이러한 답변은 사실상 재일한국인에 대한 배제를 의미하는 것이었지만, 교육위원회는 이를 인정하려고 하지 않았다. 이에 대해 추진모임에 참여하던 당사자들은 직접 목소리를 내지 않을 수 없었다. 한 어머니는 "조선인 문제에 대한 터부를 학부모와 선생님들이 모두 가지고 있기 때문에 조선인 아이들은 주위의 일본인과 관계를 정상적으로 형성하지 못하고 감출 수밖에 없는 상황에 처하게 된다"고 지적했을 뿐만 아니라, 일본인 교사는 "일본인 교사의 '차별은 하지 않는다', '특별한 취급은 하지 않는다'는 의식으로 인해 조선인 아이들은 절망하게 된다. 일반적인 일본인이 가진 조선인에 대한 인식이 '동화해라 …… 아니면 조선으로 돌아가라'는 식의 상황 속에서 개개인 아이들의 고유성을 인정하고 교육하는 일이 중요하다"라고 호소했다.[22]

또한 이인하 목사는 이와 같은 교육위원회의 태도에 대해 재일한국인 아이들의 교육을 권리로 생각하고 있는지 의문을 가지고 질문했지만, 시측은 앞으로 조사해보겠다며 답변을 회피하는 태도로 일관했다. 재일한국인 아동의 교육이 권리인지는 다음 교섭 이후의 중요 논점 가운데 하나가 된다.

2) 권리인가 은혜인가

추진모임은 제1회 대중교섭을 토대로 삼아, 학교교육뿐만 아니라 평생교육 분야까지도 교섭 내용에 포함할 것, 요구서의 재답변(재적수 파악)과 재일한국인교육이 권리인지 은혜인지, 그리고 구체적인 차별실태에 입각한 교육위원회의 견해를 요구하는 것의 세 가지를 두 번째 교섭의 내용으로 정하고 교섭에 임하기로 했다.

제2회 교섭(1982년 11월 9일)에서는 '권리인가 은혜인가'가 커다란 쟁점이 되었다. 교육위원회는 처음에 '일한협정의 문부성차관통달[23]에 입각해서 입학을 희망하는 경우는 입학을 인정한다'[24]며 분명한 답변을 회피했다.

재일한국인의 교육권 문제는 전후부터 외국인에게는 교육을 받을 권리(헌법 제26조 교육을 받을 권리)가 없다고 보는 것이 일반적으로, 평생교육의 경우에도 그 부분은 1970년대의 학습권논쟁에서 빠져 있었다.[25] 이러한 상황으로 미루어 볼 때, 오랫동안 민족교육을 부정해온 교육행정의 틀 안에서 시책을 실시해온 교육위원회는, 재일한국인의 교육을 권리로 인정하기 어려운 입장에 처해 있었던 것으로 여겨진다.

제2회 교섭의 장에서는 다른 두 논점이 확인되기도 했다.[26] 본명문제가 일본인의 문제이기도 한 점, 그리고 인권존중교육을 교육의 기본이라고 하면서도 구체적으로는 아무것도 하지 않은 것이 아니냐는 지적이 그것이다. 우선 본명실천이 재일한국인교육의 근원이라 할 수 있다는 점에서 이것이 일본인 아이들의 문제이기도 하다는 인식은 매우 중요하다. 또한 인권존중교육이 실질적으로 기능하지 않았다는 것은 교육위원회의 실천에 근본적인 문제를 제기하는 지적이며, 이는 나중의 기본방침 제정에 대한 교육위원회의 인식을 변화시키는 데 중요한 역할을 했다.

이와 같은 추진모임과 교육위원회의 대립구조가 변화의 양상을 보이게 되는 것은 제3회 교섭(1982년 12월 23일) 때였다.[27]

'권리인가 은혜인가'를 둘러싼 논의와 본명문제가 계속해서 중심 논의로 이어지는 가운데, 교육위원회가 전과는 다르게 학부모나 고교생 등의 의견을 자신들의 문제로 받아들이고자 하는 자세를 보였을 뿐만 아니라, 권리에 관한 문제에 관해서도 "학교교육기본법을 일한조약, 인권규약, 난민조약이 보완하는 것으로 파악한다"는 긍정적인 태도를 보인 것이다. 본명문제에 관해서도 주사 한 사람 한 사람이 자신의 의견을 얘기하는 도중

추진모임과 교육위원회간에 열렸던 당시의 교섭 모습(제공: 후레아이관)

에, "시교육위원회로서 보호자가 일본명을 사용해도 본명을 사용하도록 지도해야 한다"라는 발언이 나왔다. 또한 재일외국인교육방침의 성문화成文化가 논의되면서 교육위원회는 추상적이기는 하지만 "현실적인 상황으로부터 배워나가면서 차별과 편견의 문제를 극복하는 교육을 해나가고자 한다"라는 견해[28]를 표명하기에 이르렀다.

추진모임은 이와 같은 시교육위원회의 태도 변화를 작지만 엄연한 발전이라고 평가하며, 다소 추상적이던 제1차 요구서를 기반으로 더욱 구체적인 내용을 담은 제2차 요구서 작성에 착수했다.

(2) 재일한국인교육에 대한 합의 형성

추진모임은 정례회(제5회 정례회 시교육위원회로의 요망서 작성을 향해—의견교류)에서 논의를 거듭하여 1983년 2월 22일 시교육위원회가 재일한국인교육을 어떻게 하길 바라는지에 대한 구체적인 요구 항목을 담은 제2차 요구서를 교육위원회에 제출했다. 시간이 지나도 교육위원회와 추진모임간의 인식 차이는 생각만큼 좁혀지지 않았지만, 교원의 추가 배정 문제로 상황이 급변했다.

1) 제2차 요구서의 제출

추진모임은 재일한국인시책을 확립해나가는 토대로 제2차 요구서를 생각하고, 이를 기반으로 협의해나갈 것을 요구했다.[29]

제2차 요구서(참고자료 3)에는 '① 재일한국인의 실태파악, ② 재일한국인의 역사 · 문화 · 생활실태 · 교육 등에 대한 기본인식의 심화, ③ 일본인 학생들이 가지고 있는 차별적인 배타적 의식 극복 및 민족차별에 지지 않는 재일한국인 아이들의 주체 만들기, ④ 진로보장을 위한 활동, ⑤ 평생교육부문에서 재일한국인교육에 관한 활동을 할 것'이라는 다섯 항목과 그에 따른 세부항목이 설정되었으며, 이를 실현하기 위한 교육기본방침의 작성과 재일한국인교육추진협의회의 발족을 제안했다.[30]

교육위원회의 긍정적인 자세를 바탕으로 한 추진모임의 적극적인 움직임과는 반대로, 교육위원회 사무국에서는 여전히 "① 일본학교이기 때문에 한국인 아동에 대한 의무(교육)는 없지 않은가, ② 일본학교이기 때문에 입학하는 학교의 규칙을 전면적으로 따라야 한다 ……"와 같은 인식들이 존재했다.[31]

이처럼 교육위원회는 기본방침의 제정은 말할 것도 없이 차별이 존재한다는 사실을 인정하는 첫걸음조차도 내딛지 못했다. 이와 같은 상황에서 제출된 제2차 요구서의 답변(제5회 교섭, 1983년 5월 17일)에도 '지금 현재로는 어렵다, 생각하고 있지 않다, 보류'와 같은 소극적인 응답이 주를 이루었다.[32] 하지만 요구서의 실태파악과 관련해서는 현실상황으로부터 배운다는 전제하에 실태파악을 위한 소위원회의 설치가 결정되었다.[33]

재일한국인의 실태파악을 위한 방법을 검토하고 소안을 작성[34]하려고 실태파악을 위한 소위원회의 설치가 결정된 제6회 교섭(1983년 7월 26일)의 장에서는 교섭의 흐름을 바꾸는 결정적 요인인 교원의 추가배치 문제가 지적되었다. 이는 교육위원회가 기본인식을 표명하게 하는 큰 동인으로 작용했다.

2) 교원의 추가배치 문제

추진모임은 제2차 요구서의 요구항목 3-2인 재일한국인 거주지역의 학교에 교원을 추가배치할 것을 요구했다.

교원의 추가배치란 1958년에 제정된 '공립의무교육 제 학교의 학급편성 및 교직원 정수의 표준에 관한 법률'에 기반하고 있는 정령政令 '공립의무교육 제 학교의 학급편성 및 교직원정수에 관한 법률시행령'에 의거해 정해진 것으로, 일본국적을 보유하지 않은 아동 또는 학생수가 해당 학교의 아동 또는 학생 총수에서 차지하는 비율이 백분의 십 이상인 학교에 한 명의 교원을 추가로 배치하는 것을 인정하는 것이다.[35]

교육위원회는 이러한 교원의 추가배치 문제에 대해 현재 상황으로는 어렵다고 답변했다가 그 후에는 조금 개선되었다고 답변을 정정했다.[36] 이는 1983년도부터 사쿠라모토 초등학교와 사쿠라모토 중학교에 각 한 명씩 교원을 추가배치했기 때문이다.[37] 그러나 추진모임은 교원의 추가배치를 중요한 문제로 보고 계속해서 교육위원회와 논의해나가기로 결정했다.[38]

제7회 교섭의 장(1983년 9월 28일)에서는 총수로 추가배치를 하고, 법제정 후 20년이 지난 지금까지 외국인교원의 추가배치를 하지 않은 행정의 책임을 강력히 추급했다. 그러나 교육위원회는 교원의 추가배치가 어디까지나 현縣 교육위원회의 재량이며, 이번에 처음으로 외국인 교원의 추가배치 지정이 있었기 때문에 실시한 것이라는 자세를 굽히지 않았다.[39]

외국인 교원을 추가배치하지 않은 채로 20년 이상을 방치한 것은 분명히 행정의 태만으로 재일한국인의 권리를 무시한 것이 된다.[40] 더욱이 교육위원회가 추진모임이 제기한 외국인 교원을 추가배치하는 것이 재일한국인 아이들이 한국인으로서 살아가는 데 교육적인 배려를 받을 수 있는 것을 의미하느냐는 질문에 대해, 그것이 재일한국인교육을 위한 추가배치라는 점을 인정하지 않아 추가배치를 어떻게 자리매김할 것인지를 둘러싼 논의가 길게 계속되었다. 그러나 최종적으로 교육위원회는 그것이 재일한국인교육을 위한 교원의 추가배치임을 인정했다.[41] 즉, 재일한국인이 많이 거주하는 지역에 위치한 학교에서 재일한국인과 일본인이 서로 인정하고 신뢰하며 돕기 위해 세심한 지도와 계획에 입각한 재일한국인교육을 행하기 위한 추가배치라고 인정한 것이다.

교원의 추가배치와 관련하여 드러난 행정의 차별행위는 교육위원회가 차별을 인정하지 않을 수 없는 결정적 요인이 되었다. 그러나 그것이 기본인식의 표명으로 이어지기까지는 1983년 11월 1일자 교육위원회의 인사이동이 그 배경에 있었다.

(3) 기본인식의 표명

추진모임은 제8회 교섭의 장(1983년 11월 1일)을 외국인교원의 추가배치 문제로 궁지에 몰린 교육위원회에게 차별이 있다는 기본인식을 확립시키기 위한 중요한 기회로 여겼다. 교원의 추가배치 문제와 그 의의를 20년간 방치해온 행정의 책임, 그리고 "민족차별을 없애기 위한 대응책과 지도가 필요하다"는 교육위원회 위원의 발언 등을 토대로 민족차별을 인정하는 교육위원회의 견해를 명확히 할 것을 교섭의 목적으로 정했다.[42]

한편 교섭 당일 아침, 교육위원회는 교섭을 앞두고 차별의 실태를 인정할 것인지 말 것인지를 논의하기 위한 관리직회의를 열었다.[43] 그러나 차별을 인정하면 현장에 혼란이 생길 것을 우려하는 입장이 바뀌지 않는 한 소모적인 논의가 계속될 뿐이었다. 그러다가 부장 한 사람이 "차별을 인정하는 것에서부터 출발하는 것이 좋지 않은가"라고 차별을 인정해야 한다는 발언을 했다. 더욱이 그날 시행된 기구개혁과 인사이동[44]으로 총무부 동화同化·인권교육담당이 새롭게 만들어지고 담당주간과 주사가 임명되면서 지금까지의 지도과장과 담당주사에서 새로운 교섭창구가 되었다.

새롭게 교섭을 담당하게 된 담당주간과 주사는 교섭에 대해 차별이 있을 것이라 생각된다는 내용의 견해를 준비하고 있었다. 그러나 추진모임은 그 내용에 대해 납득할 수 없었기 때문에, 가와사키의 학교 현장에 민족차별의 유무 여부를 확실하게 파악하지 않고 있다는 태도의 교육위원회에 반론하며, 차별을 인정하라고 강하게 요구했다. 이로 인해 교섭에 임하고 있었던 7명의 교육위원회 멤버가 독자적으로 차별을 인정한다라는 견해를 표명하게 된다.[45] 1982년 7월부터 시작된 교섭 끝에, 교육위원회가 추진모임의 요구를 가까스로 받아들인 순간이었다.[46]

가와사키시의 교육시책을 바꾸어가는 첫걸음은 추가교원배치 문제에 더해 동화 · 인권교육 담당이라는 새로운 기구의 설치, 그리고 담당자의 결단에서 비롯된 것이었다. 이처럼 추진모임과 교육위원회 간에 한국인교육에 대한 공통인식과 이해가 형성되었는데, 이것이 가와사키의 재일한국인 교육을 추진하기 위한 기본인식(참고사료 4)이다.[47]

> 본 시의 지역사회 및 학교현장에도 민족차별이 존재한다는 사실을 인정하며, 교육위원회도 그러한 인식하에 오늘날까지 강하게 호소해온 재일한국인의 고통을 겸허하게 받아들이고, 실태에 입각하여 차별과 편견을 없애는 교육을 종합적으로 추진하겠습니다.

이와 함께 기본인식을 공문화하는 것이 확인되었고 7월에 설치된 소위원회는 기본방침 작성을 위한 것으로 그 목적이 변경되었다. 이로 인해 교섭은 새로운 국면을 맞이했다.

4. 가와사키시 재일외국인교육의 기본방침 제정

차별의 실태를 인정한 교육위원회는 1985년에 기본방침의 시안을 공시하고 1986년 3월 25일에 기본방침을 제정했다. 재일한국인교육에 관한 차별을 인정한 이상, 교육위원회는 기본방침 제정을 위해 움직일 수밖에 없었다.

(1) 인식에서 방침으로

교육위원회는 기본인식을 구체화하기 위해 기본방침을 만들어야 한다는 이와부치 히데노리 교육감의 의견[48]을 받아들여, 기본인식을 현장에 뿌리내리게 하기 위한 활동과 기본방침 작성이라는 두 가지 활동을 시작했다.

1) 현장 활동

교육위원회가 차별을 인정한다 하더라도 기본인식이 실천의 장에 뿌리내리지 못한다면 내실 없는 표면적인 것에 그치고 만다. 따라서 교육위원회는 학교교육과 평생교육 관계자 연수, 민족단체와 교직원노동조합을 대상으로 설명회 등을 실시했다.[49]

호시노 오사미星野修美는 당시 시안작성까지의 움직임을 세 단계로 나누어 설명하고 있다.[50] 즉, 교육위원회는 제1단계로 기본인식을 행정시책으로 구체화하기 위해 재일한국인 문제에 관한 담당자들의 이해를 심화시키는 일부터 시작했다. 재일한국인교육시책을 추진하기 위해서는 관계자가 일정 지식을 가지고 있어야 하기 때문이다. 이 과정에서 담당자들은 한국과 일본의 역사적 관계, 창씨개명, 한신교육사건 등과 같은 역사적 사실을 배움과 동시에 일본사회에 잠재되어 있는 재일한국인에 대한 차별의식에 대해서도 학습했다. 이때, 가나가와현 자치종합연구센터에서 발간한 『가나가와의 한국인—지자체 현장으로부터의 제언神奈川の韓國・朝鮮人—自治體現場からの提言』[51]이 담당자들의 인식을 심화시키는 데 중요한 역할을 했다.

다음 단계로 실시한 것은 교직원연수였다. 현장에서 실제로 활동하고 있는 교직원과 평생교육 시설관계자는 기본방침을 실현하는 데 중요하기 때문이다. 추진모임의 힘을 빌려 학교교육에서는 교장연수 · 교감연수 등 평생교육에서는 관장연수 · 평생교육사연수 등을 추진했다. 또한 초등학교 교장모임은 인권소위원회를 발족하고 어머니 모임과의 의견교류 등을 통해 이해를 심화해가는 움직임을 보였다.

제3단계는 현장에 대한 활동을 착수하여 학교교육과 평생교육에서의 실천연구를 진행했다. 가나가와현神奈川縣에서는 나가스長洲현지사가 교육문제의 해결을 위해 1984년부터 후레아이교육ふれあい教育사업을 시작하고 있었다. 사쿠라모토 지구에 위치한 사쿠라모토 초등학교櫻本小學校 · 사쿠라모토 중학교櫻本中學校 · 히가시 사쿠라모토 초등학교東櫻本小學校는 이 후레아이교육사업의 일부로, 재일한국인과의 만남을 테마로 후레아이교육 추진학교로서 위탁연구를 했다. 다른 학교들이 고령자나 자연, 혹은 장애자와의 만남을 테마로 한 데 비해 가와사키시가 재일한국인과의 만남이라는 테마를 선택한 것은 당시로서는 매우 획기적이었다.[52, 53] 이를 계기로 1986년부터는 시의 연구지정학교로서 후레아이교육 활동을 계속하게 된다.

한편 평생교육[54]에서는 '시설관장 · 평생교육사, 민간 · PTA, 일반시민을 대상으로 한 계발사업을 단계적으로 추진한다'[55]는 목표 아래, 시설관장 연수 등에 이어 시민을 대상으로 한 인권존중학급人權尊重學級에서 처음으로 재일한국인을 테마로 연속강좌를 기획했다. 여기에서 역사 속의 일본과 조선(야자와 야스히로矢澤康裕 1984년 5월~7월), 일본 안의 조선 문화를 찾아서 인물사를 중심으로(이진희李進熙 1984년 9월~12월), 근대일본조선 관계사를 찾아서(가지무라 히데키梶村秀樹 1985년 1월~3월) 등과 같은 강좌들이 실시되었으며, 1985년도부터는 인권존중학급으로서 예산 지원을 받으며 한국의 문화와 요리 관련 강좌 개설 등 본격적으로 재일한국인 문제를 다루었다.

2) 기본방침 작성

현장에서의 기반 만들기가 진행되는 가운데, 대중교섭과 소위원회에서는 기본인식을 어떻게 구체화할 것인지를 논의했다.

소위원회에서는 재일한국인의 생활 현황 및 민족차별의 실태를 파악하고 이를 바르게 인식하는 것을 목표로 삼았다. 이를 위해 니혼TV(日本TV)에서 방영되는 11PM에서 4회 연속으로 재일한국인을 테마로 다룬 방송을 보면서 의견을 교환하는 것에서부터,[56] 다른 지방자치단체의 기본방침과 가와사키시의 외국인등록인구 및 외국인 아동수, 생활보호세대 인원수 등과 같은 통계자료를 통해 실태를 파악하고자 하는 노력을 계속하여 학교 현장의 민족차별 현상에 대한 문제의식을 공유하기에 이르렀다. 이러한 소위원회의 활동을 통해 ① 일본학교에서 일본명으로 교육을 받는 의미, ② 본명을 사용하는 것, ③ 아이들 세계에 존재하는 조선에 대한 경시나 따돌림, ④ 학교에 존재하는 조선 문제에 대한 터부시나 무관심 등[57]을 학교 현장의 문제점으로 공유함으로써, 재일한국인을 둘러싼 현실인식으로서의 기본방침 작성을 위한 중요한 기반으로 작용했다.

한편, 추진모임과 교육위원회에서는 1983년 12월 2일에 개최된 제9회 교섭의 장에서 기본인식, 교원의 추가배치 문제,[58] 추가배치에 대한 지도 등을 논의했다. 또한 교육위원회는 "학교교육뿐만 아니라 평생교육을 포함하여 종합적인 대응이 필요하다. 이를 위해서는 충분한 논의를 거쳐 기본방침을 작성해야 한다"는 방향이 제시되었다.[59] 이후 제10회 교섭(1984년 1월 24일)에서는 기본인식과 교원의 추가배치와의 관계,[60] 추가배치에 대한 지도, 그리고 기본인식으로부터 기본방침을 작성할 때에 기본인식→교육중점목표→기본방침[61] 순으로 추진하는 것이 결정되었고, 1984년도 학교교육 계획개요 및 가와사키시의 평생교육의 중점목표의 하나로 재일한국인교육 추진이 포함되었다.[62]

제10회 이후의 교섭은 다시 제2차 요구서의 항목을 토대로 이루어졌다. 당시 중요 쟁점은 본명문제였다. 추진모임과 교육위원회는 한국인으로서의 자각화·주체화의 시작인 본명 사용을 중심으로 재일한국인교육을 추진할 것, 그리고 그에 대한 견해와 구체적인 프로그램 등 본명사용의 원칙 확립을 위한 교섭을 거듭해 갔다.

또한 "공문서의 본명기재, 학교에서 본명을 쓸 것을 원칙으로 한다, 입학수속문서에 본명으로 수속을 한다"라는 문장을 포함시킨다는 세 가지 원칙의 확인(제13회 교류, 1984년 4월 17일)[63]과 이 원칙을 학교에 정착시키기 위한 교직원 연수와 안내서 작성 등의 교육방침의 시책화, 기본방침의 84년도 시안, 85년도 방침화 일정이 정해졌다(제16회 교섭, 1984년 7월 24일).[64]

따라서 이후의 교섭은 주로 시안작성에 초점이 맞추어졌다. 기본방침은 재일한국인교육을 추진하는 시의 입장이자 견해이므로 앞으로의 시책의 방향을 제시하는 데 중요한 것이었다. 이러한 시안 작성을 위해 제16회 교섭 이후로는 추진모임이 정보부문을, 교육위원회가 편집부문을 주로 맡아 진행했다.[65]

초기 시안은 1981년과 1982년에 각각 발표된 '가와사키시 동화대책사업에 관한 기본적 생각(방침)'과 '동화교육에 관한 기본적인 생각'을 바탕으로 한 문장이었다. 그러나 시간이 지나면서 가와사키의 차별적 현실을 배운다는 기본자세가 중요하며 이를 자기비판적으로 파악하여 문장화하는 것이 요구됨에 따라, 역사인식과 기본적 인권의 문제를 관련시키면서 전문을 정리한다[66]는 것이 양자간에 확인되면서 이에 근거해 시안의 내용이 (1) 전문 ① 역사적 배경과 경과 ② 오늘날의 재일한국인교육의 제 문제 ③ 본시本市의 과제 (2) 구체적 시책을 내용으로 한 것으로 구체화되었다.[67]

추진모임과 교육위원회는 제18회 교섭(1984년 10월 30일)에서, '기본방침→안내서→팸플릿'의 삼 단계에 걸친 활동 방향에 합의하고, 구체적인 시책 추진의 기본 이념으로 '(차이를 인정하는) 이해→수용→만남→함께 살아간다→공감'을, 재일한국인에 대한 오해·편견·차별·배제를 극복

과제로 정하였으며, 진로보장과 시민계발, 교직원 연수 등의 정책을 포함하여 추진하기로 확정했다.[68]

추진모임과 교육위원회는 이를 기반으로, 1982년에 제정된 다카쓰키시高槻市의 기본방침을 참고하여 만든 각자의 방침(안)[69]을 가지고 논의를 거듭하여 1985년 4월 5일에 기본방침(시안)을 발표하게 된다.

(2) 기본방침의 공표

가와사키시 재일외국인교육 기본방침—주로 재일한국인교육(시안)은 재일한국인의 교육문제를 둘러싼 역사적 배경과 가와사키시의 상황 등을 내용으로 하는 전문前文과, 교육행정 및 관계자에 대한 대응활동, 학교교육과 평생교육 분야의 구체적 활동을 규정한 기본사항으로 구성되었으며, 재일한국인 학생이 본명을 사용하고 차별과 편견에 지지 않는 힘을 가지도록 이끈다는 내용을 골자로 하는 선언[70]으로 1985년에 공표되었다.

재일한국인교육은 지금까지 전례가 없는 시책이기 때문에, 시안은 현장의 이해와 협력을 구하기 위해 1년간의 준비기간을 거쳐 1986년 3월 25일에 기본방침(참고자료 5)으로 제정되었다.[71]

기본방침은 재일한국인이 받아온 차별의 실태를 지적한 후, 그에 대한 행정책임과 재일한국인의 교육을 받을 권리를 명확히 하면서 인권존중과 국제이해를 내용으로 하는 재일외국인교육을 추진해나가겠다는 내용이다. 이러한 시의 생각은 다음 문장에 응축되어 나타나 있다.[72]

> 시내에 거주하는 외국인에 대해 교육을 받을 권리를 인정하고, 그들이 민족적 자각과 긍지를 가지고 자기自己를 확립하는 동시에 시민으로서 일본인과 연대하고 상호 입장을 존중하면서 함께 살아가는 지역사회를 창조하기 위한 활동을 보장해야 한다. 이는 또한 일본인의 인권의식과 국제 감각을 고양하기 위한 것이기도 하다. 그리고 이러한 환경을 정비하는 일은 인간도시의 창조를 지향

사쿠라모토 초등학교의 운동회(1980년대)(제공: 후레아이관)

해 온 본시 교육행정의 책무이기도 하다.

가와사키시의 기본방침은 이미 재일한국인에 대한 교육지침을 제성하고 있었던 관서지방關西地方보다는 늦은 것이었지만 관동지방關東地方 내에서는 비교적 빠른 편으로,[73] 방침제정 이후에는 외국인들을 대상으로 한 다양한 활동들이 시작되었다.

예를 들어 1986년도부터 사쿠라모토 지구의 세 학교에 후레아이교육을 연구 위탁했으며, 1997년부터 시작된 민족문화강사 후레아이사업[74]뿐만 아니라, 1990년 12월에 『재일한국인을 이해하기 위한 핸드북』(가와사키시 시민국), 1993년 3월에는 『재일외국인을 이해하기 위한 핸드북』(가와사키시 시민국)이, 그리고 1991년부터는 교원용 안내서 『함께 살아간다—가와사키시 재일외국인(주로 한국인)교육 Q&A』[75](가와사키 시교육위원회)[76]가 발행되는 등 계발활동과 홍보활동을 활발히 추진했다. 또한 1990년 이후에는 외국인에 대한 일본어학습 지원활동도 본격화되었다.[77]

세이큐샤를 중심으로 한 추진모임의 활동을 촉매로 활발히 움직이기 시작한 가와사키시의 재일외국인 교육시책은 1996년 가와사키시 외국인시민 대표자회의 설치와 1998년 기본방침개정 등 외국인 시책을 발전시킴과 동시에, 가와사키시가 외국인 시책에 있어 선진적인 지자체로서 확고한 자리를 차지하게 했다.[78] 1989년에 다카하시 시정高橋市政에 의한 새로운 행정체제가 발족되었지만 그 기본적인 이념과 태도는 그대로 이어졌다.[79]

1970년대 이루어진 사쿠라모토 보육원 학원의 실천은 밖으로 한 걸음 내딛는 순간 아이들 앞에 나타난 민족차별이라는 벽에 부딪혀 더 이상 나아가지 못하는 한계에 직면하게 되었고, 이에 대해 세이큐샤는 가와사키시의 학교교육 및 평생교육 실천에 있어서의 재일한국인교육 문제를 제기하는 시교육위원회의 교섭을 시도했다.

교육위원회와의 교섭은 전후 민족교육의 권리를 부정해온 교육행정의 틀 아래 정책을 집행해온 교육위원회에게 재일한국인교육에 대한 권리와 행정책임을 묻는 것으로, 당시까지의 시책을 전환시키는 획기적인 일이었다. 재일외국인교육, 다문화공생교육추진의 중심이념으로 자리하게 되는 가와사키시 재일외국인교육 기본방침제정은 학습하는 권리를 소유한 학습자로서의 외국인에 관한 관점과 이를 보장하기 위한 행정체제의 확립을 가져왔다는 점에서 중요하다. 기본방침은 또한 1988년에 개관되어 기본방침이 실천되는 공간으로 자리잡은 후레아이관을 뒷받침하는 이념으로도 기능했다.

주

1 青丘社10周年記念誌刊行委員會 編, 「社會福祉法人青丘 · 櫻本保育園, 學園及び運動關係年表 1969~1984」 참조.

2 당시 세이큐샤의 간사였던 이상호는 본명실천, 민족교육실천이 10년 가까이 계속되고 있는 가운데 아직도 공교육과의 교류가 단절되어 지역 · 학교 · 학부모의 긴밀한 협력에 의해 아이들을 지원하는 체제 만들기도 되지 못하고 있는 현상, 이러한 지역상황이 세이큐샤의 실천을 하나의 틀 안에 갇혀 있게 만들어 갈 뿐이었다고 말하고 있다. 李相鎬, 「青丘社の民族教育實踐を考える」, 「青丘社ニュース」 第25號(1982년 2월 1일) 2~4쪽.

3 예를 들면 1980년에 요코하마시 교직원노동조합이 실시한 재일조선인자녀 실태조사(「在日朝鮮人實態調査」)에서 통명(일본명)으로 불리고 있는 학생은 350명 중에 318명(90.8%), 본명으로 불리고 있는 학생은 32명이었다고 한다. 또한 지도요록〔학교교육법 시행령 31조에 규정되어 있는 학생의 학습 및 건강상황을 기록한 서류의 원본을 지도요록이라고 한다. 20년간의 보존이 의무화되어 있으며 교장은 학생이 진학했을 때는 그 초본을, 전학했을 때는 사본을 진학교, 전학교 교장에게 송부하도록 되어 있다. 青木一他 編, 『現代教育學辭典』, 勞動旬報社, 1988, 369쪽－필자주)에 본명이 기재되어 있지 않고 일본명만이라고 한 학생이 134명(38.1%)으로 얼마나 본명을 쓰는 것이 힘든 상황이었는지를 엿볼 수 있다. 金贊汀, 앞의 책, 92~93쪽.

4 이러한 세이큐샤의 생각은 1981년의 세이큐샤 전체회의 슬로건이 '학부모, 아이, 교사와 함께 민족차별과 싸우는 지역교육실천의 과제를 명백히 하자'라는 것이었다는 점에서도 알 수 있을 것이다. 青丘社10周年記念誌刊行委員會 編, 「社會福祉法人青丘 · 櫻本保育園, 學園及び運動關係年表 1969~1984」 참조.

5 ふれあい館ファイル 『在日韓國 · 朝鮮人教育を進める會(準)82.1~6』 참조.

6 ふれあい館ファイル 『川崎在日韓國 · 朝鮮人教育をすすめる會李相鎬用』 참조.

7 야간에 수업을 하고 있는 중학교로 중학교 2부나 중학교 야간학급이라고도 불리고 있다. 교육법규에 그 명칭은 없지만 취학하지 않은 사람이나 장기결석 학생에 대한 대응책으로써 1947년에 오사카에서 개설된 이래로 지금까지 계속되고 있다. 青木一他 編, 『現代教育學辭典』, 勞動旬報社, 1988, 712쪽. 2008년 3월 현재 전국의 공립 야간중학교는 8개 도도부현에 35교가 설치되어 있다(도쿄도 8교, 가나가와현 6교, 효고현 3교, 교토부 1교, 히로시마현 2교, 나라현 3교, 오사카 11교). 공립야간중학 외에 시민들이 운영하는 자주 야간중학도 있다. 야간중학교를 졸업하면 중학교 졸업자격을 얻을 수 있으며 설치 당시에는 재일한국인, 전쟁 등 때문에 충분히 배우지 못했던 일본인 등을 위해 만들어졌으나, 최근에는 부등교, 일본어를 배우러 오는 외국인 등 젊은 층도 늘어나고 있는 추세이다.

8 ふれあい館ファイル 『KJ教育セミナー川崎すすめる會』 참조.

9 「現場から民族差別撤廢へ－在日韓國 · 朝鮮人教育を考える連?セミナー終る」, 「統一日報」(1982년 4월 20일) 참조.

10 ふれあい館ファイル『在日韓國・朝鮮人教育を進める會(準)82.1～6』참조.

11 위의 책

12 ふれあい館ファイル『川崎在日韓國・朝鮮人教育をすすめる會(I)』참조.

13 "일본에서 면학하고 있는 재일동포 학생들을 지원하기 위한 장학육성기관"이다. 2010년 5월 현재 조선장학회 홈페이지에 의하면, "한국인・조선인으로서 학교교육법 제1조에서 규정하는 고등학교, 대학(대학원 포함)에 재학하고 학업, 인물 면에서 우수하고 건강하며 학비를 지불하는 것이 곤란하다고 인정되는 사람(장학금 급여규정 제1조)에게 장학금을 급부하는 사업을 기본으로, 학생들에게 다채로운 장학원호사업을 하고 있다. 매년 많은 동포학생들에게 장학금을 지급함과 동시에 장학생을 위한 문화교양사업, 학술장려사업 등을 통해 민족의 마음과 문화를 기르고, 전문지식 습득을 장려하는 한편 학술교류 면에서도 각종 사업을 추진하고 있다" 장학금은 연3회 지급되며 고등학생은 연간 12만 엔, 대학 학부생은 연간 30만 엔, 석사과정 대학원생은 연간 48만 엔, 박사과정 대학원생은 연간 84만 엔이 지급된다고 한다. 조선장학회 홈페이지(http://www.korean-s-f.or.jp)로부터.

14 「すすめる會ニュース」創刊準備號(1982년 7월 6일) 참조.

15 「川崎・在日韓國・朝鮮人教育をすすめる會結成趣旨文」, ふれあい館ファイル『要望書』참조.

16 추진모임과 교육위원회와의 교섭은 대중교섭과 사무절충, 그리고 1983년에 설치된 실태파악을 위한 소위원회의 세 가지 공식 루트를 통해 이루어졌다.

17 당시의 교육감으로서 교섭에 관여하던 이와부치 히데노리 교육감은 만주의 고교에서 만난 조선인 학우의 창씨개명에 의한 내면적 고뇌에 접하게 된〔社團法人川崎地方自治研究センター,「自治研センターNEWS」特集號(2004년 8월 30일) 참조〕원체험을 가지고 있었던 것으로 보여 교섭을 긍정적으로 받아들여 교섭의 전과정에서 중요인물로서 참여했다.

18 星野修美,『自治體の變革と在日コリアン―共生の施策づくりとその苦惱』, 明石書店, 2005, 61쪽.

19「日本の學校に在籍する在日韓國・朝鮮人生徒の教育に關する要望書」ふれあい館ファイル『要望書』참조.

20 星野修美, 앞의 책, 64쪽.

21「すすめる會ニュース」第2號(1982년 10월 8일) 6～7쪽.

22 위의 책, 7쪽.

23 여기에서 말하는 문부성 통달은 1965년 12월 28일의 일본국에 거주하는 대한민국 국민의 법적 지위 및 처우에 관한 일본국과 대한민국 간의 협정에 있어서의 교육관계사항의 실시에 대해(「日本國に居住する大韓民國國民の法的地位及び待遇に關する日本國と大韓民國との間の協定における教育關係事項の實施について」)를 말하는 것으로, 이 통달에 '일본국 정부는 영주가 허가된 사람이 일본국의 공립 초등학교 또는 중학교로 입학하는 것을 희망하는 경우에는 그 입학이 인정될 수 있도록 필요한 조치를 취하고 또한 일본국 중학교를 졸업한 경우에는 일본국의 상급학교로의 입학자격을 인정하는 것이 명백하게 되어 있습니다'라고 되어 있다.

24「すすめる會ニュース」第3號(1982년 12월 13일) 2쪽.

25 金侖貞,「在日外國人による地域の『學習空間』の創造」, 佐藤一子 編,『生涯學習がつくる公共空間』, 柏書房, 2003, 212～215쪽.

26 星野修美, 앞의 책, 72쪽.

27「すすめる會ニュース」第4號(1983년 1월 25일) 5～6쪽.

28 ふれあい館ファイル『川崎在日韓國・朝鮮人教育をすすめる會(I)』 참조.

29 제2차 요구서 제출 직후에 열린 제4회 교섭의 장(3월 1일)에서 요구서 내용을 시교육위원회가 보다 적극적이고 구체적으로 대응해주었으면 하는 의견이 나왔다. 예를 들면 한 어머니로부터는 "재일한국인교육의 첫발은 부모의 의식을 바꾸는 것, 계몽활동이 중요하다. 부모-학교 간 간담회, PTA 주최 강연회를 열도록 적극적으로 추진해주길 바란다"라고 했다, 교원으로부터는 "본명존중의 방침을 세우고 본명을 바르게 부르기 위한 안내서를 작성해주길 바란다", "진로보장을 위한 추진협의회의 설치를", "시교육위원회의 지도로 재일한국인교육을 테마로 연수회를 개최해주길 바란다"라고 호소했다. 또한 지역교육 실천가는 "재일한국인 거주지역에서의 지역활동을 보장할 것"을 요구했다. ふれあい館ファイル『川崎在日韓國・朝鮮人教育をすすめる會(I)』 참조.

30 「要望書(第二次要望書)」, ふれあい館ファイル『要望書』 참조.

31 川本繪美, 『地域における在日外國人の教育問題』, 東京大學教養學部總合社會科學科卒業論文, 2003, 42쪽.

32 「すすめる會ニュース」 臨時號(1983년 5월 20일) 참조.

33 「すすめる會ニュース」 第7號(1983년 9월 15일), 4쪽.

34 소위원회는 추진모임 측 10명과 교육위원회 측 5명의 15명으로 구성되었다. 「すすめる會ニュース」 第8號(1983년 10월 12일), 2쪽.

35 川本繪美, 앞의 책, 44쪽.

36 「すすめる會ニュース」 第7號(1983년 9월 15일), 4쪽.

37 당시 행정내부의 교원 추가배치에 관한 생각에 대해 호시노 오사미는 다음과 같이 말한다. "당시 인사를 담당했던 사람은 1983년에는 정령도시(정령지정도시란 인구 50만 이상의 도시 중 정령으로 지정된 도시로, 도도부현과 시정촌의 사무를 함께 처리하는 대도시를 말한다. 도도부현의 업무중 사회복지, 위생, 도시계획 등의 업무를 할 수 있으며 시 안에 구를 설치할 수도 있다. 2010년 4월 현재, 가와사키시를 포함, 후쿠오카시, 센다이시 등의 19시가 정령지정도시로 지정되어 있다-필자주)가 되어서 인사권을 가지고 있었지만 60년대는 정령지정도시가 아니었기 때문에 그 일은 (가나가와)현에서 했다. 그리고 그 추가배치를 하지 않으면 안 된다고 하는 법률을, 그 문언이 있는 것조차 알지 못했다. 그래서 추가배치했다고 기뻐할 줄 알았는데 반대로 이 20년 동안 본래 해야 할 조치를 취하지 않은 것은 시가 차별했다는 사실이 되는데 인정하겠느냐 인정하지 않겠느냐는 말을 듣게 된 것이다." 星野修美さん聞き取り調査(2004년 9월 28일) 참조.

38 「すすめる會ニュース」 第7號(1983년 9월 15일), 6쪽.

39 「すすめる會ニュース」 第8號(1983년 10월 12일), 4~5쪽.

40 星野修美, 앞의 책, 88쪽.

41 「すすめる會ニュース」 第8號(1983년 10월 12일), 5~6쪽. 교육위원회는 "재일한국인 지역학교에 있어 재일한국인과 일본인이 서로 인정하고 신뢰하고 돕기 위해서 세심한 지도와 계획에 입각한 재일한국인교육을 실시하기 위한 추가배치"라고 자리매김했다. 그 이전의 추가배치에 관한 교육위원회의 답변이 그 대상을 외국인이라고 애매하게 규정하고 있었던 것에 비하면 큰 전진이라 할 수 있다.

42 추진모임은 1982년 12월에 제시된 교육위원회의 견해와 외국인교원 추가배치, 20년간 추가배치 문제를 방임해온 행정책임, 그리고 민족차별을 없애기 위한 대응책, 지도는 필요하다라

는 교육위원회 멤버의 발언을 바탕으로 민족차별을 인정하는 교육위원회의 견해를 명확하게 하는 것을 11월 1일의 교섭의 목적으로 정하고 있었다. ふれあい館ファイル『川崎在日韓國·朝鮮人教育をすすめる會(II)』 참조.

43 星野修美, 앞의 책, 90~93쪽.

44 당시 교육위원회 내부에서는 새로운 부서를 만들지 않는다는 생각이 강하게 있는 가운데 동화·인권교육담당을 설치한 것은 재일한국인 문제 등의 인권교육이 가지는 중요성을 인식하고 있었던 점과 그때까지 설치를 요구해온 여러 시민단체의 의견을 받아들인 이와부치 히테노리 교육감의 결단에 의한 것이었다. 星野修美さん聞き取り調査(2005년 2월 25일) 참조.

45 호시노 오사미는 이러한 결정을 둘러싸고 다음과 같이 말한다. "이른 아침에 열린 관리직회의는 결론이 나오지 않은 채로 끝났다. …… 나는 담당주간으로 발령받아 오늘밤 교섭에서 교육위원회 측의 담당이 되어 설명하지 않으면 안 되게 되었다. 지도주사와 나는 전에 약속한 대로 차별의 유무와 교육위원회의 견해를 정리하는 작업을 개시했다. 재일한국인의 마음의 고통을 충분히 이해할 수 있다. 이러한 사실을 받아들여, 역사적으로 봐도 차별은 있었을 것이라고 생각하기 때문에 차별 해소를 위해 교육현장에서 대응해 나가고 싶다는 내용의 취지로 정리했다. 그러나 7명 중 아무도 이 내용으로 무사히 넘어갈 것이라고 생각하지 않았다.

부장 중에도 긍정적인 발언을 한 사람이 있지 않았는가, 교육감도 마음속으로는 똑같은 생각을 하고 있을 것이다, 만약 저번처럼 궁지에 몰리게 된다면 오늘은 인정해야 하지 않겠는가, 이제는 어떤 말을 하더라도 예전처럼 넘어갈 리가 없다, 이러한 공통인식이 막연하게 생겨나고 있었다. …… 회장은 떠들썩해지고 비난의 소리가 들렸다. 이런 상태가 1시간 정도 계속되었다. 이제는 어쩔 수 없다. 어떻게든 하지 않으면 안 된다. 할 수 없이 10분간 휴식시간을 가질 것을 교육위원회 측은 제안했다. 10분간 7명의 교육위원회 측 멤버는 머리를 맞대고 의견을 나누었다. 말할 것도 없이 차별을 인정할 것인가에 관한 것이었다. 그 결과 인정해야 한다는 결론에 달했다. 지도과장, 서무과장, 담당주간, 지도주사 7명의 결정이었다. 마음속으로는 서로 낮에 이야기했을 때 거의 합의에 도달했었던 점도 있었기 때문에 내일 상사한테 보고해서 이해를 받는 수밖에 없다. …… 이런 기분이었던 것이다." 星野修美, 앞의 책, 91~92쪽.

46 당시의 교섭상황을 추진모임은 다음과 같이 설명하고 있다. "시교육위원회가 낸 견해는 변함없이 가와사키시에 민족차별의 현실이 있다는 것은 언급하지 않고 추상적으로 차별이 있다고 말한다. 가와사키의 학교현장에 민족차별이 있는지 어떤지는 확실한 형태로 파악하고 있지 않다, 인식부족이다라는 등 소극적인 자세뿐이다. 1년 이상 추진모임의 학부모, 청년이 말한 민족차별의 실태는 거짓말이라는 말인가! 교원의 추가배치를 요구하면서 추가배치를 하지 않았던 것은 시교육위원회 스스로가 민족차별을 해왔다는 것 아닌가! 추진모임 회원들로부터 분노의 목소리가 잇달았다. 그 가운데 시교육위원회도 민족차별의 현실이 있다. 사실을 확인한 뒤에 대응하겠다라고 가까스로 긍정적인 자세를 보였다."「すすめる會ニュース」第9號(1983년 11월 20일), 5쪽.

47 「川崎市における在日韓國·朝鮮人教育をすすめるための基本認識」, ふれあい館ファイル『要望書』 참조.

48 星野修美, 앞의 책, 94쪽.

49 위의 책, 94~98쪽.

50 위의 책, 99~119쪽.

51 『가나가와의 한국인—자치체 현장으로부터의 제언』은 가나가와현의 내적인 민제외교民際外

交라는 비전하에 현내에 거주하는 재일한국인의 역사적 형성과 실태를 명확히 한 후에 민제외교民際外交를 실현하기 위한 15가지 제언을 담고 있다. 神奈川縣自治總合研究センター, 「國際化に對應した地域社會のあり方」, 研究チーム, 『神奈川の韓國 · 朝鮮人－自治體現場からの提言』, 公人社, 1984.

52 星野修美さん聞き取り調査(2005년 2월 25일) 참조.

53 후레아이교육ふれあい教育의 추진은 나가스長洲 가나가와현 지사가 교육문제의 해결을 위해 '떠들썩한 교육논의騷然たる教育論議'를 일으키려고 시작한 움직임을 받아 1984년도부터 후레아이 실천학교로서 초등학교 30교, 중학교 10교를 골라 2년간의 실천연구를 위탁한 것(岩淵英之, 앞의 책, 300쪽)으로, 다른 학교가 고령자와의 만남, 자연과의 만남, 장애자와의 만남 등을 테마로 하고 있는 가운데 가와사키시가 재일한국인 학생과의 만남을 테마를 설정한 것은 그 테마 자체가 당시에 획기적인 것이었다고 호시노 오사미는 설명한다. 星野修美さん聞き取り調査(2005년 2월 25일) 참조.

그리고 그 배경의 하나로서 1979년에 가와사키시 산업문화회관에서 열린 '함께 생각하자 내일의 청소년—가와사키지구 현민토론회'에서 나가스현 지사가 참석했을 때, 어머니 모임의 네 명의 재일한국인 어머니들이 재일한국인 아이들이 어떠한 상황에 있는지를 호소하자 지사로부터 "재일한국인 아이들의 문제에 대해 시와 현은 물론, 지역 사람들도 진지하게 대응하지 않으면 안 되겠다는 생각을 했습니다(前川惠司, 『韓國 · 朝鮮人－在日を生きる』, 創樹社, 1981, 85쪽)"고 말하고 있어 이러한 선구적인 활동이 가와사키에서 가능했던 것은 현의 정책 변화도 영향을 미치고 있었다고 할 수 있다.

54 추진모임은 평생교육분야에서의 시민교육활동을 중점활동의 하나로서 인식하고 있었으며 1983년에 가와사키시 성인자주단체로 성인자주그룹 지도자 파견단체에 등록(ふれあい館ファイル『在日韓國 · 朝鮮人教育をすすめる會 83.1～83.9』 참조), 1984년 5월부터 7월까지 한반도로부터의 문화를 개설했다. ふれあい館ファイル『川崎市教委交渉』 참조.

55 ふれあい館ファイル『在日韓國 · 朝鮮人教育をすすめる會 83.9～No.4』 참조.

56 星野修美, 앞의 책, 120쪽.

57 ふれあい館ファイル『川崎市教育實態調査小委員會』 참조.

58 기본인식과 추가배치 문제는 제11회 교섭에서 공문서화되는 것이 확인되어 '가와사키시의 재일한국인교육을 추진하기 위한 기본적인 생각에 대해'(통지) '교원정수의 특례조치에 대해'(통지)로서 성문화成文化되었다. 『第11回民鬪連全國交流集會資料集』, 民族差別と闘う連絡協議會, 1985, 33쪽.

59 「すすめる會ニュース」 第10號(1984년 1월 15일), 3쪽.

60 기본인식과 추가배치의 관계에 대해, 교육위원회는 "추가배치에 있어 기본인식에 입각하여 민족차별을 없애기 위해 재일한국인 아동학생과 일본인 아동학생이 서로 인정하고 신뢰하고 돕기 위해서 세심한 지도와 계획에 입각한 재일한국인교육을 하기 위한 추가배치"라고 했다. Loc.cit.

61 위의 책, 5쪽.

62 "교육가와사키" 1985년도판에서도 인권존중교육의 세부항목으로서 재일외국인(주로 재일한국인)교육을 만들어 학교교육 및 평생교육 시책을 언급, 특히 재일한국인학생의 주체형성 및 자기확립과 관련해서 본명을 쓰는 것의 중요성을 지적하는 문장을 볼 수 있는 것은 추진모임과의 논의가 가와사키시의 시책에 반영되었음을 보여주는 것이다. 『教育かわさき』No.31, 川

崎市教育委員會, 1985, 13～14쪽.

63 「すすめる會ニュース」第12號(1984년 6월 23일), 2쪽.

64 「すすめる會ニュース」第13號(1984년 9월 12일), 3쪽.

65 星野修美, 앞의 책, 127쪽.

66 위의 책, 128쪽.

67 「すすめる會ニュース」第14號(1984년 11월 15일), 3쪽.

68 ふれあい館ファイル『川崎在日韓國・朝鮮人教育をすすめる會(III)』参조.

69 1985년 4월에 공표된 시안의 내용이 확정되기까지 세 번에 걸쳐 시안이 작성되었지만, 초기의 것은 본문과 기본사항이 모두 간략한 내용으로 되어 있었으며 재일한국인교육에 대한 행정책임은 명확히 하면서도 그 역사적 배경과 권리성 등에 관한 기술에는 부족함을 느끼게 하는 측면이 있었다. ふれあい館ファイル『川崎在日韓國・朝鮮人教育をすすめる會(III)』参조.

70 「青丘社の設立とその歩み」,『だれもが力いっぱい生きていくために―川崎市ふれあい館事業報告書(88～91)』, 川崎市ふれあい館・櫻本こども文化センター, 1993, 83쪽.

71 평생교육분야에서는 기본방침에 입각해서 대응해야 할 과제로 ① 시민 대상의 계발활동 ② 학습활동 추진 ③ 외국인시민과 일본인과의 연대 촉진 ④ 재일외국인이 하는 자주적 활동에 대한 원조·협력의 네 가지가 제기되었다.『人權尊重學級實踐資料集―在日韓國・朝鮮人と日本人が共に生きる社會を目指して』, 川崎市教育委員會, 1996, 7쪽.

72 ふれあい館ファイル『要望書』参조.

73 관동지방에서는 1979년에 재일한국인 3세 임현일林賢一의 자살을 계기로 사이타마현埼玉縣 가미후쿠오카시上福岡市에서 1983년 3월 31일에 '가미후쿠오카시 재일한국인 아동·학생에 관한 교육지침에 관하여'가 제정되었으나 다른 지역에서는 1990년대에 들어 교육방침 제정이 본격화되었다. 鄭早苗・朴一・金英達・仲原良二・藤井幸之助 編,『全國自治體在日外國人教育方針・指針集成』, 明石書店, 1995.

74 가와사키시 재일외국인교육 기본방침에 입각해서 1997년부터 실시하고 있는 제도이다. "가와사키시에 있는 학교에 다니는 일본인 학생과 외국인 학생이 서로의 문화를 존중하고 함께 살아가는 풍요로운 사회를 만들기 위한 의식과 태도(川崎市教育委員會,『ともに生きる』, 2005, 16쪽)"를 기르는 것을 목적으로 외국인 강사가 자신의 나라의 문화를 학생들에게 전달하는 것을 그 내용으로 하고 있다.

75 호시노 오사미는 이 안내서의 의의를 다음과 같이 평가한다. "이 안내서의 작성은 일본의 학교교육의 역사를 봐도 결코 작은 일이 아니다. 그것은 지금까지 살펴본 바와 같이 학교교육에서의 인권존중교육을 재일한국인을 기초로 추진한다고 하는 방향을 명확히 했으며 더 나아가 교사가 그때 그때 반드시 직면하는 여러 과제들에 대해 대응하기 위한 생각을 제시한 구체적인 실천론이라는 점에서 획기적인 문헌이다." 星野修美, 앞의 책, 206쪽.

76 "함께 살아간다ともに生きる"는 교직원을 위한 안내서로 만들어져, 1998년에 기본방침이 개정되면서 개정판이 작성된 후, 2003년도부터는 새롭게 채용된 교직원뿐만 아니라 외국인교육과 인권교육을 담당하는 학교교직원, 시민관〔가와사키시에서는 공민관을 시민관이라는 명칭으로 부르고 있다. 공민관은 시정촌이 설치하는 지역의 평생교육시설로, 1949년에 제정된 사회교육법 제20조(공민관)에는 '시정촌 그 외 일정구역내 주민들을 위해 실제 생활을 바탕으로 한 교육, 학술 및 문화에 관련된 각종 사업을 실시하여 주민들의 교양 향상, 건강 증진, 정서 순화를 꾀하고 생활문화 진흥, 사회복지 증진에 기여할 것을 목표로 한다'로 규정되어

있다. 가와사키시의 경우, 분관을 포함해 13개의 시민관을 설치, 운영하고 있다—필자주〕 직원과 자원봉사자들에게도 배부되고 있다. 川崎市外國人教育檢討委員會 編, 『ともに生きる』, 川崎市教育委員會, 2003, 1쪽.

77 가와사키시의 재일외국인교육에 있어 교육기본방침이 가지는 의의에 대해 이와부치 히데노리는 "이와 같은 교육방침이 명확히 제시된 것은 재일한국인을 포함한 재일외국인을 대상으로 한 교육활동을 하고 있는 교육현장에 커다란 시사를 부여하여 보다 적극적인 활동을 촉진하게 되었다" 고 지적하였다. 岩淵英之, 앞의 책, 300쪽.

78 가와사키시의 외국인 시민시책은 1972년의 국민건강보험 적용, 1975년의 아동수당兒童手當(어린이를 양육하고 있는 가정에 대해 생활안정과 어린이의 건전육성을 위해 지급되는 수당을 말한다—필자주) 및 시영주택입주자격의 국적조항철폐 등을 제외하면 거의 대부분의 시책이 1990년 이후에 시작되었다. 「川崎市の在日外國人施策の概要」, 川崎市市民局人權·共生推進擔當, 1998, 2쪽.

79 예를 들면 "가와사키 신시대 2010플랜" 의 다섯 가지 기본방향 중에 창조발신 도시만들기創造發信都市づくり가 그 하나로 설정되어 그중에서 세계에 열린 지역사회 만들기 비전이 제시되었다. 『川崎新時代2010プラン』, 川崎市, 1999, 137~140쪽. 또 시정방침에 있어서도 1997년에 시정집행의 기본목표에 공생과 교류의 마을만들기를, 1998년도부터는 외국인시책에 공생·참가라는 항목을 만들어 시정으로의 외국인의 참가에 의한 공생 마을만들기의 중요성을 강조했다. 加藤惠美, 『外國人市民の權利保障の意味—川崎市·外國人施策の歷史と現在』, 川崎地方自治硏究センター, 2000, 18쪽.

6 지역 학습공간의 창조
—가와사키시 후레아이관 설립으로의 움직임

1980년대에는 1970년대의 실천을 발판삼아 가와사키시 재일외국인교육 기본방침 제정을 교육위원회에 요구하는 교섭이 진행된 한편, 세이큐샤에서는 청소년회관 설립에 대한 민생국과의 교섭을 시작했다. 추진모임이 세이큐샤가 중심에 선 네트워크적인 성격의 운동이었다면, 청소년회관 교섭은 지역활동의 거점을 찾고 있던 세이큐샤가 추진한 운동이었다. 이 운동으로 인해 후레아이관은 가와사키시 재일외국인교육 기본방침에 입각하여 재일한국인 중심의 사회복지법인에 민간 위탁된 시설로서 1988년에 개관될 수 있었다.

본 장에서는 1970년대 후반부터 제기되기 시작한 활동공간의 문제에 대해 민생국에 요구서를 제출한 1982년부터 지역주민의 반대로 인해 약 1년 동안의 협의 과정을 거친 후, 1988년 6월 마침내 후레아이관이 개관하게 되기까지의 과정을 분석할 것이다. 이를 통해 '함께 살아간다'라는 세이큐샤의 이념을 구현해가는 거점이 어떻게 실현되었는지를 밝히고자 한다.

교육위원회가 민족차별을 인정하기까지 난행을 겪은 추진모임의 교섭과 비교할 때, 세이큐샤를 중심으로 청소년관의 설립을 요구한 교섭은 당시까지 재일한국인 문제에 대한 이해가 행정 내부뿐만 아니라 지역사회에서도 공유되지 않았기 때문에 지역주민의 이해라는 벽에 부딪힐 수밖에 없었다. 또한 복지행정, 즉 민생국과의 관계 또한 교육위원회와의 그것과는 다른 양상을 띠고 있었다.[1]

1. 민생국 교섭의 개시

세이큐샤는 사쿠라모토 보육원과 사쿠라모토 학원, 그리고 가와사키시로부터의 학동보육學童保育 위탁 등 활동들이 확장되면서 설비문제와 재정문제 등을 안게 되었다. 이로 인해 대시교섭 프로젝트 팀이 1980년에 지역센터의 필요성을 제기하였지만 이것이 구체적인 형태로 움직이기 시작하는 것은 1982년 9월에 사쿠라모토 지구 청소년회관(가칭) 설립 등에 관한 통일요구서(제1차 요구서)를 제출하고 나서부터이다.

(1) 세이큐샤 내부 구상의 구체화

세이큐샤가 청소년회관의 설립을 원한 데에는 내 · 외적 요인이 존재했다. 1973년, 교회와는 별도로 사회복지법인으로 세이큐샤를 설립했을 때 새로운 건물도 함께 설립하기는 했지만, 1975년 이후 사쿠라모토 학원과 학동보육 등이 교회와 보육원 장소를 빌리는 형태로 시작하면서 공간 부족이 심각해지고 있었던 것이다.

1982년 당시 교회 및 보육원의 사용상황을 보면 표 6-1과 같다. 당시의 시간표에서도 알 수 있듯이, 같은 공간을 시간과 요일을 바꾸면서 공동으로 사용하는 상태에서 지도원 3명과 사무직원 1명의 직원 4명, 당나귀회 3명, 민들레회 2명, 중학생부회 9명, 고교생부회 3명, 개나리클럽 5명의 자원봉사 지도원 등 모두 22명이 활동하고 있었다.[2] 특히 인건비를 포함한 재정상태는 1974년에 발족한 세이큐샤 후원회와 보육원 및 학동보육에 대한 재정보조가 있었지만, 인건비만으로도 부족했기 때문에 이인하李仁

| 표 6-1 | 사쿠라모토 학원의 회관 사용상황 및 정원수

	요일	시간	사용장소	정원
학동보육당나귀회	월~토	오후 1시~5시 반	예배당 및 3층 담화실	60
민들레회	월~금	오후 4시반~6시 반	보육실	17
중학생부회	월, 수, 금	오후 7시~9시	보육실	28
고교생부회	화, 토	오후 7시~9시	보육실 및 담화실	7
개나리클럽	토	오후 3시~6시	보육실	20
그 외 교사회, 학습회, 부모 모임 등	매주 평균 2~3회	오후 7시~9시	담화실 및 보육실	

출전 : ふれあい館ファイル『ふれあい館條例制定資料』참조.

夏 목사의 모금에서 충당하고 있었던 것이다.[3]

세이큐샤는 이처럼 교회당과 보육원을 빌려 써야 하는 상황, 설비 문제와 자금 부족, 그리고 좁은 장소를 다수가 사용하여 생기는 시설 소모, 끊이지 않는 소음 등과 같은 문제를 안게 되었던 것이다.[4]

물리적 한계에 더해 외적 요인으로 작용하였던 것은 아동관[5]의 미정비 문제였다. 당시 가와사키시는 중학교구에 아동관을 하나씩 세우고자 하는 구상 하에 연차계획과 토지를 마련하는 대로 아동관을 건설하는 계획을 추진하고 있었다. 그러나 사쿠라모토 지구는 학교 이외에 아동관이나 노인정과 같은 공공시설이 전혀 없는 이른바 블랙홀로 인식되어 행정기관이 어디부터 손을 대야 할지 모르는 상황이었다.[6]

세이큐샤는 이러한 상황을 해결하기 위해 1982년 3월 당시까지의 운영위원회제도에 의한 현장지도체제를 폐지하고 간사회제도에 지도체제를 일원화하는[7] 방침을 정해, 세 명의 간사(主事 : 이상호李相鎬 · 미우라 도모히토三浦知人 · 하라 치에코原千代子)를 중심으로 한 간사회 체제를 발족하면서 행정교섭을 본격적으로 준비하기 시작했다. 1982년 3월에는 민생국에 아동관에 대한 안건을 제안하였으며, 이후 9월 30일에는 민족교육 실천 및 재일한국인과 일본인의 공생 활동을 전개하는 장으로서 청소년회관[8]을 요구하는 제1차 요구서를 가와사키시에 제출했다.

(2) 제1차 요구서의 제출

세이큐샤가 가와사키시 시장에게 제출한 사쿠라모토 지구 청소년회관(가칭) 설립 등에 관한 통일요구서(참고자료 6)는 본문과 구체적 요구사항, 그리고 각 실천조직별 활동보장을 요구하는 세부 요구서의 세 부분으로 구성되어 있다.[9]

본문은 재일한국인 거주지역으로서의 사쿠라모토 지구 형성과 사회복지법인 세이큐샤의 설립경위를 개관한 뒤, 지역사회에서 재일한국인 및 일본인 어린이가 처한 상황과 그에 대응하기 위해 펼쳐온 활동들을 설명했다. 또한 첫째, 사쿠라모토 지구에 공공시설이 전무한 상황, 둘째, 해당 지역의 시 정책을 전개해야 하는 행정책임의 추급, 그리고 이에 입각하여 셋째, "지역의 청소년들이 서로 민족을 인정하고 민족차별을 용서하지 않는 자각적 활동과 사회적 · 문화적 · 경제적 생활의 향상을 뒷받침할" 청소년 회관 건립을 요구하는 내용을 담고 있다.

요구 항목은 위의 내용을 실현하기 위해 청소년회관 설립위원회를 설치할 것과 회관이 설립될 때까지 인건비와 활동비를 보장하는 등의 현재 활동에 대한 지원의 두 가지였다.

요구서를 받아든 민생국 측은 "① 토지가 있으면, ② 세이큐샤에 부탁하고 싶을 정도, ③ 지역의 요구(필요)에 대해서는 지역의 사정으로서 이해하고 있다, ④ 개인으로서가 아니라 행정으로서의 대응을 검토하고 싶다 등"이라고 대응했다. 이는 아동관 설립이라는 공약의 실현, 행정개혁 관점에서의 비용절약 행정정책, 그리고 당시까지의 세이큐샤 실천에 대한 평가로서 민간의 헌신적 활동을 흡수한다는 세 가지 측면에서 긍정적인 태도를 보인 것이었다.[10]

교육위원회가 현장의 혼란을 우려해 첫걸음을 떼는 것부터 어려웠던 것과는 달리, 민생국은 1982년 11월 27일에 개최된 교섭의 장에서 1970년대부터 재일한국인과 장애아의 보육을 담당해온 세이큐샤가 제기한 요구를 지역문제와 청소년의 건전육성에 관한 것으로 받아들일 것을 표명했다. 이는 이후 학동보육지도원 1명 증원과 함께 청소년회관 설립을 위해 민생국 내에 청소년과 · 후생과 · 보육과로 구성된 민생국 프로젝트를 다음 해 2월에 조직하는 것으로 이어졌다.[11]

또한 제1차 요구서 항목을 받아들여 사쿠라모토 지역 청소년의 건전육성 및 이웃을 돕는 활동 등에 대한 거점을 만들기 위해, 지역에서 이미 이를 위한 활동실천을 하고 있는 사회복지법인 세이큐샤와 가와사키 시청의 관련과와 연구협의 하는 것[12]을 목적으로 하는 (가칭)사쿠라모토관 설립연구협의회(이하 연구협의회)를 설치하고 본격적인 교섭을 개시했다.

(3) 연구협의회 발족

세이큐샤는 지역의 실질적인 상황에 입각한 시설 설립을 청소년회관의 설립 제안에서 가장 중요한 것으로 설정했다. 그러므로 연구협의회는 재일한국인의 자각적 활동을 공적으로 보장할 것을 분명히 함과 동시에, 재일한국인 문제를 주축에 둔 행정 시책의 확립을 주된 과제로 설정했다.[13] 이를 위해 가장 시급한 것은 재일한국인 문제의 중요성을 시 담당자들에게 인식시키는 일이었다. 이것은 민생국 측이 청소년회관 설립을 위한 내부 설득에 필요한 근거와 그 발판을 만드는 일이기도 했다.

연구협의회는 이러한 의도에서 1983년 4월부터 배중도裵重度가 강사로 참여하여 RAIK[14]가 준비한 자료를 중심으로 학습회를 개최했다.

제1회 '재일한국인 도항사와 지역형성사'(4월 21일)에서는 재일한국인의 역사적 형성사를 비롯하여 재일한국인 거주지역으로서의 이케가미 지역의 실태에 대해, 제2회 '재일한국인의 실상'(5월 31일)에서는 재일한국인의 법적 지위와 생활권 · 교육권의 문제를 비롯하여 세이큐샤의 실천, 그

리고 민족단체의 역사에 대해 다루었다. 그리고 마지막으로 '민족차별이 없는 지역사회를 향해'(6월 28일)에서는 지금까지의 권리투쟁의 역사, 세이큐샤를 비롯한 야치오시八尾市의 시책과 야치오 도깨비어린이회八尾トッカビ子供會의 활동들을 개관함으로써 3회에 걸친 학습회를 마무리했다.

학습회는 당시까지 '재일한국인도 같은 주민'이라고 하면서도 '민족차별은 없으며 기존의 행정 시책에 없는 것은 할 수 없다'는 생각을 가지고 있던 공무원들[15]에게 재일한국인 문제가 가지는 중요성을 깨우치는 계기가 됨과 동시에 회관 설립에 대한 확신을 주었다. 세이큐샤는 당시의 상황에 대해 "전후 40년 이상 방치해온 재일한국인 문제에 대한 책임을 물었을 때 한 사람의 일본인으로서, 그리고 지자체로서 전후 책임이 지니는 무게를 느꼈다. 이것이 시 내부와 지역의 배타주의적 태도의 반대 입장을 끈질기게 설득하는 것으로 이어졌다"[16]라고 설명했다.

이와 같은 행정적 인식은 1983년 6월 28일 제4회 협의회에서 제시된 '세이큐샤, 민생국 연구협의회의—학습 및 협의경과, 이미지~'의 '(3) 지방자치체 내부의 대응 이미지'의 다음 문장에 응축되어 있다.[17]

> ※ 민족차별을 없애고 생활자로서의 존재를 인정받기 위한 개선을 의식했을 때, 민생국의 통일요구서에 대한 해결은 장소가 설정될 경우 개선되겠지만, 근본적 개선을 위해서는 재일한국인의 주민권·시민권의 확인 및 행정 내부에 자리매김을 할 필요가 있으므로, 이를 조정하는 기능이 필요하다는 인상. 지역공동체를 위해서는 불가결한 과제라는 인상.

이와 같은 민생국 프로젝트의 견해에서는 단순히 아동관 설립에 그치는 것이 아니라 재일한국인 문제를 근본적으로 해결하고자 하는 자세가 필요하며, 이를 위해 행정시책이 마련되어야 한다는 것, 그리고 사쿠라모토 지구라는 지역사회에 있어 필요불가결한 것임에 대한 이해를 읽을 수 있다.

또한 민생국은 새로운 회관의 이미지로서 "① 아동관설치구상, ② 영세민의 구제를 위한 사회사업적 지구센터, ③ 민족문화회관" 이라는 세 가지를 설정하고, 당초의 아동관 구상보다 재일한국인에 대한 보다 포괄적 관점에서 생각하기도 했다.

이러한 민생국의 생각은 세이큐샤의 생각과 일맥상통하는 것이기도 했다. 세이큐샤는 교섭이 개시될 무렵 시설의 이미지로 어린이문화센터 · 복지센터 · 인보관隣保館[18] · 민족회관의 네 가지를 생각하고 있었다. 이 가운데 특히 민족회관에 관해서는 지역사회의 합의형성이 어렵다는 점에서 매우 곤란할 것이라 예상했지만[19] 민생국과의 연구협의회[20]를 통해 민족문화의 거점 기능도 고려한 시설이 될 가능성이 생겨났던 것이다.

설립을 향한 세이큐샤의 다음 실천단계는 공설공영 · 공설민영 · 민설민영 등의 시설운영을 둘러싼 민생국과의 논의와, 연구협의회의 발전과 민생국 프로젝트와의 연계로 타 부국도 참가하여 시 전체를 포괄하는 조직의 설치 등을 요구하는 사쿠라모토 지구 청소년회관(가칭) 설립에 관한 제2차 통일요구서(이하 제2차 요구서)의 작성이었다.

2. 후레아이관으로의 구체적 구상화

가와사키시는 제1차 요구서를 받고 민생국의 범위 내에서 이를 고려하는 태도를 보였지만, 조직 내부 안에 머물고 마는 실천의 한계를 실감하고 있던 세이큐샤는 재일한국인 전체를 대상으로 하는 종합적 시책의 필요성을 절실하게 느끼고 있었다. 따라서 세이큐샤는 민생국뿐만 아니라 교육위원회, 시민국 등과 같은 관련 부국의 참여가 확대되어야 한다는 생각에서 제2차 요구서의 작성을 구상하게 되었다.

(1) 제2차 요구서의 제출

세이큐샤는 민생국과의 교섭을 진행시키는 한편, 당시까지 진행된 연구협의회의 성과를 바탕으로 세이큐샤가 해온 재일한국인 교육활동과 보육원과 같은 지역교육활동 등도 보장하는 청소년회관의 검토를 요구하는 제2차 요구서(참고자료 7)를 1984년 6월 1일에 가와사키시에 제출했다.[21] 이로 인해 1982년부터 추진모임과 교섭을 해온 교육위원회와 지문날인 거부운동에 대응해온 시민국, 그리고 민생국의 사이에 접점이 생기게 되었다.

제2차 요구서[22]는 재일한국인을 보다 적극적으로 반영하는 행정시책의 필요성을 분명히 함과 동시에 민족차별 극복을 위한 적극적인 태도의 필요성을 제기했으며, 재일한국인 문제가 민생문제일 뿐만 아니라 학교교육과 평생교육 등 행정 전반에 걸친 문제임을 주장했다. 또한 이를 위해 시민과 시가 함께 노력하여 재일한국인과 일본인이 인간답게 함께 살아가는 장을 보장해야 한다며 다음의 두 가지 요구를 제시했다.

먼저 첫 번째는 각 부국의 참가협력이다. 이를테면 연구협의회에 다른 부국, 특히 기획조정국 · 교육위원회 · 시민국의 참가를 요청했다. 다른 한 가지는 회관의 조기실현과 활동보장을 요구하면서 크게 "① 지역에서 인간답게 함께 살아가는 장, ② 서로의 민족을 인정하는 새로운 문화 창조의 장, ③ 지역주민의 만남의 장"이라는 회관의 세 가지 이미지를 제기하고 항목별로 요구사항을 제안했다.

이러한 세이큐샤의 요구는 행정의 틀에 얽매이지 않는 종합적인 프로젝트 팀의 설치를 의미하는 것으로, 타부국의 참가로 인해 현재 후레아이관의 아동관과 평생교육시설의 통합시설로서의 성격이 현실화될 수 있었다. 지역사회에 존재하는 민족차별을 없애기 위해서는 학교교육뿐만 아니라 시민을 대상으로 하는 인권의식 계발활동도 중요했다. 그러나 사쿠라모토 지구에는 이러한 평생교육시설이 전혀 없기 때문에, 복지와 교육의 연계로서 어린이문화센터와 시민관을 통합시설[23]로 하는 것이 좋지 않느냐는 의견이 시 내부에서도 제기되고 있었다.[24] 그러나 이와 같은 통합시설로서의 구상은 운영방법을 둘러싼 시 내부의 갈등을 발생시키는 요인[25]이 되기도 했다.

(2) 신新프로젝트 팀과의 논의구조 형성

1984년 7월에는 제2차 요구서를 받아 민생국 · 기회조정국 · 교육위원회 · 시민국의 4국으로 구성된 신프로젝트 팀이 결성되었다.

1) 구상위원회 발족

신프로젝트 팀이 조직되자 연구협의회는 (가칭)사쿠라모토 후레아이사회관 설치 구상위원회(이하 구상위원회)로 바뀌었다.

구상위원회는 "가와사키시와 사회복지법인 세이큐샤가 새로운 시민사회의 창조를 위해 재일한국인과 일본인이 서로를 인정하고 함께 살아가는 자각적 활동과 사회적 · 문화적 · 경제적 생활의 향상을 꾀하는 회관의 설립을 위해 협의하는 것"[26]을 중심과제로 내걸며, 지역사회 구성원들의 공생을 꾀하는 거점으로서 사쿠라모토 후레아이사회관을 자리매김할 것을 제시했다. 구상위원회에서도 제1차 요구서에서 제기된 사회권보장과 재일한국인과 일본인의 공생이라는 기본정신을 이어받아 회관의 청사진을 마련하기 위한 노력을 시작하게 된다.

구상위원회는 1984년 9월부터 11월에 걸쳐 운영방법과 사업내용 등을 논의했으며, 이에 더해 다른 지자체의 활동을 배우기 위해 관서 지방의 다카쓰키시高槻市, 야치오시八尾市, 오사카시大阪市 시찰[27]을 실시하면서 시설의 이미지를 구체화했다.

1984년 11월 17일에 열린 제4회 구상위원회에서는 '구상시설에 관한 신프로젝트 팀의 견해에 대해(안)'가 발표되었다.[28] 이 안에서는 지역의 필요에 부합하는 커뮤니티시설을 설치하고 이를 주민과 시청의 공동사업으로 추진하여 인간도시 창조를 실현하는 구체적인 사례의 하나로 자리매김하면서, "민족적 차별과 편견 해소를 위한 여러 활동의 거점으로서 앞으로 지역주민의 광범위한 참여를 촉진하고 활발한 교류를 꾀하기 위해, 새로운 시대의 지역사회 창조를 향한 선도적 역할을 담당한다"라고 명기했다. 이러한 신프로젝트 팀의 견해는 이후 각 국局과 시장에 의해 승인되었다.

가와사키시는 또한 1984년에 사쿠라모토 지구와 재일한국인 문제를 깊이 이해하고자 세이큐샤에게 사쿠라모토 지구의 실태파악조사를 위탁해 그 결과가 1985년 3월 「가와사키시 사쿠라모토 지구 가와사키남부 청소년문제조사연구보고서(1)」로 발행되었다. 이 보고서는 재일한국인의 역사적 형성과 일반적 상황, 그리고 사쿠라모토 지구의 사람들이 처한 구체적 실태를 정확하게 정리한 것이었다.

호시노 오사미는 '최초로 사쿠라모토 지구의 실태를 제대로 파악한 이 보고서'를 첫째, 지역형성의 역사가 객관적으로 쓰여 있는 점, 둘째, 재일한국인 문제를 인권문제이자 일본인의 해방의 문제라는 두 가지 점에서 평가하고 있으며, 이 보고서를 통해 문제에 대한 공동이해에 도달하여 실태파악과 현장인식에 대한 합의가 형성되었다고 지적한다. 더욱이 민생국에서는 이러한 합의를 시 내부에 확산시키기 위해 시설장과 관리직을 대상으로 연수를 실시해 재일한국인 문제를 자신들의 문제로 인식하고 시책화하려고 시도하기 시작했다.[29]

민생국과의 교섭을 시작한 지 3년째 되는 1985년 6월 21일의 제10회 구상위원회에서는 "① 86년도 예산으로 건축착공, ② 후레아이사회관 구상(어린이문화센터＋α), ③ 공설민영→세이큐샤 위탁"의 세 가지 원칙이 확인되고,[30] 8월에는 회관에 관한 시안이 책정됨으로써 시설설립이 점점 현실성을 띠어갔다.

2) 시안 공표

추진모임과의 교섭으로 기본방침(시안)이 수립된 시기이기도 한 1985년에는 8월 30일, '(가칭)사쿠라모토 후레아이사회관에 관한 토의경과 정리(시안)'가 공표되었다.[31] 이 시안에는 시책에 대한 시의 생각이 명확히 담겨 있었다.

가장 먼저 강조하고 싶은 것은 일본인의 인권의식을 높여 국제적 의식을 고양하기 위해서는 재일한국인과 관련한 여러 문제 해결과 관련한 행정의 대응자세를 분명히 하고 싶다고 생각한 것이다. 재일한국인 문제를 단지 방치하는 것이 아니라 마이너리티의 인권을 존중함으로써 함께 살아가는 지역사회를 만드는 것에 기여하는 구체적인 정책 전개에 기여하게 하는 것이다.

이러한 인식은 세이큐샤와의 협의과정에서 시 측이 재일한국인 문제를 일본인의 문제이자 인권문제로서 지자체의 과제로 받아들이게 된 변화를 드러낸다.

또한 공설민영 및 세이큐샤로의 민간위탁이라는 운영방법, 운영위원회 설치, 그리고 어린이문화센터 및 재일한국인의 고령화에 대응하는 노인복지 기능, 한국문화와의 만남을 꾀하는 거점시설 등의 기능이 언급되어 있는 이 시안의 내용은 이후 후레아이관 조례로 계승되었다. 세이큐샤는 교섭과정에서 어디까지나 지역실태에 입각한 시설 만들기를 목표로 삼는 태도를 일관되게 유지했으며, 민생국 프로젝트 팀과 신프로젝트 팀과의 교섭과정에서도 최초의 아동관 구상이 최종적으로 재일한국인 거주 지역인 사쿠라모토 지구의 지역성을 반영하는 방향으로 결정했다. 이는 이후 가와사키시의 시책과 지역의 재일한국인-일본인의 관계 재정립에 있어 큰 영향을 주었다는 의미에서 그 의의는 크다고 할 수 있다.

시안에 기반해서 편성된 예산안은 1986년 3월 의회에서 '후레아이관 300m^2(교육위원회), 사쿠라모토 어린이문화센터 330m^2(민생국)'[32]의 건설 예산으로 승인되었다.[33] 예산승인 이후에는 구상위원회와 회관건설의 청사진 만들기를 위해 민생국 · 교육위원회 · 세이큐샤로 구성된 (가칭)건설소위원회활동이 병행되어 후레아이관 건설 준비는 차근차근 진행되었다.

1986년 7월 31일에 개최된 제21회 구상위원회에서는 아래의 세 가지 내용이 시장결제사항으로 확인되었다.[34]

1. 후레아이관과 어린이문화센터 기능을 동시에 가진 통합시설로 한다(또한 편의상 재산구분은 명확히 한다).
2. 운영은 사회복지법인 세이큐샤에 전면 위탁한다[35](또한 다양한 의견을 흡수·반영하기 위한 운영위원회를 검토한다).
3. 1986년도 예산으로 착수한다.

이러한 행정 내부의 진행이 이루어지는 가운데, 세이큐샤는 시안의 내용확인과 구체적 사업계획에 입각한 직원체제 및 운영비 등에 관한 요구를 담은 (가칭)후레아이 사회관에 관한 제3차 통일 요구서(참고자료 8)를 7월 31일에 제출했다.[36]

이처럼 회관 건설 계획은 순조롭게 진행되는 것처럼 보였다. 그러나 그 다음 달 가와사키시가 후레아이관 건설에 대한 이해를 돕기 위해 개최한 '(가칭)후레아이관 건설을 위한 5조나이카이町內會 설명회'에서 주민들이 반대하는 의견을 내놓으면서 주민과의 합의 형성에 1년이 걸려 건설이 지연되었다. 지역에 만연한 차별의식이 표면화되는 순간이었다.

3. 공생이념의 수용

후레아이관은 지역을 거점으로 하는 시설로 구상된 만큼, 시와 세이큐샤의 합의 형성뿐만 아니라 지역주민의 이해 없이는 만들 수 없는 것이었다. 그러나 주민들의 반대는 시설반대운동으로 표면화되어 가장 큰 장애가 되면서 세이큐샤와의 갈등구조를 형성하고 말았다.

(1) 지역사회의 반대

후레아이관 건설에 반대하는 움직임은 시안에 의해 그 구상이 표명된 1985년 11월 1일에 후레아이관 건설예정지에 어린이문화센터와 노인복지관의 통합시설 건설요구서를 조나이카이町內會가 시에 제출함으로써 이미 시작되었다.[37] "지역주민들은 후레아이관 등과 같은 시설은 원하지 않는다"라며 반대 의견을 받아 같은 해 12월에 설명회가 열렸다. 지역주민들은 이 설명회에서 "① 시설 건설에 대해 세이큐샤와의 협의가 진행되고 있는 것 같은데, 지역주민들에게 설명해 주길 바란다, ② 시설은 어디까지나 시직영으로 하고 세이큐샤에 위탁하지 말기 바란다, ③ 왜 세이큐샤와 협의하는가"라는 내용을 지적하며 세이큐샤 위탁에 반대하는 입장을 분명히 했다.

1981년 10월 당시 세이큐샤 간사가 지문날인을 거부한 이후 세이큐샤를 중심으로 지문날인 거부운동이 확대되었던 것은 이러한 반대 운동 배경의 하나로 작용했다. 주민들은 지문날인 거부운동의 중심 역할을 하는 세이큐샤에 대해 "세이큐샤 사람들은 너무 과격하다. 이런 사람들에게 어린이문화센터와 후레아이관을 맡긴다면 시설 또한 세이큐샤의 활동거점이 될 것이다. 아이들의 건전육성은 물론 일본인 시민의 출입 또한 불투명해질 것이다"라는 생각을 가지게 되었던 것이다.[38] 세이큐샤와 지역주민들이 대립하게 되면서 시는 주민을 설득하기 위해 노력하는 수밖에 없었다.

1) 검지손가락의 자유 — 지문날인 거부운동[39]

재일한국인은 1952년에 제정된 외국인등록법에 의해 지문날인이 의무화되어 있었다. 즉, 14세(1982년 8월에 16세로 변경)부터는 외국인등록증명서를 상시 휴대해야 했으며, 이후 3년에 한 번씩 등록증명서를 갱신할 때마다 지문을 날인해야 했던 것이다.[40] 재일한국인들 중에는 지문날인을 통해 처음으로 자신이 일본인이 아니라는 사실을 알게 되는 사람들이 많았고, 이에 괴로워하는 이들도 적지 않았다.

이러한 상황에서 1980년 9월에 한종석韓宗碩(도쿄도 신주쿠구청東京都新宿區役所)이 최초로 지문날인을 거부했으며, 뒤이어 거부하는 이들이 늘어나자 이를 지지하는 일본인과의 연대가 이루어졌고, 1980년대의 커다란 사회문제로 발전했다. 세이큐샤에서도 1981년에 당시 세이큐샤 간사가 지문날인을 거부한 이래로, 1982년 8월 7일에 이상호李相鎬 간사가 다지마지소田島支所에서 지문날인을 거부하면서 그 움직임은 점점 커져갔다.

1977년부터 자원봉사자로 세이큐샤에 참여하기 시작해서 1982년에 간사가 된 이상호는 본명을 쓰는 아이들이 학교와 지역사회의 차별속에서 힘들어 하는 것을 보면서 "차별과 싸워라, 조선인으로 살아가라"라고 말하면서 "나 자신은 얼마나 아이들의 선두에 서서 싸우는 자세를 보여줬는가…… 내일 거부하지 않으면 아이들에게 민족을 뛰어넘어 함께 살아가는 것을 가르쳐온 의미가 없어지고 만다"[41]는 생각을 가지게 되어, 등록증을 갱신할 때 지문날인 거부를 단행한 것이다. 이에 '이상호 씨를 지원하는 모임'이 결성되고,[42] 거부예고선언을 하는 사람들이 나타나는 등 국가의 법제法制에 대해 시정할 것을 요구하는 운동에 세이큐샤가 관여하게 되었다. 이러한 움직임이 정점에 달한 때가 바로 1985년이었던 것이다.

가와사키시는 1985년에 들어 린코臨港 경찰서로부터 이상호 간사에 대한 자료 제공과 고발요청을 받고 있었다. 그러나 1년 전인 1984년 2월 16일 재일본대한민국거류민단(현 재일본대한민국민단)과 재일본조선인총연합회의 요청에 가와사키시는 "정부에 지문날인 거부자를 고발하지 않도록 노력하겠다"라고 답변했으며,[43] 2월 23일에 이토 시장은 지자체로서는 처음으로 "재일외국인(시민)의 인권을 존중하여 날인 거부자를 수사기관에 동법 위반으로 고발하지 않는다"라는 것을 방침으로 삼는 결단을 내렸다.[44]

"법도 규칙도 인간애를 넘는 것은 없다"[45]라고 날인거부자를 고발하지 않는 방침이 공표되고 나서 3개월 후인 5월 8일, 이상호 간사는 노상에서 체포·구속되었다. 이인하 목사를 비롯한 청년, 어머니들은 며칠간 경찰, 법무성과의 사이에서 이상한 긴장감이 감돌던 가운데 갑작스럽게 체포된 것에 대해 린코 경찰서에 직접 항의하였으며, '이상호 씨 부당체포! 즉시

다지마지소支所의 외국인등록창구(1980년대)(제공: 후레아이관)

석방요구 긴급집회'를 열었다. 또한 고교생을 비롯한 젊은이들까지 지문날인 거부에 참여하여 운동은 단숨에 고조되었다. 이에 대해 이해하는 일본인이 있는 반면, 재일한국인이 일본의 법제에 의의를 제기하는 것에 대해 다시 "조선인, 조선으로 돌아가라"는 목소리를 내는 경우도 적지 않았던 것이 사실이었다.[46]

이러한 지문날인 관련 운동이 세이큐샤에 대한 지역주민의 태도에 영향을 미친 것은 당연했다. "이대로 세이큐샤에 전면 위탁하는 시설이 만들어지면 우리 일본인들은 사용할 수 없다. 그들 운동의 거점이 될 것이다"라고 걱정하는 목소리들은 지문날인 거부운동으로 인해 더욱 힘을 얻을 수 있었다. 그러던 가운데 1986년 8월 19일에 (가칭)후레아이관 건설을 위한 5조나이카이 설명회[47]가 열린 것이다.

2) 주민들의 반대 목소리

설명회에서는 먼저 시 측이 후레아이관에 대한 생각과 개요를 설명했다. 시 측의 설명에 대해 주민 측은 "차별은 없다. 우리들은 차별을 하지 않았

지문날인 거부운동집회(제공: 후레아이관)

다. 왜 새삼스럽게 그런 시설을 만드는가, 세이큐샤에 위탁을 하면 세이큐샤가 독점하기 때문에 우리가 시설을 사용할 수 없을 것이다"[48] 등의 의견을 주장했다. 이에 더해 "재일한국인은 소수자이다. 그들을 위한 시설을 만드는 것은 그들이 우리 일본인을 지배하는 것이 된다. 이것은 마치 남아프리카에서 볼 수 있는 아파르트헤이트Apartheid와 같은 것이다"[49]라는 반대 의견까지 나왔다. 지역 입장에서는 종래의 어린이문화센터를 희망하고 있으며, 만일 시설이 건립된다 하더라도 시직영으로 하고, 세이큐샤 위탁은 반대한다는 의견이 시 측에 전달된 것이다.[50]

그러나 '재일한국인에 대한 차별을 극복하기 위해 시책을 확립하고 시설을 건설하는 것은 시의 의무이며 재일한국인과 일본인이 서로의 문화를 인정하고 도우며 생활하기 위해서는 후레아이활동이 필요하다'[51]는 생각을 가지고 있던 가와사키시는 시의회 의원들에게 협력을 구하는 한편,[52] 세이큐샤와의 논의를 통해 주민들이 가장 걱정하는 세이큐샤 위탁 관련 운영방침의 세 가지 원칙을 주민들에게 제안하기로 했다. 여기서 세 가지 원칙이란 "① 사회복지법인 세이큐샤의 이사회에 공무원이 참여한다, ②

회관의 운영위원에 마을 관계자를 포함시켜 의견을 반영한다, ③ 관장은 시공무원이 맡는다"는 것이 그 내용으로,[53] 10월 3일에 열린 의견교류의 장에서 건설예정지인 사쿠라모토 1조메 조나이카이一丁目町內會를 제외한 4개의 조나이카이가 이에 합의했다.

시는 계속 반대하는 사쿠라모토 1조메 조나이카이를 상대로 설득에 나섰지만 조나이카이 측은 "세이큐샤는 관리능력이 없기 때문에 시설운영을 신뢰할 수 없다"는 이유로 반대의 태도를 바꾸려 하지 않았다. 이에 세이큐샤는 11월 19일에 세이큐샤—행정—조나아카이의 삼자협의를 조나이카이에 제의했다.

그러나 다음 날 사쿠라모토 1조메 조나이카이 회장과 어린이회 회장은 '(가칭)사쿠라모토 어린이문화센터 및 사쿠라모토 후레아이관에 관한 공개질문서'를 시장에게 제출했다. 질문서에는 "우리들은 일본인과 재일한국인이 민족의 벽을 넘어 서로 만나 교류하고, 서로를 좀더 이해하기 위한 장으로서 후레아이관을 건설하는 것 자체에 대해서는 기본적으로 반대하지 않는다"라고 전제하면서도 "지금까지 세이큐샤에서 발생한 소음에 대한 우려, 어린이문화센터 및 후레아이관은 공공시설인데 지역 주민의 이용과 관련해 부당한 차별이 생기지는 않을까" 하는 두 가지 우려를 언급하면서, 후레아이관에 대한 구체적인 질문 항목을 들어 시 측에 답변을 요구했다.[54]

질문서를 받은 가와사키시는 11월 27일에 (가칭)사쿠라모토 어린이문화센터 및 사쿠라모토 후레아이관에 관한 공개질문서에 대한 답변을 발표하고, "사쿠라모토 지구는 재일한국인 거주지역이며 일본인과 재일한국인이 서로 시민이자 이웃으로서 존중하며 생활해나갈 필요"에서 후레아이관을 구상했으며, 세이큐샤에 대한 위탁은 복지법인으로서 운영해온 보육원과 학동보육 실적 등을 근거로 하고 있다는 점, 후레아이관이 "민족을 뛰어넘어 주민들이 서로 교류하고 신뢰하고 도우며 지역을 더 좋게 바꾸어나가는 토대로 작용할 시설"임을 분명히 했다.[55]

세이큐샤도 '후레아이관(어린이문화센터)의 조기실현을!' 이라는 전단지를 배부하고 12월 1일에는 사쿠라모토 1조메 조나이카이 회장 앞으로 공개제의서를 발표했다. 여기서는 공개질문서에 언급된 "후레아이관이 재일한국인을 위한 시설이 되는 것이 아닌가?" 라는 우려에 대해 "재일한국인을 지역사회의 구성원으로서의 주민 · 시민으로 인식하고 있는가?" 라는 강한 우려를 표하면서 삼자협의를 제안하지 않고 공개질문서를 제출한 것에 유감을 표명했다. 어린이회 회장은 이러한 세이큐샤와 시의 움직임에 대해 '사쿠라모토 어린이문화센터 후레아이관의 관리운영은 지금처럼 가와사키시의 직원으로' 라는 전단지를 12월 8일과 15일에 배포하고,[56] 건설예정지에 "민간위탁 절대 반대, 시가 직영할 수 없다면 건설하지 말라" 는 내용의 입간판을 세우는[57] 등 모두가 평등하게 사용할 수 있는 시설로 만들기 위해 가와사키시 직원이 직접 운영하도록 해달라는 주장을 굽히지 않았다.

양자의 의견 차이가 평행선을 달리는 한편, 시 측이 사쿠라모토 1조메의 임원회와 어린이회를 설득하거나, 세이큐샤가 어린이회 회장에 대한 공개질문서를 제출하고, 사쿠라모토 보육원 부모회와 당나귀회, 민들레회의 학부모회가 어린이회, 어머니클럽에게 요구서를 제출하는 등 논의의 장을 만들기 위한 시도가 다방면에서 이루어졌지만, 삼자협의는 결국 실현되지 못했고 착공도 연기되어 교착상태에 빠지고 말았다.

이처럼 아무런 진척이 없는 상황이 계속되는 가운데, 세이큐샤는 1987년 2월 5일에 1987년도 예산내용과 예산내용이 구상위원회의 확인사항을 따르고 있는지의 여부와 건설착공에 대한 시 측의 의견과 그에 대한 설명, 그리고 활동체제의 보장을 요구하는 내용의 후레아이관 건설 사태에 관한 긴급 요구서를 구상위원회에 제출했다.[58]

이 요구서를 받아 열리게 된 제24회 구상위원회(1987년 2월 20일)에서는 "① 1987년도에도 1986년도와 동일한 예산으로 1987년 중에 건설한다,

② 후레아이관과 어린이문화센터의 기능이 통합된 시설로 한다, ③ 운영은 사회복지법인 세이큐샤에 전면위탁한다"는 세 가지와 함께 앞으로도 시가 반대하는 주민의 설득에 힘쓸 것을 확인했다.[59]

또한 같은 시기에 가와사키시는 건설 사업비 1억 4천만 엔을 다음 해 예산으로 이월할 것을 결정했다. 이는 아동관 건설에 대한 국고보조금을 받을 수 없게 되어 후레아이관이 시의 단독사업으로 변경됨을 의미했다.

3) 지역주민의 타협안 승인

수개월간 계속된 고착상태가 새로운 국면을 맞이하게 된 것은 1987년 5월, 주민 측이 세이큐샤의 위탁을 받아들이는 타협안을 제출하면서부터이다. 지문날인 거부운동에 대한 관심이 높아지는 가운데 후레아이관 건설을 둘러싼 대립은 "재일한국인에 대한 보이지 않는 편견으로부터 생긴 문제"[60]라는 등 미디어 보도의 영향으로 반대 입장을 고수하던 조나이카이는 5월 8일 다음과 같은 안을 제안했다.[61]

1. 2년간 시공무원이 전면 운영한다. 운영위원회에 지역주민을 포함하여 주민의 의향을 반영한다.
2. 2년간의 실적을 바탕으로 운영을 지속하기로 결정한다면, 다음과 같은 운영 방법으로 전환해도 좋다.

- 관장(시공무원)—운영위원회(시공무원 · 지역단체 · 수탁단체)—어린이문화센터(수탁단체직원) · 후레아이관(수탁단체 직원)
- 시공무원 한 명을 수탁단체의 이사로 파견한다.

그러나 시는 사쿠라모토 지역의 특수성을 고려한다면 시가 직접 운영하는 것은 현실적으로 곤란하다는 판단 아래, 조나이카이에게 위의 제안을 재검토할 것을 촉구했다. 이와 함께 절충안으로 후레아이관 어린이문화센터 직원 6명 가운데 관장을 포함한 3명을 시에서 파견하는 안을 조나이카이 임원들에게 제안했다.

시는 이윽고 맞이한 마지막 교섭의 장(6월 29일)에서 다음의 세 가지—① 당분간 관장은 시공무원을 파견한다, ② 세이큐샤 이사회에도 시공무원을 파견한다, ③ 지역관계자를 포함한 운영협의회를 설치한다—를 제안했다. 이에 대해 "이 지역에 차별문제는 없다. 그럼에도 시가 후레아이를 강조하면 지금까지 우리들이 차별해온 것처럼 보일 수 있다. 이는 평화로운 마을을 파괴하고 자고 있던 아이를 깨우는 것과 같다. 백 명 중에 두세 명은 차별한 적이 있을지 모르지만, 시는 더 넓은 시야로 이를 파악하여 세세한 일은 덮어주어야 한다"[62]는 의견이 여전히 나왔다. 결국 시는 운영에 문제가 없는 것을 조건으로 관장은 2년, 직원 2명은 1년 동안 파견하고, 2년 후에 세이큐샤에 전면 위탁할 것을 제안했고 주민 측도 이 타협안을 받아들였다.[63] 이로써 마침내 길고 긴 협상의 터널을 통과할 수 있었다.

최종적으로 합의된 운영 형태는 다음과 같다.[64]

1. (가칭)사쿠라모토 후레아이관과 어린이문화센터는 가와사키시가 설치하고, 운영은 사회복지법인 세이큐샤에 위탁한다.
2. 시설 운영에는 지역주민과 사회복지법인 세이큐샤, 그리고 가와사키시의 삼자협력이 불가결하기 때문에 다음의 조건을 갖추기로 한다.
   1) 지역주민대표(학교장 · PTA 회장 · 조나이카이 회장 · 민생아동위원 등), 사회복지법인 세이큐샤, 전문가, 가와사키시 등으로 이루어진 운영위원회를 조직한다. 운영위원회는 시설운영과 사업내용이 설치목적에 맞는지를 검토한다.
   2) (가칭)사쿠라모토 후레아이관, 어린이문화센터에 관장 및 직원 2명(어린이문화센터, 후레아이관 각 1명)의 시공무원을 파견한다. 파견기간은 운영위원회와 협의한다.

3) 수탁단체인 사회복지법인 이사회에 시공무원 1명을 파견한다.

1987년 7월 8일에 마침내 후레아이관 건설에 대한 시와 세이큐샤, 지역주민의 합의가 이루어져 후레아이관 개관은 점점 가까워지고 있었다.

(2) 한국인과 일본인의 만남의 장

주민의 동의를 얻은 시는 조례 제정과 직원 선정 작업에 착수했다. 교육위원회에서는 후레아이관을 준비한 담당주간을 관장으로, 민생국은 주사主事와 주간主幹의 2명의 직원을 임명하고 1988년 3월의 시의회에서 후레아이관 조례(조례 제23호, 참고자료 9)가 심의 · 채택되었다.[65] 그리고 그 다음 달에는 가와사키시와 세이큐샤 간에 사업과 운영업무를 위탁하는 가와사키시 후레아이관 사업운영위탁 계약서가 체결되었다.

1988년 6월 14일에 열린 개관기념식에서 이토 사부로 시장은 "후레아이관은 함께 살아가는 사람들의 시설이다. 시민우애市民友愛의 상징으로 발전시켜 주길 바란다" 고 기대의 염원을 표시하며 세이큐샤에 열쇠를 전달했다.[66]

이로써 후레아이관은 "재일한국인을 중심으로 한 재일외국인과 일본인이 시민으로서 상호 교류를 추진하고 서로의 역사와 문화 등을 이해하며, 이를 통해 기본적 인권존중의 정신을 바탕으로 함께 살아가는 지역사회의 창조에 기여할 것(조례 제1조)" 을 목표로 삼아 "① 일본인과 재일외국인의 상호이해를 심화시키기 위한 강좌 · 강연회 등을 개최할 것, ② 문화교류 활동을 추진할 것, ③ 역사와 문화 등에 관한 자료를 수집하고 전시 등을 추진할 것, ④ 시설 및 설비를 이용할 수 있도록 할 것" (제3조)의 네 가지 사업을 중심으로 활동을 개시했다.[67]

이에 더불어 주민과의 합의사항으로 결정한 주민의 운영협의회 참여도 성사되어 조나이카이와 PTA대표 등이 포함된 운영위원회를 발족, 회장에

후레아이관 개관 식전에서의 이토 사부로 시장(제공: 후레아이관)

는 이와부치 히데노리岩淵英之 전 교육감과 부회장에는 사쿠라모토 1조메 조나이카이 회장을 선임했다. 이는 전국에서 처음으로 시도하는 공생이념 실현의 거점이 출발하는 것이었다.[68] 이후 2년 뒤에는 교섭 과정에서부터 계속 참여해온 재일한국인 2세 배중도裵重度가 관장으로 임명되었다.

후레아이관은 아동관시설과 평생교육시설의 통합시설로 운영되어, 사쿠라모토 어린이문화센터에서는 학동보육 당나귀회, 중학생부 · 고교생부 활동, 아이들 놀이지도와 각종행사 개최 등을 후레아이관에서는 후레아이 강좌와 장소대여사업, 성인학습동아리 육성 등의 활동을 펼치고 있다.[69]

재일한국인과 일본인 사이의 편견과 차별구조를 없애고 평등한 이웃으로 함께 살아갈 것을 외쳐온 세이큐샤의 활동은 이처럼 하나의 형태로 승화되어, 개관부터 현재까지 '함께 살아가는 지역사회의 창조'를 위한 활동을 거듭해오고 있다.[70]

4. 지역사회에 확산되는 활동의 연속 — 공생 마을 만들기를 위한 시도

후레아이관의 개관 이후는 후레아이관 자체의 발전과 지역사회와의 연계

후레아이관 외관(제공: 후레아이관)

를 통한 활동으로 나누어 볼 수 있다. 여기서는 그 가운데 1990년대 초반부터 시작된 지역사회의 새로운 도전을 살펴보고자 한다.

공생이념이 뿌리내린 지역사회의 창조를 목적으로 설립된 후레아이관이 위치한 사쿠라모토 지구에서는 기본방침 제정을 비롯한 외국인 관련 시책들이 본격화된 1990년대에 들어 또 하나의 새로운 시도가 시작되려 하고 있었다. '오힌지구 마을 만들기 계획おおひん地區街づくり計劃'과 '가와사키 코리아타운 구상川崎コリアタウン構想'이 그것이다.

첫 번째로 오힌지구 마을 만들기 계획은 1991년에 인근 6개 조나이카이가 모여 이 지구의 부정적인 이미지를 불식하고 노인과 여성, 어린이를 비롯한 누구나가 안심하고 살 수 있는 마을, 나무가 우거지고 빛이 쏟아지며 상쾌한 바람이 부는 마을, 국제적 인식을 갖추고 있는 마을, 쾌적한 주택이 정비된 마을[71]이라는 긍정적인 이미지로의 변화를 목표로 삼았다.

협의회는 결성취지문에서 "서로를 받아들이고 문화를 공유하는 것은 그만큼 지역사회를 풍요롭게 합니다. 우리들은 지역사회의 모든 사람들이 함께 살아갈 수 있는 마을로, 그리고 누구나가 언제나 돌아올 수 있는 고향이 되는 마을을 만들려고 합니다"[72]라고 밝히며, 지역에 사는 이들의 문화적 배경을 존중한 다문화공생 마을 만들기를 기본이념으로 삼았다. 특히 기본이념으로서의 다문화공생 마을 만들기는 지역과 재일한국인과의 역

매년 11월에 열리는 사쿠라모토 풍물놀이(제공: 후레아이관)

사적 관계를 바탕으로 하여 이를 아이와 고령자, 여성으로까지 확대한 지역문화로 만들어갈 것을 의미하는 것이었다.[73] 3년 동안의 정비 기간을 거쳐 2005년 4월에 공개된 사쿠라가와공원櫻川公園은 오힌지구 마을 만들기 협의회의 결실 가운데 하나였다.[74]

또 다른 시도로는 가와사키 코리아타운 구상이 있다. 이는 가와사키 야키니쿠음료업계회燒肉飮料業界の會를 중심으로 야키니쿠전문점이 늘어선 시멘트거리를 활성화하고, 코리아타운으로 일본인과 공생공존하자는 재일한국인들의 구상이었다.[75]

'가와사키 코리아타운협회 설립 준비회'는 구상의 시안에서 "재일코리안이 일본을 안정적인 거주의 땅으로 여기며, 자신들의 책임과 힘으로 긍지를 가지고 살고, 마을을 창조적이고 풍요로운 생활거점으로 만들어가는 것"을 이념으로 내걸면서, 이 구상을 지역 구성의 일원으로서 재일한국인들이 그들의 비전을 가지고 도시 만들기에 참여하는 "재일코리안의 지역참가 프로젝트 및 지역공헌활동"으로 자리매김했다.[76]

지역의 이러한 움직임은 지금까지 부정적인 이미지를 안고 있던 재일한국인 거주지역이라는 지역성을 다문화공생으로 새롭게 자리매김함으로써 지역의 아이덴티티를 재구축해 나가고자 하는 시도로 평가할 수 있다.

한편, 후레아이관의 활동도 이전의 세이큐샤의 활동을 계승하면서 이를 보다 발전시키려는 방향으로 이어졌다. 개관 이후의 후레아이관 활동에 대해서는 다음 장에서 검토하고자 한다.

이상과 같이 세이큐샤는 1980년대에 추진모임의 교섭과 지문날인 거부운동, 그리고 청소년회관의 건설을 둘러싼 민생국과의 교섭을 시작했다. 가와사키시 재일외국인교육 기본방침제정을 위한 교섭이 가와사키시의 시책 전체에 걸친 거시적 이념 확립의 과정이었다면, 후레아이관은 사쿠라모토 지구라는 미시적인 지역사회에서 한국인과 일본인의 교류 활동공간을 설정하는 성격을 내포하고 있었다. 이러한 후레아이관의 의의는 물리적인 활동거점을 확보한 것뿐만 아니라, 이로 인해 세이큐샤가 가와사키시의 1990년대 이후 다문화공생교육 시책의 중심의 하나로 자리매김함으로써 가와사키시의 시책과 관련해서도 상징적 의미를 가진다. 또한 후레아이관 설립 과정에서 겪어야 했던 주민들과의 갈등으로부터 합의를 형성하는 과정은 공생이념이 후레아이관과 기본방침의 이념적 차원에서뿐만 아니라, 실제 지역사회 내부에서 구현되는 과정을 보여주는 것이라 할 수 있으며, 공생이념의 실현은 오늘날까지도 지속적인 노력으로 계속되고 있다.

주

1 이와 같은 교육행정과 복지행정, 즉 가와사키시 내부의 교육위원회와 민생국의 입장차이에 대해 호시노 오사미星野修美는 "이 시기(1982년, 필자), 교육위원회에서는 아직 차별이 있다는 인식은 가지고 있지 않았다. 이와 다르게 민생국에서는 차별의 존재를 처음부터 인정하고 연구협의가 진행되었다. 이러한 민생국과 교육위원회와의 인식의 차이는 그 이후의 대응에 있어서도 시책의 실시에 있어서도 양자간의 불일치를 낳는 결과가 되었다"라고 말한다. 星野修美, 앞의 책, 141쪽.

2 ふれあい館ファイル『ふれあい館條例制定資料』 참조.

3 ふれあい館職員原千代子さん聞き取り調査(2002년 7월 26일) 참조.

4 川崎市ふれあい館・櫻本こども文化センター, 앞의 책, 86쪽.

5 지역의 모든 어린이를 대상으로 한 아동후생시설. 설비기준으로 집회실, 유희실, 도서실 및 화장실 외 필요에 따라 영사실을 두기로 되어 있으며 또 내관하는 어린이들의 놀이 지도를 하는 아동후생원의 배치가 의무화되어 있다. 지역의 어린이회와 청소년 단체의 조직활동 등에 대한 지원과 어머니 클럽 등 육성단체의 활동 거점으로서의 역할도 가지고 있다. 青木一他編,『現代教育學辭典』, 勞動旬報社, 1988, 359쪽.

6 裵重度ふれあい館館長聞き取り調査(2002년 7월 17일) 참조.

7 青丘社10周年記念誌刊行委員會 編,「社會福祉法人青丘社・櫻本保育園, 學園及び運動關係年表1969～1984」 참조.

8 교섭을 하는 데 있어 청소년회관으로 명칭을 한 것은 피차별부락(신분적, 사회적으로 강한 차별대우를 받아온 사람들이 집단적으로 거주하는 지역. 에도시대에 형성되어 그 주민들은 1871년에 법제상으로 신분이 해방되었지만, 사회적 차별은 현재도 완전하게 근절되지 않고 있다.『廣辭苑』岩波書店, 1991, 2270쪽—필자주)의 청소년회관에서 이름을 따온 것으로 이에 대해 당시 세이큐샤 간사였던 미우라 도모히토는 다음과 같이 설명한다. "청소년회관이라는 말이 행정에는 없었다. 행정에 있는 말을 사용하면 행정이 하려고 하는 것을 위탁하는 것이 되기 때문에 …… 어디까지나 우리는 우리이기 때문에, 행정이 사용하는 용어는 사용하지 않았다. …… (피차별부락의) 해방운동이 청소년회관을 사용하고 있었고 가와사키에도 청소년회관이 있었지만 그것도 어린이문화센터로 바뀌었다. 그래서 일부러 청소년회관이라는 말을 썼다. 행정이 생각하는 것과 우리들이 생각하는 것이 반드시 일치하는 것이 아니기 때문에" ふれあい館職員三浦知人さん聞き取り調査(2005년 2월 14일) 참조.

9 「櫻本地區青少年會館(假稱)設立に關する第二次統一要望書」(1982) 참조.

10 ふれあい館ファイル『青少年會館要求鬪爭82.9月～83.6月 No.1』 참조.

11 11월 27일 교섭에서 시는 "① 설립위원회에 관해서는 민생국 사무 차원에서 교섭한다, ② 활동보장은 학동보육틀에서 검토한다"고 답변하고 1983년도부터 학동보육지도원이 한 명 증원되었다.「青丘社ニュース」第29號(1983년 9월 25일), 4～5쪽.

12 ふれあい館ファイル『青少年會館要求鬪爭 I』 참조.

13 「對市要求闘爭(1983년 1월 25일)」 ふれあい館ファイル『青少年會館要求闘爭 I』 참조.

14 1974년 3월에 설립된 재일한국인 문제 연구소로, 재일한국인에 관한 자료 · 정보를 수집해서 시민그룹에 제공하는 한편, 민투련 운동을 주도하면서 행정차별철폐운동, 지문날인 거부운동 등의 운동도 해왔다. 현재는 참정권, 외국인등록법 문제, 다문화공생교육을 주로 하고 있다. 裵重度青丘社理事長聞き取り調査(2010년 5월 20일) 참조.

15 川崎市ふれあい館 · 櫻本こども文化センター, 앞의 책, 79쪽.

16 Loc.cit.

17 ふれあい館ファイル『ふれあい館條例制定資料』 참조.

18 주로 同和지구에 설치된 행정시책을 전개하는 거점이며 주민활동의 거점이기도 한 지역복지시설. 행방회관이라고 부르는 지역이기도 하다. 상담, 생활개선, 보건위생, 교육학습, 레크리에이션 등의 사업 외에 해방운동단체를 포함한 다양한 주민단체의 활동거점이기도 하며 부락문제해결을 위한 활동의 지구 내 센터로 되어 있다. 青木一他 編, 『現代教育學辭典』, 勞動旬報社, 1988, 738쪽.

19 「櫻本中學校區に○○會館の建設について」 ふれあい館ファイル『青少年會館要求闘爭 82.9月~83.6月 No.1』 참조.

20 세이큐샤는 연구협의회에서 명확하게 된 점을 "① 민생국 내부의 재일조선인 문제를 시야에 넣은 시책으로의 의사통일의 전망은 있다 ② 단 궁극적으로는 시장상부의 판단이 필요 ③ 시 전반에 걸친 창구 설정의 필요성 ④ 그러나 민생국 내부만으로도 추진가능하다는 것을 모색 ⑤ 회관설치의 민생국 측의 이미지－3개의 구상"의 다섯 가지로 생각했다. 그 중에서 ③ 의 시 전반에 걸친 시책의 필요성은 1984년의 제2차 요구서 작성 및 제출로 이어졌던 것이다. ふれあい館ファイル『川崎市民生局交涉 I』 참조.

21 제2차 요구서를 제출한 10일 후인 6월 11일에 열린 세이큐샤 법인인가 10주년, 사쿠라모토 보육원 창설 15주년 기념식전에서 이토 사부로伊藤三郎 시장은 "학동보육의 장소가 좁은 것은 위탁하고 있는 입장에 있으면서 면목이 없습니다. 신속하게 추진하도록 하겠습니다"(「會館要求闘爭－中間總括と今後に向けて(1984년 6월 29일)」 ふれあい館ファイル『青少年會館要求闘爭Ⅲ(1984年 4月から1985年 9月まで)』 참조)라고 말하고 있으며 세이큐샤는 이런 시장의 발언으로부터 "미래에 대한 희망을 느꼈다"(川崎市ふれあい館 · 櫻本こども文化センター, 앞의 책, 87~88쪽)며 긍정적으로 받아들였다.

22 「櫻本地區青少年會館(假稱)設立に關する第二次統一要望書」(1984년 6월 1일) 참조.

23 가와사키시에서는 1982년 6월 1일부터 시민관 · 산업문화회관(교육위원회)과 청소년센터, 어린이문화센터(민생국)와의 연계에 관한 사항이 시행되고 있었으며 청소년의 건전육성 및 지역평생교육활동의 효과적 추진을 꾀하기 위해 교육위원회와 민생국 소관의 청소년관계시설이 유기적으로 연계하도록 정하고 있었다. ふれあい館ファイル『青少年會館要求闘爭 82.9月~83.6月 No.1』 참조.

24 ふれあい館ファイル『青少年會館要求闘爭3(1984年 4月から1985年 9月まで)』 참조.

25 왜냐하면 민생국은 아동관의 민간위탁이 가능하다는 입장에 있었으나 교육위원회는 교육시설을 민간위탁할 수 없다고 생각했기 때문에 민간위탁에 대한 양자의 생각 차이는 후레아이관 건설을 둘러싼 행정내부 갈등의 한 원인이 되었다. 星野修美さん聞き取り調査(2005년 2월 25일) 참조.

26 ふれあい館ファイル『川崎市民生局交涉 I』 참조.

27 이 관서지방 연수는 '① 재일한국인 문제의 인식을 높인다. ② 회관운영에 대해 배운다'는 두 가지 목적을 내걸고 이에 적합한 현장을 방문하는 프로그램으로 되어 있었다. 가와사키시에서는 민생국 2명, 교육위원회 · 시민국 · 기획조정국 각 1명, 세이큐샤에서는 배중도 · 이상호 · 미우라 도모히토 · 하라 치요코 · 자원봉사자 2명의 총 11명이 1984년 11월 15일부터 17일까지 3일간의 시찰연수에 참가했다. 시찰연수의 대상으로서 정해진 다카쓰키시高槻市와 야치오시八尾市 등은 지방자치체의 대응은 물론 무궁화회むくげの會와 도깨비회トッカビの會 등의 재일한국인에 의한 교육실천이 1970년대부터 이루어져온 지역이기도 했다. ふれあい館ファイル『川崎市民生局交渉II』참조.

28 특히 교육위원회는 평생교육을 전개하는 데 있어 추진모임과의 교섭에서 기본인식을 공문서한 가와사키시의 재일한국인교육을 추진하기 위한 기본인식을 기반으로 민족차별을 극복하기 위한 주민의 자주적 · 주체적인 학습활동의 충실에 노력한다는 것을 명확히 하고 있었다. ふれあい館ファイル『ふれあい館條例制定資料』참조.

29 이 보고서 이외에도 「청소년문제 조사연구보고서2青少年問題調査研究報告書(II)(1986년 3월 31일)」와 「청소년문제 조사연구보고서3青少年問題調査研究報告書(III)」(1987년 3월 31일)이 가와사키시에 제출되었지만 이 한 권만이 공개되었다. 星野修美, 앞의 책, 146~148쪽.

30 ふれあい館ファイル『川崎市民生局交渉III』참조.

31 ふれあい館ファイル『川崎市民生局交渉 I』참조.

32 「1986年度『ふれあい館』建設をめぐって」ふれあい館ファイル『(假)ふれあい館建設構想委(IV)』참조.

33 후레아이관 보고서에 의하면 예산안에 대해 "예산은 단층으로 각각 책정되었지만 구상위원회에서 토의한 결과 편의상 재산구분은 하지만 630m² 규모에서 기능이 일체화된 종합시설로서 정사진을 만드는 것이 확인되었다"고 한다. 川崎市ふれあい館 · 櫻本こども文化センター, 앞의 책, 90쪽.

34 「1986年度『ふれあい館』建設をめぐって」ふれあい館ファイル『(假)ふれあい館建設構想委(IV)』참조.

35 세이큐샤에 대한 전면위탁의 이유를 가와사키시는 '① 사회복지법인 인가단체인 점 ② 보육소 실적 ③ 학동보육 실적 ④ 장애아보(교)육 실적 ⑤ 초등학교 고학년 · 중고생 · 청소년 육성실적 ⑥ 재일한국인 거주지역에서 일본인과 한국인이 같이 운영하고 있는 점' 등을 그 근거로 설명했다.(「ふれあい館をめぐる行政の姿勢について」, ふれあい館ファイル『(假)ふれあい館建設構想委(IV)』참조.) 또 세이큐샤 위탁에 대한 법적 근거는 '사회복지사업단 등의 설립 및 운영의 기준에 대해'(1971년 7월 16일 후생성통지)의 제2조이다. 川崎市ふれあい館 · 櫻本こども文化センター, 앞의 책, 90~91쪽.

36 ふれあい館ファイル『(假)ふれあい館建設構想委(IV)』참조.

37 星野修美, 앞의 책, 151~152쪽.

38 이와 같은 주민들의 생각이 재일한국인에 대한 편견과 겹쳐서 복잡한 주민의식을 형성하고 있었던 것이다. 위의 책, 160쪽.

39 지문날인 거부운동은 당시의 재일한국인 문제를 일본사회에 알리는 계기가 되기도 했다. 당시 세이큐샤의 간사였던 하라 치요코는 다음과 같이 말한다. "교육위원회 교섭은 지문운동 전에 시작되었습니다. 백 명 정도의 대중교섭으로, 만일 지금 시대에 그 규모로 시민운동을 하면 반드시 매스 미디어의 기사거리가 되었을 텐데 관심을 가져주는 곳이 한 곳도 없었습니

다. 재일조선인의 인권이나 차별이 기사화된다거나 관심을 가져주는 매스 미디어는 전혀 없었던 거죠. 그래서 당시에 사회문제화하고 싶다는 생각에 신문사 여러 곳에 갔었습니다. 그러나 전혀 상대해주지 않았습니다. 예를 들어 지문문제로 다녀도 "그럼 체포당하면 연락해주십시오"라는 말을 하는 정도였습니다. 그때 마침 지문이 사회적으로 문제가 되고, 지자체 측에서 지문날인 거부자를 고발하지 않는다는 선언을 했는데 일본사회에서 처음으로 조선인 문제에 관심을 가지게 된 사람이 많아지지 않았나 싶습니다. 그래서 신문에서도 많이 보도하게 되었습니다. …… 지금 생각해보면 자이니치 2세, 3세 문제가 운동적으로 어필할 수 있는 토양이 생겼다고 봅니다." ふれあい館職員原千代子さん聞き取り調査(2002년 7월 26일) 참조. 또, 양태호는 이 운동을 "본명을 쓰는 조선인선언에 대한 인간선언"이라고 지적하였다. 梁泰昊, 『在日韓國・朝鮮人讀本－リラックスした關係を求めて』, 綠風出版, 1996, 152쪽.

40 『歷史教科書 在日コリアンの歷史』作成委員會 編, 『歷史教科書在日コリアンの歷史』, 明石書店, 2006, 78쪽.

41 神奈川新聞社會部 編, 『日本の中の外國人－「人さし指の自由」を求めて』, 神奈川新聞社出版局, 1985, 24쪽.

42 1982년 8월 8일에 이상호・가와사키교회・RAIK・일본기독교협의회 청년협의회・세이큐샤 직원 등은 시장 앞으로 고발하지 않는다, 법 개정을 위해 움직여줄 것 등을 내용으로 한 요구서를 제출하고 그다음 달인 9월 16일에 이상호 씨를 지원하는 모임을 결성했다. 지원하는 모임은 그 후 결성 2주년 기념집회에서 가와사키시내의 재일한국인 18명이 지문날인 거부선언을 하고 그 자리에서 가와사키의 지문날인 거부자를 지원하는 모임으로 발전했다. 위의 책, 240~245쪽.

43 『資料 伊藤・高橋市政 その2 外國人市民の人權 指紋押捺拒否者不告發』(社)川崎地方自治研究センター, 2004, 2쪽.

44 「指紋押なつ拒否－川崎市『告發せず』」, 「毎日新聞」(1985년 2월 23일) 참조.

45 1985년 3월 7일의 가와사키시의회 본회의에서 이토시장은 "시민(가와사키시 거주외국인)의 인권을 지키는 입장과 법을 준수해야 하는 입장 사이에서 고뇌를 거듭했으나 인간의 존엄을 기본으로 하여 자유, 평등, 우애의 가치를 선양하고 실천하는 평화로운 인류공동체 창조에 공헌하기 위해 지문날인제도는 인도상의 문제로서 빠르게 개선되어야 한다"라고 서론하고 나서, 공무원의 고발의무에 대해서는 '법도 규칙도 인간애를 넘는 것은 아니다'라는 판단을 하게 되었다고 강조했다. 「『人道上の問題』市長答弁－『法も規則も人間愛を越えるものではない」, 「毎日新聞」(1985년 3월 8일) 참조. 한편 가와사키시 직원노동조합에서도 지문날인 거부운동을 노동조합 신문에 몇 번이나 다루고 있었다. 예를 들어 1985년 1월 29일에 이인하 목사 등의 거부운동지원자의 방문을 받은 당시의 위원장은 "요청에 따라 대응을 강화해 나가고 싶다"라는 견해를 표시했다. 「川崎市職勞」 第789號(1985년 2월 10일) 참조.

46 이상호의 지문날인 거부에 대해 예를 들어 "李야, 일본에 살 거라면 외국인등록, 지문날인을 하는 것은 당연하지. 일본만큼 살기 편하고 자유롭게 말할 수 있는 나라는 이 세상 어디에도 없다. 그렇기 때문에 너희 조선인은 하고 싶은 일을 하고 있는 거야, 날인하는 것이 싫다면 너희 나라로 돌아가라. 아무리 자유라고 해도 멋대로인 것은 용서할 수 없어"라는 내용의 편지와 엽서가 보내졌다. 民族差別と闘う關東交流集會實行委員會 編, 『指紋押捺拒否者への「脅迫狀」を讀む』, 明石書店, 1985, 84~87쪽.

47 1986년 8월에 설명회가 열린 4개월 전인 4월 22일에 조나이카이의 임원을 대상으로 한 설명

회가 이미 열렸었다. 그러나 임원회로부터 임원만이 아니라 어린이회子供會와 어머니클럽母親クラブ의 관계자를 포함한 확대회의의 필요성이 제안되어 그 제안을 받아 개최된 것이 8월 19일의 (가칭)후레아이관 건설을 위한 5조나이카이 설명회였다. 星野修美, 앞의 책, 152~153쪽.

48 「1986年度『ふれあい館』建設をめぐって」ふれあい館ファイル『(假)ふれあい館建設構想委(IV)』참조.

49 星野修美, 앞의 책, 154쪽.

50 「櫻本問題レポート」ふれあい館ファイル『(假)ふれあい館建設構想委(IV)』참조.

51 星野修美, 앞의 책, 154~155쪽.

52 후레아이관을 둘러싸고 주민과 대립하는 가운데, 가와사키구 선출의원단으로부터 1986년 8월 29일에 "① 주민들이 세이큐샤에 대한 불신감을 가지고 있다 ② 차별이 있다고 하는데 어떤 것인가 ③ 민족단체(민단, 총련)의 양해가 필요한것이 아닌가"라는 의문점이 사전에 지적되어 이를 바탕으로 한 논의가 1986년 9월 20일에 있었다. 그 자리에서 의원단으로부터 주민이 납득할 때까지 논의해주길 바란다는 요구와 "① 운영위원회 멤버 구성을 신중하게 해주길 바란다…… ② 민족단체와 세이큐샤와의 관계에 대해 조정해서 추진해야 하지 않는가 ③ 지역 주민들과의 교섭과정을 보면 조금씩 개선되어가고 있는 것을 볼 수 있다. 더욱 논의를 진행시켜서 동의를 얻어주길 바란다…… ④ 세이큐샤 위탁에 대한 시의 생각에는 전혀 문제 없다"라는 의견을 말했다. 위의 책, 157~158쪽.

53 「1986年度『ふれあい館』建設をめぐって」ふれあい館ファイル『(假)ふれあい館建設構想委(IV)』참조.

54 川崎市櫻本1丁目町内會, 子供會 (假稱) 櫻本こども文化センター及び櫻本ふれあい館に關する公開質問狀」(1986) 참조.

55 川崎市, 「(假稱) 櫻本こども文化センター・櫻本ふれあい館に關する公開質問狀についての回答」(1986) 참조.

56 櫻本1丁目子ども會會長, 「櫻本こども文化センター・ふれあい館の管理運營は今までとおり川崎市の職員で」(1986) 참조.

57 星野修美, 앞의 책, 159쪽.

58 青丘社, 「ふれあい館建設の事態に關する緊急要望書」(1987) 참조.

59 ふれあい館ファイル『川崎市民生局交渉(III)』참조.

60 「不惑の憲法4 唯一史觀－無意識に他民族排除」, 「朝日新聞」(1987년 5월 5일) 참조. 또 가와사키의 사회교육을 생각하는 모임에 의해서 발행되었던 남부선 제97호(「南武線」第97號, 1986년 12월 5일)에서는 공개질문장과 회답에 대해서 "지문날인 문제로 일약 유명해진 가와사키 시 시장이다. 재일한국인의 인권존중의 입장에서 지자체 차원의 정책을 구체화하려고 한 것이 후레아이관이라고 생각된다. 만족의 벽을 넘어 만나고 교류하는 장으로서의 후레아이관의 취지에는 질문자와 당국 간에 견해차이는 없다고 생각된다. …… 보다 단적으로 말하자면 세이큐샤에 위탁하는 것으로 재일한국인에게 유리하게 되어 일반주민은 사용하기 힘든 시설이 되는 것을 걱정하고 있는 것이다. 이상理想으로는 이해하는 것일지라도 실제 생활감정으로는 받아들일 수 없는 것 같다"라고 평하고 있다.

61 ふれあい館ファイル『ふれあい館條例制定資料』참조.

62 「ふれあい館建設 町内會, 市案のむ－運營委に市民參加, 深夜交渉『常に内容を檢証』」, 「朝日

新聞」(1987년 6월 30일) 参조.

63 星野修美, 앞의 책, 170~174쪽.

64 (假稱)櫻本ふれあい館, こども文化センター建設にかかわる川崎市と地元町內會(櫻本1, 2丁目, 池上町, 浜町3, 4丁目)との合意事項」(1987년 6월 29일) ふれあい館ファイル『會館建設略史及び資料』参조.

65 星野修美, 앞의 책, 187~193쪽.

66 이에 대해 이인하 목사는 "재일코리안 운동의 주장을 받아들여준 이토 시민시정의 결정이 후레아이관이다"라고 이토 시정을 높게 평가했다. 「雜草18年 伊藤市政を振り返る－ともに生きる理想」, 「神奈川新聞」(1989년 10월 2일) 参조.

67 「川崎市ふれあい館條例」 川崎市HP(http://wwww.city.kawasaki.jp/) 参조.

68 川崎市ふれあい館 · 櫻本こども文化センター, 앞의 책, 94쪽.

69 「だれもが力いっぱい生きていくために」ふれあい館リーフレット 参조.

70 2006년 12월 현재, 후레아이관의 수탁사업의 내용을 보면 어린이 부문에서는 와쿠와쿠플라자ワクワクプラザ사업(675명) · 아스쿨アスクル사업 아이들의 숲클럽(8명), 장고클럽을 비롯한 클럽사업 · 영유아사업 · 중학생 학습지원(3개국 14명, 볼런티어 12명)가, 성인 부문에서는 15의 수탁사회 교육강좌(인권존중학급 · 성인학급 · 민족문화강좌 · 모국어학급 등), 자주강좌(1-2강좌) · 準주최강좌(4종류 11강좌) · 장애우 생활홈 무지개집 2개소(협력사업)가, 고령자부문에서는 도라지회(등록회원 128명) · 고령자 후레아이상담창구 · 후레아이 고령자교류사업이, 대외부문에서는 학교연계사업 · 사쿠라모토 초등학교와의 인권공생교육 협의회 및 지역교육시설 간 직원교류 · 홍보활동 관소식 발행 · 오힌지구 마을만들기 협의회 사무국 · 사쿠라모토 상점가 · 사쿠라모토 풍물놀이 · 來館연수강사 및 강사 파견사업 등이 있다. 「ふれあい館受託事業の概要」(2006年 12月現在), 「第48回川崎市ふれあい館 · 櫻本こども文化センター運營協議會資料」(2007년 6월 15일) 参조.

71 「だれもが力いっぱい生きていくために」 ふれあい館リーフレット 参조.

72 川崎市ふれあい館 · 櫻本こども文化センター, 앞의 책, 101쪽.

73 『わたしたちのおおひん地區街づくりプラン』, おおひん地區街づくり協議會, 1993, 1~7쪽.

74 「ふれあいかんだより」194cc(2005년 5월 1일) 参조.

75 石田謙一, 「川崎 · 櫻本編」, 『地域社會のエスニシティ體驗－國境をこえて東京に生きる人びとの言說』, 中央大學文學部社會學科奧田ゼミナール調査報告書, 1997, 172쪽.

76 川崎コリアタウン協會設立準備會, 『川崎コリアタウン構想試案』(1995년 1월) 参조.

7 지속적 발전을 향한 활동의 전개
—1990년대 이후의 실천 및 시책의 전개

1980년대의 양 교섭에 의한 재일외국인교육 기본방침 제정 및 후레아이관 설립은 이후 가와사키시의 시책과 지역사회에 어떠한 변화를 가져왔을까? 세이큐샤 등에 의한 문제제기는 교섭을 통해 구축된 행정과의 신뢰관계를 바탕으로 가와사키시를 외국인 시책의 선구적인 지자체로 바꾸었고 다문화공생은 가와사키시를 특징짓는 중요이념의 하나가 되었다.

세이큐샤는 가와사키시가 1990년대부터 본격적으로 외국인 시책을 시행하는 데 있어서 인적 · 물적 자원을 제공해오고 있다. 예를 들어 배중도 후레아이관 관장이 외국인시민 대표자회의 조사연구위원회에 참가했고, 이인하 세이큐샤 이사장이 제1기와 제2기 외국인시민 대표자회의의 위원장을 맡는 한편, 1998년의 기본방침 개정에도 후레아이관 직원이 참여해 민족문화강사 후레아이 사업에서는 코디네이터와 강사로도 활동하고 있다.

본 장에서는 후레아이관 활동과 가와사키시 시책이 어떠한 발전을 이루었으며 그 안에서 다문화공생교육이 어떻게 형성되었는지를 검토하고자 한다.

후레아이관은 재일한국인과 일본인의 관계를 중심으로 삼은 초기 단계에서 필리핀인 등의 외국인들이 증가하는 등 지역사회의 국제화가 진전되는 가운데, 뉴커머와 고령자, 장애인과의 공생 등 지역사회에서 제기되는 과제에 대응하면서 공생이념의 확산적 발전을 꾀하고 있다. 한편 가와사키시는 1990년의 세계 문해의 해를 기점으로 뉴커머를 대상으로 일본어 학습지원을 충실히 함과 동시에 인권존중학급 등도 운용하고 있다. 또 지금까지는 단체교섭과 이의제기 등과 같은 대항적 참여를 해온 것과 달리, 1990년대 이후로는 외국인의 시정참여를 제도적으로 규정한 외국인시민 대표자회의를 발족시키는 등[1] 외국인시민 참가의 제도화와 시책이 본격화되고 있다.

세이큐샤 등의 요구를 통해 가능했던 이러한 발전은 내실뿐만 아니라 지속성 또한 겸비함으로써 공생이념의 구현이라 할 수 있다.

1. 공생의 거점, 후레아이관

후레아이관은 지역사회의 요구를 최우선으로 한다는 기본적 입장을 견지하면서 '누구나가 힘껏 살아갈 수 있도록'이라는 슬로건 아래 다양한 활동을 펼쳐나가고 있다. 2006년도까지 약 76만 명의 사람들이 후레아이관을 이용하였으며,[2] 1994년도 요미우리 교육상, 1998년도 아사히 복지상(이인하 세이큐샤 이사장), 2004년도 가나가와현 문화상(배중도 관장) 등을 수상하며 외부로부터도 좋은 평가를 받으며 20년 동안의 실천활동은 지금까지도 계속되고 있다.

후레아이관의 활동은 재일한국인과 일본인의 교류, 공생의 장이라는 목적에 입각하여 한국인에 대한 차별과 멸시 해소와 한국인의 동일성 형성 등에 초점을 둔 실천에서부터 고령자 · 장애인 등과 같은 지역에서도 소외되어 약자로 살아갈 수밖에 없는 사람들에 대한 실천[3]으로 발전해 나가고 있다. '인간답게, 자기답게 살아간다. 함께 살아간다'라는 초기의 이념이 퇴색되지 않고 이어져나가고 있는 것이다.

(1) 공생의 구현을 위한 토대구축

다른 문화를 이해하고, 타자성과 이질성을 받아들임으로써 비로소 실질적인 의미를 가지는 공생. 이 공생관계의 구축을 목적으로 하는 다문화공생교육은 타자에 대한 상호이해가 기본적으로 전제되어야 한다. 이를 위해 후레아이관은 문화와 역사를 전하는 활동에 중점을 두었다. 즉, 함께 살아간다는 정신을 구현하기 위해 문화와 역사 등을 통한 상호이해를 가능하게 하는 토대를 만들기 시작했다.

1) 상호이해를 향한 활동

후레아이관의 교육실천은 아동부문과 성인부문으로 크게 나뉘어 있으며, 외국인(주로 한국인)과 일본인이 역사와 문화를 접하는 것으로 궁극적으로 함께 살아가는 지역사회의 창조를 향한 활동은 인권존중학급과 가정교육학급, 한글 · 장고 · 춤 등의 문화강좌를 통해 추진되고 있다.

이미 분석한 바와 같이, 한국에 대한 왜곡된 인상은 행정과 지역주민의 차별과 멸시로 이어져 공생을 방해하는 높은 벽이 되었다. 따라서 서로의 문화와 역사를 배워 상호이해를 증진시키도록 돕는 것은 후레아이관의 주요한 과제 가운데 하나가 되었다.

1994년도 성인부문 사업계획에서도 이러한 후레아이관의 자세를 읽을 수 있다(표 7-1).

이와 같은 후레아이관의 활동은 한국인과 일본인의 "상호이해는 서로의 역사 · 문화 등을 이해하는 것에서 시작된다"[4]라는 인권과 문화를 중심으로 각자의 한국인성과 일본인성에 대해 생각하고 그로부터 공생관계를 구축해간다는 지역실천에서 만들어졌다. 즉, 한국인은 한국인으로서 긍지를 가지고, 일본인은 재일한국인의 역사 · 문화를 배움으로써 한국에 대한 가치관을 바꾸고 재일한국인을 같은 주민으로 받아들이는 것을 목적으로 삼았던 것이다.

| 표 7-1 | 1994년도 성인부문사업

	사업명	내용	테마
강좌·학급개설	인권존중학급	재일외국인과 일본인이 가와사키시 재일외국인 교육 기본방침에 따라 함께 학습함으로써 인권존중 계발, 민족차별 극복, 함께 살아가는 지역사회 창조를 지향한다.	다민족 공생사회를 향해
	가정교육학급	재일외국인과 일본인이 자녀교육에 관한 과제를 함께 학습하면서 상호이해를 깊게 하고 자녀들의 건전육성과 지역의 교육력 향상을 지향한다.	국제 가족의 해를 맞이해 재일한국인 3세, 4세에 대한 자녀교육
	성인학급	재일외국인과 일본인이 자신들의 인생을 풍요롭게 하기 위해 서로 학습함으로써 상호이해를 깊게 하고 지금까지의 지식기술을 활용하고 함께 살아가는 지역사회 창조를 지향한다.	재일한국인의 역사
	한글강좌 I	재일외국인과 일본인이 한국어를 함께 학습함으로써 한국인의 아이덴티티 확립과 일본인의 국제성을 함양하고 문화의 상호교류와 국제이해 향상을 지향한다.	한글강좌 입문
	한글강좌 II		한글강좌 입문 한글강좌 기초
	민족문화강좌	재일외국인과 일본인이 한국·조선의 역사와 문화를 함께 학습함으로써 상호이해를 깊게 하고 국제성 풍부한 지역문화의 창조를 지향한다.	민요에 친숙해진다.
	장고강좌		
	문화강좌		
	요리강좌		식탁에 올리는 한국의 가정요리
	문해학급	후레아이관이 있는 지역에 거주하고 있는 재일외국인(주로 재일한국인) 등이 연령을 뛰어넘어 교류하고 원활한 생활을 하는 것을 목적으로, 일상생활에 필요한 기초 일본어를 함께 학습함으로써 자립을 촉진한다.	
평생교육연구집회		후레아이관의 평생교육사업이 생애의 각 시기에 대응해서 생활과제, 지역과제에 접근하고 박력있는 내용이 될 수 있도록 시민과 직원들이 함께 모여 1년간의 성과를 총괄하고 반성해서 다음 해로의 계승과 발전을 꾀한다.	학습성과 발표와 반성, 교류
계발홍보사업	강연회	폭넓게 인권존중 계발활동을 함으로써 재일외국인과 일본인의 진정한 배움의 장, 창조의 장 만들기를 지향한다.	에이 로쿠스케永六輔 인권주간을 맞이하여
	영화회		평화문제, 가족, 차별과 인권문제, 장애우문제
	관 소식 발행		
그 외	연구회 등에 협력·견학 지원, 자료실 개방과 책 대출 및 연구 조언 각 단체·동아리에 대한 지원, 학습공간 제공사업		

출전 : 「第20回川崎市ふれあい館·櫻本こども文化センター運營協議會」(1994년 6월 2일)資料 참조.

역사적 사실로부터 억압자 또는 피억압자로서의 자신을 재인식하고 평등한 관계를 만들어내는 것을 목표로 하는 인권존중학급 등과 같은 실천뿐만 아니라, 지역사회에 존재하는 일본문화 내에서 한국문화를 매개로 하는 활동은 후레아이관만이 할 수 있는 독자적인 활동이었다.

문화강좌는 재일한국인의 아이덴티티, 그리고 한국인에 대한 이해의 근거로 작용하며, 1990년부터 사쿠라모토 상점가의 일본 마쓰리에 사쿠라모토 사물놀이[5]로 참가하여 자주서클, 아리랑축제[6] 등의 활동을 만들어갔다. 특히 그 가운데에서도 코리아문화서클 '파랑색'의 활동은 주목할 만하다. 파랑색은 후레아이관에서 문화강좌를 수료한 사람들이 만든 몇 개의 문화서클과 이전부터 세이큐샤에서 활동하고 있던 사람들이 1995년 결성한 것이다.

파랑색은 세이큐샤의 세이큐를 뜻하는 청구靑邱(한반도의 별칭)에서 붙인 이름으로, 크게 춤 · 가야금 · 한글 · 장고의 네 강좌를 실시했다. 파랑색은 한국문화를 배우며 함께 살아가는 것을 소중히 하고 지역사회의 국제화를 모색하고자 하는 자주서클이며[7] 회원의 대부분은 일본인이다.[8]

이와 같이 문화를 매개로 하는 활동은 자칫하면 일본문화 속에서 한국인이라는 사실을 부정적으로 받아들일 수 있는 재일한국인 3 · 4세 아이들이 한국인인 자신을 받아들이는 민족 아이덴티티의 구축이라는 중요한 의미를 가진다. 또한 1970년대의 지역실천운동으로부터 이어온 본명 사용과 한국인으로서 살아가는 주체성 구축을 위한 활동은 1981년에 만들어진 개나리클럽이 후레아이관의 활동을 계승했다.

2) 주체성 구축의 토대로서의 공간 — 민족클럽 활동

민족 클래스 형성이라는 구상 아래 사쿠라모토 보육원의 진달래반과 함께 재일한국인 아이들의 활동공간(居場所) 구실을 해온 개나리클럽은 후레아이관이 생긴 1988년에 한글과 문화를 배우는 초등학생부로 자리를 잡았다.

후레아이관에서 장고를 배우는 아이들(제공: 후레아이관)

차별에 지지 않는 아이를 위해 노력해온 세이큐샤의 활동에서 출발하여, 자신을 숨기지 않고 활동할 수 있는 장으로서의 개나리클럽은 '공생이라는 이름 아래 일본사회와 문화에 휩쓸리지 않고 일본사회 안에서 자신을 드러내며 살아가고자 하는 강한 주체 …… 그러한 주체로 계속 살아가기 위한' 장이다. 즉, 공생을 실현하기 위한 하나의 방법으로써 한국인인 자신을 드러내어 살아가고자 하는 재일한국인 아이들을 위한 공간인 것이다.[9]

민족클럽 개나리클럽에는 클럽을 졸업한 한국인 3세 등이 지도원으로 참여함으로써,[10] 한국인 아이들이 의지할 수 있는 공간 구실을 해왔다. 개나리클럽은 "굴절된 삶을 사는 것이 아니라, 재일한국인으로서의 자신을 확인하고 주체가 됨으로써 보다 인간답게 살고 싶다"[11]라는 세이큐샤 실천의 근본이념을 상징하는 것이기도 하다. 또한 자신의 뿌리인 전통문화를 아는 것에 그치지 않고 "차이는 차이로서 인정해야 한다는 것을 친구들과 선생님들에게 전하고 싶다"[12]라는 생각에서 공작 · 놀이 · 요리 등을 체험하는 행사인 우리 마당[13]도 개최해왔다.

자문화自文化를 접함으로써 민족 아이덴티티를 만들어가고자 하는 움직임은 1990년대 지역사회에서 증가한 필리핀인 어린이들을 위한 민족클럽인 DAGAT클럽의 발족(1999년)으로도 이어졌다.[14] 이러한 "자신의 문화와 민족을 부정하지 않고 받아들인다"라는 원리 · 원칙[15]은 후레아이관의 기둥 가운데 하나이다.

이 외에도 개관 이래 학부모와 교사가 재일한국인 어린이에 대한 논의를 나눌 수 있는 장으로서 실시되고 있는 '자이니치의 생각을 이야기하는 모임在日の想いに語る會'[16]과 1997년부터 가와사키 시교육위원회가 실시하고 있는 민족문화강사 후레아이사업 등은 학교와의 연계를 꾀하는 활동들이다.

이와 같은 한국인과 일본인의 공생은 국적과 민족이라는 이질적 차이를 가진 사람들 간의 공생에 국한되지 않는다. 고령자와 장애인 · 여성 등과 같이 사회의 안전망에서 누락된 존재, 사회에서 배제되고 소외된 존재와의 공생 또한 잊어서는 안 될 것이다. 이러한 공생이념의 확산적 발전은 후레아이관의 다음 과제였다.

(2) 공생이념의 확산적 발전

후레아이관의 새로운 도전은 시설에서 활동을 전개하는 가운데 직면하게 된 문제가 발단이 되었다. 문해학급과 학령아활동으로부터 각각 고령자와 장애인/어린이에 대한 활동이 시작되었다.[17]

1) 재일한국인 1세 고령자에 대한 활동 — 도라지회

후레아이관의 재일한국인 1세에 대한 활동은 1988년부터 시작된 문해학급에 모인 재일한국인 1세의 실태를 접하게 된 것에서 시작되었다.

세이큐샤는 1978년에 가와사키에서는 처음으로 문해학급을 시작했지만, 당시 한창 일을 하는 나이였던 재일한국인 1세가 거의 참가하지 못해 문해학급을 지속할 수 없었다. 당시 일 때문에 참가하지 못했던 1세들의 배우고 싶다는 요구를 받아 만들어진 것이 문해학급이었다.

재일한국인 1세의 복지문제 관련 집회
사진 중앙의 사람이 당시 외국인시책을 담당했던 이토 오사카즈(제공: 후레아이관)

재일한국인은 국적을 이유로 여러 제도에서 배제되었지만 1980년대 초반 난민의 지위에 관한 조약 비준을 계기로 제도상의 차별은 없어졌다. 하지만 1982년에 국민연금제도에서 국적조항이 철폐되었을 때, 당시 35세를 넘은 외국인은 수급자격이 인정되지 않았다. 더욱이 1986년 4월 시점에서 60세 미만인 외국인에게는 수급자격이 인정되었지만, 1986년 당시 60세 이상이었던 외국인은 무연금 상태로 연금제도에서 제외되었던 것이다.[18]

가와사키시는 1994년부터 이러한 연금제도를 보완하기 위해 외국인 무연금 고령자들에게 복지수당[19]을 지급했지만,[20] 취직차별로 인한 불안정한 취업상태에서 후생연금도 받을 수 없는 재일한국인 1세의 생활은 여전히 어려울 수밖에 없었다.

이러한 지역의 상황에 대해 후레아이관은 고령화가 진행되고 있는 재일한국인 1세에 대한 활동을 과제로 설정하고 문해학급 활동만으로는 대응하기 어렵다고 판단하여 1996년에 제2후레아이관 구상을 가와사키시에 제출했다. 고령자 데이서비스사업(재택고령자 및 그를 보살피는 가족들에 대해 입욕, 식사 등의 일상생활을 지원하는 사업을 말한다)을 기본으로 하는 생활 지원센터와 이벤트 홀의 기능을 가진 제2후레아이관은 고령자뿐만 아니라 지역의 재택지원을 하는 커뮤니티 시설로 구상되었지만[21] 가와사키시의 재정문제로 실현되지 못했다.[22]

하지만 세이큐샤는 1997년에 "① 미니 데이서비스, ② 무연금 등과 같은 재일고령자들이 겪고 있는 문제 상담, ③ 세대 간·민족 간 교류" 등을 중심으로[23] 고령자·장애자 생활지원 프로젝트[24]를 발족했다.

재일고령자에 대한 활동은 지역사회에서 고립된 재일한국인 1세의 네트워크를 만들기 위한 세대 간 교류사업과 함께 새로운 개호보험제도의 실시로 인해 더욱 발전할 수 있었다. 후레아이관은 개호보험의 실시에 따른 수속문제와 재일한국인의 역사적·사회적 배경을 고려한 지원이 필요해지자 1999년에 고령자 생활 상담 창구를 설치했다.[25]

세이큐샤는 또한 복지사들과 자주학급서클 만남회를 결성하여, 재일한국인 고령자의 재택복시를 지원하는 사람들의 네트워크를 형성했다.[26] 이 만남의 모임을 기반으로 2001년에는 재택지원과 방문개호의 사무소 오힌 지구 마을 핫라인을 개설했다. 이 핫라인은 고령자와 장애인의 생활지원, 개호서비스를 중심으로 활동하고 있으며 장애인활동의 중심조직인 오힌 무지개회가 개설과 운영에 참여하고 있다.

한편, 1998년 1월에는 문해학급을 기반으로 자이니치 1세 고령자의 모임(居場所)으로서 자주서클 도라지회トラヂの會가 발족했다.[27] 재일한국인 고령자의 교류클럽인 도라지회[28](회원제)는 저출산으로 인해 폐교된 사쿠라모토 초등학교 내의 유치원 건물을 가와사키시로부터 빌려 매주 수요일 식사모임과 가라오케 서클 등의 활동을 하게 되었다. 또한 2001년에는 핫라인과 같은 시기에 건물을 수리해 오힌 지구 고령자교류센터로 새롭게 개관해서 활동을 계속하고 있다.

교류센터를 중심으로 한 고령자 교류사업은 2004년에 재일한국인 고령

자를 위한 문해학급이 '우리 학교'로 분리되었고, 2007년 현재 도라지회 활동과 함께 도라지회ききょうの會(미니 데이서비스) · 훌라댄스 서클 · 가라오케 가요서클 등의 활동이 지속되었다.[29]

지역으로 눈을 돌려 지역과제에 활동의 중심을 두는 자세는 장애인과 관련한 활동에서도 다르지 않았다.

2) 장애인/어린이에 대한 활동 — 오힌 무지개회

세이큐샤는 사쿠라모토 보육원 개원 2년째였던 1970년부터 장애아동도 함께 하는 통합보육을 실시해왔기 때문에, 장애인(아)과 관련한 활동은 후레아이관 이전에도 존재했다.

그러나 보육원을 졸업한 장애 어린이들이 초 · 중학생, 그리고 어른이 되면서 새로운 과제가 생겨나는 것은 당연한 일이었다. 이에 대해 후레아이관은 무지개회와 연계하여 학령아동활동을 시작했다. 무지개회는 1991년, 사쿠라모토 보육원의 장애아 학부모 모임인 빛의 모임光の會이 장애인/어린이의 학부모 · 자원봉사자 · 직원으로 구성된 오힌 무지개회로 재편되어 발족된 것으로,[30] 학령아동활동은 자유롭게 움직일 수 없는 초등학교 4학년 이상의 아이들과 자원봉사자가 공원이나 수영장 등에 함께 가는 것이다. 이 학령아동활동 이후 장애인/아동 활동은 무지개회와의 협동작업으로 이루어졌다.

장애인에 대한 생활 · 자립지원이 주요과제가 된 1990년대 중반 이후에는 사쿠라모토 유치원 건물을 빌려 개설한 여름방학 임시생활클럽 무지개집[31](1996년 7월)과, 인근의 아파트를 빌려 실시한 twilight 서비스,[32] 나이트 서비스, 숙박체험(2001년 5월), 그룹 홈 '무지개홈' 준비 활동 개시[33](2001년 10월) 등의 활동이 이루어졌다. 이러한 과정을 거쳐 2003년 4월에는 무지개홈을,[34] 2005년 4월에는 제2의 무지개홈을 열 수 있었다.[35]

더욱이 2006년 4월부터는 장애가 있는 중 · 고교생을 위한 방과 후 여가

지원으로서 가와사키시 장애아 타임 케어 모델을 주 3회로 시작함으로써 장애가 있는 아이들을 위한 장이자 그들을 지역에서부터 보살피고 지원해 가고자 하는 사업을 시작했다.[36]

핫라인에 장애 청년들이 음료 서비스를 담당하는 코너를 설치하고, 장애자작업소의 제품을 판매하는 등 사쿠라모토 보육원 활동에서 시작된 지역의 장애인 자립지원은 장애인들이 지역 주민으로서 지역 안에서 살아가는 것을 목표로 한 활동이다. 이는 "지역에서 함께! 우리들 활동의 원점"[37] 이라는 후레아이관의 정신을 잘 드러내고 있다.

이와 같이 고령자와 장애인에 대한 공생이념을 발전적으로 계승한 활동들은 지역과 지역상황의 변화에 대응하면서 다양한 만남과 교류를 만들어 갈 수 있는 활동체제[38]에서 비롯되었으며, 견실한 실천을 통해 확고한 공생이념을 지역의 현실로 자리잡게 했다.

1970년대부터 발전해온 후레아이관이 앞으로는 어떤 활동을 펼칠 것인가?

(3) 새로운 내일을 향해

1969년 교회의 일부를 빌려 시작한 보육원 활동은 "교육권은 교육을 받는 측이 가진다. 그것은 자명한 이치이다. 하지만 끊임없이 그 권리는 횡포를 부리는 위정자나 국가 권력에 의해 박탈되어왔다. 그것이 우리들의 현실이다. 그렇기 때문에 이 왜곡된 현실을 바꾸지 않으면 안 된다"[39]라는 아이들의 교육 현실에 대한 차별과 억압구조를 바꾸고자 하는 소망에서 비롯된 것이었다. 따라서 이러한 과거와 현재를 어떻게 미래로 이어갈 것이냐가 후레아이관의 새로운 과제이다.

뉴커머가 증가하는 상황에서 재일한국인에 대한 일본인의 차별과 억압이 다양한 형태로 여전히 지역사회에 존재한다는 것은 부정할 수 없는 사실이다.[40] 그리고 일본인과의 결혼 등에 의해 다양해지고 있는 재일한국인 아이들에게 어떻게 한국이라는 민족을 전할 것이냐는 문제 등 지금까지와는 전혀 다른 상황들도 등장하고 있다.

하지만 후레아이관 운영협의회 회장을 맡았던 이와부치 히데노리 전 교육감이 10년 동안의 후레아이관 활동을 돌아보면서 다음과 같은 특징을 꼽은 것은 주목할 필요가 있다.

> 첫 번째, 지금도 뿌리 깊이 존재하는 재일한국인에 대한 차별·편견을 객관적으로 보면서 이민족, 이문화에 대한 차별·편견의 문제로 축소하지 않고 이를 인권문제로 파악하는 것입니다 …… 두 번째, 살기 좋은 지역사회 만들기를 목표로 한 활동이라는 것입니다 …… 세 번째, 그 활동이 운동체運動體로서의 성격을 가지고 있다는 것입니다. 후레아이관 …… 안에서 머무는 것이 아니라 지역사회를 향해 뻗어나가는 모체가 되어 지역 사람들의 마음을 움직이고 공감을 불러일으켜 창조적인 사업을 만들어나가는 중심이 되고 있다는 것입니다. 네 번째, 이러한 활동들을 지탱하는 직원들의 자세입니다. 후레아이관의 이념에 대한 공통적인 인식 위에 어려운 현실생활 속에서도 열심히 살아가는 지역 사람들과의 만남에서 촉발된 풍요로운 감성은 새로운 의욕과 실천을 낳는 원천으로 작용하고 있습니다.[41]

근본이념을 지키면서도 지역의 현실에 유연하게 대처해가는 후레아이관은 그 견실한 실천을 통해 지역사회를 바꾸어온 것처럼 앞으로도 지역 공생의 거점으로 그 역할을 해나갈 것이다.

다음으로는 이와 같은 후레아이관의 실천에 대해 가와사키시의 평생교육시책이 어떻게 변화해왔는지 살펴볼 것이다.

2. 함께 살아가기 위해서는 — 가와사키시 평생교육시책의 전개

가와사키시에서는 1986년 가와사키시 재일외국인교육 기본방침의 제정

이래, 학교교육과 평생교육 영역에서 다양한 정책을 펼치고 있다. 학교교육 분야에서는 1997년에 마이너리티 문화를 보장한다는 목적하에 제도화된 민족문화강사 파견사업이 시작되었으며[42] 평생교육 분야에서는 1985년에 인권존중학급이, 1990년대 중반에는 문해 · 일본어교실이 모든 시민관(공민관)에 설치되는 등 많은 발전을 보였다.

가와사키시의 평생교육정책을 분석하기 전에 먼저 지역사회를 둘러싼 중요한 변화를 지적해야 할 것이다. 즉, 올드커머인 재일한국인이 대부분을 차지했던 외국인 인구가 뉴커머의 증가로 인해 1996년에 이르러서는 가와사키시의 외국인 인구 5할 이상을 뉴커머가 차지하게 된 것이다. 이와 같은 외국인 인구의 변화로 인해 재일한국인을 염두에 두고 작성된 기본방침을 개정해야 할 필요에 직면했다.

교육위원회는 재일외국인을 둘러싼 상황의 변화와 기본방침제정 후 10년을 맞이하여 지금까지의 재일외국인교육을 종합적으로 재점검하기 위해 개정을 결정했다. 이를 위해 1996년 7월에 외국인교육 검토위원회를 설치하여 "함께 살아가는 사회의 형성을 향한 다문화공생의 시점을 확인한다, 국내외적 인권 보장의 동향을 파악한다, 가와사키시 정책과의 정합성整合性을 꾀한다, 공생교육을 지향한다" 등의 열 가지 항목을 고려하면서, 2년간의 검토과정을 거쳐 1998년 4월 28일에 '가와사키시 외국인교육 기본방침—다문화공생 사회를 향해'를 공표했다.[43]

1998년 개정된 새로운 교육방침은 1986년의 기본방침에 비해 재일외국인교육을 인권으로 파악하는 관점을 전면에 내세워 소수자, 소위 마이너리티의 문화적 아이덴티티와 학습권의 보장에 대한 입장, 그리고 사회참여를 위한 지원을 명확히 언급함으로써 보다 적극적으로 지자체의 책임을 확인하고 있다.[44]

이와 같은 교육방침의 개정에서도 알 수 있듯이 재일한국인을 중심으로 한 정책을 넘어 뉴커머를 대상으로 하는 정책을 제정해야 하는 상황은 보다 본격적으로 공생을 향한 교육 정책을 고민하게 했다. 이로 인해 올드커머인 재일한국인 문제에 대한 인식 위에 뉴커머의 문제를 고민한다는 자세가 기본원칙으로 자리잡게 되었다.[45]

(1) 공생을 향한 첫걸음, 그 첫 번째—인권존중학급

차별을 없애기 위해서는 우선 그 차별의 현실을 파악해야 한다. 이러한 목적에서 시작된 것이 인권존중학급이다. 히타치 투쟁에서 본 바와 같이, 재일한국인 문제를 인권문제로 파악하여 일본인의 차별의식을 의식화하는 것은 재일한국인과 일본인의 관계를 공생관계 · 수평적 관계로 바꾸는 데 중요한 첫걸음이었다.

인권존중학급은 개설 당시 8～10회에 걸친 강좌로 진행되었으며, 가와사키 시교육위원회는 이러한 지속적 학습의 필요성을 다음과 같이 밝혔다.[46]

> 계속적인 학습에 의해 이전까지는 학습자가 보지 못했던 차별이 보이게 된다 …… 이 본질을 역사적 · 실제적으로 파악함으로써 이 문제를 구조적으로 파악할 수 있게 되며, 차별과 편견을 받고 있는 재일한국인의 입장에 서는 것이 가능해지고, 더 나아가 학습자 자신의 과제로 인식하는 것이 가능하게 될 것이다. 즉, 재일한국인에 관한 문제를 일본인의 문제로 파악하는 것이 가능해지는 것이다(방점, 인용자).

이러한 교육위원회의 생각은 추진모임과의 교섭을 통해 실감했던 재일한국인 문제의 역사적 파악과 이것이 일본인의 문제이기도 하다는 인식의 중요성이 반영된 것이다. 실제로 1986년 미야마에宮前 시민관에서 열린 8회의 인권존중학급 '일본과 한국—역사와 현재를 바꾼다'를 들은 수강생은 "진실의 역사를 아는 것이 이유 없는 차별과 멸시를 불식시키는 가장 빠른 길이라고 생각한다"[47]는 감상을 밝혔다.

초기 단계에서는 인권존중학급이 평화교육학급과는 별개로 개설되었지만, 1992년부터는 평화 · 인권존중학급으로 통합된 형태로 개설되었다.[48] 2006년도에는 가와사키시의 7개 시민관에서 총 일곱 강좌가 실시되었다.

또한 교육문화회관, 시민관의 활동방침의 하나로 '인권존중과 공생사회 창조의 정신에 입각하여 실시한다'는 원칙이 표명되어 있으며, 사회참여 · 공생추진학습이 사업의 축으로 설정되었다.[49] 평화와 인권에 관한 학습기회를 통해 함께 살아가는 지역사회의 창조를 지향하는 활동은 가와사키시 재일외국인교육 기본방침의 정신에 입각하여 전개되어온 것이다.[50]

(2) 공생을 향한 첫걸음, 그 두 번째—문해 · 일본어학습지원

한편, 가와사키시가 중점정책으로 시작한 것은 문해 · 일본어학습이었다. 재일한국인 1세를 제외하고 일본에서 태어나 자란 재일한국인과는 달리 새롭게 일본에 온 외국인들 가운데는 일상회화도 제대로 구사할 수 없는 이들이 있었기 때문에, 일본어 학습은 외국인 당사자뿐만 아니라 시 측에서도 중요한 과제로 여긴 것이다.

가와사키시의 문해 · 일본어학습은 1953년의 야간중학 개설, 1978년의 세이큐샤의 문해학급, 1982년의 야간중학 재개, 그리고 사회인 학급과 일본어 교실을 거쳐 1990년의 세계 문해의 해 제정을 계기로 외국인시민을 위한 문해학급 · 일본어학습지원이 시작되었다. 또한 1991년 3월에는 가와사키시 평생학습추진 기본구상에서 외국인시민에 대한 일본어학습 지원이 제안되었고,[51] 1993년 3월에 발표된 가와사키시 평생학습추진 기본계획에서는 모든 사람들의 학습 보장이 논의되면서 재일외국인의 학습이 중심과제의 하나로 선정되었다.[52] 이후 일본어학급은 가와사키시의 각 시민관에 상설수업으로 자리잡게 되었다.[53]

가와사키시는 이에 머무르지 않고 문해 · 일본어학습의 이념과 지원 시스템에 대한 독자적인 생각에 관한 연구도 병행하여 추진하고 있다. 그 중심조직이 된 것이 문화청의 위촉사업 지역일본어교육 추진사업(1994~1996)을 이어받아 1997년에 설치된 가와사키시 지역일본어교육 추진협의회이다.

이 협의회가 1997년에 출판한 『공생의 마을 만들기를 지향하는 일본어학습』에는 가와사키시의 문해 · 일본어학습지원에 대한 관점이 잘 나타나 있다. 여기에서는 일본어학습을 단순히 일본어 쓰기 · 읽기 능력을 습득하는 것만이 아니라 살아가는 힘, 자신을 표현하는 힘, 자립해서 자기답게 살아가기 위해 배운다는 문해의 이념을 바탕으로 추진해야 한다고 밝히고 있다.[54]

> 본래 외국인시민은 그 삶의 질 보장과 사회참여의 기회 보장에 있어 일본인시민과 대등해야 한다. 만약 무엇이든 대등하지 않은 부분이 있다면 신속하게 개선해야 한다. 문해 · 일본어학습을 외국인시민과 일본인시민의 대등한 관계를 만드는 활동의 하나로 인식하는 것이 문해의 이념이다.

말하자면 일본인과 외국인이 대등한 관계로 '외국인시민의 자립과 자기실현 지원(자기 실현을 위한 일본어학습), 편견과 차별을 허용하지 않는 사회, 타 문화를 상호로 인정하는 사회의 형성(공생의 마을 만들기를 위한 일본어학습), 풍요로운 다문화사회의 창조를 위한 활동'으로서[55] 문해 · 일본어학습을 이해하려는 자세가 표명되어 있는 것이다. 이러한 관점은 공동학습이라는 실천방식에서도 드러나듯이 외국인의 자기실현, 일본인의 타문화에 대한 이해 등 일본인과 외국인이 서로 배우고 이해하고 지원하는 것을 통하여 가와사키시가 내걸고 있는 함께 살아가는 지역사회 만들기를 지향하고자 하는 것이다.[56]

가와사키시의 문해 · 일본어학습지원의 특색은 첫 번째로 각 시민관의

문해학급(제공: 후레아이관)

문해학급을 거점으로 교육위원회가 공적으로 지원하는 체제라는 점,[57] 두 번째로 시민의 자원봉사 활동이 활발하다는 점이다. 시민관에 문해 · 일본어학급이 상설되기 이전부터 자원봉사 그룹의 활동은 존재해왔기 때문에, LET'S 국제 자원봉사 교류회 · 아미회アミの會 등과 같은 시민자원봉사자의 지역 활동[58]이 시의 지원과는 다른 형태로 존재해왔음을 간과해서는 안 된다.

자원봉사자들[59]은 문해 · 일본어 학습의 네트워크인 지역일본어 연락회[60](월 1회)와 지역일본어 네트워크모임[61](연 1회)에서도 활발히 활동하고 있다.

문해 · 일본어학습을 인권의 차원에서 공적으로 지원하는 가와사키시의 자세는 2003년 교육위원회와 가와사키시 지역일본어교육 추진협의회에 의해 작성된 가와사키시 문해 · 일본어학습활동의 지침에도 계승되고 있다. 지침에서는 자원봉사자의 태도와 행정의 지원방법, 그리고 문해 · 일본어학습지원의 다양성과 네트워크 구축의 필연성이 언급되어 있다. 또한 다음의 다섯 가지 기본이념이 제시되어 있다.[62]

1. 문해 · 일본어학습은 기본적 인권입니다.
2. 문해 · 일본어학습에 대한 지원은 시와 시민의 활동으로 이루어집니다.
3. 문해 · 일본어학습의 활동은 다문화공생사회의 실현을 지향합니다.
4. 문해 · 일본어학습의 활동을 실질적인 것으로 만들기 위해서는 활동에 참여하는 모든 사람들의 공동학습이 중요합니다.
5. 문해 · 일본어학습 활동은 가능한 한 폭넓은 학습요구와 학습조건에 대응하는 것을 목표로 합니다.

이러한 가와사키시의 문해 · 일본어학습에 대한 이념의 확립 및 심화는 외국인도 가와사키시의 시민으로서 일본인과 동일한 권리를 향유해야 한다는 이토 시정 이래의 정신을 계승하는 것이다. 또한 1986년의 재일외국인교육 기본방침 제정 이래, 외국인교육 시책의 정비에 힘써온 교육위원회의 일관된 자세의 표명이기도 하다.

이는 또한 2004년도에 뉴커머 외국인이 참여하는 모어 · 어학교실이라는 새로운 움직임을 탄생시키는 원동력으로 작용했다.

(3) 외국인 주체의 새로운 도전—모어 · 어학교실

외국인이 주체가 되어 모어를 전하려는 시도는 시민자주학급과 시민자주기획사업에서 생겨났다.

지역과 사회의 문제해결에 관여하는 성인자주그룹의 자주 학습활동을 추진하는 시민자주학급과 학습 · 문화 · 예술의 진흥 및 시민의 교류, 네트워크화를 위한 사업을 시민들의 참여를 통해 실시하는 시민자주 기획사업은 2004년도부터 실시해온 사업이다.[63]

처음 사업을 시작한 2004년의 개설상황(다문화공생, 국제교류 관련)을 보면 시민자주학급으로서 다문화실천시민강좌(전5회, 교육문화회관), 세계의 언어를 통해 서로를 알자(전6회, 미야마에宮前 시민관)의 두 강좌와 시민자주 기획사업으로서는 국제육아광장 코알라(전20회, 나카하라中原 시민관), 다국적 여성을 위한 워크샵(전7회, 히요시日吉 분관) 등 여덟 강좌를 실시했다.[64] 2005년도에도 다양한 기획사업이 실시되었는데, 세계의 광장(전15회, 다마多摩 시민관), 국제교류 일본어살롱(전5회, 히요시 분관) 등 일곱 강좌가 그것이다.[65]

그 가운데 교육문화회관은 2004년, 아이들이 즐길 수 있는 모어·어학교실을 실시했다.

가와사키시에 거주하는 뉴커머 한국인 여성이 응모하여 채택되면서 2004년 9월부터 중국어·한국어 유아반, 저·고학년 모어반, 저·고학년 입문반 등 모두 열 개 반이 개설되었다. 모어·어학교실은 외국인 아이들에게는 모어를 배울 수 있는 권리를, 일본인 아이들에게는 외국어를 배움으로써 서로의 차이를 이해할 수 있는 기반을 만드는 '함께 살아가는 다문화·다언어사회'의 실천을 목적으로 하고 있다. 2005년 5월에는 중국어·한국어 외에도 부모와 자녀의 광장(親子ひろば)이라는 부모와 자녀 간의 커뮤니케이션을 돕고, 어학학습의 기초를 만들고자 하는 강좌가 신설되었다. 현재도 교육문화회관을 중심으로 다양한 활동을 펼치고 있다.[66]

외국인 스스로가 수동적 행위자에서 능동적 행위자로 변화하고자 하는 이러한 움직임은 1980년대부터 시민과 시가 만들어온 공생사회로의 토대 위에서 형성된 것이라 할 수 있다. 이와 같은 능동적 행위자로서의 외국인 시민의 참여는 1996년에 발족한 외국인시민 대표자회의를 통한 시정참가에서도 볼 수 있다.

3. 시정참가의 제도화 — 외국인시민 대표자회의

재일외국인은 피선거권·선거권이라는 참정권이 인정되지 않아 자신들의 의견을 정책에 반영할 수 있는 항상적恒常的 통로가 사실상 없었다. 그러나 1990년대 중반 이러한 현실에 변화를 모색하는 움직임이 가와사키를 무대로 나타났다. 이는 1998년에 개정된 기본방침의 '외국인시민의 사회참가를 지원한다'는 정신을 구현화시킨 것으로, 1990년대 이후 공적 루트를 통한 참여를 자리잡게 한 외국인시민 대표자회의(이하 대표자회의)이다.[67]

(1) 시민으로서의 외국인[68]— 대표자회의 설치구상

외국인이 가와사키시의 시민으로서 그들의 목소리를 시정에 반영시키고자 하는 시도는 가나가와현 내의 시민그룹을 중심으로 1988년에 조직된 '가나가와민투련神奈川民闘連'[69]의 문제제기에서 시작되었다. 가나가와민투련은 1989년, 재일외국인을 시민으로 인정할 것, 재일한국인의 취로상황조사, 지자체 직원채용의 국적조항 철폐를 내용으로 하는 요구서를 가와사키시에 제출했다.

가와사키시는 이 요구서에 대해 시민국을 중심으로 하는 가와사키시 외국인시민 시책추진 간사회를 설치하였고 간사회에서는 24항목으로 구성된 외국인정책 과제를 제출했다. 24항목 검토과제는 본명을 사용하는 시스템 만들기, 재일한국인의 역사 · 문화 이해를 위한 계발책자의 작성 등과 같이 재일외국인 문제에 대한 계발 활동에 관한 것에서부터 각종 위원회의 위원이나 시정모니터 참여, 영주권을 가진 외국국적 시민의 지방참정권 취득을 위한 노력 등 가와사키시의 시책추진에서부터 외국인시민의 의견을 반영하는 시책요구에 이르는 다양한 내용을 포함하고 있다.[70]

이러한 항목 가운데 외국인의 시정참여를 제도화하기 위한 시도[71]로 외국인시민 대표자회의가 설치된 것이다.[72]

우선 대표자회의가 발족되기까지 가와사키시의 움직임을 살펴보자. 가와사키시는 1992년에 새로운 종합계획 가와사키 신시대 2010플랜[73]을 수립하였는데, 그 안에서 외국인시민과 함께 추진하는 다문화공생의 마을만들기를 주요 시책으로 내놓으면서 서로 다른 민족의 문화와 교류할 수 있는 마을만들기 추진을 제안했다.[74]

가와사키시는 이 계획의 실현을 위해 외국인시민 시책 가이드라인의 책정을 추진했다. 그 성과로 1993년에 발표된 것이 '가와사키시 국제정책 가이드라인 만들기를 위한 제언'이다. 이 제언은 53항목으로 된 가와사키시의 기본적인 외국인시민 시책의 지침을 제시하면서, 53항목 제언의 13영역 가운데 하나로 시정참가를 제안하고 있다.[75]

앞에서 다룬 24항목 검토과제가 재일한국인의 인권보장을 주요 골자로 삼은 것에 반해, 이 53항목 제언은 뉴커머까지 범위를 넓힌 시책을 제안하고 있다는 점에서 차이가 있지만,[76] 가와사키시 외국인 시책의 주요과제로 시정참가를 설정하고 있다는 점에서는 일맥상통한다. 이러한 구상이 구체적으로 외국인시민 대표자회의로 발전된 것은 1994년 2월에 열린 지방시대 심포지움의 장에서였다.[77]

이 심포지움은 지자체가 안고 있는 과제를 전국의 지자체 관계자와 연구·협의하고 그 성과를 가와사키시가 중심이 되어 전하려는 목적에서 개최된 것으로, 분과모임의 하나인 '외국인시민과의 공생마을만들기'에서 외국인시민의 시정참가에 관해 토의되었던 것이다.[78] 즉, 이 분과모임에서 독일의 프랑크푸르트시의 외국인 시책 '외국인시민 대표자회의(KAV)'가 소개된 것이 그 출발점이라 할 수 있다.

가와사키시는 그 후 1994년 10월에 (가칭) 외국인시민 대표자회의 조사·연구 위원회를 설치하였고, 2년 후인 1996년에는 위원회로부터 답신을 받아 외국인시민 대표자회의 조례(참고자료 10)를 성립시켰으며, 같은 해 12월에는 드디어 제1회 외국인시민 대표자회의를 개최했다.[79]

대표자회의는 외국인시민의 목소리를 행정시책에 반영하기 위한 시정참여의 기구로서 구상되어 자문기관의 성격을 가지고 있으며, 외국인시민 시책과 인권·문화 활동 등에 관한 다섯 가지 사항을 검토한다. 단, 정치적 문제와 국제문제는 심의하지 않는 것을 원칙으로 하고 있다. 또한 지방자치법(제91조 제1항 제4호) 규정에 입각하여 회의의 대표자 26명을 정수로

가와사키시 외국인시민 대표자회의의 시범회의

2년 임기로 대표자는 대표자선고위원회의 선고결과를 바탕으로 시장이 위촉한다. 대표자는 자신의 나라를 대표하는 것이 아니라, 어디까지나 가와사키시의 외국인시민 대표로 직무를 수행하게 된다.

1996년[80] 발족 이래, 외국인시민 대표자회의가 실제로 어떻게 그들의 의견과 생각을 실현시켜왔는지 그 자취를 살펴보자.

(2) 가와사키시 시책으로의 전파 — 발족 이후의 행적

외국인 스스로가 그들과 관련된 여러 문제들을 조사 · 심의하는 기회를 보장함으로써 외국인시민의 시정참여와 상호이해 · 공생의 지역사회 형성을 목적으로 하는[81] 대표자회의는 어떻게 진화하고 있을까?

대표자회의는 "외국인이 살기 편한 곳은 일본인도 살기 쉽다"를 슬로건으로 하여 '요구에서 참가로', '개별과 보편', '상호이해와 공생'이라는 세 가지를 키워드[82]로 열린 회의와 구청장 · 행정직원과의 의견교환[83] 등 약 10년간 다양한 활동을 하고 있다.

대표자회의는 대표자가 무엇을 조사 · 심의할 것인지 그 테마를 결정해서 전체회의와 부회를 거쳐 조사 · 심의하고 그 결과를 제언으로 정리하여 시장에게 보고하는 제도로 이루어져 있다. 제1기 부회에는 교육부회 · 지역생활부회 · 마을만들기부회 세 가지가 설치되었고, 현재는 교육문화부회와 사회생활부회 두 가지가 설치되어 있다.

매년 제출된 제언은 그 후 어떻게 시책으로서 실시 · 검토되고 있는지 보고되며 일정한 성과를 얻은 것을 A로, 현재 진행중이거나 검토중인 것을 B로 나누어 그 진행 상황을 공개하고 있다.[84] 1996년부터 2006년까지 실시된 제언 내용은 유학생 생활지원, 주민투표제도에서 출입국관리행정까지 다양한 영역을 아우르고 있으며, 따라서 담당하는 곳도 총무국과 시민국, 교육위원회 등 여러 부서에 걸쳐 있다.[85]

예를 들어 1996년의 '외국어에 의한 홍보를 충실히 하고 외국인시민을 대상으로 하는 정보코너를 설치한다' 라는 제언에 대해 살펴보면, 1998년도에 외국인시민 정보코너가 설치되어 외국어로 된 자료가 배부 · 제시되고 있다(2002년도 실시상황 A). 또한 1998년 4월부터 시행되고 있는 외국인시민에 대한 홍보와 관련한 제안(기본방침)을 책정하고 각 국과 구가 수행하는 외국어 홍보에 대한 실태조사를 실시했다(2003년도 실시상황 A). 이에 더해 '가와사키시 다문화공생사회 추진 지침' 가운데 정보제공에 관한 시책추진의 방향을 포함시키는 것도 보고되었다(2004년도 실시상황 B). 2005년에는 외국인시민 정보코너의 관리상황에 대한 설문조사를 실시하기도 했다(2005년도 실시상황 B).[86]

이처럼 대표자회의에서 제기된 제언에 대해 한시적으로 대응하지 않고 충실한 후속조치를 지속함으로써 '외국인시민의 목소리를 시책에 반영시킨다' 는 대표자회의 본래의 목적을 실질적이고 내실적인 것으로 만들기 위해 노력하고 있다. 그와 동시에 대표자의 선임을 둘러싼 문제[87]와 시장 및 시의회 등과의 실질적인 상호작용의 필요성, 일본인 시민과 NGO 등과의 네트워크의 필요성 등이 과제로 지적되는 등[88] 최초의 시도인 만큼 시행착오를 겪으면서 시정에 대한 발언과 참여를 추진하고 있다.

대표자회의[89]는 종래의 국민개념이 갖는 폐쇄적 성격을 넘어 외국인에게도 지역사회의 주민 · 시민으로서 시정참여의 기회를 부여함으로써 수동적 타자가 아닌 능동적 주체로서 외국인을 자리매김하여 진정한 의미의 공생이념을 체현하고자 하는 시도로 평가될 수 있을 것이다.[90]

대표자회의는 또한 가와사키시의 외국인시책이 새로운 단계에 접어들었음을 상징하는 것이기도 하다. 즉, 본명실천 등의 권리 획득을 위해 시와 교섭해서 후레아이관을 개관한 제1기, 24항목 검토과제에서 대표자회의 설치까지 가와사키시가 내적 국제화를 향한 시책에 적극적으로 힘쓴 제2기를 거쳐 외국인시민이 스스로 시의 시책을 만들어가는 제3기에 들어선 것[91]을 의미하기 때문에 앞으로의 발전가능성 또한 주목해야 할 필요가 있다.

이러한 외국인시민의 시정참여 정신은 2005년 4월부터 시행된 '가와사키시 자치기본조례'[92]에서 외국인을 포함하는 개념으로 시민을 규정한 것과 같은 해 3월에 제정된 '가와사키시 다문화공생사회 추진 지침—함께 살아가는 지역사회를 향해'(참고자료 11)에도 계승되었다.

특히 가와사키시 다문화공생사회 추진 지침은 가와사키시가 국적과 민족, 문화의 차이를 풍요로움으로 받아들이고, 모든 사람들이 서로를 인정하여 인권을 존중하고 자립한 시민으로서 함께 살아갈 수 있는 다문화공생사회의 실현을 지향하면서, 인권의 존중 · 사회참여의 촉진 · 자립을 위한 지원의 기본 이념 · 다문화공생교육의 추진 · 공생사회의 형성 등의 다섯 가지 기본방향을 명시함으로써[93] 다문화공생이 가와사키시를 규정하는 중요이념이라는 것을 분명히 했다.

이상과 같이 세이큐샤 등의 활동과 지자체의 노력에 의해 시작된 재일외국인교육시책이 다문화공생을 가와사키시 주요이념의 중핵 가운데 하나로 발전시킨 것이 1990년대 이후의 큰 특징이다. 또한 지자체의 외국인

시민시책이 내외인內外人 평등주의의 준수와 차이의 존중 및 자치로의 참여 보장[94]이라는 세 가지 축으로 구성되어 있음을 고려할 때, 1980년대 초반에 제도적 차별을 철폐한 이래, 차이의 존중은 다문화공생교육에서, 자치로의 참여는 외국인시민 대표자회의에서 각각 이루어지고 있다.

본 장에서 검토한 가와사키시와 후레아이관의 활동은 자신답게 살아가는 것, 함께 살아가는 것이라는 주체적 아이덴티티의 구축과 공생이념의 확립이라는 두 가지 구심점을 가지고 있기 때문에 이들의 실천활동은 인권이라는 토양 위에서 처음으로 성립될 수 있었다.

사람들의 의식을 바꾸는 것은 결코 쉬운 일이 아니다. 지금까지의 의식을 바꿔 다른 것을 받아들이거나 다른 존재인 자기 자신을 받아들이는 실천은 꾸준한 활동에 의해서만 성취될 수 있는 것이다. 바로 후레아이관의 실천 및 가와사키시의 인권존중학급과 일본어학습지원, 대표자회의 등과 같은 다양한 활동은 세이큐샤가 주장해온 함께 살아간다는 소망을 지역사회에 뿌리내리게 할 수 있었던 지속적이고 견실한 실천활동이었다.

주

1 히구치 나오토樋口直人는 "1990년대에 가와사키 · 도쿄 등의 지자체에서 외국인회의가 설치되고 정령지정도시의 직원채용에서 국적조항이 철폐되었던 점에서 이 시기를 외국인시민의 시정참가에 있어서 획기적인 변혁의 시기로 위치짓고 있다. 가와사키시에 한정해서 생각했을 경우, 1990년대 이전은 단체교섭과 의의제기(요구서 제출)가 가장 많이 사용된 수단이었다"고 지적한 뒤, 최근 들어서 제도적인 행위의 비중이 일반적으로 높아졌다고 말하고 있다. 樋口直人, 「對抗と協力－市政決定メカニズムのなかで」, 宮島喬 編, 『外國人市民と政治參加』, 有信堂, 2000, 20～23쪽.

2 후레아이관의 이용인원, 단체에 관한 1988년도부터 2006년도까지의 통계는 다음과 같다.

	이용인원수						이용단체 합계
연도	유아	초등학생	중학생	고교생	성인	합계	
1988	2,732	16,770	3,272	1,074	10,122	33,970	435
1989	2,329	21,360	2,573	994	12,065	39,321	543
1990	2,011	18,413	2,922	1,041	15,075	39,462	997
1991	2,019	17,769	2,384	1,000	16,542	39,714	1,296
1992	1,942	18,102	2,637	1,044	18,255	41,980	1,441
1993	1,716	18,230	2,856	1,880	19,268	43,950	1,574
1994	1,475	18,010	2,223	1,276	19,642	42,626	1,530
1995	1,580	17,739	1,712	822	19,153	41,006	1,418
1996	1,664	17,264	2,222	1,107	19,528	41,785	1,507
1997	1,433	17,824	2,228	1,272	18,851	41,608	1,508
1998	1,632	17,501	2,351	1,104	17,383	39,971	1,414
1999	1,458	17,475	1,321	952	17,288	38,494	1,411
2000	1,056	19,216	1,504	1,345	17,185	40,306	1,284
2001	1,313	18,779	1,227	1,258	15,648	38,225	1,297
2002	1,576	19,386	1,376	704	15,842	38,884	1,246
2003	1,532	10,158	2,086	594	16,039	30,409	1,017
2004	1,765	10,904	2,735	478	16,423	32,305	853
2005	1,604	26,787	6,861	832	15,177	51,261	896
2006	1,417	22,400	7,567	417	12,679	44,480	830
누계합계	32,254	344,087	52,057	19,194	312,165	759,757	22,497

「第48回川崎市ふれあい館 · 櫻本こども文化センター運營協議會」, (2007년 6월 15일)資料 참조.

3 이러한 사회적 약자에 대한 시점은 1970년대의 세이큐샤 활동의 원점이라 할 수 있다. 후레아이관 보고서에는 "어느 시대이든 공공사업은 인간 안에 머물고 있는 선의에 그 출발점을 갖는다는 말이 후레아이관 설립에 이르는 세이큐샤 역사의 원점이며 그 선의는 항상 사회적 약자의 입장에 놓여져 왔다"라고 언급되어 있다. 이 "사회적 약자라는 입장은 역사적 부조리에 의해 사회적 약자에 놓여지게 된 재일한국인의 자각적 시점"이며 "역사적 부조리를 자신들의 아픔으로 자각하지 않았던 일본인의 연대하고자 하는 시점"이기도 하다. 즉, 약자에 대한 시점은 일본사회의 약자로서 살아올 수밖에 없었던 한국인이라는 자신들의 처지에서 생겨난 것이며 이러한 시선은 후레아이관 발전의 원동력이 되었던 것이다. 川崎市ふれあい館·櫻本こども文化センター, 앞의 책, 98쪽.

4 「ふれあいかんだより」第21號(1990년 4월 13일) 참조.

5 사쿠라모토 풍물놀이에 대해서는 金侖貞, 「共生の輪を擴げよう!-櫻本プンムルノリからみた文化交流」(『月刊社會教育』, 2007년 1월호, 72~77쪽)를 참조할 것

6 아리랑축제アリラン祭란 가나가와현의 고등학교를 중심으로 고교생들이 한국을 전하기 위해 문화를 표현하고 발표하는 장으로서 설정된 것이었다. 즉, 재일한국인과 일본인학생들의 교류를 목적으로 현립고교와 지역을 잇는 민족문화제-아리랑축제가 가와사키고교川崎高校, 다이시고교大師高校, 가와사키 미나미고교川崎南高校의 3개의 현립고교의 조선문제연구회, 조선문화연구회의 학생과 선생님을 중심으로 열렸다. 「川崎で『アリラン祭』-高校生が在日韓國·朝鮮人と交流」, 「毎日新聞」(1994년 2월 11일) 참조. 그러나 2004년 이후 중지되었다.

7 コリア文化サークル「パランセック」のリーフレット 참조.

8 파랑색에서 간사를 하고 있는 박영자에 의하면 자신들의 문화를 되찾고자 했던 재일한국인과 한국의 문화를 알고 싶어했던 일본인 등에 의해 세이큐샤에서 활동하고 있던 청년들의 활동이 파랑색의 시작이며 실제로는 10년 전부터 시작되었다고 한다. 처음에는 춤과 한글, 상고뿐이었지만 나중에 가야금강좌가 시작되어서 한글 3강좌, 춤 2강좌, 가야금 4강좌, 장고 3강좌가 실시되고 있다. ふれあい館職員朴榮子さん聞き取り調査(2005년 8월 3일) 참조.

9 배중도 후레아이관 관장은 개나리클럽에 대한 생각을 다음과 같이 말하고 있다. "우리들은 압도적으로 일본사회, 문화 안에 있기 때문에 자칫 잘못하면 공생이라는 이름 아래 일본사회 문화에 휩쓸리는 경우도 아마 있을 것이다. 우리들은 이러한 공생을 원하고 있지 않다. 그래서 주체적으로 살아갈 수 있는 역량을 어떻게 하면 만들 수 있을까, 또 어떠한 상태가 되었을 때 공생이라고 말할 수 있는지가 중요하다. 단, 후레아이관이라는 것을 만들어서 그곳에서 동포 아이들이 자신을 숨기지 않고 활동할 수 있는 장이 확보된다는 것은 공생을 구체화시켜가는 하나의 방법론이며 그 거점이 될 수 있다는 것에 의의가 있다. …… 민족으로서 살아갈 수 있는 집단의 장은 절대 필요하기 때문에 확보되어야 한다. 즉, 일본사회 안에서 자기를 드러내놓고 살아가고자 하는 강한 주체를 만들 때, 그러한 주체로 계속해서 있기 위한 고민을 받아줄 수 있는 장이 없으면 힘들고 지속되지 않기 때문이다. 그렇지 않으면 강한 연대감이 형성되지 않는다." 「川崎『ふれあい館』5周年-地域社會に相互理解の據点」, 「統一日報」, (1993년 6월 18일) 참조.

10 당시 초대 졸업생이자 지도원으로서 활동하고 있던 배평순은 "개나리클럽이 재일코리안 아이들의 버팀목이 되고 있는 것은 옛날부터 변하지 않았습니다. 아이들이 안심할 수 있는 곳으로 하고 싶다고 언제나 소망하고 있습니다"라고 말하였다. 「川崎市ふれあい館子ども事業-同胞兒童だけの『ケナリクラブ』」, 「民團新聞」(2002년 2월 13일) 참조.

11 「ふれあいかんだより」 第49號(1993년 1월 6일) 参조.

12 「違い認め共生を—ふれあい館民族クラブ7日に『廣場』開催」, 「神奈川新聞」, (1999년 3월 5일) 参조.

13 우리 마당ウリマダン은 개나리클럽을 중심으로 공작 마당 · 요리 마당 · 즐거운 마당 등 몇 가지 마당으로 나뉘어 1996년부터 열렸지만 현재는 열리지 않고 있다.

14 DAGAT클럽이 만들어지게 된 것은 필리핀 아이들이 늘어나고 있는 가운데 필리핀인을 후레아이관 직원으로 맞아들이게 된 것을 계기로, 후레아이관 소식에는 다음과 같은 DAGAT클럽의 안내가 실려 있었다. "후레아이관에서는 필리핀인 R씨를 중심으로 필리핀의 문화배경을 가진 아이들이 각각 자기다운 것이 무엇인지를 확인하고 함께 배우는 장을 갖기 시작하고 있습니다. 학교를 넘어 필리핀 아이들이 친구가 되는 장으로서 활동을 시작하고 싶습니다." 「ふれあいかんだより」 第121號(1999년 4월 1일) 参조. 또 뉴커머 외국인학생들의 기초학력보장을 위한 중학생 학습지원이 실시되고 있다. 「ふれあいかんだより」 第193號(2005년 4월 1일) 参조.

15 배중도 후레아이관 관장은 자신에게 관련된 것을 부정하지 않고 받아들이는 것의 중요성을 지적하였다. 예를 들어 노무라 스스무野村進와의 대담 중에 다음과 같이 말하고 있다. "(민족이라는) 개념규정을 하면 아무래도 어느 부분을 버릴 수밖에 없기 때문에 자신과 관련된 어떠한 것도 부정하지 않는다고 생각하기로 했습니다. …… 예를 들면 다문화가정 아이들은 일본인 부모를 부정해버릴 수는 없기 때문에 개념규정을 해서 버리는 것이 아니라 반대로 받아들이도록 하는 것입니다. 그렇게 하면 한국국적으로 통명을 쓰고 있는 사람도, 본명을 쓰고 있더라도 말을 할 수 없는 사람도, 집에 돌아가면 통명을 쓰는 조선학교 학생도, 일본인 부모를 가진 다문화가정 아이들은 서로가 버팀목이 된다는 것을 알게 될 것입니다. 그리고 그 막대는 하나라도 떨어지지 않는 것이 좋지 않나라고 생각합니다." 野村進, 『コリアン世界の旅』, 講談社, 1996, 82~83쪽.

16 '자이니치의 생각을 이야기하는 모임在日の想いに語る會'은 1995년부터 연2회 개최되어 학부모의 생각을 교사에게 알리기 위해서 기획된 것으로 후레아이교육을 실시하는 가운데 재일한국인 아이들에 대한 부모와 교사의 생각의 차이 등을 말하는 장으로서 생긴 것이었다. ふれあい館職員朴榮子さん聞き取り調査(2005년 8월 3일) 参조.

17 고령자, 장애인에 대한 문제는 1992년부터 이미 후레아이관의 과제로 인식되어왔다. 당시의 후레아이관 소식에는 다음과 같이 적혀 있다. "올해는 두 단체가 후레아이관 축제에서 다른 해보다도 주체적으로 참가를 했습니다. …… 우리들은 이 두 단체가 후레아이관 축제에서 큰 힘이 되어준 것은 5년째를 맞이한 후레아이관의 모습을 상징하고 있다고 생각합니다. 후레아이관이 4년 전 재일한국인과 일본인의 교류시설로서 지역에 만들어져서 많은 사람들과의 만남이 있었고 교류의 장을 제공해왔습니다. 그리고 문자 그대로 지역사람들과 교류하는 가운데 새로운 과제에 직면했다고 생각합니다. 하나는 재일한국인 1세의 고령자 문제이고 다른 하나는 장애우 · 자의 지역에서 함께 살아가는 활동입니다. 자이니치 1세의 식사와 문화활동을 생각하면 일본의 노인복지에서 보호받지 못하고 남겨진 과제들이 많다고 생각합니다. 또 가장 고생을 해온 그(녀)들의 발자취 그 자체를 남기는 것도 굉장히 중요한 일입니다. 더욱이 초등학교 고학년 · 중학생 · 고등학생 · 청년기의 장애를 가진 사람이 지역에서 함께 살아가기 위해 어떻게 지원할 것인가도 함께 살아가는 지역사회를 내걸고 있는 우리들의 큰 과제라고 생각합니다." 「ふれあいかんだより」 第44號(1992년 7월 7일) 参조.

18 石坂浩一,「川崎の在日韓國・朝鮮人」,『川崎在日韓國・朝鮮人の生活と聲－在日高齢者實態調査報告書(1998年度)』, 靑丘社, 1999, 10～11쪽.

19 가와사키시에서는 1994년 10월부터 외국인복지수당의 지급이 개시되어 고령자는 월 1만 엔, 장애인은 4만 엔, 소급遡及으로 월 2만 엔이었다. 星野修美, 앞의 책, 274쪽.

20 이와 같은 지자체의 대응은 재일한국인 1세를 무연금상태로 방치해온 것에 대한 비판을 받아 이루어진 것으로, 1996년 12월 당시 194지자체에서 실시하고 있었다. 石坂浩一, 앞의 책, 11쪽.

21 제2후레아이관구상이라 할 수 있는 것은 세이큐샤가 창립 20주년을 맞이한 1994년에 이미 20주년을 계기로 한 새로운 사업구상으로서 그 골격이 만들어져 있었다. 재일고령자의 문해학급과 장애아의 지역생활 지원활동 등에 관한 의논을 거듭해온 운영협의회에서는 고령자, 장애인의 생활 지원활동이 중요한 과제라고 인식하여 지역생활 지원센터 구상을 냈던 것이었다. 자이니치 고령자의 미니 데이서비스사업을 발판으로, 자이니치 고령자의 생활기반과 장애인의 재택지원활동, 볼런티어 활동육성, 공익활동의 네 가지를 이 센터의 주요사업의 축으로 하였다.「第21回川崎市ふれあい館・櫻本こども文化センター運營協議會」, (1994년 11월 17일)資料 참조.

22 石坂浩一, 앞의 책, 14쪽.

23「一世の步み學び問題を共有へ－在日高齢者ボランティア講座」,「神奈川新聞」, (1997년 11월 20일) 참조.

24 세이큐샤의 '고령자・장애인 생활지원 프로젝트'는 다음과 같은 사업계획(1997년도)를 세우고 있었다. 고령자 생활지원 프로젝트로는 ① 미니 데이서비스사업, ② 상담사업, ③ 세대간 교류사업, ④ 계발활동, ⑤ 고령자 볼런티어육성, ⑥ 조사연구활동이, 장애우・자 생활지원 프로젝트에는 ① 학령아・청년활동의 지원, ② 여름 임시생활클럽 무지개 집의 지원, ③ 생활지원・상담사업, ④ 볼런티어 육성, ⑤ 지역교류사업, ⑥ 무지개회의 공익활동 지원이 있었다.「第28回川崎市ふれあい館・櫻本こども文化センター運營協議會」, (1997년 7월 3일)資料 참조.

25 고령자 상담창구는 재일한국인 1세의 非문해와 무연금 등의 역사적・사회적 배경에 입각하여 민족적・문화적 배경이 존중되어 풍요로운 노후 생활을 보내는 것을 설립 취지로 하고 있다. 주된 사업으로는 ① 자이니치 고령자의 복지와 생활에 관해 돕는 일－개호보험 인정심사 신청 돕기・제도 이용・서비스 이용 돕기 등, ② 각 고령자 서비스 기관으로부터의 상담・지원－한국의 문화적 케어의 상담・원조・사회적 역사적 배경의 상담・조언 등, ③ 계발・정보발신, ④ 자원봉사자 양성・지원 등이 있다.「第35回川崎市ふれあい館・櫻本こども文化センター運營協議會」, (2000년 5월 19일)資料 참조.

26 또 세이큐샤는 가와사키시로부터 위탁을 받아 2000년부터 재일한국인을 비롯한 외국인 고령자의 홈 헬프 서비스 제공을 목적으로 한 양성강좌를 실시하고 있다. 민단신문에는 이와 같은 세이큐샤의 활동에 대해 '재일동포 고령자의 역사적・사회적・민족적 배경을 바탕으로 한 개호 서비스를 제공할 수 있는 인재 만들기의 첫걸음으로 기대되고 있다'고 하였다.「ホームヘルパー養成硏修講座－在日社會福祉法人靑丘社に委託」,「民團新聞」, (2000년 2월 9일) 참조.

27 도라지회는 자이니치 고령자가 안고 있는 여러 문제를 해결하고자 하는 고령자 자신의 제안에 의해 결성된 것으로 도라지라는 이름은 민족을 상징하고 회가 더욱 크게 뿌리를 내리도록 하는 소망이 담겨 있다.「在日韓國・朝鮮人1世高齢者交流クラブ－『トラジの會結成會』開く」,「東京新聞(1998년 1월 25일) 참조. 또 1998년 1월 24일에 열린 결성집회에서 "지금도 외롭게

살고 있는 동포, 힘들어 하고 있는 동포의 고민을 해결하기 위해서 힘을 합치고 싶다. 그리고 무엇보다도 동료의 유대를 강화하고 싶다. 그리고 이 지역 우리 동포들의 마음의 고향을 만들고 싶다"는 결성취지문이 읽어졌다. 「川崎の在日韓國・朝鮮人高齢者『トラヂの會』結成ー悩み一緒に解決 力を合わせよう」, 「統一日報」, (1998년 1월 27일) 참조.

28 도라지회에 대해서는 金惠媛・三國惠子, 「トラヂの會の現在と將來」(『川崎在日韓國・朝鮮人の生活と聲ー在日高齢者實態調査報告書(1998年度)』, 青丘社, 1999, 124~144쪽)를 참조할 것

29 후레아이관에서는 2006년 4월부터 새로운 시민사업으로서 인터넷상에 가와사키 재일코리안 생활문화자료관ー재일코리안 생활족적(http://www.halmoni-haraboji.net)을 개설하고 생활사를 기록함과 동시에 지역의 재일한국인의 역사를 사진과 문헌 등으로 전하는 시도를 시작하였다. 「ふれあいかんだより」, 第211號(2006년 10월 1일) 참조.

30 「重度障害者の自立支援ー『虹の會』施設開設宿泊體驗など始める」, 「神奈川新聞」, (2001년 10월 27일) 참조.

31 1996년 7월 22일부터 8월 30일까지의 23일간 이루어진 무지개집은 총 217명이 이용하고 지도원과 지원봉사자의 협력을 얻어 드라이브와 물놀이 등을 즐기는 프로그램이 실시되었다. 「第26回川崎市ふれあい館・櫻本こども文化センター運營協議會」, (1996년 11월 21일)資料 참조.

32 후레아이관 관장 미우라 도모히토에 의하면 이 서비스는 중증 장애를 가지고 있는 장애인과 그 부모에 대해 부모가 건강할 때 적절한 케어를 통해 사회와 모자분리母子分離를 하는 첫걸음으로서 장애인/유아 학교나 작업소에서 돌아왔을 때, 부모가 쇼핑을 한다거나 식사를 하는 시간에 함께 장애가 있는 아이를 돌봄으로써 부모의 부담을 줄이고 아이들에게는 여가지원을 하고자 시작한 것이라고 한다. 아파트를 빌렸었기 때문에 주로 아파트에서 지내면서 산보하거나 직원이 있을 때에는 드라이브를 한다거나 같이 2대 2로 외식을 하는 등의 활동을 했다고 한다. ふれあい館三浦知人館長聞き取り調査(2010년 5월 18일) 참조.

33 장애우・자를 가진 부모가 고령화됨에 따라 장애우・자의 장래에 대해 불안감을 느끼는 가운데 장래 고도 장애자들이 그룹 홈에서 공동생활을 하고 자립해가기 위한 준비활동으로 실시된 것으로 이용한 사람은 고교생과 20대의 남녀 7명이라고 한다. 「重度障害者の自立支援ー『虹の會』施設開設宿泊體驗など始める」, 「神奈川新聞」, (2001년 10월 27일) 참조.

34 세이큐샤 홈페이지(http://www.seikyu-sha.com)로부터.

35 「ふれあいかんだより」 第194號(2005년 5월 1일) 참조.

36 「第46回川崎市ふれあい館・櫻本こども文化センター運營協議會」, (2006년 6월 16일)資料 참조.

37 「ふれあいかんだより」 第62號(1994년 3월 5일) 참조.

38 「ふれあいかんだより」 第121號(1999년 4월 1일) 참조.

39 社會福祉法人青丘社櫻本保育園, 「眞實の連帶を求めて」, 同人誌, 『動く』 第3號, 1974, 8쪽.

40 1998년 3월에 가와사키시 외국인시민 대표자회의에 응모한 외국인의 앙케이트 결과에 의하면, 가장 많은 문제점으로 지적된 것은 여전히 편견, 차별이었다. 星野修美, 앞의 책, 232쪽.

41 岩淵英之, 「さらなる發展を願って」, 『だれもが力いっぱい生きていくためにー川崎市ふれあい館10周年記念誌(88~97)』, 川崎市ふれあい館・櫻本こども文化センター, 1998, 3쪽.

42 星野修美, 앞의 책, 240쪽. 다양한 문화를 아이들이 실체험하는 것을 목적으로 1997년 5월부터 시작된 민족문화강사 파견사업은 국어와 사회, 외국어 등의 각 과목 수업과 과외활동, 문

화제, 운동회 등에서 이문화異文化 이해를 추진하고자 하는 것이다. 사쿠라모토 초등학교는 제도가 실시된 5월에 18일 운동회에서 3명의 강사를 초대하여 농악을 발표했다. 「市の『民族文化講師』派遣事業スタート」, 「朝日新聞」, (1997년 5월 20일) 참조.

43 川崎市外國人敎育検討委員會 編, 『ともに生きる』, 川崎市敎育委員會, 2003, 1쪽.

44 위의 책, 6쪽.

45 예를 들어 호시노 오사미는 '외국인 중에서 한국인이 가장 많은 비율(최대의 비율)을 차지하는 실태를 인식하는 것의 의미는 매우 크다' 고 지적하였다. 즉, 그것은 '재일외국인 문제가 실은 재일한국인 문제를 빼 놓고는 생각할 수 없다는 것을 객관적 사실에 의해 명확히 하는 것뿐만 아니라, 자칫하면 외국인 문제는 뉴커머라 일컬어지는 사람들에 대한 관심이 중심이 되어 가능하면 이 문제(재일한국인 문제-필자주)에는 언급하고 싶지 않다는 일본인의 의식과 중복되어 문제의 본질이 보이지 않게 되는 경우도 결코 적지않기 때문이다' 라고 지적하였다. 星野修美, 앞의 책, 207쪽.

46 『人權尊重學級實踐資料集-在日韓國・朝鮮人と日本人が共に生きる社會を目指して』, 川崎市敎育委員會, 1987, 6쪽.

47 위의 책, 67쪽.

48 『2005(平成17)年度活動報告書(敎育文化會館・市民館)』, 川崎市敎育委員會, 2006, 56~61쪽. 평화・인권학습을 둘러싼 최근 경향의 특징 중 하나로, 다문화공생사회의 추진에 관한 테마가 등장하는 것으로 2005년도의 경우 교육문화회관에서 '한류, 한층 더 심화시키자!-평화를 키우는 일본, 한국의 교류' 「韓流, もう一步深めよう! - 平和をはぐくむ日本・コリア交流」가, 다카쓰시민관에서는 '내 안에도 있다? 편견・차별 part2 - 개발원조・다문화' 「私の中にもある? 偏見・差別part2-開發援助・多文化」가 실시되었다.

49 위의 책, 4쪽.

50 「2006(平成18)年度かわさきの社會敎育事業ガイド」(川崎市敎育委員會) 참조.

51 『地域でともに學ぶ』, 川崎市地域日本語敎育推進協議會, 1998, 27쪽.

52 『川崎市生涯學習推進基本計畵-市民の, 市民による, 市民のための生涯學習の推進を支援するために』, 川崎市要害學習推進基本計畵策定調査委員會, 1993, 50~55쪽.

53 세계 문해의 해에 해당하는 1990년에 다카쓰高津시민관에 인권존중학급이, 아사오麻生시민관에 평화교육학급이 설치된 것을 계기로 일본어학습지원의 기운이 높아져 1992년부터 두 시민관에 일본어교실이 개설되었고 가와사키시의 7개 전 시민관에 문해학급이 개설된 것은 1995년의 일이다. 그 외에도 1989년에 재단법인 국제교류협회가 그 설립과 동시에 일본어강좌를 개설하였고 1994년에 개관한 국제교류센터에서는 1996년에 강좌가 개설되었다. 『川崎市識字・日本語活動の指針』, 川崎市敎育委員會・川崎市地域日本語敎育推進協議會, 2003, 2쪽.

54 『共生のまちづくりをめざす日本語學習のあり方』, 川崎市地域日本語敎育推進協議會, 1997, 21쪽.

55 위의 책, 22쪽.

56 위의 책, 23쪽.

57 위의 책, 5쪽.

58 위의 책, 27~28쪽.

59 가와사키시에서는 자원봉사자 연수에 관한 일련의 연구를 실시하여 보고서를 내고 있으며 가

와사키시의 독자적인 자원봉사자 연수 확립에 노력하고 있다. 川崎市識字學級硏究開發委員會の,『識字・日本語學習活動の現場から―ボランティアの活動事例集』(2003),『識字ボランティア硏修に關する硏究報告書』(2004) 등을 참조할 것.

60 가와사키시 지역일본어 연락회는 문해 일본어 학습활동에 참여하는 자원봉사자와 직원이 연계해서 보다 좋은 문해 일본어 학습활동을 위해 의견을 교환하고 같이 활동하는 것을 목적으로 가와사키시 지역일본어 교육추진협의회 사업의 일환으로 이루어져 자원봉사자가 중심으로 운영되어 있다. 월 1회의 정례회 지역일본어 연락회에서는 활동에 관한 정보교환과 의견교환・관련사업보고・프로젝트에 관한 보고와 의견교환, 각종 정보의 제공이 이루어지고 있다.「平成16(2004)年度川崎市地域日本語教育推進協議會(第1回)」, 資料 참조.

61 지역일본어 네트워크모임地域日本語ネットワークの集い은 1997년부터 시작된 가와사키시 지역일본어 연락회의 年次대회로서 자원봉사자, 외국인시민, 직원이 모여 연수와 심포지움, 의견교환을 한다.

62『川崎市識字・日本語學習活動の指針』, 川崎市教育委員會・川崎市地域日本語教育推進協議會, 2003, 4쪽.

63「2004年度かわさきの社會教育事業ガイド」, (川崎市教育委員會) 참조.

64「平成16(2004)年度川崎市地域日本語教育推進協議會(第1回)」, 資料 참조.

65『2005(平成17)年度活動報告書(教育文化會館・市民館)』, 川崎市教育委員會, 2006, 136~150쪽.

66「子どもが樂しめる母語・語學教室」, 案内 참조. 이러한 시도는 라이코무 다문화교실らいこむ多文化教室로서 다문화공생, 평생학습권의 존중 등의 이념을 내걸고 모어교실, 어학교실을 지속적으로 여는 활동으로 발전하여 계속해서 그 활동을 전개하고 있다.

67 2001년 10월 현재 외국인회의는 가와사키시를 비롯해 도쿄도東京都, 가나가와현神奈川縣, 하마마쓰시浜松市 등의 12지자체에서 발족운영되고 있다. 단, 조례에 의한 것은 가와사키시뿐이다. 川崎市外國人市民代表者會議檢討委員會,『川崎市外國人市民代表者會議檢討委員會檢討報告書』, 川崎市市民局人權・男女共同參畫室, 2001, 41쪽.

68 가와사키시에서는 외국국적 시민도 지역사회의 일원이라는 생각에서 1996년의 가와사키시 외국인시민 대표자회의조례 제정이후, 외국인시민이라는 말을 사용하고 있다.『川崎市多文化共生社會推進指針―共に生きる地域社會をめざして』, 川崎市市民局人權・男女共同參畫室, 2005, 4쪽.

69 민족차별과 싸우는 가나가와현 연락협의회民族差別と闘う神奈川縣連絡協議會는 1988년 3월 31일에 결성되어 주로 지방공무원의 국적조항문제, 자이니치의 무연금문제, 전후보상, 교육문제 등을 중심으로 재일한국인과 일본인에 의해 함께 살아가는 사회의 창조를 지향하고 있다. 神奈川民闘連HP(http://www008.upp.so-net.ne.jp/mintouren/)로부터.

70「調査硏究中間報告」, 川崎市外國人市民代表者會議調査硏究委員會 編,『仮稱・川崎市外國人市民代表者會議調査硏究報告書(答申)』, 川崎市市民局國際室, 1996, 20~27쪽.

71 24항목의 '3 영주권을 가진 외국국적 시민의 지방참정권 취득으로의 노력에 대해 간사회로부터는 외국인시민도 납세의 의무를 다하고 있고 생활을 영위하고 있다'는 점에서 지자체 행정에 그 의견을 반영시키는 제도(참정권)의 실현을 국가에 요망한다고 제안했으나 현행의 법체제에서는 법 개정 없이는 실현불가능하다는 점에서 이를 대신하는 제도로서 외국인시민 대표자회의가 구상되었다. 위의 책, 4쪽.

72 대표자회의가 발족되기 이전에도 가와사키시에서는 시정 모니터와 자문위원회에 외국인시민을 위촉해서 의견을 듣는 기회를 마련하고 있었다. 1992년에 책정된 '가와사키 신시대 2010플랜'에서도 외국인시민으로 구성된 그룹토의를 실시해서 그들의 의견을 반영시키고자 하는 시도를 했다. 伊藤長和,「川崎市の『外國人市民代表者會議』の設置に向けて」,『地方自治職員硏修』(臨時增刊號)No.49, 1995, 66쪽.

73 신종합계획 가와사키 신시대 2010플랜과 대표자회의의 관련성에 대해 가와사키시 외국인시민 대표자회의 검토위원회는 창조발신도시만들기創造發信都市づくり를 하나의 축으로 국가와 지역·민족·문화·습관 등 다양한 차이를 넘어서 세계에 열린 인권감각, 풍부한 지역사회의 형성, 인권 공생의 마을만들기를 제창하고 있다. 이러한 관점에서 대표자회의는 외국인시민의 의견을 시정에 반영하는 것을 추진함과 동시에 가와사키시의 국제화, 더 나아가 인권시책의 일익을 담당하는 것으로서 자리매김되고 있다고 지적하였다. 川崎市外國人市民代表者會議檢討委員會, 앞의 책, 9쪽.

74 伊藤長和, 앞의 책, 67쪽.

75 시정참가를 포함한 13영역은 '1. 외국인등록의 개선 2. 시정참가 3. 학교교육 4. 문화 5. 주택 6. 마을 만들기 7. 직업 8. 유학생 9. 의료 10. 복지 11. 국제교류협회, 국제교류센터의 위치 12. 볼런티어와의 관계 13. 시 조직체제의 충실'이다. 伊藤長和,「在日韓國·朝鮮人の經驗に立つ總合的外國人市民政策」, 駒井洋·渡戸一郎 編,『自治體の外國人政策－內なる國際化への取り組み』, 明石書店, 1997, 48～49쪽.

76 위의 책, 48쪽.

77 이러한 24항목 검토과제와 53항목 제언 이외에도 외국인시민 의식실태 조사연구위원회가 설치되어 위원회에 의해 정리된 가와사키시 외국인시민 의식실태 조사보고서 안에 거주기간에 비례한 참정권의 필요성이 지적되어 있었다. 이러한 움직임 속에서 1994년의 정책 심포지움의 보고를 받아 다카하시 기요시高橋清 시장은 3월의 의회에서 외국인 대표자회의의 설치에 의한 시정참가 방법도 연구하고 싶다고 그 의사를 표명하였던 것이다. 川崎市外國人市民代表者會議調查硏究委員會 編, 앞의 책, 5쪽.

78 伊藤長和, 앞의 책, 64쪽.

79 조사위원회는 시노하라 하지메篠原一(東京大學名譽教授), 나카이 다카시仲井斌(成蹊大學教授), 미야지마 다카시宮島喬(御茶ノ水女子大學教授), 다나카 히로시田中宏(一橋大學享受), 배중도裵重度(ふれあい館館長), 도다戸田 Ingeborg의 전문가 6명으로 구성되었다. 加藤惠美, 앞의 책, 41～42쪽.

80 1996년은 가와사키시나 외국인시민에게 있어서나 획기적이라 할 수 있는 해였다. 1996년에 가와사키시 외국인시민 대표자회의가 발족된 것 이외에 직원채용의 국적조항이 철폐되었으며 조선학교 학생의 市立간호전문대학의 수험자격이 인정되었던 것이다.『共生のまちづくりをめざす日本語學習のあり方』, 川崎市地域日本語教育推進協議會, 1997, 5쪽.

81「川崎市外國人市民代表者會議條例」, 川崎市HP(http://www.city.kawasaki.jp/16/16housei/home/reiki/reiki _ honbun/c4000174001.html) 참조.

82 川崎市外國人市民代表者會議 編,『川崎市外國人市民代表者會議年次報告2001年度』, 川崎市市民局人權·男女平等參畫室, 2002, 5쪽.

83 아사오구麻生區와 다카쓰구高津區에서는 2003년도에 구청장·구직원과 의견교환을 하는 시도를 처음으로 시작했다. 川崎市外國人市民代表者會議 編,『川崎市外國人市民代表者會議年

次報告2003年度』, 川崎市市民局人權 · 男女平等參畵室, 2004, 1쪽.

84 가와사키시에서는 외국인시민 대표자회의의 제언이 어떻게 시책에 반영되고 있는지 인터넷 상에서도 공개하고 있다. 外國人市民代表者會議HP, 「提言の取組み狀況」, (http://www.city.kawasaki.jp/25/25zinken/home/gaikoku/torikumi.htm)을 참고할 것.

85 자세한 것은 川崎市外國人市民代表者會議 編, 『川崎市外國人市民代表者會議年次報告2005年度』(川崎市市民局人權 · 男女平等參畵室, 2006, 55~78)을 참고할 것.

86 위의 책, 61쪽.

87 대표자 선정을 둘러싼 문제에 대해 가토 에미加藤惠美는 외국인시민의 공통항이 국적의 차이뿐으로 대표자들이 다양한 역사적 · 문화적 차이를 가지고 있어 그 내실이 한 가지가 아니라는 것을 지적하고 이러한 역사적 · 문화적 차이가 대표자회의에서의 행동과 언론에 커다란 영향을 주고 있다고 지적하였다. 加藤惠美, 앞의 책, 63쪽.

88 가와사키시에서는 시내거주 외국인이 다양화하고 있는 점, 2000년에 영주외국인의 지방참정권(선거권)을 부여하는 법안이 국회에 상정되어 심의가 시작되는 점 등 대표자회의를 둘러싼 상황의 변화를 받아 2000년 10월에 가와사키시 외국인시민 대표자회의의 앞으로의 모습에 대해 필요한 조언을 얻는 것을 목적으로 가와사키시 외국인시민 대표자회의 검토위원회를 설치했다. 위원장에 미야지마 다카시宮島喬(릿쿄대학교수)를 비롯해 배중도裵重度(후레아이관 관장), 오구라 게이코小倉敬子(LET' S 국제 자원봉사자 교류회), 시로야마 히데아키城山英明(도쿄대학 조교수), 치넨 죠안나知念ジョアンナ(외국인 아내모임 가나가와지부 위원)의 4명의 위원으로 구성되어 있었다. 위원회에서는 대표자회의의 개선에 있어 여섯 가지 포인트를 지적하고 대표자회의의 존속과 충실을 꾀할 것과 시장, 시의회와의 실질적인 상호작용을 꾀할 필요성 등이 그 내용으로 되어 있다. 川崎市外國人市民代表者會議檢討委員會, 앞의 책, 2~3쪽.

89 외국인시민 대표자회의는 ① 공모에 의한 대표자라는 점, ② 회의 운영이 자주적으로 이루어져 논의에 의한 과제설정과 제언이 이루어지는 점, ③ 무엇을 받는 것이 아니라 외국인시민도 할 수 있다는 발상하에 논의가 이루어지고 있다는 점, ④ 외국인시민 고유의 문제 외에 시민으로서 살아가는 가운데 직면하는 문제를 거론하는 것에 의해 입주차별철폐와 같이, 같은 문제를 안고 있는 일본인 시민과의 공통문제 해결까지 발전되는 점을 주요 특색으로 지적하였다. 川崎市地域日本語教育推進協議會, 앞의 책, 29쪽.

90 대표자회의의 구상단계에서부터 참여해온 이토 오사카즈는 대표자회의가 외국인뿐 아니라 일본인에게 있어서도 커다란 의의가 있다고 지적하였다. 즉, 외국인시민의 목소리를 시정에 반영할 수 있는 제도가 실질적으로 기능한다면 자연히 당사자로서 관심도 높아지게 된다. 그와 동시에 외국인시민의 자치능력이 중요시되어 시정에 대한 관심 · 지역사회에 대한 관심 · 스스로의 창조적 사고 · 자기표현능력 등이 외국인시민에게 요구되기 때문에 당사자의 시민성 향상이 높아진다. 이것은 일본인의 의식변혁에도 커다란 영향을 미치게 되어 진정한 국제화가 구현화되는 것이다. 伊藤長和, 앞의 책, 69쪽.

91 伊藤長和, 앞의 책, 53쪽.

92 자치기본조례란 지역사회가 안고 있는 과제를 해결하는 주체인 시민이 시민자치의 기본이념을 확인하고 정보공유 · 참가 · 협동을 자치운영의 기본원칙으로 행정운영 · 구가 어떠해야 하는지 자치제도 등의 기본을 정하여 주민자치의 확충 및 추진을 꾀하기 위해 제정된 것으로 전문 · 총칙 · 자치운영을 맡는 주체의 역할 · 책무 등, 자치운영의 기본원칙에 근거한 제도 등,

국가와 다른 지자체와의 관계로 구성되어 있다. 이 조례는 2005년 4월 1일부터 시행되고 있다.「川崎市自治基本條例」, 川崎市HP(http : //www.city.kawasaki.jp) 참조.

93 이 지침은 2000년의 가와사키시 인권시책 추진지침에 입각하여 다문화공생사회의 실현을 향한 기본적 생각과 시책의 구체적 내용을 제시하는 것으로 시와 시민이 협동해서 다문화공생사회를 실현하기 위해 책정된 것이다.『川崎市多文化共生社會推進指針－共に生きる地域社會をめざして』, 川崎市市民局人權・男女共同參畫室, 2005.

94 山田貴夫,「川崎市外國人市民代表者會議の成立と現狀」, 宮島喬 編,『外國人市民と政治參加』, 有信堂, 2000, 42쪽.

8 다문화공생교육 형성의 메커니즘 분석
—1980년대 세이큐샤의 실천 메커니즘 제시

1970년대부터 오늘날에 이르는 가와사키의 실천은 다문화공생교육의 실천뿐 아니라 그 이념과 사상의 구축에 이르기까지 후레아이관을 비롯한 평생교육시설 등을 통해 이루어져왔다. 이러한 가와사키시의 발전은 시와 세이큐샤 사이의 갈등구조를 넘어선 합의형성을 통한 것으로 다문화공생교육은 단순히 서로 다른 문화의 접촉에 그치는 것이 아닌, 지역사회의 차별·억압구조를 고려한 공생이념의 실현을 위한 노력이었다. 인권사상에 입각해 민족 아이덴티티 구축과 공생이념이라는 두 축을 중심으로 한 다문화공생교육의 구조는 관념적인 것이 아니라, 세이큐샤의 실천에서부터 생성된 실천적 성질을 지니고 있다.

세이큐샤는 재일한국인이 겪는 민족차별을 철폐하는 과제를 일본인과 연계함으로써 시민운동으로서의 역동성dynamism을 만들어냈고, 1970년대 이후에는 줄곧 행정에서 배제되어온 지역의 사람들을 받아들이는 기반으로 기능했으며, 1980년대의 교섭을 통해 시와의 협동관계를 구축했다. 즉, 공생이념은 일본인과 재일한국인과의 관계 속에서 실천적 이념으로 형성되었던 것이다.

운동의 방식과 그 비전을 정의할 때, 세이큐샤의 실천활동은 일본인과의 관계를 포함한 지역운동이자 시민운동으로서의 성격이 강하다. 이와 같이 지역사회 내의 일본인과 재일한국인의 연계라는 점이 행정과의 협동관계[1]와 가와사키시의 독자적인 다문화공생교육을 이끌어낼 수 있었다.

본 장은 가와사키시의 다문화공생교육 시책의 형성 과정에서 1980년대의 세이큐샤 활동들을 가능하게 한 메커니즘을 분석함으로써 공생이념이 어떠한 과정을 거쳐 만들어졌는지를 밝히고자 한다. 이러한 메커니즘을 명확히 하는 것은 다문화공생교육의 구조가 세이큐샤의 활동에서 생성된 실천적인 것이었기 때문이다.

1. 지역실천의 전체상과 주변 요인의 변화

구체적인 분석에 들어가기에 앞서, 1980년대의 교섭을 만들어낸 전체적인 관계구조와 교섭에서 중요 요인의 하나로 작용한 주변 요인―혁신시정의 발족 및 인권사상의 유입―에 대해 개략적으로 살펴볼 것이다. 이는 이후에 제시되는 분석을 이해하는 데 있어 그 배경으로서 중요하다.

(1) 1980년대의 세이큐샤를 중심으로 한 네트워크

세이큐샤를 중심으로 한 활동이 행정과 지역사회의 변화를 이끌어낸 것은 원자原子화 된 개인이 함께 네트워크를 구축함으로써 가능했던 것으로, 전체적인 관계구도는 그림 8-1과 같다.

1980년대에 이러한 관계가 형성된 것은 전술한 바와 같이 '히타치 취직차별투쟁'에 가와사키 교회의 청년이 참여했던 것이 그 시작이었다. 이를 기점으로 교회에서 '지역사회에 열린 선교'라는 변화가 일어나는 가운데, 이인하 목사와 1974년에 재일대한기독교회에서 설립한 재일한국인 문제연구소(RAIK)의 설립단계부터 활동해온 배중도, 그리고 간사회 체제의 이상호, 미우라 도모히토, 하라 치요코는 1980년대의 활동의 중심 역할을 담

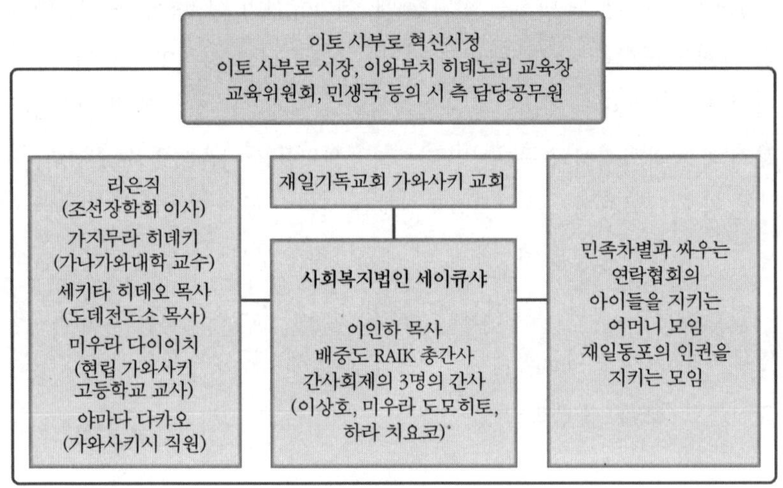

| **그림 8-1** | 1980년대의 교섭을 둘러싼 세이큐샤를 중심으로 한 관계상관도

당한 인물들이었다. 그 외에 사쿠라모토 보육원의 보육사들과 가와사키교회의 관계자들 또한 실천활동에 참여하고 있었다.

그리고 추진모임의 대표였던 미우라 다이이치 현립 가와사키고교 교사, 히타치 투쟁의 '박 군을 둘러싼 모임' 에 참여하여 이후 가와사카시의 직원으로 자원봉사자와 민투련 활동에 참가한 야마다 다카오, 이인하 목사 자녀의 초등학교 입학 당시 보증인이 되어 이후 추진모임에 참여하게 된 세키타 히데오關田寬雄 목사, 그리고 연구자이면서 학생들을 세이큐샤의 자원봉사자로 소개하는 한편 추진모임의 활동에 참여했던 가지무라 히데키梶村秀樹와 리은직은 세이큐샤[2]를 중심으로 한 네트워크의 확대를 가능하게 했다고 할 수 있다.

그 가운데 세키타 히데오 목사의 존재는 1967년 일본기독교단의 '제2차 세계대전하의 일본기독교단의 책임에 대한 고백' 이라는 전쟁책임의 공표를 계기로 재일한국인 문제에 관여했던 일본기독교단과의 네트워크 형성을 의미한다. 또한 가지무라 히데키 교수는 학생들을 세이큐샤의 자원봉사자로 참여시키고, 세이큐샤 크리스마스 모임과 합숙, 민투련 교류집회에 참가했을 뿐만 아니라, '김희로 사건' 부터 재일한국인 문제에 관여하기 시작하여 히타치 투쟁에도 참여한 역사학자이다.[3]

또한 횡적 연대의 확대로서 '민족차별과 싸우는 연락협의회', '가와사키 재일동포의 인권을 지키는 모임', '아이들을 지키는 어머니 모임' 은 전술한 대부분의 사람들이 민투련에서 중심멤버로서 활약했으며, 지키는 모임은 세이큐샤와 가와사키교회, 사쿠라모토 보육원 등의 재일한국인들이 조직했다.[4] 마지막으로 어머니 모임은 추진모임과 독자적인 활동을 함께 병행해온 조직으로, 이 세 조직에서 중심 역할을 담당한 인물들은 중복된다. 또한 가와사키시의 담당직원들이 주요 행위자로서 영향을 미쳤다는 사실도 잊어서는 안 될 것이다.

그러나 가와사키시가 세이큐샤를 중심으로 한 지역사회의 요구를 받아들이게 된 데에는 가나자시金剌 시정에 이어 1971년에 발족한 이토 시정이 큰 영향력을 미쳤다. 이토 시정은 외국인시민에 대한 생각과 행정시책에 시민의 의견을 반영하는 등 이전 시정과 달랐으며, 1970년대와 1980년대의 세이큐샤의 실천활동을 설명하는 데 빼놓을 수 없는 중요한 요인 가운데 하나이다. 이와 더불어 1980년을 기점으로 인권사상이 일본에 유입됨으로써 인권 문제에 눈을 돌려 인식하게 되었던 것도 중요한 배경이 되었음을 부연해야 할 것이다.

(2) 교섭을 가능하게 한 주변 환경의 변화

1980년대의 교섭은 인권사상의 유입과 혁신시정이라는 두 가지 주변적 요인의 변화를 제외하고는 설명할 수 없다.

1) 인권사상의 유입 — 제도상의 차별철폐

우선 중요한 움직임으로 인권사상의 보급을 들 수 있다. 히타치 투쟁 이후,

공영주택의 입주자격 등에서 국적조항을 철폐할 것을 요구하는 운동이 시작되면서 제도상의 차별이 차례로 개선되는 가운데, 1980년 전후에 재일한국인 문제가 아닌 다른 부분에서 새로운 움직임이 나타나게 되었다.

인도시나 난민 문제와 베트남 난민 문제에 따른 국제사회의 변화에 따라 일본에서도 '국제인권규약'(1979년), '난민의 지위에 관한 조약'(1982년)이 비준되었다. 특히 난민조약 가운데 사회보장에 대한 내국민 대우를 요구하는 제24조에 의해 국민연금법, 아동수당법 등의 법개정이 이루어졌다.[5]

난민조약에서의 내외국인 평등은 당시까지 일본에 뿌리깊게 자리하고 있던 국민 개념의 전환, 즉 국민에서 주민으로 인식 전환을 가져옴으로써[6] 이 시기를 기점으로 제도상의 국적차별은 대부분 사라지게 되었다.

국민으로서의 권리가 아닌 인간으로서의 인권에 주목하는 이러한 변화는 1970년대 이후 제3세계에서 제기된 '현대적 인권—제3세대의 인권' 에서도 알 수 있듯이, 지금까지 소수자로서 불이익을 받아온 이들에게 눈을 돌리는 세계적 경향이 그 배경으로 자리잡고 있었다.[7]

난민조약에 의한 제도상 차별의 철폐는 일본사회의 외국인시책의 큰 전진이며 외국인에 대한 처우를 바꾸는 촉매로 작용했다. 이러한 거시적인 인권사상의 유입 이외에 가와사키시의 발전을 가능하게 한 것은 1970년대 혁신시정의 출현이다. 이토 시장의 혁신시정은 세이큐샤의 실천을 지속·발전시키는 데 그 토대와 기반을 제공했다는 점에서 적지 않은 영향을 끼쳤다고 할 수 있다.

2) 새로운 정치구조로서의 혁신시정

1960년대 초반, 당시의 고도경제성장 속에서 공해문제와 도시문제 등의 여파가 각지에서 속출하는 가운데 "지자체 개혁, 지역민주주의"를 내건 새로운 정치이론과 실천을 창조하고자 하는 움직임인 혁신자치체가 탄생했다.[8]

린카이공업지대에 위치했기 때문에 당시 심각한 공해문제를 겪던 가와사키시에서도 공해를 없애고 시민들의 생명과 삶을 지킬 것을 약속한 혁신 후보인 가와사키시 노동조합연합회의 이토 사부로伊藤三郎가 당선되었다.[9] 이로 인해 발전을 중시했던 시정에서 시민생활을 최우선시하는 시정으로 바뀌게 되었다.

혁신시정의 등장은 단순한 시정체제의 변화가 아니라 당시의 정치구조를 전면적으로 전환하는 것을 의미했다. 즉 당시까지 공동화空洞化되어 있던 주민자치에 내실화를 기하는 것이었다. 나르미 마사야스鳴海正泰는 혁신지자체의 성과를 다음의 세 가지—① 시민참가를 기본으로 한 정치·행정 절차의 민주적 개혁을 추진한 점, ② 고도경제성장 중심의 정책을 시민생활 기준에 근거한 주민복지형으로 전환한 점, ③ 국가주도형 정치에서 시민지자체 주도형 정치로의 전환을 가져온 점[10]—으로 설명하고 있다. 이러한 지적에서도 알 수 있듯이, 혁신자치체는 시민을 가장 중요시하여 위로부터의 정치가 아닌 아래로부터의 정치라는 지역정치의 틀을 새롭게 정비하는 것이었다.

이토 시장은 인간이 주체인 도시, 주민이 스스로 마을 만들기에 참여하는 도시 창조를 지향하는 '인간도시'의 이념을 내걸고[11] 1970년대의 시영주택 입주자격의 국적조항 철폐와 아동수당 지급을 중앙정부의 법개정 전에 실시하는 등 '가와사키 방식'[12]이라 불리는 선진적 시책을 취했다. 이것은 혁신자치체라는 새로운 정치구조로의 전환 없이는 불가능한 것이었다.

또한 재일한국인에 대한 이토 시장의 태도는 1973년의 '가와사키시 도시헌장조례(안)'에서도 구체화되었다. 도시헌장은 "헌법이 표방한 시민주권에 입각한 지방자치 구현의 의식을 고양하면서, 그 위에 도시의 이상과 도시 만들기를 위한 기준"을 만들 필요성에서,[13] 전문과 60조의 조문으로 구성되어 있었으며, 가와사키시에 거주하는 시민을 주체로 규정함으로써 외국인도 권리를 향유하는 시민으로 파악하고 있는 것은 중요한 특징 가운데 하나로 지적할 수 있다. 도시헌장은 시의회의 반대로 제정되지 못해 꿈의 조례로 그치고 말았지만, 그 선구적인 성격은 주목할 만하다.

또한 이토 시장은 1977년에 '재일한국인의 기본적 인권보장에 대하여'를 발표하여 외국인도 시민이기 때문에 시민적 권리와 의무를 평등하게 해야 한다는 것을 분명히 밝히는 한편, 재일한국인 문제에 대해 관련기관, 단체, 시민과 협의하면서 연구·시책을 추진해가고 싶다는 뜻을 밝혔다.[14]

외국인도 시민이기 때문에 시민적 권리와 의무를 가진다는 생각은 당시의 지방자치체가 예산 등과 같은 시대적 제약으로 일본인의 생활안정을 최우선과제로 두고 재일한국인을 주민으로 인식하지 못하였던 것[15]을 감안한다면 상당히 획기적인 것이다. 또한 1980년대의 지문날인 거부운동에서도 중앙정부의 압력에 굴하지 않고 날인거부자를 고발하지 않는다는 신념을 일관되게 지켰던 것은 1970년대부터 시작된 이토 시장의 재일한국인에 대한 태도를 드러낸 것이기도 했다.

혁신시정이라는 정치구조의 전환은 당시 높아지고 있던 재일한국인의 인권의식을 받아들이는 토대가 되었으며,[16] 1980년대의 교섭을 받아들여 시의 시책에 반영시킨 것은 이와 같은 변화가 그 배경에 있었던 덕분이다.

인권사상의 유입, 그리고 혁신자치체의 탄생은 재일한국인을 둘러싼 실천을 제도에 반영시켜 현실화해 나가는 데 있어 중요한 변화로 작용했으며, 간접적이든 직접적이든 세이큐샤를 비롯한 민족차별과 싸우는 움직임을 지탱한 주변요인으로 규정할 수 있다.

그러나 세이큐샤들의 활동이 지속적으로 발전할 수 있었던 것은 무엇보다도 일본인과 재일한국인을 둘러싼 주체성의 재구축이 그 구심점이 되었으며, 이러한 주체변혁이야말로 세이큐샤 형성과 네트워크 확대의 원동력이 되었다. 따라서 아이덴티티 구축은 다문화공생교육의 중심축 가운데 하나가 된다.

2. 새로운 주체상의 모색—1970년대 상황의 변화

1980년대부터 재일한국인 거주지역 사쿠라모토 지구를 중심으로 일어난 움직임—지문날인 거부운동, 청소년회관 건설요구 및 재일외국인 교육 기본방침 제정 요구—은 당시까지 재일한국인에 대한 시의 태도를 변화시킴과 동시에 공생이념을 일본사회에 제기한 것이었다. 이는 그림 8-2와 같은 구도로 형성된 것이라 볼 수 있다.

말하자면 새로운 주체의 부상, 세 가지 구성요소, 그리고 비전으로서의 공생이념의 도식을 1980년대의 실천으로부터 도출해낼 수 있다. 이러한 중심조직의 형성에서 주목해야 할 것은 그 조직을 짊어지는 중심인물들의 등장이다. 즉, 운동의 중심 행위자, 지금까지 각기 개인으로 존재하고 있었던 이들이 어떻게 이러한 힘을 만들어낼 수 있었는지에 대한 의문부터 풀어나가야 할 것이다.

즉, 한 시민으로서의 개인, 게다가 재일한국인뿐 아니라 일본인이 민족차별을 없애기 위해 오늘날까지 지속적인 발전을 만들어내는 메커니즘을 분석하는 제1단계로서 우리는 주체형성에 주목해야 한다. 그리고 이를 설명

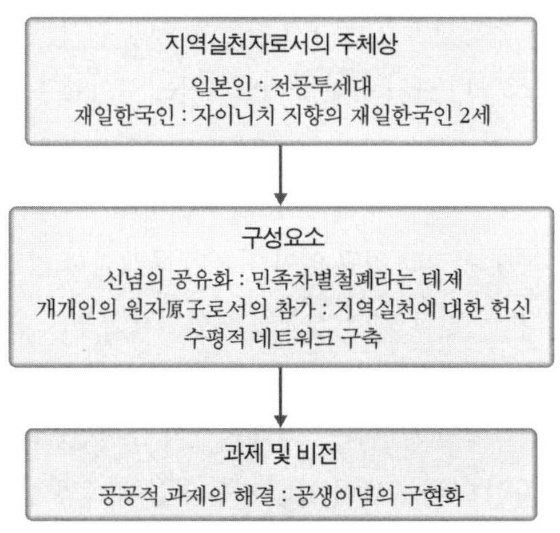

| 그림 8-2 | 세이큐사를 중심으로 한 지역사회 실천형성의 구도

하기 위해서는 다시 1970년대의 히타치 투쟁으로 돌아가야 한다. 즉, 원자原子화된 시민들이 일어나게 되는 그 전제에서부터 출발해야 하는 것이다.

(1) 새로운 세대의 형성 — 자이니치 지향[17]의 재일한국인 2세

여러 활동들의 거점, 즉 중심으로서 세이큐샤[18]가 강력한 역동성을 끊임없이 생성하는 원동력을 가질 수 있었던 것은 당시 재일한국인을 둘러싼 커다란 변화였던 정주화[19]에서 비롯되었다. 즉, 일본에서 태어난 재일한국인 2세가 재일한국인 사회의 중심으로 부상했던 것이 1970년대 전후였다는 사실[20]과 깊은 관련이 있다.

1) 시선으로부터의 해방

재일한국인이 히타치 투쟁을 통해 본명을 사용하고 재일한국인으로서 살아갈 것을 결의한 것은 전술한 바와 같다. 그러나 자기변혁 및 민족차별 철폐운동의 추진은 '밖—일본사회'에 대한 규탄일 뿐만 아니라 '안—자기 자신'에게 던져진 삶의 방식에 대한 물음에 맞서야 하는 고난을 수반하는 것이었다. 이는 자기 자신 안에서 억압되어 있던 '조선인, 한국인'을 다시 되살리는 삶이자 재일한국인인 자기 자신을 향한 직시이며 항상 자신을 바라보는 시선으로부터 자기 자신을 해방시키는 일이었다.

'일본은 일시적 피난장소'이며 '일본에서의 생활을 본래의 생활 장소였던 조국으로 돌아갈 때까지의 일시적, 일과성의 것'[21]으로 여겼던 재일한국인 1세들은 "본래 가지고 있던 언어 가운데 육체적 조선민족으로서 그 이외로는 살아갈 수 없는 …… 자신이 조선인일 수밖에 없는 것을 잊으려고 해도 절감하게 되는"[22] 세대였다. 그러나 일본에서 태어나 일본에서 교육을 받은 재일한국인 2세대는 "의식 자체가 조선민족의 의식구조인 1세대와는 달리, 자신 안에 잠들어 있는 것을 흔들어 깨워 성장하는 과정에서 민족의식을 길러내"지 않으면 안 되는, 본 적도 없는 "조국을 자신의 사고 안에서 키워나가"[23]는 '상상의 공동체'[24](베네딕트 앤더슨Benedict Anderson)로 한국과 조선을 의식해야 했다. 이것이 바로 재일한국인 1세대와 2세대의 차이인 것이다.

돌아가야 할 고향으로서의 한국·조선을 갈망하는 자이니치 1세대와는 달리, 상상의 조국과 태어난 곳 사이에서 자신을 어떤 방향으로 향하게 해야 하는가? 이는 재일한국인 2세에게는 숙명과 같은 질문이었다. 특히 "식민지 지배를 전형으로 한 문화적 지배·피지배의 관계"는 언어적 표현을 통해 그들에게 "사회적이고 폭력적인 타자성"이라는 각인을 강요했다.[25]

이른바 '조센징, 마늘냄새 난다, 더럽다, 무섭다' 등과 같은 감정적이고 민감한 말로 표현되는 것과 같이 일본인이 재일한국인에게 부여하는 부정적인 이미지는 때때로 그들을 바라보는 시선으로 표상되었다. 어렸을 때 귀화했지만 민족 문제 등에 대한 고뇌 끝에 1970년에 분신자살한 와세다대 학생 야마무라 마사아키山村政明(양정명梁政明)는 다음과 같은 글을 남겼다.[26]

> 어렸을 때부터, 철이 들었을 때부터 주위 일본인들의 차가운 눈초리는 내게 적의와 증오로 좀먹은 인격을 형성하게 했다. 외형은 다르지 않았지만, 나는 약소민족의 피를 이어받았기 때문에 멸시받을 수밖에 없었다. 나는 부당한 열등감을 개인적 능력으로 극복하려고 했지만 ……

일본인의 차가운 눈초리는 우월한 존재로서의 일본인이 열등한 존재로서의 한국인에게 부당한 열등감이라는 부정적인 각인(レッテル)을 붙이는 '차별의 시선',[27] 이른바 타자에 의한 자기규정의 기제로 작용했다.

이 시선은 오리엔탈리즘[28](에드워드 사이드)일 뿐만 아니라 일본적 오리엔탈리즘(강상중)이다.[29]

'내적인 타자' 로서의 재일한국인과 중국 · 타이완인에 대한 '부정적인 이미지'가 『오리엔탈리즘』의 저자 에드워드 사이드E. Said가 말하는 '심상지리' 와 '심상역사학' 의 과정을 거쳐 '열등한 아시아' 와 '발전한 일본' 이라는 자타의 거리와 차이를 극화시키는 트랜스미션 벨트로서의 역할을 하고 있다고 한다면, 거기에는 매우 뿌리깊은 아시아 인식의 왜곡이 있다고 말해야 할 것이다. …… 아시아와 일본 사이에 넘을 수 없는 경계선을 긋고, 이쪽의 친근한 '자신들만' 의 공간 저편에 아시아라는 스테레오 타입화된 공간을 상정함으로써 자신들의 아이덴티티를 확인하고자 하는 문화적 헤게모니는 일본과 아시아를 둘러싼 다양한 관심의 망에 침투해 있다고 해도 좋을 것이다. 만약 이 문화적 헤게모니를 사이드를 본떠 일본적 오리엔탈리즘이라고 부른다면, 그 원형의 하나는 조선과의 관계에서 찾을 수 있을 것이다.

억압자로서의 일본인의 내러티브, 한국인에 대한 억압을 재생산하는 장치로 이러한 타자로서의 자기규정[30]을 강제하는 메커니즘은 1958년의 고마쓰가와小松川 사건(이진우)[31]과 1968년의 스마타쿄寸又峡 사건(김희로),[32] 그리고 1970년의 야마무라 마사아키의 분신자살(양정명) 등을 초래했다.

2) 에스니시티의 형성

전후 재일한국인사의 중요사건 가운데 하나로 평가되는 히타치 투쟁은 처음에는 '일본인과 같은데 왜 차별하는가' 에 초점이 맞추어져 박종석 본인도 민족적 자각과 차별 등을 의식하지 못했다.[33, 34] 하지만 가와사키교회의 청년이 참여하게 되면서 운동의 성질이 크게 변했다.[35]

이 시기에는 처음으로 일본인과 다르지 않은 자신이 아닌 재일한국인으로서의 자신, 내면화된 차별의식을 외면화하는 것으로 그것을 의식화[36]하고 다시 자신의 내면으로 되돌리는 과정이 재일한국인 2세에게 자각되었

다. 최승구는 이를 피해자의식으로서의 민족의식으로 설명한다.[37]

최승구는 재일한국인의 민족의식을 세 가지—소박한 민족의식 · 국민의식으로서의 민족의식 · 피해자의식으로서의 민족의식—로 유형화하고 피해자의식을 재일한국인 2세가 서야 할 근거라고 지적하였다.[38]

(1) 〈소박한 민족의식〉 이것은 …… 문자 그대로 자연스럽게 만들어지는 것이다. 또한 자연스럽게 체득하는 언어 · 풍습 · 문화가 이 '민족의식'의 근간을 이룬다. …… 이 '민족의식'은 국가와 이데올로기를 초월하는, 또는 그들의 전제가 되는 것이며 비정치적인 것이다.

(2) 〈국민의식으로서의 민족의식〉 이 '민족의식'은 국민의식과 동의어라고 해도 지장이 없을 것이다. 따라서 이 의식 위에 '민족'이라는 말이 쓰여졌을 때에만 국가라는 것이 존재한다고 할 수 있다. …… 이 '민족의식'은 국가 정치의 기본적인 방침國是과 이데올로기를 빼고서는 생각할 수 없는 정치적인 것이다.

(3) 〈피해자의식으로서의 민족의식〉 이것은 사회 안에서 스스로가 피차별자라고 인식하는 의식이다. …… 이 '민족의식'은 …… 자기인식의 과정에서 의식되는 것으로 개인의 자각과 함께 시작된다고 해도 좋을 것이다. 따라서 이것은 민족의 문화 · 언어를 매개로 삼지 않는다 하더라도 사회의 일반적 풍조 속에서 의식되는 것으로 사회적인 것이다.

또한 최승구는 피해자의식이 어디까지나 일본사회의 차별구조에서 만들어지기 때문에 새롭게 재규정되어야 한다고도 주장했다.[39] 즉, 개인적 차원이 아닌 식민지 지배와 전후의 차별 · 억압구조라는 역사적 · 사회적 맥락과의 관련을 통해 스스로를 파악할[40] 필요성을 지적하고 있으며, 바로 거기에서 지금까지 본국을 기반으로 만들어진 당위성當爲性으로서의 재일한국인의 모습에 이의를 제기하고 차별받고 있는 현실에 입각한 재일한국인의 모습을 모색하자는 새로운 논리를 제기하고 있는 것이다.

여기에는 '재일' 한국인으로 살아가는 것이 하나의 선택으로 나타나 있으며, 재일한국인들이 받은 차별이 일본사회의 차별구조와 의식에 기인한 것이라는 발상의 전환은 히타치 투쟁을 통해 재일한국인의 주체성 형성을 촉발시켰다. 즉, 객관적 특징과 지표보다 주관적 특징(의식·감각)에 기반한 에스닉 집단[41]으로서의 재일한국인상의 확립이 촉구되었던 것이다. 이는 인간답게 사는 길이 재일한국인임을 감추지 않고 살아가는 것이며, 여기에서 일본인과 다른 존재로서 민족명을 쓰며[42] 스스로를 표명하는 행동이 나타나게 된다.

3) 다른 존재로서의 한국인

피억압자, 피해자라는 민족의식은 아이덴티티의 중심축을 재일한국인이기 때문에 차별을 감수한다는 입장에서 재일한국인으로서 차별과 싸운다는 입장으로 바꾸어, 희박하기는 하지만 민족임을 상징적으로 주장하는 에스닉집단[43]으로 재일한국인들을 자리매김시켰다. 단, 일본인과는 다른 집단으로서 자신들을 자기 규정하는 한국인으로의 회귀에는 그 경계를 명확히 하는 상징으로 민족명—본명이 사용되었다.

재일한국인에 대한 차별은 피부색 때문에 인종차별을 받는 흑인과는 달리 문화적 차이에서 유래하는 것으로,[44] 한국어 말투가 섞인 일본어를 쓰는 재일한국인 1세와는 달리 외모와 일본어의 차이가 거의 없는 재일한국인 2세는 그 특수한 위치로 인해 민족차별로부터 자신을 지키기 위해 일본명을 사용했다. 하지만 민족적 자각은 일본명의 사용이 만들어낸 '가짜' 일본인에서 벗어나 재일한국인으로서 본명을 쓰는 것에서 상징적으로 나타났다. 일본명은 단순한 기호가 아닌 일본명으로서의 자신과 본명으로서의 자신이라는 인격의 분열, 즉 자아의 분열을 일으키는 것으로, 인간답게 살아가기 위해 분열된 자아를 통합하는 전제로서 일본명을 버리고 본명을

쓰는 의식과 같은 행위가 필요했던 것이다.[45]

자신들의 입장을 적극적으로 표명하기 위해서는 필연적으로 일본인과 다른 이질적 집단으로서 경계를 설정할 필요가 있었다. 이 경계는 주로 모문화母文化의 요소를 받아들여 유지되는 경우가 대부분이다. 이는 집합적 아이덴티티의 표현이며 모문화母文化의 요소는 일종의 상징으로서 "집단 성원을 하나로 모아 그들의 상호작용을 활성화시키는 활동과 제도를 유도하는" 기능을 하게 된다.[46] 세이큐샤 활동에 참여했던 대부분의 한국인은 한국어 발음의 본명[47]을 사용했으며, 본명은 일본사회의 차별에 굴복하지 않는 '주체화'라는 상징적 의미를 가진 것[48]으로서 받아들여졌다. 본명 사용은 차별差別을 '차이差異'로 승화시켜 집단으로서의 자신들을 일본인에 대해 상대화하는 데 중요한 상징의 하나였던 것이다.

또한 이질적인 타자로서의 재일한국인의 자기규정은 일본인과의 공생관계를 만들어가는 과정에서 일본인에게 차이의 승인[49]을 요구하였으며, 후레아이관 건설에서도 주민을 설득하는 근거는 바로 이 차이의 승인이었다.

히타치 투쟁은 민족적 아이덴티티를 회복하려는 재일한국인의 자기형성을 촉진하는 것이었지만, 한편으로는 민족차별과 싸우는 과제를 부여하는 것이기도 했다.[50] 이러한 히타치 투쟁의 유산은 재일한국인에게뿐만 아니라 일본인과의 공동관계에서도 계승되는데, 또 하나의 중심 주체로서 운동에 참여하게 된 일본인도 그 전제로서 자신들의 아이덴티티를 해체하고 재구축하는 과정을 거쳐야만 했다.

(2) 공감하는 타자로서의 일본인의 부상

1968년의 '스마타쿄寸又峡 사건'을 비롯해 예전에도 일본인이 재일한국인 문제에 참여했지만, 히타치 투쟁으로 비로소 객체가 아닌 주체로 참여했으며 여기에서 새로운 일본인상이 나타났다. 이러한 일본인상의 출현

혹은 형성은 그들이 당시 학생운동 흐름의 일부였던 '전공투세대全共闘世代' 였다는 사실과 관련이 깊다.[51]

모든 기존의 체제, 조직과 가치를 전면부정하고자 했던 전공투세대는 자기부정의 논리를 독자적 논리로 삼고 있었다. 사회적으로 규정된 것을 뒤집는 부정으로부터 자신을 재구축해나갈 것이 요구되었던 자기부정의 논리는 타자의 아픔을 자신의 아픔으로 받아들이는 능력과 이어져 있었으며, 학원투쟁은 이를 통해서 재일한국인이라는 피차별 소수민족과의 접점(通路)을 발견할 수 있었던 것이다.[52]

이처럼 자기부정의 논리에 입각해 피해자로서의 한국인을 이해하려는 감수성을 가진 전공투세대가 중심을 이루는 일본인들이 재일한국인 문제에 주체적으로 관여했던 전 단계로는 반전운동과 입관투쟁入管闘争 등이 있었다.

히타치 투쟁에 참여한 야마다 다카오는 제5회 민투련 전국 교류 집회의 특별기조 보고에서, 일본제국주의하의 자신들의 입장과 '아시아에 있어서의 일본' 을 생각하는 계기가 된 베트남 반전운동, 그리고 '아시아 안의 일본' 에서 '일본 안의 아시아' 를 발견할 수 있었던 입관투쟁이 재일한국인 문제에 관여하기 이전의 체험이라고 말했다. 특히 입관투쟁은 "민족차별의 부분적 영역, 민족혼 복권의 외침, 동화공격과의 싸움이라는 중요한 과제를 그대로 둔 채로 법무성 · 입관사무소에 대한 항의 행동을 반복했다" 라고 지적하면서, 재일한국인 · 중국인의 억압구조는 폭로했지만 민족차별의 구체적 현실과 주체 확립의 문제, 생활영역에 관한 문제제기는 이루어지지 못했다고 밝혔다.[53]

이러한 한계는 히타치 투쟁에서도 1973년 9월 2일의 '관동대지진—조선인학살 50년—9.2 집회' 준비[54]전까지 극복할 수 없는 문제였다. 히타치 투쟁도 입관투쟁과 마찬가지로 처음에는 학생운동의 하나로 받아들여져, 와다 준和田純이 " '재일조선인' , '차별' 과 같은 말들이 일상적으로 몇십

번, 몇백 번이나 사용되었다. 정치적 언사를 하게 되면 무엇인가를 발언한 것이 되어, 단 한 명의 재일조선인과의 구체적인 교류도 없고, 차별의 사실조차 알지 못한 채로, 모든 것이 구체적 현실로부터 동떨어진 일반화 안에서 이야기되는 일이 반복되었다"[55]라고 지적하는 것처럼 재일한국인 문제를 일반화·추상화해서 이해할 수밖에 없기 때문에 실생활에서 매일 차별받고 있는 그들의 문제를 본질적으로 파악하지는 못했다.

같은 시간과 공간을 공유하고 있으면서도 너무도 다른 기억과 경험을 가진[56] 그들의 관계는 1923년의 관동대지진에서 있었던 조선인 학살의 역사적 사실과 식민지 지배와 같은 일본의 역사를 알게 되면서 변화를 경험할 수 있었다. 재일한국인 문제를 일본인의 문제로 인식하게 되었고, 피해자로서의 민족의식을 버리고 자신들의 아이덴티티 재구축을 꾀한 재일한국인에 대해 억압자로서 역사인식을 하게 됨으로써 아이덴티티의 재구축을 함께 경험하게 되었던 것이다.

다게노시타 야스히사竹ノ下弘久는 이와 같은 일본인들의 자기변혁을 '피억압자로서의 역사성으로의 결합'[57]에 대치되는 "지금까지 내면화하고 있었던 조선인에 대한 '억압자로서의 역사성으로부터의 회피'를 점검·재인식하는 가운데, '억압자로서의 역사성으로의 결합'을 시도하는 것"[58]인 '억압자로서의 역사성과의 결합'이라고 설명한다.

지금까지 지식과 가치로 받아들여온 일본의 역사와 자아를 밑바닥부터 뒤집어 억압자로서의 일본인성을 해체하고, 그로부터 피억압자의 입장에서 재일한국인을 이해하고자 했던 자기변혁. 이러한 과정은 재일한국인과 일본인의 새로운 관계를 형성했으며, 사토 가쓰미佐藤勝巳가 "당초 재일한국인과 일본인 청년들의 관계는 수평이 아닌 수직이었다. 쌍방의 필사적인 노력을 거쳐 운동의 후기에 이윽고 수평에 가까워질 수 있었다. 거기에는 …… 운동의 질적인 면에서 서로 평가 가능한 관계가 서서히 만들어졌다"[59]라고 이야기하듯이 일본인과 한국인의 공동투쟁의 토대가 만들어질 수 있었던 것이다.

또한 이러한 공동투쟁의 방식은 히타치 투쟁의 정신을 잇는 민투련과 세이큐샤로 계승되어 궁극적으로 평등한 관계성에 입각하고 있는 공생을, 실천을 통해 구현되었다.

이상과 같은 재일한국인과 일본인의 주체변혁 과정은 진정한 다문화공생교육을 실현하기 위해서는 각각 민족 주체의 자아 확립이 필요하다는 점, 특히 머조리티majority로서의 일본인의 변화가 필요하다는 사실을 보여준다. 다문화공생교육에서의 공생은 재일한국인뿐만 아니라 일본인의 의식변화 없이는 실현될 수 없는 것이다.

3. 1980년대의 실천 메커니즘의 분석

1980년대의 변화를 가져오는 한 가지 축으로서 주체성의 구축에 대해 살펴보았다. 그렇다면 다른 축인 공생이념은 어떻게 형성되었는가? 본 절에서는 공생이념의 형성 메커니즘을 분석하고자 한다. 세이큐샤의 멤버가 민투련의 중심멤버였으므로 민투련 활동과 함께 분석하기로 한다.

(1) 일본인 헬퍼론에서 공생 · 공투(공동투쟁)론으로

1980년대의 세이큐샤 활동은 일본인과 재일한국인의 공동관계 안에서 '함께 살아간다'는 공생이념을 중심사상으로 삼아, 이를 가와사키시 측에 정책화 · 제도화할 것을 요구하는 성격을 지니고 있었다. 세이큐샤 활동들의 시스템은, 1970년대 후반 히타치 투쟁을 했던 사람들로부터 이를 경험하지 않았던 사람들로 이행되는 가운데 조직을 준비해가는 시행착오 속에서 점차 확립되어갔다. 그 과정에서 공생이념은 중심사상으로 자리잡아 점차 현실화되었다.

1) 테제의 설정 — 민족차별과 싸우는 가치의 공유[60]

히타치 투쟁에서 얻은 가장 큰 교훈은 "차별과 싸울 수 있다, 차별을 시정할 수 있다"[61]는 확신이었다. 차별에 맞서 싸운다는 자기각성은 세이큐샤와 민투련 멤버들이 공유하는 가치였으며, 활동으로 나아가게 한 신념이었다.

민족차별과 싸우는 것으로 피해자성을 넘어서고 자신의 아이덴티티를 확립해나가는 것[62](재일한국인), 일본사회의 민족차별을 일본인의 문제로서 받아들여 같이 싸워나가는 것(일본인)의 근저에는 외부로부터 강요된 헤게모니에 대한 저항 · 대항으로서 '민족차별철폐'라는 테제가 자리잡고 있었다. 단, 이 테제는 앞서 살펴본 아이덴티티 재구축의 과정과 마찬가지로 외부를 향하는 동시에 내부로도 되돌아오는 성질의 것이었다.

민투련 활동가의 한 사람이었던 양태호가 "차별을 없애나가고자 하는 과정에서는 왜 차별을 하면 안 되는가라는 보편적 원리 또한 볼 수 있다(도출된다). 그리고 그 다음에는 그것이 양날의 칼이 되어 자신은 차별하고 있지는 않은지가 문제가 된다. 그렇기 때문에 차별에 대해 묻는 것은 굉장한 긴장을 동반하는 행위라 할 수 있다"[63]라고 말했듯이, 그들이 말하는 민족차별철폐라는 테제는 일방적인 규탄이 아니라, 그들이 삶을 살아가는 방식에 대해 끊임없이 질문하는 자기검증적인 것이었다.

이는 민투련이 내건 삼대원칙인 '실천 · 교류 · 공투'에도 분명하게 드러난다. 즉, 민투련 활동 원칙의 하나로 "재일한국인의 현실상황에 입각해 민족차별과 싸우는 실천을 한다"[64]라는 실천이 규정되어 있었으며, 유연한 조직을 추구하는 민투련의 참가자격으로 실천의 장을 가지는 것이 요구되었다는 점은 민투련 활동이 일본사회를 문제시하는 운동임과 동시에 그 전제로서 그들 자신에 대해 자문하는 성격의 운동이었음을 드러낸다.

세이큐샤의 사쿠라모토 보육원, 사쿠라모토 학원뿐만 아니라 추진모임의 대표였던 미우라 다이이치는 현립 가와사키 고등학교에 '조선인 문제 연구회'를 만들어 학생들을 자원봉사자로 세이큐샤에 보내는 한편, 가나가와 고등학교 교직원노동조합 교육연구소 '민족차별과 인권소위원회'를 발족하는[65] 등 민족차별에 대한 문제성을 일본사회와 자기 자신의 삶에 비추어 생각했으며, 이를 민족차별철폐라는 테제의 근거로 삼았다. 이러한 실천의 장이 테제가 성립하는 장이며 세이큐샤와 민투련이 내건 공생의 장이고, 긴장감을 동반한 일본인과 한국인의 관계형성의 장이기도 했다.

2) 수평 관계의 공식화 — 수직 네트워크에서 수평 네트워크로

민족차별철폐라는 테제의 공유에 더해 이를 추진하는 과정에서 세이큐샤와 민투련의 중심원칙 가운데 하나가 된 것은 공투(공동투쟁)였다. 한국인과 일본인의 수평적 관계성에 입각한 연대가 공투라는 형태로 표명되는 것은 1978년 이후이다. 즉, 1978년에 세이큐샤에서는 일본인과 재일한국인의 간사 체제가 성립되었고, 민투련에서는 재일한국인과 일본인이 함께 싸운다[66]는 공투 원칙이 확인되어 이듬해에 공식화되었다.

이 공투 원칙은 선험적이라기보다는 "일본인은 한국인문제에 대해 어떻게 행동해야 하는가?"라는 물음에서 도출된 '후험'적인 것이었다. 1979년에 열린 민투련 가와사키집회의 특별 기조보고에서 민투련의 삼대원칙을 명확히 한 배중도 후레아이관 관장은 당시에 존재하고 있던 '일본인 헬퍼론'을 공투 원칙의 전단계로 언급했다.[67]

> 처음부터 일본인과의 공투를 목적으로 한 것은 아니었다. …… 그렇기 때문에 가와사키 실천의 초기단계에는 일본인 헬퍼론이 있었다. 즉, 지역실천이란 지역사회 안에서 조선인이, 한국인이 인간답게 살아가기 위한 싸움이었으며 그를 위한 실천이었다. 따라서 일본인은 이러한 실천을 단지 돕기만 할 뿐이다. …… 여기에서 운동 내부에 상하 관계가 생기게 되었다. 재일한국인이 위이고 일본인은 아래에 있다고 생각했기 때문에, 그래서 소모감을 느끼고 떠나는 일본인도 있었다. 그러나 일본인이 왜 재일한국인 문제에 관해 활동하는가? 결국 그

것을 자기 자신의 문제, 즉 일본인 자신의 문제로 생각하고 참여한다는 생각과 확신을 가진 이들만이 남았다. 실천을 지속하는 것이 가능해졌다는 것이다. 그 과정에서 재일한국인들도 일본인을 단지 헬퍼로 보는 것이 아니라 인간해방을 함께 목표로 한다는 같은 동지로서 생각해야 한다는 생각을 가지게 되었다.

활동 초기 민투련과 세이큐샤에는 주체적 행위자로서의 재일한국인 대 객관적 헬퍼로서의 일본인의 구도가 자리잡고 있었으며, 공투와 공생은 아직 일반적으로 공유되지 못하고 있었다. 그러나 1977년경부터는 재일한국인과 일본인의 연대, 공투의 필요성을 인식하고 이를 모색하고자 하는 논의가 내부에서 제기되었다.[68] 이것을 1977년의 아마가사키尼崎 집회(재일한국인의 민족주체성과 일본인의 공투), 1978년의 나고야名古屋 집회(민족차별과의 싸움에서의 재일한국인과 일본인의 공투)의 테마로 논의했으며, 1979년의 특별 기조보고에서 공식화할 수 있었다.

당시 관동 민투련 대표를 맡고 있던 사토 가쓰미佐藤勝巳는 공투 관계에 대해 "민족차별을 철폐하는 운동을 전개해나가는 데 있어, 일본인과 재일한국인과의 관계에서 최소한 보장되어야 할 것은 서로 '바른 것은 바르다', '이상한 것은 이상하다'고 말할 수 있는 관계의 확립"이라고 지적했다.[69] 즉, 일본인과 재일한국인의 상대적 자립성이 담보된 위에서의 관계 형성, 피차별자의 주장 · 의견이 일방적으로 받아들여지는 관계가 아니라, 피해자의식에서 벗어난 수평적 관계의 구축이 민투련과 세이큐샤의 중심 원칙 · 이론으로 1970년대 후반부터 점차 자리잡기 시작했다.

이와 같은 공투 원칙의 확립에 의해 민투련 내부에서 공생이념이 인식되기 시작하여 1980년대 이후 열린 교류집회의 테마—1982년의 아마가사키尼崎 집회(함께 살아가고 같이 싸우는 새로운 전망을 열어가자), 1986년의 미에三重 집회(지역에서도 함께 살아가며 같이 투쟁하는 관계로 확장해가자)—가 되었다. 또한 세이큐샤 내부에서는 일본사회에서 차별을 받고 있는 재일한국인의 문제를 지역문제로 인식하는 것을 통해 공생이념은 실질적인 의미로 변화될 수 있었다.[70] 공생과 공투는 이러한 과정을 거쳐 민투련과 세이큐샤를 이해하는 데 중심 개념의 하나가 되었으며, 공투 관계는 공생이념으로 심화될 수 있었다.

(2) 공투에서 공생으로의 심화

일본인과 재일한국인이 함께 싸운다는 것에서 생겨난 '함께 살아간다'라는 공생이념이 구체화된 것은 1980년대 중반에 고조되었던 지문날인 거부운동이었다.

재일한국인으로서 살아가기 위한 '본명선언'에 이어 일본인과 똑같은 인간으로 살아가기 위한 지문날인 거부운동에서 슬로건으로 내건 것은 '일본인에 대한 러브콜'과 '함께 살아간다' 였다.[71] 즉, 지문날인 거부운동은 억압적이며 인권을 침해하는 지문날인제도를 없애고 일본인과 재일한국인이 함께 살아가는 사회가 되었으면 좋겠다는 "일본인과 일본사회에 대한 당사자로부터의 러브콜"[72]로서 진행되었기 때문에 이 운동에서 공생이념은 보다 적극적으로 사용되었던 것이다.

민투련에서도 1982년 집회 이후에는 공생이 민투련의 중심과제 가운데 하나로 인식되면서 공생은 공투의 전제[73]로 인식되었다. 1984년의 제10회 전국교류집회의 기조보고에는 다음과 같은 이념이 표명되었다.[74]

> '함께 살아간다'란 타협을 전제로 하는 것이 아니다. 다름을 서로 인정하고 존중하는 것 위에 성립하는 것을 지향하는, 민족으로서 자립한 관계를 요구하는 것이다. 민투련에는 그 기반이 존재한다. 지금까지 만들어온 지역 활동의 장을 거점으로 삼아, 각 활동 장소에서 이루어지는 실천활동을 통해 함께 살아가는 지역사회의 창조를 목표로 하자. 재일한국인에 관해 말하자면, 이것에 의해 구체적이며 일상적인 차원에서도 민족으로서 살아갈 수 있는 거점을 구축해가는

일이다. …… 함께 살아가는 것을 민투련 운동의 중심으로 삼아야 한다고 생각한다. 이러한 조류를 형성해간다면 재일한국인의 장래를 보다 선명하게 전망할 수 있을 것이다.

이 기조보고는 공생의 대상이라 할 수 있는 '다른 존재'로서의 일본인과의 관계를 명확히 인식하여 함께 살아가는 지역사회의 창조, 즉 공생의 구현이 지금까지 민투련 운동을 통해 추구해온 것이자 앞으로의 전망이기도 함을 제안하고 있다. 또한 공생이념은 이 시기를 기점으로 민투련 운동의 비전으로 발전하기 시작했다.

말하자면 지문날인 거부운동을 거치면서 민투련 내부에 민족차별철폐를 향해 싸워온 민투련의 활동이 "공생의 단서가 되는 가능성"을 가지고 있으며, 동시에 "공생으로의 길"을 열어가는 것이어야 한다는 생각이 뿌리를 내리게 되었다.[75] 또한 세이큐샤에서도 '함께 살아간다'는 실천활동의 이념이 사쿠라모토 보육원 활동에서 형성되어 그 기본 이념이 사쿠라모토 보육원에서 세이큐샤, 그리고 후레아이관으로 계승되고 있다. 공생이 실천적으로 생성되었기 때문에 그들의 활동이 지속적인 발전을 이루어낼 수 있었던 것이다.

이와 같이 공생이념은 경제 단체가 1990년을 기점으로 증가한 외국인 노동자에 대한 대응으로 재계가 사용하기 이전[76]부터 실천적 개념으로 생긴 것이며, 히타치 투쟁의 정신을 계승하기 위해 실천을 거듭해온 민투련과 세이큐샤의 이념이 응축되어 있는 개념이기도 하다. 민투련뿐만 아니라 세이큐샤 활동의 선구성이 있으며 이렇게 해서 공생이념은 지금까지의 실천을 기반으로 가와사키시의 다문화공생교육의 비전으로 자리잡게 되었다.

(3) 1980년대의 실천 메커니즘의 제시

세이큐샤의 활동은 이처럼 당시의 재일한국인들이 가지고 있었던 현실의 문제를 포함하는 동시에 지자체와 중앙정부의 제도, 그리고 재일한국인을 둘러싼 언설言說을 바꾸는[77] 것으로 발전했다.

이러한 실천 메커니즘을 그림 8-2를 토대로 하는 동시에 1970년대와의 연관성을 고려하여 제시한다면 그림 8-3과 같다.

실천 메커니즘을 이해하는 데 가장 중요한 것은 정주화定住化이다. 일본을 정주의 땅으로서 선택함으로써 일본인과 같은 인권의 획득을 필요로 하게 되었으며,[78] 이러한 파토스pathos가 가와사키시뿐만 아니라 민투련이라는 조직을 통해 일본 전국에서 '민족차별철폐'라는 테제를 향한 운동

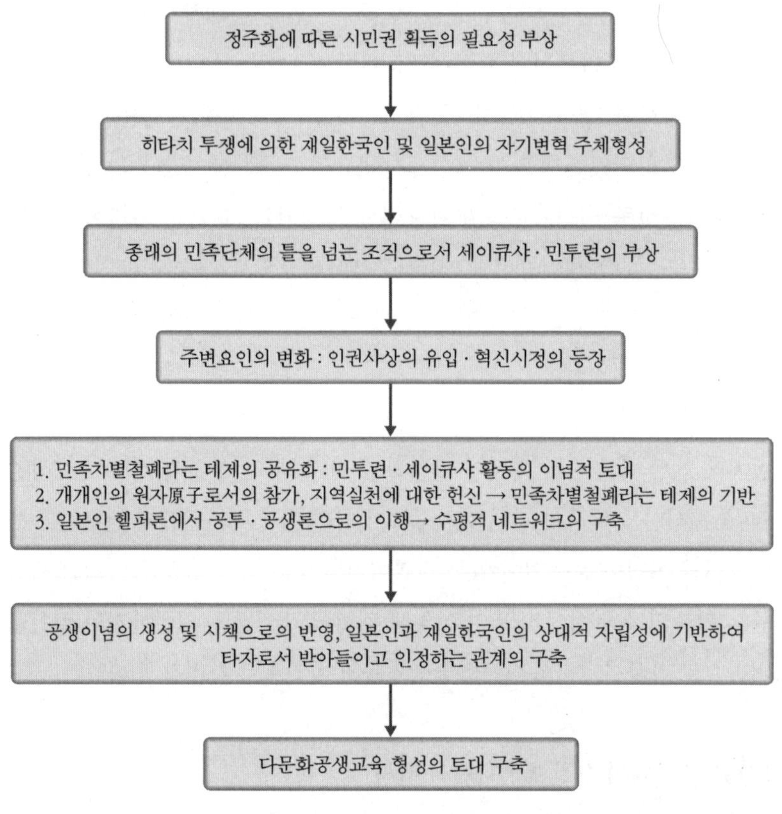

| 그림 8-3 | 다문화공생교육 형성과 1980년대 실천 메커니즘

의 원동력이 되었기 때문이다.

단, 여기에 두 가지 요소를 덧붙여야 한다. 첫째, 리더의 존재이다. 리더로서 긴 시간 활동해온 이인하 목사와 배중도 후레아이관 관장이 리더로서의 역량을 가지고, 민족차별 극복을 근본이념으로 삼아 당사자로서 전파를 위한 실천을 쌓아갔기 때문에 실천 메커니즘은 오늘날까지 지속될 수 있었다.

둘째, 야마다 다카오를 비롯해서 재일한국인 문제에 관심을 보이며 활동해온 이들이 그것을 자신의 일생의 과제로 삼아 가와사키시의 직원들을 포함한 시와 시공무원 노동조합에 문제를 제기한 것[79]과, 1990년대 이후에 히타치 투쟁을 경험한 시공무원 출신의 시의회의원이 의회에서 재일한국인 문제를 비롯한 외국인 문제에 대해 적극적으로 거론하고 있는 것[80]도 가와사키의 실천을 발전시켜온 요인으로 지적할 수 있다.

그림 8-3에서 제시된 실천 메커니즘을 생성 · 유지 · 발전시키는 데 있어 당사자의 목소리와 그것을 수용하고 지지하는 시와의 협력관계는 가와사키의 실천을 다른 지역과 차별화된 독자적인 것으로 만들었으며, 이는 가와사키시를 다문화공생의 도시로 만들고 있다.

이러한 메커니즘은 후레아이관과 가와사키시의 다문화공생교육을 탄생시켰으며 공생이념을 중핵적 이념으로 위치시켰다. 이 메커니즘은 재일한국인과 일본인의 수평적 관계를 구축하는 동시에 재일한국인의 민족 아이덴티티의 중요성과 공생이념의 실현을 목표로 하는 것이었다. 이것이야말로 다문화공생교육의 중심에 있어야 한다.

이상과 같은 가와사키 실천의 메커니즘은 한국인이 처한 상황의 변화와 일본 사회의 변화—전공투세대의 등장과 혁신시정의 발족 등—을 배경으로 탄생하여 1980년대의 교섭을 통해 행정과의 협동관계를 구축하였으며 오늘날에 이르기까지 지속적인 발전을 거두고 있다. 이러한 실천 위에 다문화공생교육의 토대가 형성될 수 있었던 것이다.

주

1 호시노 오사미는 세이큐샤에 후레아이관을 위탁할 수 있었던 것도, 행정이 추진모임의 요구를 받아들일 수 있었던 것도 민족운동으로서가 아니라 일본인과의 연계에 의한 시민운동, 지역운동으로 전개되었기 때문이라고 지적하였다. 星野修美さん聞き取り調査(2005년 2월 25일) 참조.

2 세이큐샤는 가와사키교회에 의해 1973년에 설립되어 그 중심축의 하나가 교회였으며 가와사키교회로부터 직·간접적인 지원을 받았다. 재일대한기독교회는 재일한국인의 네트워크 형성뿐만 아니라 재일한국인의 인권회복과 민족적 아이덴티티의 확보를 중요한 선교과제로 하여 그 중에서 거류민의 신학과 자이니치로 있는 것의 적극적 의미를 창조적 소수자로서 주장했다. 그러나 교회 안에서 이러한 운동을 하는 사람들은 사회파라 불리는 소수의 사람들로 그들을 보다 보수적인 복음파라 불리는 다수의 사람들이 지원하는 구조로 되어 있었다. 飯田剛史, 「在日コリアンの宗教－文化創造の過程」, 『環』 Vol.11, 2002, 260쪽.

가와사키 교회에서도 운동을 한 사람들은 소수였고, 세이큐샤가 교회가 설립한 사회복지법인이었다 하더라도 교회의 선교가 전면에 나오는 일은 없었으며 또한 정치적 이데올로기와도 거리를 두는 어디까지나 재일한국인이 살아가는 가운데 일어나는 문제들을 활동의 중심에 놓고 있었다. 이것이 당시 세이큐샤에 많은 재일한국인과 일본인이 모이는 이유 중 하나였다.

3 세이큐샤와 가지무라 히데키 교수와의 관계는 가나가와대학과 현대학원(塾)으로부터 자원봉사자를 소개받는 것, 세이큐샤의 지역조사와 크리스마스 모임에 참가하는 것, 추진모임의 발기인과 교섭참가, 그리고 후레아이관 운영협의회 위원 등 광범위하게 참여하고 있었다. 「年表」, 梶村秀樹著作集刊行委員會 編, 『回想と遺文』, 明石書店, 1990, 296~328쪽.

4 가와사키 재일동포의 인권을 지키는 모임은 '1. 우리들은 재일동포의 해방투쟁이 일본사회의 변혁과 일본인의 해방으로 연결된다고 생각하고, 일본인과의 연대를 만들어가는 것이다. 1. 우리들은 민족의 문화·국어·역사 등을 배우는 것에 의해 스스로의 주체와 민족성을 확립하고 민족의 역사를 짊어지는 인간이 되는 것을 지향할 것이다. 1. 우리들은 지역사회를 바탕으로 한 운동을 통해 동포의 생활실태를 파악하고 지역운동의 충실한 발전을 위해 노력하는 것에 의해 민족 해방을 짊어진다' 등을 내걸고 동료들의 확대와 교류를 꾀하기 위해 만든 것이다. ふれあい館ファイル 『川崎·在日同胞の人權を守る會』 참조.

5 田中宏, 앞의 책, 160쪽.

6 위의 책, 164쪽.

7 즉, 제3세대의 인권은 국제적 정치경제질서에 있어서의 인권억압의 구조를 전제로 그 질적 변화를 향해 종래의 인권론을 지양하고 개발도상국이라는 주변에 시점을 두어 인권보장의 틀을 구상하고자 하는 내용을 가진 것이었기 때문에 제3세대의 인권은 지금까지 배제되어 온 사람들의 인권을 논하는 데 있어 유용한 개념이라 할 수 있을 것이다. 元井一郎, 「現代人權論と教育」, 海老原治善·黑澤惟昭·嶺井正也 編, 『現代科學論のフロンティア』, エイデル研究所, 1990, 225~226쪽.

8 「まえがき」, 「資料・革新自治體」, 刊行委員會 編, 『資料・革新自治體』, 日本評論社, 1990, p.i. 혁신자치체행정은 자치체개혁의 원칙으로서 ① 직접민주주의의 실현과 국민생활의 향상, ② 혁신의 정치, 행정능력의 축적과 정치주체자로서의 국민의 공적 책임의식의 배양, ③ 국회단계에서의 혁신정당과의 공동투쟁에 의해 중앙정치권력을 민주적으로 개혁하려고 하는 지자체의 기반을 육성하는 세 가지를 들면서 그를 위해서 밑(시민)으로부터의 자발적 시민운동 내지는 지자체 공동투쟁의 결절점으로서 혁신자치체 행정을 자치매김하고 있다(69쪽).

9 芹澤清人, 『ふるさとの名は川崎』, 高文硏, 1991, 50쪽.

10 鳴海正泰, 『自治體改革のあゆみ』, 公人社, 2003, 135쪽.

11 『川崎市民自治の實驗 1971～2001 資料伊藤・高橋市政－市政方針』, (社)川崎地方自治硏究センター, 2003, 315쪽.

12 「革新市政と人間都市づくり」, 『川崎市史 通史編4 上 現代 行政・社會』, 川崎市, 1997, 600쪽.

13 伊藤三郎, 『ノミとカナヅチ－人間都市づくりの10年』, 第一法規, 1982, 97쪽.

14 이토 시장은 또한 당시 도시헌장 제13조(시외로부터의 통근, 통학자 및 시내거주 외국인) 제2항으로 "시내거주 외국인은 평등원칙에 기반하여 그 기본적 인권을 향유함과 동시에 일본국 법령 및 현·시의 조례, 규칙을 지키며 또한 가와사키시의 도시 만들기에 협력할 의무를 진다"라는 조문을 넣으려고 했으나 오히려 외국인이라는 조항을 만드는 것이 차별과 불평등을 조장할 수 있다는 판단 아래 삭제했음을 밝히고 있다. 伊藤三郎川崎市長, 「在日韓國・朝鮮人の基本的人權の保障について」, 「民闘連ニュース」第20號(1977년 4월), 14쪽.

15 山田貴夫, 앞의 책, 55쪽.

16 Loc.cit.

17 吉岡增雄, 앞의 책, 37～39쪽.

18 세이큐샤가 1970년대부터 민족차별 철폐운동의 중심조직이 된 것은, 우선 민단과 총련의 재일한국인 문제에 대한 시점이 다른 곳에 있었다는 점과 관련이 깊다. 이것이 일본인과의 협력관계를 형성시키는 동인이기도 했다. 민족단체는 조선민주주의 인민공화국을 지지하는 재일본조선인 총연합회와 대한민국을 지지하는 재일본대한민국 거류민단(현, 재일본대한민국민단)의 두 단체가 설립되어 "매우 본국과 정치적 연결이 강한 위에서부터의 조직운동"(朴一, 『〈在日〉という生き方－差別と平等のジレンマ』, 講談社, 1999, 38쪽)이 1960년대까지 이루어졌다.

즉 민족단체는 본국과의 관계, 정치적 이데올로기의 성격이 강했기 때문에 빈곤과 차별문제로 어려움을 겪고 있는 재일한국인의 생활문제 해결에 대응해 줄 수 있는 조직이 아니었다. 더욱이 언젠가는 본국에 돌아간다는 경향이 강해서 일본인과 같은 권리를 요구하는 운동을 한다는 생각을 가지고 있지 않았다는 것도 사실이었다. 이러한 민족단체는 1970년대 이후에 출연하는 자이니치 2, 3세들－한국도 북한도 아닌 자이니치하는 것에서 아이덴티티를 생각하고 인간으로서 살아가고 싶어하는－을 받아들일 수 있을 만한 장소가 되지 못한 것도 사실이다. 여기에서 대안적인 공간으로서 부상한 것이 세이큐샤였다.

미우라 다이이치三浦泰一를 통해 처음으로 세이큐샤를 알게 되어 후레아이관 직원으로도 일하고 있었던 김수일金秀一은 다음과 같이 지적하였다. "본국지향도 아니고 일본인도 아니고 총련이나 민단이라고 해도 왠지 자신과는 다르다고 느끼고 있었던 자이니치 3세대의 사람들이 이러한 장소를 찾아 여러 곳을 전전한 셈이지요.…… 그중에 하나로 가와사키에는 세이큐샤가 자이니치 청년들이 모이는 장소가 되었던 게 아닐까요?" ふれあい館職員(當時)金秀一

さん聞き取り調査(2005년 2월 1일) 참조.

19 예를 들어 1976년에 나온 『출입국관리－그 현황과 과제』에서는 “1974년 4월1일 현재 통계에 의하면 재일한국인은 63만 8,806명이지만 그 중에 75.6%가 일본에서 태어난 사람이다. 또 전후(1945년 9월 2일 이후) 출생자는 35만 5,235명이었지만 그 중의 98.0%가 일본에서 태어난 사람이여서 재일한국인은 2세, 3세가 중심이 되어 본방(일본－필자주)에서의 정착화 경향이 강해지고 있다”(12쪽)라고 하고 있다. 또한 “이러한 정주경향이 강해지고 있는 재일한국인에게 있어 본국귀국에 대해 일반 외국인의 경우와는 다른 곤란한 사정이 있는 것으로 보여진다”(141쪽)라고 정주화의 경향이 분명해지고 있는 현상을 정확히 파악하고 있다. 法務省入國管理局 編, 『出入國管理－その現況と課題』, 大藏省, 1976.

20 재일한국인 인구와 일본출생의 비율은 1959년－64.2%, 1964년－68.4%, 1969년－72.4%, 1974년－75.6%로 되어 있으며 매년 그 비율이 높아지고 있음을 알 수 있다. 和田純・內海愛子, 「岐路に立つ在日朝鮮人問題(1)－法務省・總連の『定住化』認識」, 『朝鮮研究』169號, 1977, 15쪽.

21 金東明, 「在日朝鮮人の『第三の道』」, 『朝鮮人』 No.17, 1979, 31쪽.

22 竹田青嗣, 『〈在日〉という根據』, 國土社, 1983, 106쪽.

23 金東明, 앞의 책, 32～33쪽.

24 ベネディクト・アンダーソン著, 白石さや・白石隆 譯, 『增補 想像の共同體－ナショナリズムの起源と流行』, NTT出版, 1997.

25 細見和之, 앞의 책, 17쪽.

26 山村政明, 『いのち燃えつきるとも－山村政明遺稿集』, 大和書房, 1971, 23쪽. 그의 내면의 갈등은 다음과 같은 문장에서도 엿볼 수 있다. “나는 왜 이 시대의, 이 나라에서 살지 않으면 안 되는 것인가? 이 나라 사람들에 의해 학대받아온 이민족異民族의 일원, 그것도 이 가난한 민족을, 단적으로 말하자면 배신한 가족의 일원. 이 거무죽죽한 숙명의 피가 내 몸 안을 역류하고 있다. 가끔 나를 몰아붙이는 검은 정열의 근거는 비굴과 모방, 증오와 방종과의 이해할 수 없는 혼탁이다. 그것은 증오의 사랑, 타락과 이상과의 이해할 수 없는 혼탁이다. 그렇기 때문에 사람들은 나를 이해할 수 없다. 이 친절한 사람들과의 파국을 가속화시키는 것도 이것 때문이다.”(188쪽) 여기에서는 거무죽죽한 숙명의 피로 표상화되어 있다.

27 福岡安則・辻山ゆき子, 『同化と異化のはざまで－「在日」若者世代のアイデンティティ葛藤』, 新幹社, 1991, 157쪽.

28 E・W・サイード, 今澤紀子 譯, 『オリエンタリズム 上・下』, 平凡社, 1993.

29 姜尙中, 「『日本的オリエンタリズム』の現在」, 『世界』第522號, 1988, 134쪽. 또한 비슷한 지적을 소니아 량Sonia Ryang도 하고 있다. “공적인 장에서 조선문제에 향해지는 무관심과 멸시, 적의는 일본인은 특별하며 다른 민족－특히 열등민족인 아시아의 이웃들－과는 비교할 수 없을 정도로 뛰어나다고 하는 넓게 유포된 개념의 헤게모니성과 함께 이해될 필요가 있다”라고 말하고 있다. ソニア・リャン著, 中西恭子 譯, 앞의 책, 148쪽.

30 즉 “몇 단계에 걸쳐 ‘타자’의 것일 수밖에 없는 ‘말’은 동시에 …… ‘고유의 자기’라는 본래의 모습에서 끊임없이 떼어놓아”, “‘자기’란 타자의 언어 또는 언어라는 타자에 의해 구성・구축되는 것으로 그것이 사후적으로 ‘고유의 자기’로 투영되는 것에 지나지 않는다”는 것이다. 細見和之, 앞의 책, 13쪽.

31 고마쓰가와 사건小松川事件이란 1958년 8월에 고마쓰가와고등학교小松川高校의 여고생이

재일한국인 2세인 이진우李珍宇라는 18세의 소년에게 살해된 사건으로 이진우는 사형판결을 받아 1962년 12월에 미야자키형무소에서 세상을 떠났다. 이 사건의 배후에는 한국인이기 때문에 회사 채용이 취소되는 재일한국인에 대한 취직차별의 현상이 있었다. 梁泰昊, 앞의 책, 93~94쪽.

32 스마타쿄 사건寸又峡事件은 김희로가 1968년 2월에 시즈오카에서 폭력단원 2명을 사살하고 스마타쿄 온천의 여관에서 농성하며 민족차별의 부당성을 주장한 사건이다. 김희로는 법정에서 "나는 지금도 일본을 제1의 고향으로 생각하고 있으며 일본어 외에는 아무 말도 할 수 없습니다.……나는 이에 대해 '일본이여, 나에게 조국의 언어를 되돌려달라! 일본이여, 나에게 모국어의 생활감정을 되돌려 달라!' 이렇게 일본전역 곳곳에 나는 소리치고 싶었던 것입니다"라고 말하면서 한국과 일본 사이에서 흔들리면서도 한반도에 자신을 귀속시키고 있었다. 이것은 야마무라 마사아키에게서도 볼 수 있다. "나는 반일본인이라고 해야 할 만한 부조리한 자신의 존재를 납득할 수 없었다", "나는 어중간한 일본인으로서 살아가기보다 조선인으로서 살아갈 것을 강하게 희망한다"라는 말을 남겼다. 위의 책, 109~113쪽.

33 당시 사무국의 한 사람이었던 다카나미 데쓰오高浪徹夫는 박종석에 대한 인상을 다음과 같이 쓰고 있다. "그는 작은 목소리로 '아라이新井입니다'라고 자기소개를 하면서…… '나는 아라이라는 이름으로 지금까지 살아왔는데 히타치는 한국국적이라고 하니까 금방 해고했다. 차별이라고 생각한다. 재판을 해서 히타치에 들어가고 싶다'고 말했다. ……당시의 나는 차별당한 사람의 분노를 전혀 느낄 수 없어 당황했던 것을 기억하고 있다. 고등학교를 나온 그는 재일조선인 전체가 놓여져 있는 입장 등에 대해 어떤 의미에서 무지했으므로 나는 알고 있는 것을 이야기해주었다. 그런 영향을 받아서 그가 우리들 앞에서 박이라고 말하기 시작한 것은 11월경이었다. 종석을 어떻게 읽는지 모두 몰라서 그의 누나가 '아마 종수이지 않니'라고 했기 때문에 우리들도 그렇게 불렀고 그도 그렇게 이름을 말했다. 그런 상태였던 것이다" 高浪徹夫, 앞의 책, 60~61쪽.

34 1971년 5월의 월간 이코노미스트에서 자이니치 2세인 작가 이회성李恢成은 히타치 투쟁에 대해 다음과 같이 지적하였다. "취직상의 차별 등……그가 대담하게 개인적으로 일본재판소에 문제를 제기한 용기에 대해서는 나도 흥미를 가지고 있습니다만 자신이 서야 할 자기 자신의 아이덴티티는 명확히 해주었으면 합니다. '나는 조선인이다'라는 주체적인 발상하에 일본에 사는 외국인으로서의 입장이 보증되어 있지 않는다는 입장에서 그가 문제를 제기했다면 거기에는 동감이지만 자신의 삶의 방식을 애매하게 둔 채로 조선인으로서 떨어진 곳에서 거듭해서 취직시키라고 말하고 있는 것 같은데, 그러면 만일 취직시켜 준다고 한다면 자신은 역시 아라이라는 이름으로 살아갈 생각인지, 그것으로 문제가 해결되는 것인지 물어보고 싶습니다." 青水知久・李恢成, 「日本と朝鮮ーなにが理解されていないか」, 『月刊エコノミスト』, 1971년 5월, 98쪽.

35 다카나미 데쓰오高浪徹夫는 이 만남이 "하나의 결정적 전기로 그로부터의 물음, 문제제기가 차별의 실태에 대한 관점 자체를 문제시하는 것"이었으며 그에 의해 "하나에서부터 자기 자신을 점검해가는 것이 시작되어 1971년 4월에 '박 군을 둘러싼 모임'의 결성으로 이어졌다"고 지적하였다. 高浪徹夫, 앞의 책, 63쪽.

36 억압자로서의 일본인이 하는 언설은 억압자로서의 일본인과 함께 피억압자로서의 한국인에게도 무의식적으로 받아들여지기 때문에 그 순환의 고리를 끊기 위해서는 이것을 명확히 의식화하는 것이 매우 중요하다.

37 이러한 최승구의 생각에 대해 대한기독교 청년회 소속의 김철현은 "최 씨는 한편으로 차별의 극복을 주장하면서 재일코리안 2세, 3세의 민족의식이 차별을 통해서만 형성된다는 것은 본말이 전도된 것이 아닌가"라고 반론하고 있어 최승구는 결국 청년회 회장에서 해임되게 된다. 또 최승구는 1970년에 대한기독교회 청년회의 전국대회에서 세 개의 민족의식 중에 "일본과 같은 폐쇄적 사회에서는 …… 피차별의식의 반대로서 비정상적인 아이덴티티가 일반적으로 되고 있다"고 말해 피차별의식과 에스니시티 형성의 관련성에 대해서도 언급하였다. 朴一, 앞의 책, 75쪽.

38 崔勝久, 「差別社會の中でいかに生きるか－朴君の訴訟を手がかりに」, 『朝鮮研究』106號, 1971, 5~6쪽.

39 위의 책, 8쪽.

40 이러한 민족적 자각화에 대해 다케다 세이지竹田青嗣도 "많은 자이니치 청년이 민족적 자각에 눈을 뜨게 되고 그 속에서 자이니치하는 것의 불우한 의식에 대한 강력한 사회적 · 역사적 주석註釋을 얻었다는 것에 다름없다"라고 역사적 인식과의 관련성을 지적하였다. 竹田青嗣, 앞의 책, 145~146쪽.

41 關根政美, 『エスニシティの政治社會學－民族紛争の制度化のために』, 名古屋大學出版會, 1994, 4~5쪽.

42 裵重度ふれあい館館長聞き取り調査(2002년 7월 17일) 참조.

43 關根政美, 앞의 책, 6쪽.

44 소니아 량Sonia Ryang은 "인종적 차이의 결여, 조선인과 일본인 사이에 지금도 남아 있는 문화적 차이가 조선인 배제를 은폐하고 있는 것이다"라고 지적하였다. 또한 이러한 차별이 "인간에게 생물학적인 우열에 기반하여 서열을 인정한 역사적인 인종차별주의와 비슷하다"라고도 부연하였다. ソニア・リャン著, 中西恭子 譯, 앞의 책, 148쪽.

45 예를 들면 자이니치 2세인 강상중은 1970년대 초반, 자신의 내면에 봉인하고 있었던 자이니치와 조국의 문제, 지금까지 억압해온 것을 떨쳐버리는 또 다른 하나의 자신의 재발견으로서 일본명인 나가노 데쓰오永野鐵男에서 강상중姜尙中으로 이름을 바꾸는 행동을 취했다. 姜尙中, 『在日』, 講談社, 2004, 81쪽.

46 エドウイン・イームズ, ジュディス・G・グード, 「都市におけるエスニック集團」, 青柳まちこ編, 『エスニックとは何か』, 新泉社, 1996, 118쪽.

47 예를 들어 배중도裵重度는 다케모토 시케노리武本重度, 이상호李相鎬는 이와모토 고이치岩本鎬一라는 이름을 사용하고 있었다. 일본명의 사용에 대해 배중도 후레아이관 관장은 민족차별로부터 몸을 지키는 것이 될지는 모르지만, 자기 자신이 해방되지 못 한채로 억압되어 자신이 재일한국인이라는 것을 부정적으로 인식하게 되는 '자기부정'으로 이어진다고 지적하였다. 裵重度ふれあい館館長聞き取り調査(2002년 7월 17일) 참조.

48 본명 이외에도 아이덴티티를 유지하기 위한 근거로서 강재언이 "에스닉 그룹(민족)으로서의 모국어와 생활습관이 일본화되어 가고 있는 가운데 '국적'이야말로 민족적 아이덴티티를 증명하는 최후의 보루라고 해도 과언이 아니다"라고 말하는 것처럼 국적의 중요성을 논하는 논자도 있다. 姜在彦, 앞의 책, 178쪽.

49 黑澤惟昭, 『國家・市民社會と教育の位相－疎外・物象化・ヘゲモニーを磁場にして』, 御茶の水書房, 2000, 572쪽.

50 박일은 히타치 투쟁이 재일한국인에게 "차별을 극복하고 민족과 국적을 넘어 평등한 사회의

실현을 지향하는 것"과 "재일코리안으로서의 민족적 이질성을 유지하고 민족적으로 살아가는 것"의 두 가지 명제가 양립하는가 아닌가를 묻기 시작한 최초의 싸움이었다고 말한다. 朴一, 앞의 책, 43쪽.

51 히타치 투쟁을 비롯해 그 이후의 재일한국인 문제에 참여하여 활동한 일본인 학생과 교사는 대체로 전공투 세대였다. 金德煥·裵重度·文京洙, 「一九七○年から」, 李進熙 編, 『「在日」はいま, 在日韓國·朝鮮人の戰後五○年』, 青丘文化社, 1996, 209~210쪽.

52 池田浩士, 「〈われわれ〉を持つ夢」高田求 編, 『全共闘の思想とその周邊』, 新日本出版社, 1969, 221쪽.

53 山田貴夫, 「在日朝鮮人問題への日本人の主體的な取組みについて」, 『第5回民闘連全國交流集會特別基調報告』, 民族差別と闘う連絡協議會, 1979, 15~16쪽.

54 이 과정 중에 큰 전기가 되었던 것이 집회 1개월전 오사카에서 있었던 피차별부락출신 교사와의 만남이었다. 차별의 현실에서 눈을 돌리지 않고 그것을 자신의 기반으로 인식하여 거기에서 자기 자신을 재점검하고 활동해 나가는 방법의 실천에 관한 증언은 일본인 청년들에게 차별의 현실로부터 배운 것을 "차별자의 규탄에 어떻게 함께 싸우고 자력으로 어떠한 투쟁을 할 수 있을 것인가에 의해 검증되어야 한다"는 것을 보여주는 것이었다. 高浪徹夫, 앞의 책, 78쪽.

55 和田順, 「朴君の『就職差別裁判』の經過と問題点」, 『朝鮮研究』106號, 1971, 24쪽.

56 야마다 다카오는 이러한 차이에 대해 다음과 같이 말하였다. "일본인 측은 재일조선인의 전후의 역사라든지, 생활체험 같은 것을 자신의 가까운 곳에서 접할 수 있는 사람이 거의 없었습니다. 그래서 결국 같은 시대를 살아왔지만 전혀 생활체험이 다르다는 점에서 역시 압도되었던 것입니다.……우리들이 상상할 수 있는 세계가 아니었습니다. 그래서 생활체험이 다르다는 점에서 압도되어 회의라고 해도 무거운 침묵이 계속되는 상황이 계속되었던 것입니다" 川崎市職員山田貴夫さん聞き取り調査(2005년 1월 31일) 참조.

57 '피억압자로서의 역사성으로의 결합'이란 "재일한국인이 자신의 선조의 역사적 형성과정의 이해를 통해 자기 스스로 재일한국인의 존재를 긍정적인 것으로 생각하여 자리매김하는 자기 정당화 장치로서 기능하는"(竹ノ下弘久, 앞의 책, 48쪽.) 것이라고 다케노시타 야스히사竹ノ下弘久는 말한다. 즉 이 개념은 '억압자로서의 역사성으로의 결합'과 한쌍을 이루는 개념으로서 최승구의 '피해자의식으로서의 민족의식'과 본질적인 부분을 같이 하는 것이라 생각된다.

58 竹ノ下弘久, 『日立就職差別事件をめぐる在日韓國·朝鮮人の社會運動—「朴君を圍む會」に關する事例研究』, 慶應義塾大學大學院社會學修士論文, 1995, 97쪽.

59 佐藤勝巳, 「まえがき」, 朴君を圍む會 編, 『民族差別』, 亞紀書房, 1974, iii쪽.

60 예를 들면 1977년의 민투련 뉴스에서는 "사상·신조에 상관없이 생활차원의 문제로서 민족차별을 극복하는 것이 동포민중뿐만 아니라 일본민중에게 있어서도 필요하다는 명제가 성립하지 않는다고 한다면 이 세이큐샤의 존립의의는 없어지는 것이 아닌가"라는 문장이 게재되어 있어 이러한 신념의 공유를 전제로 해야만 세이큐샤가 성립한다는 인식을 읽을 수 있다. 「民闘連ニュース」 第19號(1977년 3월), 1쪽.

61 裵重度ふれあい館館長聞き取り調査(2002년 7월 17일) 참조.

62 제5회 민투련교류집회의 기조보고에서 배중도는 "이 투쟁에 의해 조선인이기 때문에 받아야 했던 괴로움의 현실에 대해 도피하는 일 없이 그 구체적인 현실을 개척해 나가는 당사자(주체)가 되어간다"는 것을 분명히 했다. 梁泰昊, 「共にハッピーになるために」, 『第11回民闘連

全國交流集會資料集』, 民族差別と闘う連絡協議會, 1985, 135쪽.

63 梁泰旲, 「共存・共生・共感－姜尙中氏への疑問(II)」, 『季刊三千里』第45號, 1986년 2월, 176～177쪽.

64 裵重度, 「民闘連運動の位置づけ」, 『第5回民闘連全國交流集會特別基調報告』, 民族差別と闘う連絡協議會, 1979, 60쪽.

65 소위원회는 ① 재일한국인 아이들을 앞에 두고 민족성의 회복과 민족차별에 지지 않는 주체성 만들기를 어떻게 하면 좋은가 ② 일본인 아이들에게 차별의식의 극복을 위한 활동 ③ 진로보장에 관한 활동의 세 가지 축을 중심으로 1976년에 발족했다. 「神奈川高校組教研『民族差別と人權小委員會』出發にあたって」, 「民闘連ニュース」第16號(1976년 12월), 7～8쪽.

66 裵重度, 앞의 책, 60쪽.

67 裵重度ふれあい館館長聞き取り調査(2005년 2월 10일) 참조.

68 「民闘連ニュース」 第26號(1979년 11～12월合倂), 8～10쪽.

69 佐藤勝巳, 「日本人と在日韓國・朝鮮人の共闘とはどういうことか」, 「民闘連ニュース」第29號(1979년 11월), 24쪽.

70 야마다 다카오山田貴夫는 "70년대 후반무렵에 이러한 논의(일본인 헬퍼론－필자주)가 있었다. 당시 지역의 실상을 정확히 재파악하자라고 해서 후레아이관 건설을 향해 움직이기 시작했을 때에 일본인은 헬퍼가 아니라 주체적으로 지역전체의 문제에 참여하는 것으로, 큰 의미에서의 지역과제 해결에 참여한다는 과제목표가 분명히 의식화되었다" 고 지적하였다. 川崎市職員山田貴夫さん聞き取り調査(2006년 7월 31일) 참조.

71 ふれあい館職員三浦知人さん聞き取り調査(2005년 2월 14일) 참조.

72 裵重度・大沼保昭・徐龍達, 「定住外國人の人權擁護運動と日本人の連帶」, 大沼保昭・徐龍達編, 『在日韓國・朝鮮人と人權－日本人と定住外國人との共生を目指して』, 1986, 222쪽.

73 梁泰旲, 「『太く短く』から『細く長く』へ」, 「民闘連ニュース」 第37號(1982년 7월), 98쪽.

74 「基調報告」, 『第10回民闘連全國交流集會資料集』, 民族差別と闘う連絡協議會, 1984, 19～20쪽.

75 「基調報告」, 『第15回民闘連全國交流集會資料集』, 民族差別と闘う連絡協議會, 1989, 11～12쪽.

76 金泰泳, 앞의 책, 32쪽.

77 세이큐샤들에 의한 민족차별 철폐운동이 일어나는 가운데 한편에서는 자이니치가 어떻게 살아갈 것인가를 둘러싼 언설에 있어서도 이들의 활동을 뒷받침할 만한 논자들이 나타나고 있었다. 하지만 그것이 반드시 받아들여지는 환경은 아니었다. 예를 들면 '일본에서 조선민족으로서 자각과 긍지를 가지고 살아간다' 고 하는 '제3의 길' 을 제창한 飯沼二郎(金東明, 「在日朝鮮人の『第三の道』」, 『朝鮮人』 No.17, 1979, 29～64쪽을 참조)에 대해 일본의 상황에서 볼때 그것은 "탁상공론" 이며 "도망가는 것" 이라는 비판(金時鐘・日高六郎・鶴見俊輔・大澤眞一郎・飯沼二郎, 「〈座談會〉『第三の道』をめぐって」, 『朝鮮人』 No.18, 1979, 9쪽.)과, "조선인의 내부에서 スస로의 존립기반을 무너뜨릴 수 있는 '제3의 길' 론이 공공연하게 나오는 것은 매우 유감스러운 일이다" 라는 근심의 목소리(李恢成, 『青春と祖國』, 筑摩書房, 1981, 80～81쪽.) 등의 비판이 있었다. 그러나 1970년대에 일어난 '제3의 길' 을 둘러싼 논쟁은 정주화와 세대교체 등의 현실과 이념적으로 "정식화定式化" 되어 있던 재일한국인상과의 거리를 보여주는 것으로(文京洙, 「在日論の脈略」, 『ほるもん文化』 No.1, 1990, 9쪽.), "정주定住를 전제로 한

민족적 삶의 방식에 일정한 방향성을 주었던"(朴一, 앞의 책, 78쪽.)것으로 세이큐샤들의 활동이 언설차원에서도 받아들여질 수 있는 징조를 보여주는 것으로 생각할 수 있을 것이다.

78 竹ノ下弘久, 앞의 책, 33쪽.

79 伊藤聰子, 『地域社會の「多文化」とNPO』, 日本國際交流センター, 1998, 8쪽.

80 樋口直人, 앞의 책, 24쪽.

9 다문화공생교육의 미래
—가와사키 실천의 의의와 시사점

1970년대에 시작되어 지금까지 계속되고 있는 가와사키의 실천에서 우리는 무엇을 배우고 평생교육 실천에서 어떻게 적용해갈 수 있을 것인가? 세계화Globalization로 인해 각각의 민족적 아이덴티티를 보유하면서 그것을 존중하고 함께 살아가는 사회를 창조하는 일[1]이 평생교육의 역할로 요구되는 오늘날, 이러한 물음은 그 중요성이 한층 더해지고 있다.

여기에서는 재일한국인이 피억압자Subaltern(서발턴)로 느끼고 있던 르상티망ressentiment을 일본인과의 연대관계 안에서 적극적으로 플러스로 바꾸어온 가와사키의 실천을 되돌아보면서, 1990년대 이후 평생교육의 주요과제 가운데 하나로 자리매김한 다문화공생교육과 그것이 지향해야 할 이념으로 삼고 있는 공생이념을 제안하는 동시에 앞으로의 전망까지를 고민해보고자 한다.

1. 다문화공생교육의 기본전제 제기—새로운 패러다임으로의 이동

재일한국인이 일본사회의 차별·억압구조에 괴로워하고 일본인이 이러한 인식구조를 잠재적으로 받아들이는 도식은 일본의 근대국민국가 성립과 밀접한 관계를 가진다.

소니아 량Sonia Ryang은 1923년의 관동대지진과 뒤이은 조선인학살, 그 인종차별적 폭력의 뒤에 숨겨진 문화적 논리에 주목해 일본근대국가주의의 역사적 과정과의 관련성을 주장하며, "근대국가로서의 일본의 주권" 생성(출현)과 유지는 "비非일본인의 배제"와 결합되어 있다고 지적한다.[2] 즉, 오리구치 노부오折口信夫의 이론에 의거해, 일본이 근대국가를 성립해 나가는 과정은 공동체를 지키기 위해 이른바 밖에서 온 손님—천황과 한국인 등—을 일본사회의 외부에 위치시키는 것으로 이어졌다는 것이다.[3] 이러한 과정에서 한국인은 일본사회의 카테고리의 바깥으로 밀려난 존재가 되었으며, 국민주권에서 배제된 한국인은 기본적 인권이나 시민권 · 정치적 권리를 빼앗겼고, 이로 인해 1970년대의 민족차별 철폐운동을 할 수밖에 없었던 것이다.

소니아 량이 관동대지진에서 일어난 대학살을 "주권이 국적과 불가분하게 연결되어 일본인만의 국가라는 형태를 가진 근대국가로 일본이 등장하는 과정에서 논리필연적으로 발생한 산물"[4]이라고 지적하듯이, 재일한국인을 억압하는 구조는 일본의 근대국가 성립과 밀접하게 관련되어 있었다.

윤건차 또한 동일한 지적을 내놓은 바 있다. 그에 따르면 1980년대에 국제화를 주장하던 일본사회의 구조에 대해 "단일민족 이데올로기를 고수하면서 민족 질서의 하위에 위치한 재일조선인과 아이누, 피차별 부락민, 그리고 오키나와 주민(출신자) 등을 이질로 차별 · 억압하는 정신구조"[5]가 존재한다.

그러나 재일한국인과 피차별 부락 출신자 등과 같은 당사자들의 공민권 운동이 진행되면서, 전전에서 전후로까지 일본사회의 지배적 메커니즘으로 유지되어온 단일민족국가 일본이라는 신화에 대한 이론적 분석들이 차례로 등장했다.

예를 들어 오쿠마 에이지小熊英二는 전전의 혼합민족론에서 단일민족론으로의 이행과정을 분석하면서 단일민족 신화는 "국내의 비일본계가 갑자기 소수가 된 제2차 세계대전 후에 일반화" 된 것[6]이라고 말한다. 그에 따르면, 마이너리티를 억압하는 원흉은 "일본인이 단일의 순수한 기원을 가진 일본 민족만으로 구성되어 있다는 단일민족 신화"[7]이며, 이러한 신화화의 본질은 타자와 마주 보며 대응할 때 겪어야 하는 번잡함으로부터 도피해 현재에 부합하는 자신의 모습을 역사로 투영하는 것이다. 이렇게 함으로써 그것이 "상대방을 무화無化하려는 억압" 이었다고 말하고 "타자와 공존하기" 위해 '신화로부터 벗어나야 한다' 는 것이다.[8]

일본사회 내부에 존재하는 일본인관, 그 신화의 탄생 과정을 면밀히 뒤좇음으로써 그 허위성을 밝히고 이에 입각하여 신화로부터의 탈각을 요구하는 오쿠마 에이지처럼 단일민족 사회의 신화를 넘어설 것을 주장하는 오누마 야스아키大沼保昭의 논의 또한 눈여겨볼 만하다.

오누마는 단일민족의 신화를 근대적 문제로 파악해 단일민족이 아니었던 역사적 사실로부터 단일민족관을 "초역사적 규정" 이라 정의하고, 이를 다민족사회에 적합한 것으로 바꾸어나가야 한다고 역설한다.[9]

두 논자의 논의는 '일본인' 관[10]으로 확립되어 있던 동질한 사회이자 국가로서의 일본이라는 틀로는 보이지 않는 존재[11]였던 재일한국인들이 일본사회의 일원으로 부상해 보이는 존재가 되면서 현실적 적합성을 잃게 된 '억압적-동화적 국가관' 에서 벗어나 일본사회의 현실을 반영하는 새로운 관점이 필요함을 주장한다. 이러한 지적은 '단일민족국가 = 일본' 이라는 전제에 근거해 이루어져온 '동화주의적 교육' 에서 다원적 문화 · 가치에 열려 있는 '다문화주의적 교육' 으로 향하는 교육 전체의 패러다임 변혁을 의미하는 것이기도 하다.

이러한 관점 전환은 일본 문화에 대한 한국 문화의 정립을 요구한 세이큐샤의 움직임에서도 읽을 수 있다. 일본인 '화', 가짜 일본인으로서 겪었던 동화 압력, 동화주의 이념에 입각하여 추진되어온 교육으로부터 한국인으로서의 자신을 되찾기 위한 본명사용과 민족교육 실천을 도입한 교육으로의 변용은 일본 문화에 대치되는 한국 문화의 정립을 의미할 뿐만 아니라, "학력보다 민족적 아이덴티티라는 한국인 교육의 방향성"[12]을 드러내기 때문이다.

'동화주의'에서 '다문화주의'[13]라는 기본전제의 전환은 일본사회의 외국인노동자가 급증한 1980년대 후반 이후로 현실적 과제로 인식되어, 평생교육에 있어서도 1990년대 이후에 다문화교육이 주요과제 가운데 하나로 자리잡게 되었다. 즉 단일언어, 단일문화, 단일민족이라는 전제 위에 성립된 교육에서 다른 언어, 다른 문화, 다른 민족을 받아들이고 사회제도와 조직도 바꾸어가는 다문화사회를 향한 변화가 시작되었으며, 중심 이념의 하나로 다문화공생교육이 자리하고 있는 것이다.

"사회의 머조리티Majority, 혹은 중심세력의 사람들의 가치체계에 근거한 평생교육관(像)"[14]에서, "각각의 인간에게는 인종 · 민족 · 성 · 사회계급 · 장애 등과 관계없이 고유의 가치, 즉 인간으로서의 행복을 추구하는 권리를 인정한다는 생각에 뿌리를 두고"[15] 다문화가 공생하는 평생교육으로의 이행. 이러한 개념 전환에서 우리가 간과해서는 안 되는 것은 마이너리티Minority의 관점에 근거한다는 것이다.

즉, 종래의 평생교육이 이른바 머조리티Majority를 대상으로 해왔다는 반성에서,[16] 평생교육에서 배제되고 소외되어온 사람들의 학습할 권리를 인권으로서 재파악하고자 하는 인식이 1990년대 이후의 흐름의 근저에 있는 것이다.[17] 가와사키시의 재일외국인교육 기본방침의 제정에 있어 주요 논점의 한 축이 재일한국인의 교육을 은혜가 아닌 권리로 인식하는 이전 단계가 있었음을 상기한다면, 재일한국인이 가지는 학습권을 인권으로 보장하는 명제의 확립 없이 이러한 패러다임의 전환이 불가능했을 것임을 알 수 있다.

또한 다른 가치와 문화 등 기존의 교육 틀을 바꾸어가는 마이너리티로의 관점 전환은 다문화공생교육만 아니라 궁극적으로는 공생이념을 요구하는 것이다. 이것이 가와사키 실천이 가지는 두 번째 시사점이다.

2. 교육이념으로서의 공생이념의 생성

서로 다른 것, 즉 복수의 문화와 민족을 상정한 다문화공생교육은 당연히 타자와의 공존을 비전과 목표로 설정한다. 이질성을 가진 사람들이 함께 살아간다고 하는 공생이념이 가와사키시에 실천적 이념으로 생성된 것은 전술한 바와 같다. 이러한 공생이념이란 과연 어떠한 것이었을까?

가와사키 교회의 목사로 활동하면서 1970년대부터 중심멤버로 활동의 선두에 서온 이인하 목사는 공생을 동화라는 지배개념에 대한 반대개념으로 정의하고, "공생사회는 억압되어 있는 약자의 목소리가 받아들여지는 사회이다"[18]라고 말하고 있다. 즉, 강자의 논리가 아닌 약자의 입장에서 그들 당사자의 목소리를 낼 수 있는 관계성의 구축을 공생으로 정의하는 것이다.

공생은 1980년대 이후 폭넓게 사용하는 개념인 만큼 야마구치 사다오山口定가 공생을 두 개의 어원적 루트와 일곱 개의 사회적 루트를 가진 개념으로 규정할[19] 정도로 그 개념적 정의는 논자에 따라 다른 양상을 보인다.

그러나 '함께 살아간다'라는 세이큐샤와 민투련의 선구적 움직임에서 구체화된 공생이념은 차별 · 피차별이라는 일본인과 재일한국인의 관계를 시정하려고 만들었음이 분명하다. 말하자면, "사회적 불평등이라는 맥락에서 이를 시정하기 위해 사용해온"[20] 개념이 공생이었던 것이다.

공생에 관한 이와 같은 시각은 공생 개념과 관련한 대표적 논자인 이노우에 다쓰오井上達夫와 하나자키 고우헤이花崎皐平에게도 공통적으로 드러난다.[21]

이노우에 다쓰오는 공생을 피차별자의 동화와는 근본적으로 다른 개념으로 자리매김하면서, 이러한 피차별적 공생론이 주체적으로 차이를 규정하는 권리의 요구를 근거로 하는 '다른 것과의 공생'임을 분명히 한다.[22] 즉, "다른 삶의 방식을 가지는 사람들이 서로 자유로운 활동과 참가의 기회를 승인하고, 상호의 관계를 적극적으로 창조해나갈 수 있는 사회적 결합",[23] 그리고 그곳에서 "풍부한 관계성을 창출하고자 하는 영위"[24]로서 공생을 정의하는 것이다.

피차별자-차별자라는 수직적 관계성, 즉 차이를 차별로 여기고 서열화하는 기존의 관점에서, 차이를 차이로 인정하고 그로부터 새로운 관계성, 이른바 차별·피차별의 틀에서 벗어나 새로운 평등적 관계성을 창조해나가는 것이 공생이라 할 수 있다.

하나자키 고우헤이도 공생이 차별문제에 입각한 인간 간의 사회적 관계를 가리키는 것이라는 입장을 취하면서, 차이를 차별로 변환시키지 않으며 지금까지 차이를 상하로 서열화해온 것을 반성하는 입장에서 사회 관계를 "수평적이며 상호적인 다양성의 관계로 파악"하고, "자기와 타자와의 관계를 공생의 이념으로 다룰 것"을 주장했다.[25]

또한 하나자키는 사회관계를 자기自己-타자他者의 두 축으로 상정했을 때, 타자에 대한 자기의 규정화, 자기의 타자에 대한 억압이라는 권력관계—"비대칭관계"—를 "대칭성의 관계"로 열어가는 것, 즉 "관계가 가지는 비대칭의 폭로와 대칭적인 관계의 설정"이라는 반차별의 원리에 입각하여 공생을 논의했다.[26]

이와 같은 두 연구자의 논의는 '반차별'을 공생의 중심에 두는 공통적인 특징을 보인다.[27] 즉, 이노우에 다쓰오와 하나자키 고우헤이의 공생의 논리는 서로 다른 사람들로부터 만들어진 새로운 관계성을 논하고 있는데, 이는 세이큐샤의 활동이 행정과 지역사회가 일본인과는 다른 재일한국인의 차이를 승인하도록 요구하면서 지역사회에서 일본인과 함께 살아간다는 비전을 내걸어왔다는 사실을 고려할 때, 그 논의의 맥락과 함께하고 있음을 알 수 있다.

단, 이때 기본적으로 전제되어야 하는 것은 첫째, 일본인과 동일한 권리의 소유에 입각한 공생이라는 것이다. 민족차별 철폐운동과 재일외국인교육 기본방침, 후레아이관 설립 등 지금까지 빼앗겨온 권리를 되찾기 위한 활동들은 권리의 향유에 입각해 같은 인간으로서의 삶을 추구하는 것으로서, 무권리無權利 상태가 아니라 의무와 권리를 가지는 사회의 구성원으로서의 자기 확립을 바탕으로 하는 비전이었다.[28]

이와 동시에 공생이념이 갖는 잠재적 위험성에도 눈을 돌려야 할 필요가 있다. 공생이념의 안이한 일반화와 보편화, 즉 "단순히 '강자의 논리'를 숨기는 것(카무플라주camouflage)"[29]과, 현실적으로 존재하는 불평등한 힘의 관계를 은폐하는 "눈가리개로 슬로건"[30]화하는 것은 특히 경계해야 한다. 이는 외부의 일본사회와의 관계에서뿐만 아니라 내부의 재일한국인들에게도 동일하게 적용된다.

또한 1970년대와 80년대에 민족차별 철폐운동의 중심에 자리해온 재일한국인 2세에서 시작해 재일한국인 3세, 4세가 사회의 중심멤버로 자리잡게 되는 재일한국인의 세대교체를 고려할 때, 이미 분석한 것과 같은 재일한국인 2세의 재일한국인상이 또 다시 당위적으로 정형화하는 재일한국인의 아이덴티티를 강요하는 정체성의 정치학identity politics으로 변질될 위험성도 간과해서는 안 된다.[31]

새로운 재일한국인 세대로서 본명사용과 권리의 향유 등과 같이 재일한국인 1세와는 다른 세대로 등장한 재일한국인 2세와 비교할 때 또 다른 감수성을 갖고 있는 재일한국인 3, 4세에게, 일본의 지배문화가 규정한 자신들의 문화에 대해 재일한국인 2세가 새롭게 구축한 재일한국인의 문화가 반대로 재일한국인 3, 4세를 억압하는 새로운 억압 장치로 기능할 가능성이 존재하는 것이다. 예를 들어 본명사용[32]과 국적문제[33] 등과 같이 정형화된 재일한국인이라는 상像으로부터의 자유를 외치는 주장으로서의 정체성의 정치학을 넘어[34](김태영), 코리안 디아스포라[35](소니아 량)로서 재일한국인의 가능성을 모색하는 연구가 등장하고 있는 것은 앞으로의 공생을 고민하는 데에 간과해서는 안 될 것이다.

즉, 공생에 대해 논의하면서 일본인과 재일한국인이라는 경계를 설정하고 일반화함으로써 그 안에 존재하는 개개인의 다양성을 보지 못하는 우를 범하지 않기 위해서는 일반화의 논리가 아닌 개개인의 다양성에 대한 보장을 기초로 해 공생이념의 실현을 전망해가는 자세가 필요하다. 개개인의 다양성을 담보하는 원자화原子化된 개인을 기초단위로 하는 공생으로의 시각을 유지하는 것이 공생의 두 번째 전제 조건인 것이다.

공생의 세 번째 전제는 1970년대의 히타치 투쟁으로부터 촉발되어 여러 운동의 기폭제가 된 자각화의 중요성이다. 자신이 권리를 소유하는 소유자이자 주체임을 자각하는 것은 자기 자신을 대상화·객체화시키지 않는 주체로서의 자기확립을 보장하는 것으로 매우 중요하다.

권리의 소유, 개개인의 다양성 존중, 주체자로서의 자각화를 바탕으로 하여 수평적이고 열린 재일한국인과 일본인의 공생, 더 나아가 국적과 인종, 문화의 차이를 넘어선 관계성의 구축이야말로 가와사키의 실천에서 우리들이 이끌어 내야 할 공생이념일 것이다. 그리고 이를 통해 일본사회에서 만들어진 일본의 독자적인 다문화공생교육의 실천과 이론이 심화될 수 있을 것이다.

가와사키의 실천으로부터 다문화공생교육을 도출할 때 일관되게 발견할 수 있는 것은 상호주체적 관계의 구축이다. 다문화공생교육에 존재하는 자기와 타자의 상호주체적 관계, 그리고 일본인과 재일한국인의 상호주체적 관계라는 주체성에 대한 인식은 가와사키의 실천을 일으키는 원동력이자 미래를 열어나갈 중요한 원동력이 될 것임을 잊어서는 안 된다.

1970년대 히타치 투쟁으로 촉발된 재일한국인의 목소리는 일본인과의 연계, 혁신시정이라는 토대, 재일한국인 스스로의 끊임없는 실천활동을 통해 일본사회와 기존 교육의 패러다임을 바꾸어나가는 것으로서 승화되어 오늘날에도 여러 시책과 실천으로 계승되고 있다. 즉, 재일한국인에 대한 민족차별의 극복, 새로운 세대에게 인간답게 살아가는 강인함과 민족적 자각을 갖게 하고 싶은 소망이라는 실천활동의 기본이념[36]은 앞으로도 계승될 것이다. 이것이야말로 지금 요구되는 다문화공생교육이란 무엇인가를 고민할 때 꼭 염두에 두어야 할 관점으로, 이에 입각하여 미래를 전망하고자 한다.

3. 미래를 향해 — 내일을 위한 새로운 도전

세이큐샤의 실천활동으로부터 가능했던 가와사키시의 다문화공생교육을 분석하면서 어떠한 미래를 전망할 수 있을까?

분석대상으로 설정한 세이큐샤가 당시 재일한국인들 가운데 소수에 불과했기 때문에 전체적인 재일한국인의 흐름 안에 그들의 실천을 자리매김하지 못한 점, 그리고 관동지방과는 다른 관서지방의 다문화공생교육에 대한 고찰이 불충분하다는 과제가 여전히 남아 있지만, "지금까지 배제당한 다른 존재로서의 타자를 받아들이고 한국인과 일본인 사이에 존재했던 차별 · 억압구조를 평등한 관계로 재정립하는"[37] 공생, 그리고 다문화공생교육의 원점을 어떻게 심화시켜갈 것이냐는 질문들은 가와사키시의 새로운 도전으로부터 생각해보고자 한다.

지금까지의 분석에서도 알 수 있듯이 공생의 구현은 간단한 일이 아니다. 지속적인 실천에 의해서만 이루어낼 수 있는 것이 공생인 것이다.

다문화공생교육 활동이 세이큐샤와 후레아이관, 그리고 가와사키시의 시책으로 추진되고 있는 가운데, 1990년대 중반부터는 이제까지의 실천에 입각해 일본 국내뿐만 아니라 한국과의 관계에서도 공생을 실현시키고자 하는 움직임이 본격화되고 있다. 재일한국인과 일본인, 한국인이라는 세 행위자로 이루어진 공생의 틀을 만들고자 하는 시도는 다문화공생교육을 위한 직접적인 활동이 아니라도, 궁극적으로는 공생을 목적으로 하는

가와사키 · 부천시민교류회의 부천시 방문(2005년)
(제공: 가와사키 · 부천시민교류회 사무국의 야마다 다카오)

광의의 다문화공생교육이라 할 수 있다.

시민차원의 국제교류는 일본에서 다문화공생을 지향하는 활동 과정 가운데 형성된 네트워크와 연계해 새롭게 시작하는 활동의 하나이다. 이와 같은 한국과의 관계 형성에서 지금까지의 교훈이 활용된 것은 말할 것도 없다.

1996년에 가와사키시와 부천시가 우호도시협정을 맺어 지자체 간의 교류로까지 발전할 수 있었던 것은 부천시에 소재하는 당시 성심여자대학교(현 가톨릭대학교) 사회과학연구소의 조사단이 1991년에 가와사키시를 조사차 방문한 것에서 시작되었다. 여기에는 한국에서 오랜 시간 중단되었던 지방자치제도가 1991년의 지방의회선거, 1995년의 지방자치단체장 선거에 의해 재개되어 지방자치에 관한 연구의 필요성이 부상한 것이 배경으로 작용했으며, 1970년대의 재일한국인 민족차별 철폐운동과 한국의 민주화 투쟁의 연대운동을 통해 만들어진 인적 네트워크인 배중도, 이인하, 이시재(가톨릭대학 교수)에 의해 방문이 실현될 수 있었다.[38] 이러한 만남은 부천시의 원미시장과 가와사키시의 사쿠라모토 상점가의 교류로 이어져 1993년부터는 사단법인 가와사키 지방자치연구센터에서 6년간에 걸쳐 한국연수투어를 기획하기에 이르렀다.

재일한국인을 이해하기 위한 첫걸음이 역사이해라는 점을 떠올린다면, 36년간의 식민지 지배라는 벽이 엄연히 존재해온 한일관계에서 올바른 역사인식은 무엇보다도 중요하다. 따라서 한국 연수투어의 목적 가운데 한 가지는 다름 아닌 일본 식민지 지배의 역사를 현지에서 배우는 것[39]이며, 이러한 인식의 전환은 공생이념을 실현하는 도구로 교류의 과정에서 타자인 한국인을 받아들이는 것으로 이어졌다.[40]

이러한 교류의 움직임은 1996년의 우호도시협정을 거쳐 1997년의 직원 상호파견협정 체결, 가와사키시의 옴부즈만제도를 참고로 한 한국 최초의 옴부즈만제도 발족(부천시) 등[41] 다양한 형태의 지자체 직원과 시민 간 교류가 이루어졌으며, 2003년 10월에는 시민문화, 예술, 스포츠, 지자체 정책, 경제 등과 관련한 교류 사업을 수행하는 가와사키 부천시민교류회(이하 시민교류회)가 설립되었다. 시민교류회는 모든 과거의 역사를 직시하고 극복과 화해의 중요성을 인식함과 동시에 이를 토대로 지역과 국경을 넘어, 넓게는 동북아시아의 평화와 번영, 민주주의와 기본적 인권의 확립에 공헌하는 것을 비전으로 삼고 있다.[42]

이처럼 가와사키시 안에서의 재일한국인과 일본인의 공생을 일본과 한국 양국 간의 재일한국인과 한국인, 그리고 일본인의 공생으로 승화시켜 나가는 움직임을 보이게 되었다. 이러한 움직임에서 후레아이관의 관계자와 1980년대 행정교섭의 과정에서 한국인 문제를 직시하게 된 직원들이 주요 행위자(actor)로 활약했다는 점은 후레아이관과 가와시키시가 제창해온 함께 살아가는 지역사회의 창조를 거시적 차원으로까지 승화시켜가는 것으로 해석될 수 있다. 이러한 공생의 확산은 새로운 구성원인 고교생 교류에서도 확인할 수 있는데, 이것이 두 번째 움직임이다. '가와사키 부천 고교

하나의 제9회 교류회(2004년 8월 부천시)

생 포럼 하나ハナ'(이하 하나)는 2000년부터 활동을 시작한 일본인, 재일한국인, 한국인의 고교생 포럼이다. 활동의 시작은 1995년에 창설된 부천고등학교의 일본연구반이 일본의 고교생들과 교류를 하고 싶다고 2000년 부천시청에 상담을 하러 찾아와, 같은 해 8월 처음으로 가와사키 미나미 고등학교 볼런티어 워커즈가 부천을 방문하면서 시작되었다.

하나는 부천하나와 가와사키하나로 구성되어 2001년에 표명된 '하나 어필2001'에서도 알 수 있듯이, "일본과 한국의 밝혀지지 않은 역사에 대해 바른 인식을 가지고 가와사키시와 부천시의 지역사 연구 등 학습을 해나가"면서 '서로의 문화와 습관을 인정하고' '서로의 문화와 언어에 대해 관심을 가진다'는 서로를 이해하고 받아들여 역사를 바르게 이해하는 것을 통해 상호이해를 깊게 하는 것을 목적으로 하고 있다.

하나는 여름과 겨울 연2회 서로 방문하는 형식으로 교류를 추진하고 있으며 각 포럼의 테마는 스스로 정하고 있다(2003년부터 공통테마). 역사교과서 문제(2001년)와 야스쿠니신사 문제(2001년), 재일동포(2002년 및 2003년) 등을 테마로[43] 하는 활동을 통해 자신들을 객관적으로 보게 됨과 동시에 서로를 이해하는 과정이 일어나고 있다. 예를 들어 부천 하나의 일원으로서 참가한 학생은 "내가 일본문화연구 서클과 하나에 들어갔던 이유는 일본이 싫었기 때문이다. …… 하지만 몇 년간이나 지속되었던 이 가치관이 단 4박 5일의 짧은 기간에 완전히 바뀐 것은 나 자신도 믿기 어려웠다. …… 이제야 내가 미워해야 할 대상이 틀렸다는 것을 알았다. 내가 미워하지 않으면 안 되는 것은 지금의 일본이 아니라 그 역사였다"[44]라고 말했다. 이처럼, 역사인식을 바로 하는 것으로 자신들을 성찰적으로 점검하고 일본과 일본인의 관계를 재인식하는 과정은 하나에서도 가능했다.

후레아이관 건설을 반대했던 지역주민들이 가졌던 차별의식은 이처럼 형태를 바꾸어 일본에 대한 한국의 편견으로 나타난다. 이러한 의식구조를 바꾸기 위해서 역사를 바르게 이해하는 것에서부터 출발해야 한다는 교훈은 하나활동 내부에서도 중요하게 자리잡아, 역사교육을 기본으로 하면서 인권교육, 다문화공생교육을 함께하는 3개의 축으로 활동을 구성하고 있다.[45]

공생은 결코 특정 지역에 한정된 것이 아니다. 지역사회를 동아시아로 확대해 볼 때 역시 동일한 구조를 발견하게 되는 것이다. 다문화공생교육은 일본과 한국 양국의 보다 발전된 관계의 구축에서 어떤 의미로는 보편성을 가지는 것이다. 1990년대부터 제기되는 동아시아 공동체, 동북아시아 공동의 집[46] 구상[47]은 공생을 이념으로 삼고 다문화공생교육을 매개로 하는 것에 의해 실현될 수 있을 것이다.

재일한국인의 권리를 권리로 인식하고 일본인과 함께 살아가기 위한 교육과 학습을 추구하며 전개된 가와사키의 움직임은 미시적인 지역사회의 활동일 뿐만 아니라, 거시적인 국제사회적 차원에서도 더 큰 발전을 꾀하고 있다.

1988년부터 세이큐샤에 위탁운영 되어온 후레아이관에는 2006년 4월부터 지정관리자제도[48]가 도입되었다. 2006년 4월부터 2011년 3월까지의 지정관리자는 변함없이 세이큐샤이지만, 앞으로의 활동에서 어떻게 지속성을 보존해갈 것이냐는 문제가 주목받고 있다. 또한 중심적인 멤버로 활동해온 직원과 재일한국인 2세로부터 새로운 세대로 이행되는 가운데, 어떻게 초기의 이념이 계승될 것인지도 과제로 남아 있다.

그러나 하나와 시민교류회의 활동에서 볼 수 있듯이, 일본사회에서의 재일한국인(재일외국인)과 일본인의 공생, 더 나아가서는 한일관계에서의 재일한국인–일본인–한국인과의 공생은 앞으로의 미래에 더욱 밝은 모습으로 지속될 것을 상상하기 어렵지 않다. 본서의 다문화공생교육에 대한 분석이 이러한 미래의 전망에 유의미한 시각을 제공할 수 있었으면 한다.

주

1 「多民族社會を生きる」, 『月刊社會教育』 2005년 6월호, 4쪽.
2 ソニア・リャン著, 中西恭子 譯, 앞의 책, 26쪽.
3 위의 책, 37쪽.
4 위의 책, 45쪽.
5 尹健次, 앞의 책, 3쪽.
6 오쿠마 에이지小熊英二는 단일민족 신화가 일반화된 당시의 논조에 대해서 다음과 같이 지적하였다. 첫째, 일본은 태고에서부터 단일의 일본민족이 살아 이민족 항쟁 등이 없는 농업민의 평화적 국가였다. 둘째, 천황가는 외래의 정복자가 아닌 평화적 민족의 문화공동체의 통합의 상징이었다. 셋째, 일본민족은 태고에서 변강의 섬나라에서 살아 이민족과의 접촉이 적어 외교능력과 전투능력이 약하다. 넷째, 일본은 단일민족국가이기 때문에 역사적으로도 현재도 평화롭다. 小熊英二, 『單一民族神話の起源－〈日本人〉の自我像の系譜』, 新曜社, 1995, 363쪽.
7 위의 책, 370쪽.
8 위의 책, 404쪽. 또 오쿠마 에이지는 일본뿐만 아니라 대부분의 국민국가가 자신들의 기원에 관한 신화를 만들고 있다고 하면서 이러한 신화를 필요로 하는 심리의 배경에는 "현재로부터의 도피"이며 이러한 신화는 "자신이 ○○인이기 때문에 자랑스럽게 생각해도 좋고 상대방이 ××인이라는 이유만으로 공격해도 좋다고 정당화해주는 신화"라고 논하고 있다(403쪽). 즉, 신화가 이상적 유형으로서 자신들의 '상像'을 만들어주는 것으로 타자를 억압하는 장치로서 기능하는 것을 명확히 하고 있다.
9 大沼保昭, 『新版 單一民族社會の神話を超えて』, 東信堂, 1993, 340～341쪽.
10 예를 들어 후쿠오카 야스노리福岡安則는 단일민족 사회의 구성원으로서의 일본인을 혈통·문화·국적을 축으로 일본인에서 비일본인까지 여덟 유형으로 추출하는 것을 통해 "일본은 단일민족 사회라는 신화"를 비판하고 있다. 福岡安則, 앞의 책, 2～16쪽.
11 오누마 야스아키大沼保昭는 재일한국인이 일본사회에서 보이지 않는 존재가 된 것의 근거를 다음의 세 가지로 들고 있다. "첫째는 양자가 생물학적으로 동일 인종에 속한다는 사실이다. …… 둘째는 조선과 일본이 같이 중국문명권에 속하는 주변국가이며 더군다나 조선에서부터 일본으로 여러가지 문화적 영향이 있었기 때문에 그 사고, 행동양식에 있어 옛날부터 공통성이 적지 않았다는 사실이다. …… 셋째는 긴 일본거주기간, 인구비율에 있어서의 압도적인 차, 그리고 무엇보다도 일본사회의 동질화의 압력에서 재일한국인 측에 동화=일본인화가 일어나고 있다는 사실이다." 大沼保昭, 앞의 책, 324쪽.
12 岸田由美, 「日本社會の多樣化は『日本人』を多樣化しうるか」, 佐藤群衛·吉谷武志 編, 『ひとを分けるものつなぐもの－異文化間教育からの挑戰』, ナカニシヤ出版, 2005, 41쪽.
13 세키네 마사미關根政美는 다문화주의의 가능성을 지적하면서도 그것이 가지고 있는 패러독스에 입각하여 그 한계를 넘어서는 것의 중요성을 지적하였다. 關根政美, 앞의 책, 198～229쪽 및 關根政美, 『多文化主義社會の到來』, 朝日新聞社, 2000, 175～215쪽.

14 黑澤惟昭, 1990, 앞의 책, 11쪽.

15 朝倉征夫「多文化・多民族共生社會と社會教育の課題」, 日本社會教育學會 編,『多文化・民族共生社會と生涯學習』, 東洋館出版社, 1995, 33쪽.

16 大橋謙策・小澤有作・神田道子・藤田博,「『人權』と『社會教育』をめぐって」, 日本社會教育學會 編,『現代的人權と社會教育』, 東洋館出版社, 1990, 178쪽.

17 예를 들어 노모토 히로유키野元弘幸는 반차별 인권존중이라는 운동에서 시작된 가와사키시의 움직임에 주목하여 가와사키시의 사례로부터 "민족공생의 시점의 중요성과 다문화 다민족공생의 교육에서의 권리론을 확실히 전개할 필요성"(14쪽)을 지적, 권리로서의 외국인의 교육을 인식하여 국가와 지자체가 보장해 나갈 것의 중요성을 다시 환기시키고 있다. 또한 오자와 유사쿠小澤有作의 선구적 생각을 바탕으로 민족공생의 시점을 제기하고 있으며 이러한 노모토 히로유키의 지적은 주목할 만하다. 野元弘幸,「多文化・多民族共生の原理と教育の課題ー『多文化共生』を超える視点と原理を求めて」,『月刊社會教育』 2005년 6월호, 5～14쪽.

18 李仁夏青丘社理事長聞き取り調査(2002년 8월 8일) 참조.

19 야마구치 사다오山口定는 일본의 공생논의의 상황에서 두 개의 어원적 루트와 일곱 개의 사회적 루트를 다음과 같이 지적하였다. 우선 2종의 생물이 서로에게 이익을 얻으면서 같이 생활하는 상태로서의 생물학에 있어서의 공생symbiosis의 역어와 정토종淨土宗 등의 공생 불교회라는 불교를 어원적 루트라고 하였다. 또 사회적 루트에는 ① 복지사회론과 노멀라이제이션의 논의에서 확대된 장애자와 고령자와의 공생, ② 공생에서 일본문화의 특질을 찾으려고 하는 일본문화론적 발상으로 예를 들어 자연과의 공생, ③ 국제화의 시대, 지역의 시대에 대응하고자 하는 경제계의 동향으로서 외국 나라들과의 공생, 공생기업론 등, ④ 에콜로지의 발상으로 자연과 인간의 공생, ⑤ 페미니즘으로부터의 남녀 공생사회를 내건 공생, ⑥ 국제화 시대에 있어 다른 국적자들과의 공생론으로 외국인(노동자)과의 공생과 정주외국인의 지방참정권을 주장하는 주장과 운동, ⑦ 동일국적자 또는 동일사회 내의 다문화주의의 주장으로 다른 에스닉집단 간의 공생을 들고 있다. 山口定,「『共生』とは何か?」,『學術の動向』 第2巻 第1號, 1997, 18～19쪽.

20 戴エイカ, 앞의 책, 45쪽.

21 여기에서의 공생이론의 논의는 戴エイカ,「『多文化共生』とその可能性」(『人權問題研究』 No.3, 2003, 45～49쪽)에서 시사받은 점이 많음을 밝혀둔다.

22 井上達夫,「共生」,『哲學・思想辭典』, 岩波書店, 1998, 344쪽.

23 井上達夫・名和田是彦・桂木隆夫,「《人間が豊かな共生社會》をめざして」, 井上達夫・名和田是彦・桂木隆夫,『共生への冒險』, 每日新聞社, 1992, 25쪽.

24 井上達夫, 앞의 책, 343쪽.

25 花崎皐平,「共生」,『部落問題・人權事典』, 解放出版社, 2001, 238쪽.

26 花崎皐平,『[增補]アイデンティティと共生の哲學』, 平凡社, 2001, 231쪽.

27 다이 에이카는 "이노우에 다쓰오와 하나자키 고우헤이의 양 논자가 모두 다수파와 소수파의 관계성을 문제시하고 …… 이 관계성에 있어서의 차별을 없애는 사회변혁을 지향하는 것을 공생개념의 중심에 두고 있지만 어떻게 차별에 맞설 것인가라는 점에서 강조하는 점이 다르다"라고 지적하면서 그 차이에 대해 다음과 같이 말하고 있다. "이노우에가 피차별자에 의한 주체적인 권리요구에 초점을 맞추고 있는 반면, 하나자키는 다수파에 의한 반성에 대해 말하고 있다. 이노우에는 차별의 해소에 있어 소수파의 이니셔티브를 존중하지만 하나자키는 다

수파가 이니셔티브를 가지고 정신적, 사회적 차별구조를 온존시켜온 것을 반성하고 그러한 구조를 제거하고자 노력할 것을 촉구하고 있다." 戴エイカ, 앞의 책, 47쪽.

28 예를 들어 김찬정金賛汀은 공생을 "어떤 국가 내에서 정주민족들이 그 정주국에서 민족적 권리들을 평등하게 가지고 정주국의 문화, 사회, 경제, 정치의 발전에 기여하는 의무를 가지며 그 권리를 주장할 수 있다는 삶의 방식"이라고 정의하고 이러한 공생이 "정주사회로의 귀속의식과 표리일체의 관계에 있다"고 말하면서 자이니치 사회가 공생을 일본사회에 제기하는 것에 의해 21세기 일본사회의 발전과 번영에 기여할 수 있다고 논한다. 金賛汀, 『在日という感動ー針路は「共生」』, 三五館, 1994, 252쪽.

29 山口定, 앞의 책, 20쪽.

30 金泰泳, 앞의 책, 35쪽.

31 예를 들어 김태영은 재일한국인이 직면한 '민족적 아이덴티티의 딜레마'를 지적하였다. 즉, 민족적 아이덴티티가 "자기와 타자를 억압, 소외하는 기능을 하게 되었다"고 문제시하고 "재일조선인의 민족적 아이덴티티는 일본사회에서의 동화 억압에 대한 저항의 수단이며 그로부터의 해방의 수단이었다. 그러나 이 언설이 내포하는 모순이 점차 현재顯在화하기 시작했다. 세대교체가 진전되는 가운데 '귀화자' 또는 '혼혈'의 사람들이라는, 이 언설로 파악할 수 없는 사람들이 출현하기 시작했다. 그 또는 그녀들은 한 가지의 민족적 아이덴티티의 사회에 있어서는 '이탈자'이며 '불순한 존재'로서 부정적인 평가를 받아 왔다. 하지만 이러한 사람들은 지금은 수적으로도 무시할 수 없는 존재가 되었으며 또 종래의 민족상과는 다른 새로운 복합적 아이덴티티의 모습을 제기하는 존재로서 주목을 받게 되었다"고 한 뒤에 "하나의 재일조선인 아이덴티티의 언설로부터의 탈피의 시도"로서 '정체성의 정치학identity politics'을 넘어야 할 필요성을 논하고 있다. 위의 책, 128쪽.

32 일본에서 태어난 한국 국적의 18세에서 30세까지 800명을 대상으로 1993년에 후쿠오카 야스노리福岡安則에 의해 실시된 '재일한국인 청년의식 조사'에 의하면, 통명과 본명의 사용도에 있어 전적으로 통명만이 전체의 35.3%, 거의 통명이 30.3%, 통명이 본명보다 많다라는 답변이 12.6%를 차지, 전체의 약 8할의 사람들이 통명을 사용하고 있는 것으로 보여 이름에 대한 인식이 변하고 있다는 것을 알 수 있다. 福岡安則・金明秀, 『在日韓國人青年の生活と意識』, 東京大學出版會, 1997, 77~91쪽.

33 국적은 한국인으로서의 아이덴티티를 보장하는 보루로서 보는 경향이 강했지만, 일본인과의 결혼과 귀화 등으로 일본국적 취득자가 증가함에 따라 1983년 요코하마 가정재판에 오오야마에서 윤으로 성명변경허가를 제기하여 기각되었지만 1989년에 변경이 인정된 윤조자의 사례 등 일본국적을 가지고 있다 하더라도 민족명을 쓰는 방법으로 재일한국인으로서의 자신을 표명하는 사람들도 생기고 있다. 尹照子, 「ある『混血』日本籍朝鮮人の思い」, 『日本人と在日韓國・朝鮮人が同じ市民として生きることの意味を考えます』, 川崎市市民局, 1990, 29~32쪽.

34 김태영은 자신의 의지로 민족명을 사용했지만 외부로부터 요구되는 재일조선인과 자신이 원하는 재일조선인과의 사이에서 자신의 삶을 살아가는 방식의 선택으로서 일본명을 되찾는 행동에 단행한 송순자의 사례(179~191쪽) 등을 통해 민족 본질주의에서 벗어나 유연한 민족성을 살아가는 선택지를 제시하고 있다. 金泰泳, 『アイデンティティ・ポリティクスを超えてー在日朝鮮人のエスニシティ』, 世界思想社, 1999.

35 다이 에이카戴エイカ에 의하면 디아스포라는 "동일성에 근거한 내셔널 아이덴티티와 식민지주의적이고 이항대립적二項對立인 것에 의거한 아이덴티티를 대신하는 새로운 아이덴티티

의 모습을 모색하기 위한 관점"으로서 "종래의 아이덴티티가 갖는 배타성을 극복하는 전략으로서 논하게 되었다"(113쪽)고 한다. 디아스포라는 정태적 아이덴티티라기보다 동태적으로 아이덴티티를 보고자 하는 입장으로 이해할 수 있다. 즉 디아스포라는 "동질성에 입각한 고정된 것이 아니라 문화적 차이와 불연속성으로 이루어진 유동적인 것으로 개개인간에 반드시 존재하는 이질성과 다양성을 인식하는 것"(125쪽)으로 "디아스포라 아이덴티티라는 생각은 국민국가라는 관념이 낳은 배제와 속박에 대항하기 위한 정신적 또는 정치적 전략을 제공해 준다"(126쪽)고 말한다. 戴エイカ, 『多文化主義とディアスポラ』, 明石書店, 1999.

이러한 디아스포라의 생각을 바탕으로 소니아 량Sonia Ryang은 재일한국인의 코리안 디아스포라의 가능성을 지적하였다. ソニア・リャン著, 中西恭子 譯, 『コリアン・ディアスポラ』, 明石書店, 2005.

36 「ふれあいかんだより」 第193號(2005년 4월 1일) 참조.

37 金侖貞, 「地域から創り上げる多文化共生教育の理念－『川崎在日外國人教育基本方針』制定過程を中心に」, 日本社會教育學會 編, 『グローバリゼーションと社會教育・生涯學習』, 東洋館出版社, 2005, 85쪽.

38 小田切督剛, 「川崎と富川の市民交流と生涯學習」, 黃宗建・小林文人・伊藤長和 編, 『韓國の社會教育・生涯學習－市民社會の創造に向けて』, エイデル研究所, 2006, 335쪽.

39 山田貴夫, 「市民同士の連帯を求めて－交流と協動の試み」, 『世界』 第653號, 1998, 93쪽.

40 이 투어의 참가를 통해 한국에 대한 참가자의 인식이 어떻게 바뀌었는지는 十文字美惠, 「在日が根を, 自治體が幹を手をつなぐ市民運動が未來を拓く－川崎市民の辿った精神解放の軌跡」(『日韓交流への提言 心は濤を越えて』, 高麗書林, 1996, 117～161쪽.) 참조.

41 山田貴夫, 앞의 책, 93쪽.

42 川崎・富川市民交流會, 「『川崎・富川市民交流會』と『富川・川崎市民交流會』との相互協力協定書」(2003년 10월 23일) 참조.

43 小田切督剛, 「川崎・富川高校生フォーラム・ハナの挑戰」, 東京・沖縄・東アジア社會教育研究會, 『東アジア社會教育研究』 No.9, 2004, 151쪽.

44 風巻浩, 「アジア市民をめざす〈日本人・コリアン・在日コリアン〉高校生」, 『歴史地理教育』 No.664, 2004, 73～74쪽.

45 小田切督剛, 앞의 책, 153쪽.

46 강상중은 '동북아시아 공동의 집'에 대해 "일한이 중심이 되어 그것이 중국대륙과 타이완으로, 또는 동북아시아의 극동지역인 러시아로까지 넓어지는 공동체 구상"이라고 말한다. 姜尙中, 『東北アジア共同の家をめざして』, 平凡社, 2001, 134쪽.

47 1995년부터 동아시아 共同의 집구상을 논해온 와다 하루키和田春樹는 이 구상을 처음으로 일본 국내에서 언급했을 때에 재일한국인과의 관계를 염두에 두고 다음의 세 가지를 지적하였다. 첫 번째는 재일한국인과 일본인은 일본 국가하에 살아가고 있어 그 토대가 같다. 함께 일본 국가를 개혁할 의무, 책임을 가지고 있는 것이 아닌가. 두 번째는 '조선민족의 디아스포라'에서 오는 문제다. "재일한국인만큼 디아스포라와 분단이 얽힌 복잡한 상태에 몸을 두고 그 아픔을 아는 사람은 없습니다. 그렇기 때문에 이러한 사람이 특별하게 발언해야 할 책임을 지고 있습니다. 조선이 하나가 되어 그 세계가 협력적으로 되기 위해서 움직여야 하는 사람, 움직일 수 있는 사람이 재일한국인이라고 나는 생각합니다." 세 번째로 동아시아 共通의 집을 제언하였다. "동아시아지역이 …… 평화적으로 국경이 없는 새로운 세계를 만들어가기 위

해서는 관계되는 모든 나라에 디아스포라하고 있는 조선인의 역할이 중요하다는 것입니다. 이러한 방향을 향해 재일한국인들도 움직여주길 바랍니다. 왜냐하면 동아시아 共通의 집이 가능하다고 한다면 그 중심은 다름 아닌 통일된, 그리고 새롭게 혁신된 조선이 될 것이라고 생각하기 때문입니다." 和田春樹, 『新地域主義宣言 東北アジア共同の家』, 平凡社, 2003, 24~25쪽.

48 2003년에 지방자치법 제244조 2가 개정되어 공공시설의 운영을 민간사업자도 지정관리자로서 지정을 받아 위탁운영을 할 수 있도록 만든 제도. 지금까지 지방자치단체가 직접 운영하던 도서관, 박물관, 공민관 등에 지정관리자제도를 도입해서 민간사업자가 운영할 수 있도록 되었다. 가와사키시의 경우 시민관에는 지정관리자제도가 도입되어 있지는 않으나 어린이문화센터에 제도 도입이 결정되면서 어린이문화센터와 평생교육시설 후레아이관의 통합시설인 후레아이관에 지정관리자제도가 2006년 4월부터 도입되었다.

참고자료

【참고자료 1】 추진모임의 결성취지문

가와사키 재일한국인교육 추진모임의 결성취지문

1982년 6월 20일

우리들은 가와사키에서 재일한국인 문제에 관심을 가지고 학교교육 안에서 실천활동을 하고 있는 교원, 지역에서 보육원과 학동보육, 어린이회 등에 참여하면서 '본명을 사용하고 부르며 차별하지 않는 교육'을 하고 있는 보육사와 청년들, 그리고 일본 학교에 다니고 있는 재일한국인 자녀들의 어머니, 그 외에 다양한 직장에서 이 문제에 관심을 가지고 있는 재일한국인과 일본인이 참여하고 있는 모임입니다.

우리는 각자 활동의 장에서 시행착오를 경험하다 만나게 되어, 앞으로의 재일한국인교육을 함께 모색해 나가기 위해 1982년 2월부터 3회에 걸쳐 재일한국인교육을 생각하는 연속세미나를 열어 다양한 관점에서 공부를 해왔습니다. 예상외로 많은 분들이 참가해 주셔서 재일한국인교육에 대한 시민들의 관심이 높음을 알 수 있었습니다.

우리는 3회의 세미나를 통해 전후의 어려운 상황에서도 열심히 살며 민족의 긍지를 가지고 탄압 속에서도 민족교육을 지키고 싸워온 모습을 민족교육의 역사에서 발견할 수 있었으며, 재일한국인 학생과 함께하며 진지하게 교육실천을 해온 일본인 교사들의 목소리를 듣고, 더 나아가 일본 정부의 재일한국인 정책과 지자체의 대응, 민족교육에 대한 다양한 생각들을 알게 됨으로써 많은 것을 생각할 수 있었습니다. 또한 세미나 참가자들 가운데 학교교원으로부터는 현장에서 경험하는 문제를, 어머니들로부터는 자신들이 걸어온 길(차별이 존재하는)과 현실에 노출되어 있는 아이들에 대한 뜨거운 열정을 들을 수 있어 재일한국인교육의 중요성과 필요성을 한층 더 절감하게 되었습니다.

현재 일본에는 65만 명이 넘는 재일한국인이 거주하고 있습니다. 제2차 세계대전 이전에 한반도에서 행해졌던 토지 강탈과 강제연행으로 인해 일본으로 이주하였으며, 전후 시기에도 일본의 배타적 풍조로 인해 많은 어려움을 겪어 왔습니다. 일본에서 태어나 일본의 교육을 받고 자라면서 장래에 대한 희망을 가지고 열심히 공부해도 한국국적/조선적(3장 주21 참고)이라는 것만으로 취직을 거부당하고, 살아갈 희망을 잃어버리게 된 경우 등 재일한국인에 대한 민족적 차별과 편견이 전혀 사라지지 않았음을 보여주고 있습니다. 이러한 상황은 재일한국인을 더욱 괴롭히며 그들이 자기 자신을 감추게 할 뿐 아니라 평화롭게 살아갈 수 없게 만들고 있습니다.

현재 교육의 장에서는 재일한국인 학생의 8할이 일본의 공립학교에 다니고 있지만 창씨개명 등을 거론할 필요없이 통칭명(일본명)으로 생활해야 하기 때문에 학교에서 본명을 사용하는 학생의 수는 매우 적습니다. 일본 학교에서는 재일한국인이 왜 일본에 많이 살게 되었는지, 왜 본명이 중요한지를 가르치는 일이 거의 없습니다. 이러한 상황 속에서 아이들이 본명으로 통학하는 것은 매우 어렵습니다. 또한 매정한 차별발언은 지금도 계속되고 있습니다. 그 속에서 아이들은 자신을 억누르며 생활하고 있는 것입니다. 이러한 현실은 재일한국인과 일본인 모두의 인격 형성을 왜곡시킬 것입니다.

이 모임에 참여하는 재일한국인들은 본명을 사용하고 민족차별과 싸우면서 민족의 존엄을 되찾고 인간답게 살아가고자 하는 노력을 계속해 왔습니다. 또한 한국인임을 감추고 비굴하게 살아가는 것이 아니라 평화롭게 살아갈 수 있도록 하는 교육을 목표로 해 왔습니다.

모임에 참여하는 일본인 또한 학교나 지역사회와 같은 다양한 장에서 재일한국인 문제를 일본인 자신의 문제로 인식하면서, 차별을 허용하지 않으며 풍부한 인격을 가진 아이로 기르기 위해 활동해왔습니다.

그러나 아직도 두텁기만 한 현실의 벽은 우리들의 뜨거운 소망을 좌절시켜 왔습니다. 본명을 쓰는 것이 쉽지 않은 현실에서도 아이들이 희망을 가지고 차별을 하지도, 차별을 허용하지도 않으며 다른 사람을 배려할 수 있는 삶을 살아갈 수 있도록 우리도 진지하게 고민해야한다는 것을 절실하게 느끼고 있습니다.

이러한 이유로 우리는 약 1만 명의 재일한국인이 살고 있는 가와사키시에서 지금까지 배워온 교훈을 살려, 재일한국인교육을 가와사키시 전체의 문제로 인식하여 이를 추진해 갈 모체를 만들고 그 안에서 학습과 실천, 교류를 쌓아가고 재일한국인교육을 자신의 문제로 활동하는 동시에 그 관심의 폭을 넓히기 위해 '가와사키 재일한국인교육 추진모임'을 결성하고자 합니다.

이제부터 우리는 일본사회에 뿌리 깊이 존재하고 있는 민족차별의 현실을 정확히 인식할 것을 기본 목표로 삼아 다음 내용을 활동의 축으로 세우고자 합니다.

(1) 학부모와 교원, 지역교육 실천자의 네트워크를 강화하여 재일한국인 교육을 어떻게 추진해 갈 것인가에 대해 서로 교류한다.

(2) 보다 넓은 범위의 시민과 노동자에게 재일한국인교육의 기본적 이해를 심화시킨다.

(3) 재일한국인교육 실천을 가와사키시의 교육행정에 적극적으로 반영시켜나가기 위한 활동을 한다.

(이상)

[참고자료 2] 추진모임 제1차 요구서

일본학교에 재학 중인 재일한국인 학생의 교육에 관한 요구서

가와사키 재일한국인교육 추진모임

대표 미우라 다이이치三浦泰一 · 이상호李相鎬

한여름이 지난 요즘, 하시는 일에 있어 건승하시고 더욱 더 번창하시리라 믿습니다.

우리는 가와사키에서 일본 학교에 다니는 재일한국인 아이들의 현실을 지켜보며 학교, 직장, 지역사회 등에서 활동해온 재일한국인과 일본인의 모임입니다.

현재 일본에는 약 65만 명의 재일한국인이 거주하고 있습니다. 가나가와현에는 약 3만 명, 가와사키시에는 그 삼분의 일을 차지하는 약 1만 명의 사람들이 거주하고 있습니다. 재일한국인의 대부분은 1910년의 '한일합병' 이후, 일본의 식민지화정책으로 인해 어쩔 수 없이 일본에 이주하여 일본에서 생활기반을 만들게 된 이들과 그 자손으로서 일본에서 태어나 자란 사람들입니다. 가와사키에는 린카이공업지대臨海工業地帶의 건설을 위한 강제연행이나 징용을 통해 일본에 이주한 후, 중노동에 종사하며 다수가 거주하게 된 역사적 배경이 있습니다. 또한 가와사키시의 재일한국인 아이들 약 1천 명 가운데 약 8할이 일본의 공립학교에 재학중입니다.

가와사키시의 공립학교에 다니는 재일한국인 아이들은 역사적으로 형성되어온 일본사회의 배타적 풍조 안에서 자신이 재일한국인임을 감추지 않고는 살아갈 수 없는 상황에 처해 있습니다. 지금도 지역사회와 학교사회에서 '조센징! 조선으로 돌아가라'와 같은 차별적인 언행이 이루어지고 있으며, 재일한국인 학생과 그 부모들은 대부분 본명을 감추고 일본명을 사용하며 일본인인 체하면서 생활할 수밖에 없습니다. 자신을 조선인으로 낳은 부모를 원망하는 아이들도 있어서, 조선인인 자신에 대한 긍지를 갖지 못하고 왜곡된 인간 형성을 강요받고 있습니다. 또 취직이나 생활상의 여러 권리들에 있어서도 가혹한 민족차별의 벽에 가로막혀 자신의 장래에 절망하고 자칫 자포자기 해버리는 청소년들도 적지 않습니다. 우리는 민족차별이 현실로 존재하는 교육은 일본인 학생의 교육을 생각하더라도 큰 문제라 생각합니다. 아이들의 인격이 형성되는 중요한 시기에 다른 사람과의 차이를 인정하고 타자의 아픔을 상대방의 입장에 서서 생각하는 것은 매우 중요한 경험입니다. 과연 지역과 학교사회의 민족차별을 극복하지 않고서 개개인의 인권을 존중하고 일본인 학생들의 현실적인 국제인식을 기르는 교육이 이루어질 수 있을까요?

우리는 지금까지 여러 시행착오를 반복하는 가운데 지역이나 직장, 학교 등에서 실천활동을 해왔습니다만 여러 벽에 부딪히고 있습니다. 한국인으로서 가슴을 펴고 살아갈 수 있도록 아이들을 지키고자 하는 부모들은 본명을 사용하고 있기 때문에, 차별에 가장 쉽게 노출되는 아이들에게 질책과 격려를 던지면서도 고립되는 현실에 대해 고민하고 있습니다. 지역사회와 학교의 활동에서도 '일본인 아이들과 구별하지 않는 것이 차별을 만들지 않는다', '민족차별은 저 선생님한테 맡기면 되는 문제다'라는 학교의 분위기로 인해 한국인의 현실이 제대로 인식되는 일이 없습니다.

오사카시大阪市, 히가시오사카시東大阪市, 도요나카시豊中市, 다카쓰키시高槻市, 요코하마시横浜市, 도쿄도東京都에서는 교육위원회가 일본 학교에 재학중인 한국인 학생의 교육에 대한 지침과 기본방침뿐만 아니라 구체적인 시책을 세우면서 행정의 책임하에 민족차별을 극복해나가는 활동을 실천해오고 있습니다. 아이들 사회에 존재하는 민족차별은 어른들의 사회를 비추는 거울입니다. 민족차별 극복을 위해 교육행정 스스로가 움직이지 않으면 인권을 존중하고 국제인식이 풍부한 교육이 보장될 수 있을까요?

이제부터는 가와사키시 교육위원회가 민족차별의 현실에 눈을 돌려 적극적으로 정책을 수립해줄 것을 기대함과 동시에, 다음 사항을 중심으로 우리와 의견 교환을 통해 함께 해결하는 장을 만들어줄 것을 요구합니다.

1. 가와사키 시립의 각 초등학교, 중학교, 고등학교에 몇 명의 재일한국인 학생들이 재적하고 있습니까?
2. 가와사키시 교육위원회는 공립학교에 재학중인 재일한국인 학생이 어떠한 상황에 놓여 있는지 알고 있습니까?
3. 지도요록, 출석부, 졸업증서, 조사서 등에는 재일한국인 학생들의 이름을 어떻게 기재하도록 지도해왔습니까?
4. 재일한국인 중 · 고등학교 졸업생의 진로는 어떠한 실태입니까?
5. 민족차별을 극복해나가는 첫걸음은 학교 현장에서 교사 및 학생들에게 바른 지식을 전달하고 이해를 깊게 하는 것이라 생각합니다만 부교재 또는 연수 등을 통해 실질적인 계몽활동을 하고자 하는 생각은 있습니까?
6. 오사카시, 도쿄도 등에서는 재일한국인이 공립학교의 교원으로 채용되어 교단에 서고 있습니다만 가와사키시 교육위원회는 이에 대해 어떠한 견해를 가지고 있습니까? 또 지금까지의 채용실적은 어떻습니까?

1982년 7월 24일

가와사키시 교육위원회

가와사키시 교육감 이와부치 히데노리岩淵英之 귀하

(부기)
이 요구서는 앞으로 가와사키시 및 가나가와현의 행정관계자, 각지에서 재일한국인교육을 하고 있는 학교관계자와 단체들, 각 지역에서 민족차별과 싸우고 있는 일본인 및 재일한국인 단체들에게 연락 · 송부할 것임을 덧붙입니다.

【참고자료 3】 추진모임 제2차 요구서

요구서

가와사키 재일한국인교육 추진모임
대표 미우라 다이이치 · 이상호

하시는 일이 모두 순조롭게 진행되기를 바라며, '인권존중'과 '한 사람 한 사람의 아이를 소중히 하는' 교육을 목표로 매일 고군분투하고 계시는 것에 대해 진심으로 경의를 표합니다.

우리는 가와사키에서 일본 학교에 재학중인 재일한국인 아이들의 현실을 지켜보며 학교와 직장, 지역사회에서 활동해온 재일한국인과 일본인의 모임입니다.

우리는 작년 7월 24일에 제1차 요구서를 제출한 이래, 시교육위원회 학교교육부 지도과를 상대로 논의를 계속해왔습니다. '본명으로 학교에 다니면 조센징, 조선으로 돌아가라고 놀림을 당해서 같은 반 친구들에게 비공개적으로 따돌림을 당한다'고 자신의 경험을 이야기했던 고등학생, '식민지 지배의 동화정책 가운데 하나인 창씨개명으로 인해 본명을 빼앗기고 지금도 일본사회의 혹독한 민족차별로 인해 본명을 사용할 수 없는 현실을 이해합니까?'라는 학부모의 한탄, '조선인을 조선인으로 받아들지 않는 학교에서 아이들이 자신의 출생에 대해 고민하고 장래에 대해 절망하는 현실을 아는가!'라는 청년의 지적, 그리고 '재일한국인의 교육은 동화 아니면 배제를 강요하는 일본사회의 문제이자 일본의 교육 문제이다'라는 일본인의 문제 제기 …… 논의를 해나가는 과정에서 학교와 지역사회가 저지르고 있는 민족차별의 현실이 재일한국인 아이들을 얼마나 괴롭히며 동시에 일본인 아이들을 왜곡시키고 있는지 분명해졌습니다.

이러한 논의에 입각하여, 작년 12월 23일 개최된 제3회 논의의 장에서, 우리는 교육위원회의 견해가 보다 분명해짐으로써 한 걸음 나아간 것을 확인하고 희망을 가지게 되었습니다. 재일한국인의 현실을 통해 배우고 차별과 편견을 극복하는 교육을 만들기 위해 현재 상황에 근거해 실천활동을 하고 싶다고 결의를 표명한 것은 이 문제에 대한 기본인식의 첫걸음입니다. 재일한국인 아이들이 민족차별에 방치되고 있는 것은 일본의 민주주의와 인권존중교육의 근간에 대해 묻는 일본 교육에 대한 문제제기입니다.

앞으로 교육위원회가 재일한국인교육의 구체적인 기본시책 확립을 향해 다음 사항을 중심으로 우리들과 연구협의해줄 것을 강력하게 요구합니다.

(1) 제일한국인의 실태 파악을 위해

1. 가와사키시의 재일한국인의 역사와 생활실태를 파악해주십시오.
2. 가와사키시 내의 학교에 재학하고 있는 재일한국인 어린이와 학생들의 실태를 파악해주십시오. 이를 위해
   가. 재일한국인 어린이와 학생의 생활실태 및 의식조사를 실시해주십시오.
   나. 일본인 어린이와 학생의 의식조사를 실시해주십시오.
   다. 학교 안팎에 존재하는 민족차별의 실태조사를 실시해주십시오.
3. 중 · 고등학교를 졸업한 학생들의 진로실태조사를 실시해주십시오.
4. 위의 세 가지를 실시하기 위해 추진모임과 시교육위원회 양자가 참여하는 조사 · 연구기관을 설치해주십시오.

(2) 재일한국인의 역사, 문화, 생활실태, 교육 등에 대한 기본인식을 심화시키기 위해

1. 교원연수 등의 여러 장에서 재일한국인교육에 대한 연수를 실시해주십시오. 연수시, 재일한국인 당사자들의 이야기를 들을 수 있도록 해주십시오.
2. 재일한국인교육에 관한 연구를 비롯하여, 실천 그룹과 민족학교와의 교류를 추진해주십시오.

(3) 학교교육에서 일본인 학생이 차별의식, 배제의식을 극복하게 하는 동시에 민족차별에 지지 않는 한국인 어린이와 학생의 주체성을 형성하기 위해

1. 재일한국인 어린이와 학생이 본명을 사용할 수 있는 체제를 만들어주십시오. 이를 위해
   가. 지도요록 등의 공문서에 본명 기재를 철저히 해주십시오.
   나. 본명을 바르게 읽을 수 있도록 돕는 안내서를 작성하여 각 교육기관에 배포해주십시오.
2. 재일한국인교육을 실천하기 위해 교육환경을 정비해주십시오. 이를 위해
   가. 각 학교 및 교육기관의 도서관에 재일한국인에 관한 코너를 설치해주십시오.
   나. 재일한국인교육을 추진하기 위해 교원을 거주지역 학교에 추가배치해주십시오.
   다. 학교 단위의 활동으로서 '특설 홈룸', '조선어 선택' 등을 만들어주십시오.
   라. 민족학교와 다양하게 교류할 수 있도록 지도해주십시오.
   마. 초등학교의 '민족클럽', 중·고등학교의 '조선문제 연구반 활동'

등과 같은 과외활동이 충실히 이루어질 수 있도록 해주십시오.

바. 상기의 과외활동을 지도하는 재일한국인 지도원을 배치해주십시오.

3. 재일한국인의 역사, 문화, 생활, 언어, 가와사키시의 현황 등을 포함한 보조교재를 만들어서 각 교과에서 이것을 사용하여 교육하도록 지도해주십시오.
4. 재일한국인 학생의 진로지도에 적극적으로 힘써주십시오. 이를 위해

가. 학교 내에 있는 재일한국인 학생을 위한 진로지도 담당자를 배치해주십시오.

5. 각 학교의 학부모들이 재일한국인교육을 이해할 수 있게 돕는 활동을 해주십시오. 이를 위해

가. 민족차별의 역사와 현실을 설명하는 팸플릿을 만들어주십시오.

나. 재일한국인교육에 관한 강연회를 개최해주십시오.

다. 재일한국인 학부모와의 간담회를 실시해주십시오.

라. 지역의 재일한국인교육 실천 그룹 및 재일한국인 학부모 그룹과 교류해주십시오.

(4) 재일한국인 학생의 진로를 보장하기 위해

1. 재일한국인 교원을 적극적으로 채용해주십시오.
2. 취직 시에 민족차별 극복을 위해 직업안정소와 함께 '재일한국인학생 취직추진협의회'를 설치해주십시오.
3. 민족학교 출신 학생의 국립대학 입학시험 수험자격 보장을 문부성에 요청해주십시오.

(5) 평생교육에서의 재일한국인교육 활동을 위해

1. 시민과 지역사회가 재일한국인과 민족차별 문제를 이해할 수 있게 돕

는 활동을 해주십시오. 이를 위해

가. 시민강좌 등을 개설하고 강연회 활동 등을 해주십시오.

나. '시정소식' 등을 통해 일반 시민들에게 폭넓은 이해를 촉구하는 홍보활동을 해주십시오.

다. 이 문제의 이해를 위한 팸플릿을 작성하고 각 교육기관과 공적 시설을 통해 배포해주십시오.

2. 재일한국인 유아 · 어린이 · 학생 · 청소년 · 성인 · 노인에게 다양한 학습기회의 제공과 활동을 조성해 주십시오. 이를 위해

가. 조선어강좌, 민족문화강좌, 일본어학급 등과 같은 학습의 장을 개설해주십시오.

나. 지역의 재일한국인교육 실천 그룹과 재일한국인 학부모 그룹과 교류해주십시오.

(6) (1)~(5)를 실현하기 위해

1. 재일한국인교육 기본방침을 작성해주십시오.
2. 재일한국인교육 추진협의회를 발족해주십시오.

(단, 구성에 대해서는 추진모임과 시교육위원회와 협의한다)

1983년 2월 22일

가와사키시 교육위원회

가와사키시 교육감 이와부치 히데노리 귀하

(부기)

이 요구서는 이후 가와사키시 및 가나가와현 행정관계자, 각지에서 재일한국인교육을 하고 있는 학교 관계자, 단체들, 각 지역에서 민족차별과 싸우고 있는 일본인 및 재일한국인 단체들에게 연락 · 송부할 것임을 덧붙입니다.

【참고자료 4】 제일한국인교육 추진을 위한 기본인식

가와사키시의 재일한국인교육을 추진하기 위한 기본인식

58 가와사키시 교육 서무 제561호

1983년 11월 1일

가와사키 재일한국인교육 추진모임

대표 미우라 다이이치, 이상호 귀하

가와사키시 교육위원회 교육감

이와부치 히데노리

일본의 역사 속에서 형성된 한국인에 대한 민족적 편견과 차별이 지금까지도 일본 사회에 뿌리 깊이 존재하고 있음을 충분히 인식하게 되었습니다.

본 시의 지역사회 및 학교현장에도 민족차별이 존재한다는 사실을 인식하고, 이를 기반으로 교육위원회도 재일한국인의 아픈 마음을 겸허하게 받아들이고, 더 나아가 실태에 입각하여 차별과 편견을 없애는 교육을 종합적으로 추진하겠습니다.

【참고자료 5】 가와사키시 재일외국인교육 기본방침

가와사키시 재일외국인교육 기본방침—주로 재일한국인교육—

1986년 3월 25일

가와사키시 교육위원회

차별을 없애고 인권존중의 정신을 관철하는 것은 인간으로 살아가기 위해 불가결한 것임과 동시에 민주주의 사회를 지탱하는 기본원리이다. 일본국 헌법은 기본적인 인권을 보장하고 교육기본법에서는 그 확립을 꾀하는 것이 근본적으로 교육의 힘에 의해 이루어져야 한다고 밝히고 있다. 더욱이 우리 나라는 1979년에 내외인 평등과 외국인이 교육을 받을 수 있는 권리 및 시민생활상의 모든 실질적 차별의 철폐를 명확히 밝히고 있는 국제인권규약을 비준하였다.

본 시에 거주하는 외국인은 약 1만 명이지만 그 가운데 86%가 한국인으로, 전국적으로 볼 때 본 시는 한국인이 다수 거주하는 도시이다(1984년 10월 현재). 한국인이 거주하는 지역은 전 시에 산재해 있지만, 약 50%의 사람들이 가와사키구川崎區에 거주하고 있으며 특히 다지마지구田島地區에 집중되어 있다.

이처럼 한국인이 집중된 것은 게이힌공업지대京浜工業地帶의 중심도시인 본 시에 일본의 식민지 지배로 인해 한국인들이 공장노동자로 끌려온 결과이다.

이들 대부분은 지금도 일상생활에서 심각한 민족차별을 받고 있으며, 그로 인해 학교와 지역사회에서 일본명을 사용하는 등 민족으로서 그들의 존재를 분명히 할 수 없는 경우도 있다.

한국인에 대한 차별과 편견은 본 시 뿐만 아니라 보다 넓은 국민 각 층에 뿌리 깊게 존재하고 있어서, 한국인들은 교육, 취업, 복지 등 모든 면에서 혹독한 민족차별을 받아 심각한 문제가 되고 있다. 특히 간과할 수 없는 중요한 점은 이러한 차별과 편견이 역사적으로 형성되었다는 점이다. 즉 1910년 한일합병에 의해 일본이 조선을 식민지로 삼은 이래, 한편으로는 수년에 걸친 식민지 지배의 합리화로 이어지는 민족우월의식을 교육을 통해 국민에게 침투시켰으며, 다른 한편으로는 조선민족 고유의 문화와 언어를 부정해야 한다고 주장하여 창씨개명제도 등을 통해 일본으로의 동화정책을 추진한 결과 차별과 편견이 형성된 것이다.

가와사키시 교육위원회는 이러한 사실이 가진 의미를 진지하게 받아들여 교육의 과제로 파악함으로써, 본 시에서 공교육을 추진하는 데 있어 시민 한 사람 한 사람의 차별을 해소하기 위해 부단한 노력을 촉구해야 한다. 또 시내에 거주하는 외국인이 가지는 교육을 받을 권리를 인정하여,

이들이 민족적 자각과 긍지를 가지고 자기를 확립하는 동시에 시민으로서 일본인과 연대하여 서로의 입장을 존중하며 함께 살아가는 지역사회의 창조를 지향하여 활동할 것을 다짐해야 한다. 이는 또한 일본인의 인권의식과 국제 감각을 높이는 것으로도 이어진다. 이러한 환경을 만드는 것은 인간도시 창조를 목표로 하는 본 시의 교육행정의 책무이기도 하다.

가와사키시 교육위원회는 위와 같은 인식에 입각하여 교육의 주체성과 책임하에 다음에 제시하는 기본사항을 따르며 인권존중과 국제이해를 지향하는 재일외국인교육을 적극적으로 추진한다.

1. 교육행정 및 교육관계자의 실천활동

1) 본 시에 거주하는 외국인(유아, 어린이, 학생)의 실태파악에 노력한다.

2) 재일외국인이 민족의식과 긍지를 기르고 생활문화의 향상을 꾀하기 위해 행하는 자주적 활동을 지원 · 협력한다.

3) 연수회와 연구회를 통해 재일외국인에 대한 바른 교육관의 확립과 지도력 향상을 꾀한다.

4) 재일외국인교육을 보완하기 위해 추진체제를 정비하고 각종 자료를 마련한다.

2. 어린이, 학생에 대해

1) 일본인 어린이와 학생에 대해 민족차별과 편견을 간파하는 감성과 이를 비판하고 철폐하는 힘을 기른다.

2) 재일외국인 어린이와 학생에 대해 민족의 역사 · 문화 · 사회적 입장에 대한 올바른 인식을 격려하고 도우며, 스스로 본명을 사용하고 차별과 편견에 지지 않는 힘을 가질 수 있도록 이끈다.

3) 재일외국인 어린이와 학생에 대해 자유롭게 자신의 진로를 선택하고 강하게 살아갈 수 있도록 진로 지도를 충실히 한다.

4) 모든 어린이와 학생에 대해 일본과 외국, 특히 한국 · 조선에 대한 바

른 역사와 문화를 이해하도록 돕고, 국제이해 · 국제협조의 정신을 기르게 함과 동시에 함께 살아가는 태도를 기르게 한다.

3. 모든 시민에 대해

1) 재일외국인에 대한 차별과 편견을 없애기 위한 계발활동을 추진한다.

2) 폭넓은 층의 시민이 재일외국인 문제에 대한 이해를 심화할 수 있게 돕는 학습활동을 추진한다.

3) 일본인과 재일외국인이 같이 손을 잡고 지역사회의 창조를 위한 활동을 촉진한다.

부기 : 구체적 과제에 대해서는 계획적으로 추진한다.

【참고자료 6】 **제1차 요구서**

사쿠라모토 지구 청소년회관(가칭) 설립 등에 관한 통일 요구서

1982년 9월 30일

가와사키 시장 이토 사부로伊藤三郎 귀하

사회복지법인 세이큐샤

이사장 김영록

가와사키시에서 인간도시를 만들기 위해 불철주야 열정적인 시정 활동을 하시는 것에 대해 경의를 표합니다. 사회복지법인 세이큐샤도 설립이래 시의 지도를 받으며 유아 보육 사업을 중심으로 방과후 보육 및 지역요구에 따른 활동들을 해왔습니다.

인구 백만인 도시 가와사키에는 현재 만 명의 재일한국인이 거주하고 있습니다. 대부분이 남부지역에 거주하며 재일한국인 거주 지역을 형성하고 있습니다. 알고 계시듯이 제2차 세계대전 이전부터 군수생산 증대로 인해 생겨난 사쿠라모토 지역은 주택 · 복지 · 공해 · 교육 등 일본사회의 모순이 응집된 지역이기도 합니다.

1974년 우리들은 그 지역에 사회복지법인을 설립했고 큰 꿈과 책무를 자각하였습니다. 이것은 바로 한국인이 일본사회에서 사회복지법인 이사회를 구성하고 공익사업을 해나간다는 것이었습니다. 지역사회 안에서의 일본인과 재일한국인의 관계는 많이 왜곡되어 있었습니다. 일본사회의 차별과 배제의 풍조 속에서 절망과 자포자기가 만연하였고 서로가 서로를 불신하는 상황이었습니다. 또한 '공무원과 경찰은 믿지 말라'는 불신도 노골적으로 존재하고 있었습니다. 이러한 가운데 우리는 일본인과 재일한국인의 관계를 시정하는 동시에, 법인의 설립취지서에도 쓰여 있는 것처럼 인간존엄 회복을 목표로 하여 많은 청년들과 학부모들의 도움을 받아 아이들을 지원하는 활동을 해왔습니다. "보육원 실천을 토대로 보육원을 졸업한 이후에도 아이들을 지원할 수 있는 활동을 하자. 학부모도 아이들에게 강하게 사는 모습을 보여줄 수 있도록 어머니 모임을 만들어 활동하자"—사회복지법인 세이큐샤는 출발과 동시에 보육원 운영뿐만 아니라 지역사회를 향해 열린 시설 만들기를 지향하며 많은 사람들의 열의와 창조성을 가지고 활동을 시작하였습니다.

재일한국인 학생들이 한국인으로서 주체적으로 살아가는 운동은 일본인을 인간성 있는 인간으로서 살아가게 하는 것과 같다고 생각하며 실천해 왔습니다만, 그 과정에서 학생들과 학부모들의 생활상을 보면서 주체적으로 살아갈 수 없는 현실적 조건이 존재함을 깨달았습니다. 기초학력 부족으로 고민하는 학생들의 문제, '비행'이라 불리는 행위를 하게 되는 청소년들의 실태, 생활과 학력과 관련된 문제들, 장애를 가진 아이들에 대한 차별 문제 등 이러한 상황 속에서 실천을 만들어나가야 한다는 것을 알게 되었던 것입니다. 이는 재일한국인뿐만 아니라 이 지역의 일본인 또한 고된 생활과 학력學力의 문제를 안고 있다는 것에 착안하여, 법인 직원을 중심으로 많은 자원봉사자들의 도움을 받으며 관계기관과 연락을 주고 받으며 아이들을 지원하고 학부모들을 격려하는 활동으로 이어졌습니다.

우리는 재일한국인 학생들의 교육문제에서 출발하여 지역사회 안에 뿌리 깊이 존재하고 있는 차별 속에서 절망과 자포자기의 상황에 놓여 있는 학생들과 학부모들의 생활 현실을 직시하고 활동을 전개함으로써, 똑같은 어려운 현실에 처해 있는 일본인의 문제도 보기 시작하였고, 이러한 활동들을 통해 일본인과 재일한국인의 '공동의 장'으로서 지역 활동의 질을 높여왔다고 자부하고 있습니다.

사회복지법인 세이큐샤는 오늘날까지 이렇게 스스로의 힘으로 지역 활동을 시작하여 지역주민과 아이들의 자주적 · 자립적 활동을 지원해왔습니다. 이를 위해 법인에서는 법인의 기본자세에 공감하여 많은 자원봉사자분들과 함께 공동사업을 조직하였고, 후원회원으로 선의를 보내주신 분들로부터 재정적 지원을 받아 종교법인인 교회당을 포함한 건물들을 활용하며 활동을 추진해왔습니다. 그러나 오늘날 물리적인 한계를 넘어서게 되었습니다.

차별 없는 마을만들기를 추진해온 가와사키인 만큼 서로의 인격을 존중하고 인간답게 살아갈 수 있는 지역사회를 만드는 것은 중대한 임무라 생각됩니다. 그러나 사쿠라모토 지구에는 우리들이 이용할 수 있는 공적 설비가 전혀 존재하지 않는 것이 현실입니다.

우리는 실천의 경험을 바탕으로 지금까지 해온 일들이 틀리지 않았음을 실감하며 더 높은 비상을 열망하고 있습니다. 이를 위해서는 시에서 이 지역에 대한 인식과 판단하에 적극적인 시책을 수립하는 것이 필요합니다. 이 지역에서 재일한국인의 생활 실태를 시정할 수 없는 시책은 고된 생활의 현실을 살고 있는 일본인 주민의 생활 실태 또한 시정할 수 없다는 실천의 경험에 입각하여, 지역 청소년들이 서로의 민족을 받아들이고 민족 차별을 허용하지 않는 자각적 활동과 사회적 · 문화적 · 경제적 생활의 향상을 위한 활동을 목적으로 하는 청소년 회관을 사쿠라모토 지역에 설립하는 것을 희망하여 다음과 같은 사항을 구체적으로 요구하고자 합니다.

1. 청소년회관 설치를 위한 설치 위원회를 시청 담당자와 본 법인의 부서 담당자로 구성하여 조속히 설치해주십시오.
2. 회관이 설립될 때까지 이하 세이큐샤의 활동들을 지원해주십시오.
   ① 초등학교 고학년과 지역을 대상으로 한 프로그램 활동, 중학생부 활동을 위한 담당 지도원의 인건비
   ② 개나리클럽 및 중학생부, 고교생부, 지역사회를 대상으로 한 계몽활동 등의 활동비 보장
   ③ 자원봉사 지도원들의 교통비 지급

【참고자료 7】 제2차 요구서

사쿠라모토 지구 청소년회관(가칭) 설립 등에 관한 제2차 통일 요구서

1984년 6월 1일

가와사키 시장 이토 사부로 귀하

사회복지법인 세이큐샤

이사장 김영록

사쿠라모토 보육원 원장 이인하

가와사키시의 '인간도시 창조'를 위한 시정 실천에 대해 시민으로서 진심으로 동의와 경의를 표하는 바입니다.

사회복지법인 세이큐샤 사업에 참여하고 있는 사람들에게는 꿈이 있습니다. '인간답게 함께 살아가는 지역사회를 만들어가는 것'입니다.

우리가 살고 있는 사쿠라모토 지구를 블랙홀이라고 부르던 공무원이 있었습니다. 이는 빈곤과 가정 붕괴, 저임금노동자 거주지라는 여러 요소들이 만들어내는 문제들이 존재하는 지역이라는 의미였습니다. 다시 말하

면, 약자가 사회의 주변에 있을 수밖에 없는 현실이 이 지구에서도 어김없이 반복되고 있다는 것입니다.

지자체에서도 이 지구에 대한 시책이 필요하다는 인식은 갖고 있을 것입니다. 그러나 저희들은 너무나도 많은 문제들이 산적되어 있기 때문에 대응이 늦어지고 있다고 긍정적으로 해석하고 있습니다.

우리 세이큐샤의 활동은 10년 전부터 이러한 지역사회의 환경과 현실, 그리고 불충분한 지자체의 대응 속에서 시작되었습니다. 전신인 무허가보육원인 사쿠라모토 보육원 시대를 포함하면 그 기간은 15년이 됩니다.

그동안의 활동에 관해서는 1982년 9월 30일 세이큐샤의 자주적 활동들에 관련한 보고와 함께 지역의 필요로 인한 청소년회관 설립과 현재의 활동을 보장할 것을 요구하는 요구서에 자세히 담겨 있으니 다시 읽어보시길 바랍니다.

서두에 우리들에게는 꿈이 있다고 말씀드렸습니다. 그 꿈의 실현을 향한 첫걸음이 남긴 지난 요구서를 시당국과 담당직원의 적극적인 자세와 노력으로 인해 민생국이 받아들인 것에 대해서는 감사하는 바입니다.

그러나 우리들의 꿈에 대해 설명이 필요하다는 것을 그간의 상황을 통해 절실히 느끼게 되었습니다.

우리는 예전에 '지역에 봉사한다'는 선의를 가지고 맞벌이가 많은 지역사회의 실정에 입각해서 보육원을 시작하였습니다. 이는 '隣人(이웃사람)' 즉, 지역사회에서 함께 살아가는 사람들의 고뇌와 과제를 함께 나누고 고락을 같이하겠다는 의미였습니다. 그러나 곧 재일한국인으로서 지역사회의 사람들과 함께한다는 것은 자신이 어디에 귀속되는지를 명확히 하지 않으면 안 된다는 것, 다시 말하면 한국인이 한국인답게 살아가는 의미에서 이웃사람이 되어야 한다는 것을 자각하게 되었던 것입니다. 이는 결코 쉬운 일이 아니었습니다.

이윽고 우리는 사회복지법인으로서 활동의 장을 넓혀 공공사업을 하게 되었습니다. 공공사업은 인간의 내면에 있는 선의를 그 출발점으로 한다고 합니다. 세이큐샤는 한국인 아이들, 일본인 아이들이 모이는 동시에 일본인·한국인 학부모와 청년들의 선의에 의해 유지될 수 있었고 오늘날까지 이르게 되었습니다.

재일한국인은 우리 지역사회에서도 힘든 상황에 처해 있습니다. 우리는 지역사회의 일상에 깊이 침투한 민족차별을 극복하기 위해 많은 활동들을 해왔습니다만 민족차별의 문제를 중심으로 실천을 해나가는 가운데 다른 다양한 문제들도 볼 수 있게 되었습니다. 예를 들면 방과 후 어린이들의 문제, 가족붕괴, 이른바 비행·폭력·장애우 문제, 빈곤·기초학력문제 등입니다. 행정적으로 말하면 민생문제, 학교교육·평생교육문제, 시민적 권리의 보장문제가 됩니다.

우리는 각각의 문제들이 별개가 아니라 서로 관련되어 있다는 것을 깊이 깨닫고 종합적인 대응이 절실함을 주장하고 있습니다.

보육과 교육실천은 우리가 하고 있는 지역사회의 주된 실천활동입니다. 이러한 실천들을 통해 느낀 것은 한 사람의 아이를 지켜보는 활동이 부모들의 생활, 아이들의 생활, 학교와의 관계, 그리고 지역사회의 의식을 함께 고려하지 않고는 불가능하다는 사실이었습니다.

세이큐샤에는 민족이 다른 아이들, 장애를 가진 아이들, 빈곤가정의 아이들, 가정 붕괴를 겪고 있는 아이들, 편모·편부가정 아이들, 맞벌이가정의 아이들 등 다양한 아이들이 오고 있습니다.

우리는 아이들 한 사람 한 사람이 자립하여 연계하며 함께 살아갈 것을 바라고 있습니다. 이를 위해서는 시민과 지자체가 협동하여 인간답게 함께 살아갈 수 있는 지역사회의 장을 만들어나가야 한다고 생각합니다. 이러한 지역사회의 장이 확보된다면 새로운 문화가 창조되고 인간미 넘치는 교류가 가능하게 될 것입니다. 또한 사쿠라모토 지구가 블랙홀이라 불리는 현실로부터 실질적으로 탈피하는 길이 되며, 어두운 이미지에서 벗어나 새로운 커뮤니티로 변모하는 커다란 첫걸음이 될 것임을 확신합니다.

이는 더 나아가 '인간도시의 창조' 입니다. 이러한 의미에서 우리들의 꿈과 시정의 방향성은 일치하는 것이라 할 수 있습니다.

전술한 바에 입각해서 우리들은 다음과 같은 사항을 절실히 요구합니다.

1. 각 부국의 참가협력에 대해

제1차 요구서를 제출한 이래, 민생국 내에 프로젝트 팀을 조직함과 동시에 연구협의회가 설립되었습니다. 그러나 우리들의 활동은 민생국의 틀 안에 그치는 것이 아니라 다른 부국들과의 협력이 필요하다고 생각합니다.

사쿠라모토 지구의 복지와 교육을 중심으로 한 시책을 전개하기 위한 연구협의회에 각 부국, 특히 기획조정국, 교육위원회, 시민국의 참가를 강하게 요구합니다.

2. 청소년 회관의 조기실현과 활동보장에 대해

제1차 요구서에서도 밝히고 있듯이 우리들의 활동이 물리적 한계를 겪게 되면서 활동장소와 그에 수반한 활동비 보장이 긴급한 문제로 떠올랐습니다. 사쿠라모토 지구에 서로의 민족을 인정하는 새로운 문화의 창조, 인간답게 함께 살아가는 청소년활동을 만들어가기 위해 청소년 회관의 조기실현과 활동보장에 대해 별지의 요구항목을 바탕으로 구체적으로 저희와 협의할 것을 강하게 요구합니다.

(후략)

【참고자료 8】 제3차 요구서

(가칭)후레아이 사회관에 대한 제3차 통일 요구서

1986년 7월 31일

가와사키 시장 이토 사부로 귀하

사회복지법인 세이큐샤

이사장 김영록

사쿠라모토 보육원 원장 이인하

재일한국인을 비롯한 재일외국인을 가와사키 시민으로 받아들이고 민족차별을 없애 함께 살아가는 사회실현을 위해 노력하고 있는 시에 경의를 표합니다.

또 사회복지법인 세이큐샤의 활동을 이해해주시고 각 부국이 시설건설을 위한 프로젝트에 동참하여 추진해 주신 점에 대해서도 진심으로 감사드립니다.

(가칭)후레아이 사회관의 건설과 운영 문제도 최종단계에 접어들고 있습니다. 우리들은 지금까지 두 번에 걸쳐 요구서를 제출하였고 시에서도 이를 받아들여 구체적인 연구협의를 계속해왔습니다. 그 결과 1985년 8월 30일에는 '(가칭)사쿠라모토 후레아이 사회관에 관한 토의경과 정리'가 합의에 의해 도출되었습니다. 우리들은 이것이 시 전체의 생각이며 이에 따른 시설 건설비의 예산조치가 이루어지리라 기대하고 있었습니다.

그러나 건물의 규모와 담당부국이 예산상으로 결정되었을 뿐, 그 외에는 아직 아무것도 분명히 밝혀지지 않은 상황입니다. 함께 살아가는 지역사회를 만드는 데에 기여한다는 훌륭한 기본이념을 바탕으로 사업주체, 운영, 기능, 규모, 직원, 현과의 협력과 그 외 운영비, 계속적 보조 등에 대해 구체적인 합의가 이루어졌음에도 불구하고 어떠한 문제도 해결되지 않고 있습니다. 규모의 문제에 대해서조차도 지역주민의 동의를 얻는 단계에 이르지 못한 상태입니다.

사쿠라모토 지구에 있어서 함께 살아가기 위한 사업 활동의 의의는 서로 인식하고 있는 바입니다. 또 사회복지법인 세이큐샤가 이를 위해 밤낮으로 노력해온 사실도 시가 인정하고 있는 바이며, 지역사회 주민들의 이해도 10년 전에 비해 깊어져 높은 관심을 실감하고 있습니다. 그리고 민족문화에 대한 인식도 긍정적으로 바뀌기 시작하고 있으며 지역사회의 일본인 주민들 가운데 흥미를 보이는 분들도 나오고 있습니다.

이러한 상황 가운데 새로운 시설에서 더욱 열심히 실천활동을 하고 싶습니다만 아직 보육원 기능밖에 없는 본 시설에 많은 보육 원아와 초중고생, 청년, 학부모, 자원봉사자들이 매일 함께 모여 배우고 있습니다. 현재 시설이 이를 감당할 수 있는 상황이 아니며, 보육원 기능에 맞추어 설계된 건축구조로 인한 관내의 시설 손상도 상당히 심하다는 것은 평소 말씀드린 바와 같습니다.

그래도 함께 살아가기 위한 활동은 계속해나가야 합니다.

지난 7월 6일 세이큐샤가 주최한 제2회 어린이축제가 열렸습니다. 당일 축제 운영을 위해 보육원의 직원, 지도원, 자원봉사자, 그리고 초중고생 학생들이 준비작업에 참여하였습니다. 그중에는 전시물 제작 등을 위해 매일 오는 학생들도 많았고 밤늦게까지 작업을 계속 한 청년들도 다수 있었습니다. 그 결과 당일에는 약 300명의 아이들과 학부모들이 좁은 시설에 넘치도록 모여 축제를 성황리에 끝냈습니다.

어린이축제는 세이큐샤가 지역에 개방되어 누구나 참여할 수 있도록 하고, 지역사회의 주민들에게 세이큐샤에 대해 알리기 위해 기획했습니다. 우리들은 이러한 활동을 통해 만남의 장을 만들어 다양한 입장과 상황에 있는 사람들 사이의 교류(예를 들어 재일한국인과의 교류, 장애우와의 교류 등)를 더욱 넓혀나가고 싶은 뜨거운 소망을 가지고 있습니다.

차별과 편견은 감추어 보이지 않게 하는 것이 아니라 일상적인 교류를 통해 서로 만나고 교류하고 희로애락을 같이함으로써 해소되는 것입니다. 이를 위해서는 인간도시의 창조를 목표로 하고 있는 가와사키시에서 해야 할 일이 많을 것입니다. 그럼에도 불구하고 시에서는 민족차별을 없애기 위한 활동에 대한 인식이 충분하지 않아서인지 구상시설에 대한 프로젝트를 진척시키지 못하고 있습니다.

세이큐샤에 오는 아이들은 자유롭게 놀고 배우며 창조성을 발휘할 수 있는 공간을 절실히 원하고 있습니다. 우리들의 작은 소망이 실현되지 않는다면 이러한 아이들의 소원은 도대체 어디서 충족될 수 있을까요?

우리는 시의 관계부국과 협력하여 토의경과 정리에 게재된 구체적 과제들을 성의를 가지고 신속하게 해결해줄 것을 강하게 요구하고 있습니다.

따라서 우리들은 지금까지의 연구협의회 경과를 바탕으로 구상시설에 대한 사업계획을 명확히 함과 동시에 직원체제(연구협의회에서는 6명이 적절하다고 확인되었음), 운영비, 비품구입비, 건물기능 등에 관한 요구를 제3차 요구서로 정리하였습니다. 어느 것도 조속히 검토하지 않으면 안 되는 과제입니다. 참가하고 있는 각 부국이 각각의 역할을 충분히 담당하면서 차별과 편견을 없애고 함께 살아가는 지역사회를 창조하기 위해 적극적으로 검토할 것을 부탁드립니다.

1. 사업계획

사업내용에 대해서는 10년에 걸친 세이큐샤의 실천을 토대로 1984년 6월 제2차 통일 요구서에서 그 개요를 설명하였습니다. 그 뒤 '제2회 (가칭) 사쿠라모토 후레아이 사회관 설치구상 위원회'에서 사업 일람표에 대해 토의가 이루어져 지자체 측과도 기본적 합의에 도달하였습니다. 그 내용에 입각하여 이하 (가칭)후레아이 사회관의 사업계획에 대해 구체적으로 설명하겠습니다.

(1) 어린이 관련 부문

일본인과 재일한국인이 서로 인정하고 함께 사는 것을 회관 활동의 기본으로 하여 한국의 말과 문화를 접할 수 있는 프로그램을 실시하는 가운데, 지역사회의 어린이들이 함께 참여하는 장으로 만든다. 또한 아이들 자신이 회관 활동의 중심인물이 되는 것을 중요한 과제로 삼아 각 부, 더 나아가서는 전체적인 어린이집단을 육성한다. 이상에 입각하여 어린이들을 대상으로 한 기본활동으로 ① 기초학력 획득, ② 함께 살아가는 문화 등의 학습과 발현을 두 축으로 한다. 그리고 다양한 놀이와 프로그램을 만들어 많은 어린이들이 교류할 수 있는 장에 올 수 있도록 한다.

수십 년 동안 행해진 사쿠라모토 보육원의 실천을 비롯한 세이큐샤의 실천활동은 장애를 가진 아이들과 학부모들의 요구를 받아들여 함께 살아가는 방법을 모색해왔다. 장애우가 '지역사회에서 함께 살아가는 장 만들기'를 함께 살아가는 회관 활동의 중요한 축으로 하고 실천활동을 전개한다.

사업명	대상	명수	시간	활동일
방과후 보육	초등학교 1~2학년	40명	하교시~17시	월, 화, 수, 목, 금, 토
초등학교 고학년부	초등학교 3~6학년	30명	하교시~18시	화, 목, 토
중학생부	중학교 1~3학년	30명	19시~21시	월, 수, 금
고등학생부	고등학교 1~3학년	20명	19시~21시	월, 토
개나리클럽	초등학교 1~6학년	30명	16시~18시	수, 토
시설개방	초중학생	지역주민		수시
어린이클럽	초등학교 1~6학년	지역주민	상황에 따라 개최	공작 · 요리교실 등
각종 행사	초중학생	지역주민	스포츠대회, 캠프, 발표회, 회관축제, 영화모임, 인형극 등	

(2) 청년 · 성인 관련 부문

지역사회에 민족차별이 존재하고 한국의 이미지가 부정적인 문화적 현실

사업명	대상	사업내용
가정교육학급	여성	취미, 교양, 학습서클
성인학급	여성	
자주 동아리 육성사업	성인	어머니 모임, 동포부회 등
장소대여활동	자주 동아리	
영화모임	지역주민	월1회

속에서 후레아이관이 재일한국인 주민과 일본인 주민의 새로운 만남의 장이 되는 것은 회관 활동의 최대 과제일 것이다. 이를 위해서는 보다 많은 청년, 성인, 학부모들이 모이고 활동할 수 있는 다양한 프로그램과 자주 동아리들이 이용할 수 있는 공간이 필요하다.

(3) 노인 관련 부문

일본의 식민지 지배하에 괴로운 경험을 겪고 제2차 세계대전 이후에는 민족차별을 받으며 살아온 재일한국인 1세는 가장 필요로 하는 국민연금도 받을 수 없어 생활보호에 의존하고 있다. 또한 문화적 차이로 인해 일본의 노인복지에서 완전히 방치되고 있다. 문해학급활동 외에 이러한 1세들의 생활상담을 자주 실시함과 동시에 그들이 쉴 수 있는 장이 필요하다. 이를 위해서는 한국어와 문화 차이를 이해하는 재일한국인 생활상담원이 필요하다.

(사업내용)

생활상담

레크리에이션

건강증진

사업명	대상	명수	시간	활동일
인권존중학급	성인	30명	19시~21시	연2회, 10회 코스
인권존중강연회	성인	200명		연2회
문해학급	1세 중심	20명		주2회
어린이강좌	초중학생	30명		연2회, 6회 코스
그 외	지역주민		비디오, 영화상영회	수시

(4) **학습 관련 부문**

일본과 한국의 역사, 문화를 바르게 이해하고 민족차별을 극복하기 위해 어린이, 청년, 학부모 등 시민을 대상으로 한 학습강좌를 개최한다. 또한 민족차별을 없애기 위한 계몽·계발활동의 일환으로서 시민대상 강연회를 개최한다.

이와 더불어 일본의 한국 침략 역사 가운데 교육받을 권리를 가질 수 없었던 재일한국인 1세를 중심으로 문해학급을 개설한다.

(5) **민족문화 관련 부문**

서로의 민족을 인정하는 새로운 문화 창조의 장으로서 어린이, 청년, 학부

사업명	대상	명수	시간	활동일
한국어	성인	20명	19시~21시	주 2회(초급, 중급)
민족무용	성인	20명	10시~12시, 19시~21시	오전 주1회, 저녁 주1회
민족무용	초등학생	20명	16시~17시반	주1회
민족무용	중학생	20명	19시~21시	주1회
장고	성인	20명	10시~12시, 19시~21시 (초급, 중급)	오전 주1회, 저녁 주1회
장고	초등학생	20명	16시~17시 반	주1회
장고	중학생	20명	19시~21시	주1회
한국요리	성인	20명		연2회, 8회 코스
한국요리	초중학생	20명		상황에 따라 개최

모 등 많은 사람들이 참가할 수 있는 민족문화교실을 개최한다.

(6) 상담 · 조언 관련 부문

민족차별로 인해 힘든 노동과 생활을 해온 재일한국인들이 거주하는 이 지역에서는 재일한국인뿐만 아니라 일본인 주민도 같은 종류의 문제로 고통받고 있다. 양육에 관한 고민, 생활 · 노동의 문제, 생활고에서 오는 가정불화 등 지역실태를 충분히 파악한 뒤에 한 사람 한 사람에 맞는 상담활동이 필요할 것이다. 또한 필요한 경우에는 관계행정기관으로 연결시켜 행정서비스를 받을 수 있도록 돕는다.

(7) 홍보 · 연락 조정 관련 부문

(가칭)후레아이관의 활동은 전후 40여 년간 방치해온 재일한국인의 실태에 집중함으로써 가와사키시가 처음으로 전국에서 주목을 받는 기회를 제공하였다. 따라서 재일한국인의 문제에 대한 교재나 교구를 비롯하여 활동을 위한 준비도 독자적으로 해야 하는 상황이다. 특히 관서지방 등에서 실시해온 재일한국인교육활동을 참고해서 활용하는 센터로서의 연락조정 기능이 필요하다. 또한 가와사키 인근 지방의 공교육과 평생교육 등의 분야에서 활동을 시작하려고 하는 사람들의 상담에 응하여 교재, 자료, 지도자를 적극적으로 빌려주고 지원하는 센터기능이 필요하다.

이와 함께 민족차별을 없애기 위한 계몽 · 계발활동의 센터로서 팸플릿, 포스터 등을 만들어 배포하는 활동도 한다. 또한 공교육과의 연계도 심화시킨다.

더 나아가 지자체 관계자와 공공활동에 참여하고 있는 사람들을 대상으로 한 연수활동 등을 지자체 담당과의 협력하에 추진한다.

(사업내용)

세이큐샤 서적 대출

비디오, 영화 등 시청각자료 대출

민족문화 · 재일한국인교육관계 교재 대출

【참고자료 9】 **후레아이관 조례(2007년 8월 현재)**

가와사키시 후레아이관 조례

1985년 3월 29일

조례 제23호

(목적 및 설치)

제1조 일본인과 재일한국인을 중심으로 재일외국인이 시민으로서 상호교류를 추진하고 서로의 역사, 문화 등을 이해함으로써 기본적인 인권존중의 정신에 입각하여 함께 살아가는 지역사회 창조에 기여하기 위해 가와사키시 후레아이관(이하 '후레아이관'이라 한다)을 설치한다.

(위치)

제2조 후레아이관의 위치는 가와사키시 가와사키구 사쿠라모토 1조메 5번 6호로 한다.

(사업)

제3조 후레아이관은 다음과 같은 사업을 실시한다.

(1) 일본인과 재일외국인의 상호이해를 심화시키기 위한 강좌, 강연회 등을 개최할 것.

(2) 문화교류활동을 추진할 것.

(3) 역사, 문화 등에 관한 자료 수집, 전시 등을 할 것.

(4) 시설 및 설비(이하 '시설등'이라고 한다)를 제공할 것.

(지정관리자)

제4조 시장은 법인 그 외 단체로 다음의 요건을 충족시키는 곳으로 지정하는 곳(이하 '지정관리자'라고 한다)이 후레아이관의 관리를 하게 한다.

(1) 후레아이관을 관리하는 데 있어 시민의 평등한 이용을 보장할 것.

(2) 사업계획서 내용이 후레아이관의 효용을 최대한 발휘하게 함과 동시에 관리경비 삭감이 되어 있을 것.

(3) 사업계획서 내용에 따른 후레아이관의 관리를 안정적으로 할 수 있는 능력을 가지고 있을 것.

2 제1항의 지정을 받고자 하는 것은 사업계획서와 그 외의 시장이 필요하다고 인정하는 서류를 시장에게 제출해야 한다.

3 시장은 제1항의 지정을 했을 때에는 그에 대해 고시한다.

(지정관리자의 관리 기준)

제5조 지정관리자는 이 조례 및 이 조례에 입각하는 규칙의 규정에 따라 후레아이관을 관리해야 한다.

(지정관리자의 사업 범위)

제6조 지정관리자는 시설 등 이용허가에 관한 업무와 그 외 후레아이관의 관리를 위해 필요한 업무를 해야 한다.

(이용시간 및 휴관일)

제7조 후레아이관의 이용시간 및 휴관일은 다음과 같다. 단, 지정관리자는 특별한 이유가 있다고 인정되었을 때에 이용시간을 변경하거나 임시로 개관 또는 휴관할 수 있다.

이용시간	오전 9시 30분부터 오후 9시까지. 단, 일요일 및 공휴일에 관한 법률(1948년 법률 제178호)이 규정하는 공휴일에는 오전 9시 30분부터 오후 6시까지
휴관일	12월 29일부터 다음 해 1월 3일까지

(이용허가)

第8조 후레아이관 시설 등을 이용하고자 하는 사람은 지정관리자의 허가를 받아야 한다.

(이용제한 등)

第9조 지정관리자는 제8조의 허가를 받고자 하는 자가 다음 각 호의 어느 하나에 해당한다고 인정했을 경우에는 시설 등의 이용을 제한하거나 정지하고 또는 그 허가를 취소할 수 있다.

(1) 관리상 지장이 있다고 인정되었을 때

(2) 그 외 지정관리자가 필요하다고 인정했을 때

(사용료)

第10조 후레아이관의 사용료는 무료로 한다.

(수강료)

第11조 지정관리자는 제3조 제1호에서 규정하는 사업을 실시하는 데 실비상당액을 수강료로 징수할 수 있다.

2 제1항의 수강료의 액수는 지정관리자가 그때마다 정한다.

(손해배상)

第12조 시설 등을 손상하거나 손실시킨 사람은 시장의 지시에 따라 이를 원상회복시키거나 손해를 배상하지 않으면 안 된다. 단, 시장이 어쩔 수 없는 이유가 있다고 인정한 경우에는 배상액을 감액하거나 면제 받을 수 있다.

(위임)

第13조 이 조례의 시행에 대해 필요한 사항은 시장이 정한다.

부칙

이 조례의 시행기일은 시장이 정한다.

(1985년 6월 6일 규칙 제53호로 1985년 6월 15일부터 시행)

부칙(1990년 3월 30일 조례 제10호)

(시행기일)

1 이 조례는 1990년 4월 1일부터 시행한다.

(경과조치)

2 이 조례를 시행하는 데 있어 현재 효력을 가지고 있는 교육위원회가 발행한 사용허가는 이 조례시행일 이후에는 시장이 발행한 사용허가로 간주한다.

부칙(2002년 12월 27일 조례 제44호)

(시행기일)

1 이 조례는 2003년 4월 1일부터 시행한다.

부칙(2005년 7월 1일 조례 제35호)

1 이 조례는 2006년 4월 1일부터 시행한다. 단, 제3조 다음에 제4조를 신설한 개정규정(제4조 제2항 및 제3항에 관계된 부분에 한정한다)은 공포일부터 시행한다.

(경과조치)

2 이 조례를 시행하는 데 있어 현재 효력을 가지고 있는 시장이 발행한 사용허가는 이 조례시행일 이후에는 개정 후 조례 제4조 제1항에서 규정하는 지정관리자가 발행한 사용허가로 간주한다.

【참고자료 10】 외국인시민 대표자회의 조례(2007년 8월 현재)

가와사키시 외국인시민 대표자회의 조례

1996년 10월 3일

조례 제25호

(목적 및 설치)

제1조 본 시의 지역사회 구성원인 외국인시민이 자신들과 관련된 문제들

을 조사·심의하는 기회를 가지도록 보장함으로써 외국인시민의 시정 참가를 촉진하고 이를 통해 서로 이해하고 함께 살아가는 지역사회 형성에 기여할 것을 목적으로 가와사키시 외국인시민 대표자회의(이하 '대표자회의'라 한다)를 설치한다.

(소장사무)

제2조 대표자회의는 외국인시민과 관련된 시책과 그 외 외국인시민에 관해 제1조의 목적을 달성하기 위해 필요하다고 인정하는 사항에 대해 조사·심의하고 시장에 대해 그 결과를 보고하거나 의견을 말할 수 있다. 단, 외국에 관한 사항은 조사·심의 대상으로 하지 않는다.

(시장 등의 책무)

제3조 시장과 그 외 집행기관은 대표자회의 운영에 대한 협력 및 지원을 하도록 노력하고 대표자회의에서 제2조에서 규정하는 보고나 의견이 있었을 때에는 이를 존중한다.

(조직 등)

제4조 대표자회의는 대표자(제3항의 규정에 따라 위촉된 사람을 말한다. 이하 동일) 26명 이내로 조직한다.

2 대표자는 다음 각 호에 모두 해당하는 사람으로 한다.

(1) 만 18세 이상일 것.

(2) 본 시의 구역 내에 외국인등록법(1952년 법률 제125호) 규정에 따라 계속해서 1년 이상 등록하고 있을 것.

(3) 그 외 시장이 정하는 사항

3 대표자는 제2항에서 정하는 사람들 가운데 시장이 위촉한다.

4 대표자는 임기를 2년으로 하고 1기에 한해 재임할 수 있다.

5 보결 대표자의 임기는 전임자의 잔임 기간으로 한다.

(대표자의 책무)

제5조 대표자는 자신의 국적이 속하는 나라의 대표로서가 아니라 본 시의

모든 외국인시민의 대표로서 직무를 수행해야 한다.

2 대표자는 직무상 알게 된 비밀을 누설해서는 안 된다. 대표자직을 물러난 다음에도 이는 동일하다.

(위원장 및 부위원장)

제6조 대표자회의에 위원장 및 부위원장을 각 1명씩 두고 대표자 호선에 의해 정한다.

2 위원장은 대표자회의를 대표하여 회의를 주재한다.

3 부위원장은 위원장을 보좌하고 위원장에게 사고가 있을 경우나 위원장이 없을 경우에 그 직무를 대리한다.

(부회)

제7조 대표자회의는 필요에 따라 부회를 둘 수 있다.

(회의)

제8조 대표자회의는 위원장이 소집하고 위원장이 의장이 된다.

2 회의는 대표자회의의 자주적 운영에 의해 이루어지는 것으로 한다.

3 회의는 대표자 과반수 이상이 출석하지 않으면 개최할 수 없다.

4 의사議事는 출석한 대표자의 과반수 이상으로 결정하고 찬성과 반대가 동수일 경우에는 의장이 결정하는 바에 따른다.

5 회의가 종료했을 때에는 의장이 회의의 경과 등을 정리하여 시장에게 제출해야 한다.

(회의 개최)

제9조 회의 개최는 1년에 4회로 하고 1회당 이틀로 한다.

2 제1항의 규정에 불구하고 위원장이 필요하다고 인정했을 경우에는 임시회의를 개최할 수 있다.

(자료제출 등)

제10조 대표자회의는 조사·심의에 필요하다고 인정된 경우 관계자에게 자료 제출을 요구하거나 관계자의 출석을 요구하여 설명 또는 의견을

물을 수 있다.

(보고 등)

제11조 위원장은 매년 대표자회의의 조사 · 심의 결과를 정리하여 시장에 보고해야 한다.

2 시장은 제1항 규정에 의한 보고를 받았을 때에 의회에 보고함과 동시에 이를 공표한다.

(서무)

제12조 대표자회의 서무는 시민국에 두고 처리한다.

(위임)

제13조 이 조례에서 정하는 사항 외에 대표자회의 운영에 관해 필요한 사항은 위원장이 대표자회의에서 정하고 그 외 이 조례의 시행에 관해 필요한 사항은 시장이 정한다.

부칙

(시행기일)

1 이 조례의 시행기일은 시장이 정한다.

(1996년 11월 27일 규칙 제74호로 1996년 12월 1일부터 시행)

(임기 등의 특례)

2 이 조례의 시행일 이후 최초로 위촉된 대표자는 제4조 제4항 규정에 관계없이 임기는 1998년 3월 31일까지로 하고 1기에 한해 재임할 수 있다.

(회의 개최의 특례)

3 1996년도 회의 개최에 관해서는 제9조 제1항에 '4회'로 되어 있는 것을 '2회'로 한다.

【참고자료 11】 가와사키시 다문화공생사회 추진 지침—함께 사는 지역 사회를 향해—

가와사키시 다문화공생사회 추진 지침에 대해

2008년 3월

가와사키시는 임해부에 공장이 들어서기 시작한 1900년대 초반부터 오늘날에 이르기까지 일본 각지와 한반도를 비롯한 해외에서 많은 사람들이 이주해서 거주하였고 발전해왔습니다. 새롭게 시민이 된 주민들이 지역에 뿌리를 내리고 다양한 문화와 교류함으로써 본 시가 활기 넘치는 다문화의 마을로서 성장해오고 있습니다.

인권을 존중하고 함께 살아가는 마을만들기를 추진해온 본 시에서는 재일한국인 등 외국인시민에 대한 편견과 차별을 해소하기 위해 의식계발과 제도 개선 등에 노력해왔습니다.

또한 근년에는 외국인시민이 증가해 다민족화가 진전되고 있다는 점에서 국적과 민족, 문화의 차이를 적극적으로 활용하고 모든 사람들이 서로를 인정하고 인권이 존중되고 자립한 시민으로서 함께 살아가는 다문화공생사회의 실현이 과제가 되고 있습니다.

본 시는 2005년에 다문화공생사회의 실현을 향한 기본적인 생각과 구체적인 추진내용을 담은 가와사키시 다문화공생사회 추진 지침을 책정하고 시민, 사업자, 자원봉사 단체 등과 협력 · 연계해서 외국인시민과 관련된 시책 등을 체계적이고 종합적으로 추진하고 있습니다. 이번 개정판은 3년간의 시책 추진상황을 바탕으로 일부를 수정한 것입니다.

가와사키시 다문화공생사회 추진 지침

〈기본목표 : 다문화공생사회의 실현〉

국적과 민족, 문화의 차이를 적극적으로 활용하고 모든 사람들이 서로를 인정하고 인권이 존중되고 자립한 시민으로서 함께 살아가는 다문화공생 사회의 실현을 지향한다.

〈기본이념〉

1. 인권 존중

인권에 관한 국제원칙 등을 바탕으로 서로 다른 문화적 배경을 가진 시민이 차별과 인권침해를 받는 일이 없도록 외국인시민과 관련된 시책의 추진에 노력할 것입니다.

2. 사회참여 촉진

외국인시민이 개인으로서 본래 가지고 있는 풍요로운 능력을 발휘하고 시민으로서 다양한 활동에 주체적으로 참여하고 함께 마을만들기를 할 수 있도록 지역사회로의 참여 촉진에 노력할 것입니다.

3. 자립을 향한 지원

일본어 이해력과 문화 차이 등으로 인해 생활에 불편을 겪고 있는 외국인시민이 문화적 아이덴티티를 유지하면서 주체적으로 지역사회에 참여할 수 있도록 자립을 향한 지원에 노력할 것입니다.

〈시책추진의 기본방향〉

1. 행정서비스 충실

(1) 행정 서비스 제공 (2) 정보제공 · 상담창구 (3) 연금제도 (4) 보험 · 의료 (5) 복지 (6) 주택 (7) 방재

2. 다문화공생교육 추진

(1) 취학 보장과 학습지원 (2) 차이를 인정하는 교육 (3) 지역의 학습지원

(4) 가정에 대한 지원

3. 사회참여 촉진

(1) 시정참여 (2) 지역의 외국인시민 그룹 등의 활동

4. 공생사회 형성

(1) 시민의 의식계발 (2) 시 직원 등의 의식개혁 (3) 시 직원 채용 (4) 사업자 계발 (5) 국제교류센터 활용

5. 시책 추진체제 정비

(1) 행정상담 충실 (2) 관계기관 · 자원봉사단체 등과의 연계 (3) 국가 등에 대한 행동

참고문헌

* 목록은 일본어 발음표기 순을 따름.

朝倉征夫, 1995,「多文化・多民族共生社會と社會教育の課題」, 日本社會教育學會 編,『多文化・民族共生社會と生涯學習』, 東洋館出版社.

朝日新聞(神奈川版), 1987a,「不惑の憲法4 唯日史観ー無意識に多民族排除」, 1987年 5月 5日.

———, 1987b,「ふれあい館建設 町内會, 市案のむー運營委に住民參加, 深夜交渉『常に内容を検証』」, 1987年 6月 30日.

———, 1997,「市の『民族文化講師』派遣事業スタート」, 1997年 5月 20日.

アーレント, ハナ著, 大島通義・大島かおり 譯, 1972,『全體主義の起原2 帝國主義』, みすず書房.

アーレント, ハンナ著, 大久保和郎 譯, 1994,『イェルサレムのアイヒマンー惡の陳腐さについての報告』, みすず書房.

アレント, ハンナ著, 寺島俊穂・藤原隆祐 譯, 1989,『パーリアとしてのユダヤ人』, 未來社.

アンダーソン, ベネディクト著, 白石さや・白石隆 譯, 1997,『增補 想像の共同體ーナショナリズムの起源と流行』, NTT出版.

飯田剛史, 2002,「在日コリアンの宗教ー文化創造の過程」,『環』Vol.11.

飯沼二郎, 1973,『われら人間見えない人々ー在日朝鮮人』, 日本基督教團出版局.

飯沼二郎・金時鐘・日高六郎・鶴見俊輔・大澤眞一郎, 1979,「〈座談會〉『第三の道』をめぐつて」,『朝鮮人』No.18.

イームズ, エドウイン, グード, ジュディス・G, 1996,「都市におけるエスニック集團」, 青柳まちこ 編,『エスニックとは何か』, 新泉社.

李仁夏, 1970,「人種差別と闘う教會」,『朝鮮研究』第100號.

———, 1979,『寄留の民の叫び』, 新教出版社.

———, 1981,「青丘社ー民族差別と闘い, 人間主體の確立をめざして」,『解放教育』135號.

———, 2006,『歴史の狭間を生きる』, 日本キリスト教團出版局.

イェーリング著, 村上淳一 譯, 1982,『權利のための闘爭』, 岩波書店.

池田浩士, 1969,「〈われわれ〉を持つ夢」, 高田求 編,『全共闘の思想とその周邊』, 新日本出版社.

石田謙一, 1997,「川崎・櫻本編」,『地域社會のエスニシティ體驗－國境をこえて東京に生きる人びとの言說』, 中央大學文學部社會學科奧田ゼミナール調査報告書.

伊藤三郎, 1982,『ノミとカナヅチ－人間都市づくりの10年』第一法規.

伊藤長和, 1995,「川崎市の『外國人市民代表者會議』の設置に向けて」,『地方自治職員研修』臨時增刊號 No.49.

———, 1997,「在日韓國・朝鮮人の經驗に立つ總合的外國人市民政策」, 駒井洋・渡戸一郎 編,『自治體の外國人政策－內なる國際化への取り組み』, 明石書店.

———, 1999,「大都市の公民館と識字實踐－川崎市市民館・ふれあい館の活動」, 小林文人 編,『これからの公民館－新しい時代への挑戰』, 國土社.

伊藤聰子, 1998,『地域社會の「多文化」とNPO』, 日本國際交流センター.

稻富進 編著, 1988,『ムグンファの香り－全國在日朝鮮人教育研究協議會の軌跡と展望』, 亞紀書房.

———, 2003,「多民族・多文化共生の明日を拓く在日朝鮮人教育の今日的課題」,『人權問題研究資料』第17號, 近畿大學人權問題研究所.

井上達夫・名和田是彥・桂木隆夫, 1992,『共生への冒險』, 每日新聞社.

井上達夫, 1998,「共生」,『哲學・思想辭典』, 岩波書店.

李恢成, 1981,『青春と祖國』, 筑摩書房.

岩淵英之・伊藤長和・星野修美・裵重度・山崎信喜, 1989,「國境をこえて, すべての人の學習權を保障する－川崎市の實踐に學ぶ」,『月刊社會教育』1989年 1月號.

岩淵英之, 1994,「川崎市における在日外國人教育と青丘社」, 中央大學教育學研究會『教育學論集』第36集.

植田晃次・山下仁 編著, 2006,『「共生」の內實－批判的社會言語學からの問いかけ』, 三元社.

海老坂武, 2006,『フランツ・ファノン』, みすず書房.

櫃井緣・高橋啓子・井上利和・金迅野・丹羽雅雄・李節子, 1998,『國際人權ブックレット4 問われる多文化共生－教育・地域・法制度の視点から』, 財團法人アジア・太平洋人權情報センター(ヒューライツ大阪).

櫃井緣, 2008,「『多文化教育のいま』を考えるにあたって」,『解放教育』493號.

大沼保昭・徐龍達 編, 1986,『在日韓國・朝鮮人と人權－日本人と定住外國人との共生を目指して』, 有斐閣.

大沼保昭, 1993,『新版 單一民族社會の神話を超えて』, 東信堂.

おおひん地區街づくり協議會, 1993,『わたしたちのおおひん地區街づくりプラン』.

岡田信弘, 1989,「古典的人權から第三世代の人權へ」,『ジュリスト』No.937.

小川利夫, 1985,「『人權としての社會教育』の追及」,『月刊社會教育』1985年 12月號.

小熊英二, 1995,『單一民族神話の起源－〈日本人〉の自畫像の系譜』, 新曜社.

小澤有作・和田純, 1971,「在日朝鮮人と就職差別－企業調査の中間報告」,『朝鮮研究』第

109號.
小澤有作, 1973,『在日朝鮮人教育論 歷史編』, 亞紀書房.
————, 1978,「經るべき歷史の通路にて一解說・在日朝鮮人の世界」, 小澤有作 編,『近代民衆の記錄10 在日朝鮮人』, 新人物往來社.
小澤有作・大橋謙策・神田道子・藤田博, 1990,「『人權』と『社會教育』をめぐって」, 日本社會教育學會 編,『現代的人權と社會教育』, 東洋館出版社.
小田切督剛, 2004,「川崎・富川高校生フォーラム・ハナの挑戰」, 東京・沖縄・東アジア社會教育研究會『東アジア社會教育研究』No.9.
—————, 2006,「川崎と富川の市民交流と生涯學習」, 小林文人・伊藤長和・黃宗建 編著,『韓國の社會教育・生涯學習一市民社會の創造に向けて』, エイデル研究所.
外務省條約局法規課法令研究會 編, 1993,『わが國における外國人の法的地位』, 日本加除出版.
外國人勞動者問題關係省廳連絡會議, 2006,「『生活者としての外國人』に關する總合的對應策」.
風卷浩, 2004,「アジア市民をめざす〈日本人・コリアン・在日コリアン〉高校生」,『歷史地理教育』No.664.
梶田孝道・丹野淸人・樋口直人, 2005,『顔の見えない定住化一日系ブラジル人と國家・市場・移民ネットワーク』, 名古屋大學出版會.
梶村秀樹, 1980,「1920～30年代朝鮮農民渡日の背景」,『在日朝鮮人史研究』第6號.
————, 1983,「在日朝鮮人の生活史」,『神奈川縣史各論編1 政治・行政』, 神奈川縣.
梶村秀樹著作集刊行委員會 編, 1990,『回想と遺文』, 明石書店.
勝山雅繪, 2004,『日立就職差別裁判支援活動における日本人青年の研究』, お茶の水女子大學修士論文.
加藤繪美, 2000,『外國人市民の權利保障の意味一川崎市・外國人施策の歷史と現在』, 川崎地方自治研究センター.
神奈川縣自治總合研究センター,「國際化に對應した地域社會のあり方」, 研究チーム, 1984,『神奈川の韓國・朝鮮人一自治體からの提言』, 公人社.
神奈川縣第二愛泉ホーム, 1969,『川崎市池上町における住民とホームの福祉關係』.
神奈川新聞, 1989,「雜草18年 伊藤川崎市政を振り返る一ともに生きる理想」, 1989年 10月2日.
—————, 1997,「一世の步み學び問題を共有へ一在日高齡者ボランティア講座」, 1997年11月 20日.
—————, 1999,「違い認め共生を一ふれあい館民族クラブ7日に『廣場』開催」, 1999年 3月5日.
—————, 2001,「重度障害者の自立支援一『虹の會』施設開設宿泊體驗など始める」, 2001年 10月 27日.
神奈川新聞社社會部 編, 1985,『日本の中の外國人一「人さし指の自由」を求めて』, 神奈川新聞社出版局.
神奈川と朝鮮の關係史調査委員會, 1994,『神奈川と朝鮮一神奈川と朝鮮の關係史調査報告書』, 神奈川縣渉外部.
鎌田澤一郎, 1950, 『朝鮮新話』, 創元社.
川崎修, 2005, 『アレントー公共性の復權』, 講談社.
川崎教會歷史編纂委員會 編, 1997, 『川崎教會50年史』, 在日大韓基督教會川崎教會.
川崎コリアタウン協會設立準備會, 1995, 『川崎コリアタウン構想試案』.
川崎在日韓國・朝鮮人教育をすすめる會, ふれあい館ファイル『KJ教育セミナー川崎すすめる會』.
———, ふれあい館ファイル『在日韓國・朝鮮人教育を進める會(準)82.1~6』.
———, 1982a, 「すすめる會ニュース」 創刊準備號(1982年 7月 6日).
———, 1982b, 「すすめる會ニュース」 第2號(1982年 10月 8日).
———, 1982c, 「すすめる會ニュース」 第3號(1982年 12月 13日).
———, 1983a, 「すすめる會ニュース」 第4號(1983年 1月 25日).
———, 1983b, 「すすめる會ニュース」 臨時號(1983年 5月 20日).
———, 1983c, 「すすめる會ニュース」 第7號(1983年 9月 15日).
———, 1983d, 「すすめる會ニュース」 第8號(1983年 10月 12日).
———, 1983e, 「すすめる會ニュース」 第9號(1983年 11月 20日).
———, 1984a, 「すすめる會ニュース」 第10號(1984年 1月 15日).
———, 1984b, 「すすめる會ニュース」 第14號(1984年 11月 15日).
———, ふれあい館ファイル『川崎在日韓國・朝鮮人教育をすすめる會(Ⅰ)』.
———, ふれあい館ファイル『川崎在日韓國・朝鮮人教育をすすめる會(Ⅱ)』.
———, ふれあい館ファイル『川崎在日韓國・朝鮮人教育をすすめる會(Ⅲ)』.
———, ふれあい館ファイル『要望書』.
———, ふれあい館ファイル『川崎在日韓國・朝鮮人教育をすすめる會83.1~83.9』.
———, ふれあい館ファイル『川崎在日韓國・朝鮮人教育をすすめる會83.9~No.4』.
———, ふれあい館ファイル『川崎市教育實態調查小委員會』.
———, ふれあい館ファイル『川崎市教委交渉』.
———, ふれあい館ファイル『川崎在日韓國・朝鮮人教育をすすめる會李相鎬用』.
川崎・在日同胞の人權を守る會, ふれあい館ファイル『川崎・在日同胞の人權を守る會』.
——— 編, 1977, 『民族運動としての地域活動3 川崎における青丘社の實踐』
川崎市, 1997, 『川崎市史通史編4上 現代』.
———, 1999, 『川崎新時代2010プラン』.
川崎市外國人教育検討委員會 編, 2003, 『ともに生きる』, 川崎市教育委員會.
川崎市外國人市民代表者會議 編, 2002, 『川崎市外國人市民代表者會議年次報告〈2001年度〉』, 川崎市市民局人權・男女平等參畫室.
———————————, 2004, 『川崎市外國人市民代表者會議年次報告〈2003年度〉』, 川崎市市民局人權・男女平等參畫室.
———————————, 2005, 『川崎市外國人市民代表者會議年次報告〈2004年度〉』, 川崎市市民局人權・男女平等參畫室.
———————————, 2006, 『川崎市外國人市民代表者會議年次報告〈2005年度〉』,

川崎市市民局人權・男女平等參畫室.
――――――――――――, 2007,『川崎市外國人市民代表者會議年次報告〈2006年度〉』, 川崎市市民局人權・男女平等參畫室.
川崎市外國人市民代表者會議検討委員會, 2001,『川崎市外國人市民代表者會議検討委員會報告書』, 川崎市市民局人權・男女平等參畫室.
川崎市外國人市民代表者會議調査研究委員會 編, 1996,『假稱・川崎市外國人市民代表者會議調査研究報告書(答申)』, 川崎市市民局國際室.
川崎市教育委員會, 1985,『教育かわさき No.31』
――――――――, 1987,『人權尊重學級實踐資料集－在日韓國・朝鮮人と日本人が共に生きる社會を目指して』.
――――――――, 2005,『2004(平成16)年度活動報告書(教育文化會館・市民館)』.
――――――――, 2006,『2005(平成17)年度活動報告書(教育文化會館・市民館)』.
川崎市教育委員會・川崎市地域日本語教育推進協議會, 2003,『川崎市識字・日本語學習活動の指針』.
川崎市識字學級研究開發委員會, 2003,『識字・日本語學習活動の現場から－ボランティアの活動事例集』.
――――――――――――, 2004,『識字ボランティア研修に關する研究報告書』.
川崎市市民局, 1990,『在日韓國・朝鮮人を理解するためのハンドブック 日本人と在日韓國・朝鮮人が同じ市民として生きることの意味を考えます』.
川崎市市民局人權・共生推進擔當, 1998,『川崎市の在日外國人施策の概要』(1998年 2月).
川崎市市民局人權・男女平等參畫室, 2005,『川崎市多文化共生社會推進指針－共に生きる地域社會をめざして』.
川崎市生涯學習推進基本計畫策定調査委員會, 1993,『川崎市生涯學習推進基本計畫－市民の, 市民による, 市民のための生涯學習の推進を支えるために』.
川崎市職員勞動組合, 1985,「川崎市職勞」第789號(1985年 2月 10日).
川崎市地域日本語教育推進委員會, 1997,『共生のまちづくりをめざす日本語學習のあり方－川崎市地域日本語教育推進事業報告書』.
川崎市地域日本語教育推進協議會, 1998,『地域でともに學ぶ』.
川崎市ふれあい館・櫻本こども文化センター, 1990,「ふれあいかんだより」第21號(1990年 4月 13日).
――――――――――――――――, 1992,「ふれあいかんだより」第44號(1992年 7月 7日).
――――――――――――――――, 1993a,「ふれあいかんだより」第49號(1993年 1月 6日).
――――――――――――――――, 1993b,『だれもが力いっぱい生きていくために－川崎市ふれあい館事業報告書('88～'91)』.
――――――――――――――――, 1994a,「ふれあいかんだより」第62號(1994年 3月 5日).
――――――――――――――――, 1994b,「第21回川崎市ふれあい館・櫻本こども文化センター運営協議會」資料(1994年 11月 17日).
————————————————, 1996,「第26回川崎市ふれあい館・櫻本こども文化センター運営協議會」資料(1996年 11月 21日).
————————————————, 1997,「第28回川崎市ふれあい館・櫻本こども文化センター運営協議會」資料(1997年 7月 3日).
————————————————, 1998,『だれもが力いっぱい生きていくために—川崎市ふれあい館10周年記念誌('88～'97)』.
————————————————, 1999,「ふれあいかんだより」第121號(1999年 4月 1日).
————————————————, 2000,「第35回川崎市ふれあい館・櫻本こども文化センター運営協議會」資料(2000年 5月 19日).
————————————————, 2004,「第42回川崎市ふれあい館・櫻本こども文化センター運営協議會」資料(2004年 6月 22日).
————————————————, 2005a,「ふれあいかんだより」第193號(2005年 4月 1日).
————————————————, 2005b,「ふれあいかんだより」第194號(2005年 5月 1日).
————————————————, 2006,「第46回川崎市ふれあい館・櫻本こども文化センター運営協議會」資料(2006年 6月 16日).
————————————————, 2008,『だれもが力いっぱい生きていくために 川崎市ふれあい館20周年事業報告書('88～'07)』.
川崎地方自治研究センター, 2003,『川崎市民自治の實驗 1971～2001 資料 伊藤・高橋市政—施政方針』.
————————, 2004a,『資料 伊藤・高橋市政その2 外國人市民の人權 指紋押捺拒否者不告發』.
————————, 2004b,「自治研センターNews」特集號(2004年 8月 30日).
川崎の社會教育を考える會, 1986,「南武線」第97號(1986年 12月 5日).
川崎・富川市民交流會, 2003,「『川崎・富川市民交流會』と『富川・川崎市民交流會』との相互協力協定書」(2003年 10月 23日).
姜尙中, 1985a,「『在日』の現在と未來の間」,『季刊三千里』第42號.
———, 1985b,「方法としての『在日』—梁泰昊氏の反論に答える」,『季刊三千里』第44號.
———, 1988,「『日本的オリエンタリズム』の現在」,『世界』第522號.
———, 1996,『オリエンタリズムの彼方へ—近代文明批判』, 岩波書店.
———, 2001,『東北アジア共同の家をめざして』, 平凡社.
姜尙中・吉見俊哉, 2001,『グローバル化の遠近法—新しい公共空間を求めて』, 岩波書店.
姜尙中・モーリス-スズキ, テッサ, 2004,『デモクラシーの冒險』, 集英社.
姜尙中, 2004,『在日』, 講談社.
———, 2005,『在日ふたつの「祖國」への思い』, 講談社.
姜在彥, 1976,「在日朝鮮人の六五年」,『季刊三千里』第8號.

姜在彦・金東勳, 1989,『在日韓國・朝鮮人ー歷史と展望』, 勞動經濟社.

姜在彦, 1996,『「在日」からの視座』, 新幹社.

岸田由美, 2003,「在日韓國・朝鮮人教育にみる『公』の境界とその移動」,『教育學研究』第70卷 第3號.

————, 2005,「日本社會の多様化は『日本人』を多様化しうるかー『日本人』と『在日韓國・朝鮮人』の構成にひきつけて」, 佐藤郡衛・吉谷武志 編,『ひとを分けるもの つなぐものー異文化間教育からの挑戰』, ナカニシヤ出版.

金贊汀, 1983,『故國からの距離』, 田端書店.

———, 1994,『在日という感動ー針路は「共生」』, 三五館.

金泰泳, 1999,『アイデンティティ・ポリティクスを超えてー在日朝鮮人のエスニシティ』, 世界思想社.

金東明, 1979,「在日朝鮮人の『第三の道』」,『朝鮮人』No.17.

金侖貞, 2003a,「社會教育における學習權概念に關する一考察」,『生涯學習・社會教育學研究』第28號, 東京大學大學院教育學研究科社會教育學研究室.

———, 2003b,「在日外國人による地域の『學習空間』の創造」, 佐藤一子 編,『生涯學習がつくる公共空間』, 柏書房.

———, 2004,「在日外國人の學習權保障と地方自治體の役割ー川崎市『ふれあい館』設立要求運動を中心として」,『東京大學大學院教育學研究科紀要』第43卷.

———, 2005,「地域から創り上げる多文化共生教育の理念ー『川崎市在日外國人教育基本方針』制定過程を中心として」, 日本社會教育學會 編,『グローバリーゼーションと社會教育・生涯學習』, 東洋館出版社.

———, 2006,「韓國の多文化共生社會の創造に向けてー川崎市ふれあい館が示唆するもの」, 黃宗建・小林文人・伊藤長和 編著,『韓國の社會教育・生涯學習ー市民社會の創造に向けて』, エイデル研究所.

———, 2007,「共生の輪を擴げよう!ー櫻本プンムルノリからみた文化交流」,『月刊社會教育』2007年 1月號.

———, 2007,「多文化共生教育の形成に關する一考察ー川崎市における地域實踐を中心に」,『東京大學大學院教育學研究科紀要』第46卷.

———, 2009,「在日外國人の健康問題を考える」,『月刊社會教育』2009年 1月號.

金英達, 1990,『在日朝鮮人の歸化』, 明石書店.

———, 1997,『創氏改名の研究』, 未來社.

———, 2003,『金英達著作集Ⅲ 在日朝鮮人の歷史』, 明石書店.

グラント, カール・A, 2002,「多文化教育」, グラント, カール・A他 編, 中島智子他 譯,『多文化教育辭典』, 明石書店.

黑澤惟昭, 1990,「現代的人權と社會教育」, 日本社會教育學會 編,『現代的人權と社會教育』, 東洋館出版社.

————, 1995,「生涯學習時代の差別と人權」, 黑澤惟昭・森山沾一 編,『生涯學習時代の人權』, 明石書店.

————, 2000,『國家・市民社會と教育の位相ー疎外・物象化・ヘゲモニーを磁場にして』,

御茶の水書房.
高史明, 1986,『生きることの意味－ある少年のおいたち』, 筑摩書房.
子供を見守るオモニの會, 1979,『苦難から起き上がるオモニたちの聲』.
小林哲也, 1985,「總括－多文化教育の課題」, 小林哲也・江淵一公 編,『多文化教育の比較研究－教育における文化的同化と多様化』, 九州大學出版會.
小林文人, 1988,「公民館における學習權創造の歩みと課題」, 小林文人 編,『公民館の再發見－その新しい實踐』, 國土社.
サイード, E.W.著, 今澤紀子 譯,『オリエンタリズム 上・下』, 平凡社, 1993.
在日大韓基督教會在日韓國人問題研究所 編, 1983a,『在日韓國・朝鮮人渡航史と地域形成史』, 1983年 4月 21日.
――――――――――――――――, 1983b,『在日韓國・朝鮮人の現状』, 1983年 5月 31日.
――――――――――――――――, 1983c,『民族差別の無い地域社會をめざして』, 1983年 6月 28日.
(假稱)在日コリアン歴史資料館調査委員會, 2005,『100年のあかし－在日韓人歴史資料館開設記念』, 在日韓人歴史資料館.
坂中英德, 2005,『入管戰記－「在日」差別,「日系人」問題, 外國人犯罪と, 日本の近未來』, 講談社.
笹川孝一, 1992,「多民族・多文化社會における學習權と教育の社會化としての『社會教育』－日本在住外國人とくに『ニューカマー』の學習權を考える」,『月刊社會教育』1992年 5月號.
―――, 1993a,「外國人の學習權問題とポスト『國民教育』時代の教育學」,『教育』1993年 2月號.
―――, 1993b,「外國籍住民の學習權とアジア太平洋學習權共同體の展望」,【月刊社會教育】, 編集部 編,『日本で暮らす外國人の學習權』, 國土社.
志水宏吉 編著, 2008,『高校を生きるニューカマー－大阪府立高校にみる教育支援』, 明石書店.
――― 編著, 2009,『エスニシティと教育』, 日本圖書センター.
清水知久・李恢成, 1971,「日本と朝鮮－なにが理解されていないか」,『月刊エコノミスト』, 1971年 5月.
清水睦美・すたんどばいみー 編著, 2009,『外國人の子どもたちの挑戰　いちょん團地發!』, 岩波書店.
自由民主黨外國人人材交流推進議員連盟, 2008,「人材開國! 日本型移民政策の提言 中間とりまとめ」
十文字美惠, 1996,「在日が根を, 自治體が幹を手をつなぐ市民運動が未來を拓く－－川崎市民の辿った精神解放の軌跡」,『日韓交流への提言 心は濤を越えて』, 高麗書林.
「資料・革新自治體」, 刊行委員會 編, 1990,『資料・革新自治體』, 日本評論社.
杉山春, 2008,『移民環流－南米から歸ってくる日系人たち』, 新潮社.
鈴木敏正, 2004,「現代的人權と社會教育の價値」, 日本社會教育學會 編,『現代的人權と社會教育の價値』, 東洋館出版社.
鈴木道彦, 2007,『越境の時 一九六○年代と在日』, 集英社.
青丘社, ふれあい館ファイル『櫻本學園・ロバの會, 櫻本學園報』.
———, ふれあい館ファイル『識字學級』.
———, ふれあい館ファイル『青丘社合宿資料78～81年』.
———, 1983,『在日韓國・朝鮮人の現狀』.
———, 1984,『共に生きる－青丘社創立10周年記念』.
———, 1985,『川崎市櫻本地區〈川崎・南部〉青少年問題調査研究報告書(Ⅰ)』.
———, ふれあい館ファイル『青少年會館要求闘爭Ⅰ』.
———, ふれあい館ファイル『青少年會館要求闘爭 82.9月～83.6月 No.1』.
———, ふれあい館ファイル『青少年會館要求闘爭Ⅲ(1984年 4月から1985年 9月まで)』.
———, ふれあい館ファイル『川崎市民生局交涉Ⅰ』.
———, ふれあい館ファイル『川崎市民生局交涉Ⅱ』.
———, ふれあい館ファイル『川崎市民生局交涉Ⅲ』.
———, ふれあい館ファイル『仮ふれあい館建設構想案(Ⅳ)』.
———, ふれあい館ファイル『會館建設略史及び資料』.
———, ふれあい館ファイル『ふれあい館條例制定資料』.
———, 1994,『共に生きる－青丘社創立20周年記念』.
青丘社運營委員會, 1979,「青丘社ニュース」第13號(1979年 5月 10日).
——————, 1980,「青丘社ニュース」第19號(1980年 1月 15日).
——————, 1982,「青丘社ニュース」第25號(1982年 2月 1日).
——————, 1983,「青丘社ニュース」第29號(1983年 9月 25日).
——————, ふれあい館ファイル『青丘社運營委員會(Ⅰ)』.
——————, ふれあい館ファイル『青丘社運營委員會(Ⅱ)』.
青丘社活動者會議 編, 1980,『民族差別と闘う地域活動をめざして』.
———, ふれあい館ファイル『青丘社活動者會議』.
青丘社櫻本保育園, 1974,「眞實の連帶を求めて」, 同人誌『動く』第3號.
青丘社10周年記念誌刊行委員會 編,「社會福祉法人青丘社・櫻本保育園, 學園及び運動關係年表1969～1984」.
青木一他 編,『現代教育學辭典』, 勞動旬報社, 1988.
關根政美, 1994,『エスニシティの政治社會學－民族紛爭の制度化のために』, 名古屋大學出版會.
————, 2000,『多文化主義社會の到來』, 朝日新聞社.
芹澤淸人, 1991,『ふるさとの名は川崎』, 高文研.
宗田千繪, 1998,「關東大震災と朝鮮人虐殺」,『神奈川のなかの朝鮮』, 編集委員會 編,『神奈川のなかの朝鮮』, 明石書店.
總務省, 2006,『多文化共生の推進に關する研究會報告書－地域における多文化共生の推進に向けて』.
———, 2007,『多文化共生の推進に關する研究會報告書』.

徐京植, 1999,『プリーモ・レーヴィへの旅』, 朝日新聞社.
———, 2005,『ディアスポラ紀行ー追放された者のまなざし』, 岩波書店.
成玖美, 2003,「地域多文化教育の展開」, 佐藤一子 編,『生涯學習がつくる公共空間』, 柏書房.
戴エイカ, 1999,『多文化主義とディアスポラ』, 明石書店.
————, 2003,「『多文化共生』とその可能性」,『人權問題研究』No.3.
————, 野口道彦・島和博 , 2009,『批判的ディアスポラ論とマイノリティ』, 明石書店.
高橋哲哉, 1995,『記憶のエチカー戰爭・哲學・アウシュヴィッツ』, 岩波書店.
————, 2005,『靖國問題』, 筑摩書房.
高橋滿・石澤眞貴・內藤隆史, 1996,「在日韓國・朝鮮人の地域教育運動と社會教育ー川崎市『ふれあい館』設立過程の事例」,『東北大學教育學部研究年報』第44集.
竹田青嗣, 1983,『〈在日〉という根據』, 國土社.
武田行雄, 1938,「內地在住半島人問題」,『社會政策時報』213號.
竹ノ下弘久, 1995,『日立就職差別事件をめぐる在日韓國・朝鮮人の社會運動ー「朴君を圍む會」に關する事例研究』, 慶應義塾大學院社會學修士論文.
—————, 1996,「エスニック・アイデンティティの葛藤と變容」, 日本解放教育學會『解放社會學研究』10號.
田代國次郞, 1966a,「都市の福祉問題(三)ー川崎市のドヤ街とスラム街の實態」,『福祉問題研究』Vol.2 No.2, 童心社.
—————, 1966b,「スラムの分類に關する一試論」,『福祉問題研究』Vol.2 No.6, 童心社.
田中宏, 1995,『在日外國人 新版ー法の壁, 心の溝』, 岩波書店.
———, 2002,『岩波ブックレット No.566 在日コリアン權利宣言』, 岩波書店.
谷富夫, 1992,「エスニック・コミュニティの生態研究」, 鈴木廣 編,『現代都市を解讀する』, ミネルヴァ書房.
崔勝久, 1971,「差別社會の中でいかに生きるかー朴君の訴訟を手がかりに」,『朝鮮研究』第106號.
鄭早苗・朴一・金英達・仲原良二・藤井幸之助 編, 1995,『全國自治體在日外國人教育方針・指針集成』, 明石書店.
鄭賢卿, 1995,「地域における共生文化の形成過程」,『外國人の地域的定着と地域文化形成過程に關する社會學的研究』, 地域社會研究所・第一住宅建設協會.
鄭大均, 1979,「池上町"朝鮮人部落"の社會關係(下)」,『朝鮮研究』第186號.
———, 2001,『在日韓國人の終焉』, 文藝春秋.
———, 2004,『在日・强制連行の神話』, 文藝春秋.
———, 2006,『在日の耐えられない輕さ』, 中央公論新社.
統一日報, 1982,「現場から民族差別撤廢へー在日韓國・朝鮮人教育を考える連續セミナー終る」, 1982年 4月 20日.
————, 1993,「川崎『ふれあい館』5周年ー地域社會に相互理解の據点」, 1993年 6月 18日.
————, 1994a,「同胞のすむ街ー川崎・櫻本 編㊤ 陸の孤島 戰後40年間, 未整備」, 1994年 4月 21日.
————, 1994b,「同胞のすむ街ー川崎・櫻本 編⑨ ひとつ屋根の下㊥ 住宅情報ち密に交換」,

1994年 5月 14日.
———, 1994c, 「同胞のすむ街ー川崎・櫻本 編⑩ ひとつ屋根の下㊦ 新たに台頭する2世」, 1994年 5月 18日.
———, 1998, 「川崎の在日韓國・朝鮮人高齢者『トラヂの會』結成ー悩み一緒に解決 力を合わせよう」, 1998年 1月 27日.
東京新聞(神奈川版), 1998, 「在日韓國・朝鮮人一世高齢者交流クラブー『トラジの會結成會』開く」, 1998年 1月 25日.
東北大學在日コリアン研究會, 1994, 『在日韓國・朝鮮人の生活・文化・教育とアイデンティティー形成』.
———————————, 1995, 『外國人の地域的定着と地域文化形成過程に關する社會學的研究ー在日韓國・朝鮮人多住地域を對象にして』.
———————————, 1996a, 『外國人多住地域における住民意識調査ー「ふれあい教育」を手がかりとして』.
———————————, 1996b, 『定住外國人多住地域の地域生活と學校教育・社會教育の課題ー國際化と人權教育をめぐる住民意識調査から』.
戸塚秀夫, 1974, 「日本における外國人勞動者問題について」, 東京大學社會學硏究所紀要『社會科學硏究』 第25巻 第5號.
中島智子, 1991, 「多文化教育をめぐる論爭と課題」, 『西山學報』 第39號.
———, 1993, 「日本の多文化教育と在日韓國・朝鮮人教育」, 『異文化間教育』 第7號.
———, 1994, 「在日朝鮮人のエスニシティと教育ー『文化的志向性』と『社會的志向性』の視点から」, 『教育學硏究』 第61巻 第3號.
———, 1995, 『全朝教ブックレット① 多文化教育と在日朝鮮人教育』, 全國在日朝鮮人教育硏究協議會.
———, 1997, 「『在日外國人教育』から『多文化教育』へ」, 『國際人權ブックレット2 人權教育は今, そしてこれからー「協動」の橋を架ける』, 財團法人アジア・太平洋人權情報センター(ヒューライツ大阪).
———, 2005, 「『在日』が『ニューカマー』だった頃 戰前期在日朝鮮人の就學實態」, 『プール學院大學硏究紀要』 第45號.
———, 2005, 「異文化間教育硏究と『日本人性』」, 『異文化間教育』 22號.
———, 2007, 「『オールドカマー』と『ニューカマー』をつなぐ」, 『解放教育』 480號.
中塚明, 1986, 「在日朝鮮人の歷史的形成」, 佐藤明・山田照美 編『在日朝鮮人ー歷史と現狀』, 明石書店.
鳴海正泰, 2003, 『自治體改革のあゆみ』, 公人社.
野村進, 1996, 『コリアン世界の旅』, 講談社.
野元弘幸, 1993, 「外國人勞動者の移入に伴う生涯學習計畫化の課題ー在日日系人の生活實態と日本語の學習に關する調査を中心に」, 『名古屋大學教育學部紀要』.
———, 1996, 「機能主義的日本語教育の批判的檢討ー『日本語教育の政治學』試論」, 『埼玉大學紀要 教育學部』 第45巻 第1號.
———, 2001, 「多文化共生のまちづくりと外國人住民の學習權保障」, 『月刊社會教育』

2001年 3月號.
————, 2005, 「多文化・多民族共生の原理と教育の課題－『多文化共生』を超える視点と原理を求めて」, 『月刊社會教育』 2005年 6月號.
ファノン, フランツ著, 鈴木道彦・浦野衣子 譯, 1996, 『地に呪われたる者』, みすず書房.
————————, 海老坂武・加藤晴久 譯, 1998, 『黑い皮膚・白い仮面』, みすず書房.
朴一, 1992, 「『在日論』論争の成果と課題－在日朝鮮人二・三世の生き方をめぐって」, 『ほるもん文化』 No.3.
——, 1999, 『〈在日〉という生き方－差異と平等のジレンマ』, 講談社.
朴慶植, 1965, 『朝鮮人强制連行の記錄』, 未來社.
朴君を圍む會 編, 1974, 『民族差別－日立就職差別糾彈』, 亞紀書房.
朴三石, 2008, 『外國人學校』, 中央公論新社.
朴世一・三浦知人・佐藤勝巳他, 1976, 「子供と向き合って－櫻本學園の實踐」, 『朝鮮研究』 第157號.
朴鐘鳴 編, 1999, 『在日朝鮮人 第2版－歷史・現狀・展望』, 明石書店.
——— 編著, 2006, 『在日朝鮮人の歷史と文化』, 明石書店.
花崎皐平, 2001a, 「共生」, 『部落問題・人權事典』, 解放出版社.
————, 2001b, 『【增補】アイデンティティと共生の哲學』, 平凡社.
樋口直人, 2000, 「對抗と協力－市政決定メカニズムのなかで」, 宮島喬 編, 『外國人市民と政治參加』, 有信堂.
樋口雄一, 1977, 「在日朝鮮人部落の積極的役割について」, 『在日朝鮮人史研究』 創刊號(1977年 12月).
————, 1978, 「在日朝鮮人部落の成立と展開」, 小澤有作 編, 『近代民衆の記錄10 在日朝鮮人』, 新人物往來社.
————, 1999, 「日本の地域社會と在日朝鮮人－神奈川縣域を中心に」, 朝鮮史研究會 編, 『朝鮮史研究會論文集』 No.37, 綠蔭書房.
————, 2000, 「川崎市おおひん地區朝鮮人の生活狀況－1955年前後を中心に」, 『海峽』 Vol. 20.
福岡安則・辻山ゆき子, 1991, 『同化と異化のはざまで－「在日」若者世代のアイデンティティ葛藤』, 新幹社.
福岡安則, 1993, 『在日韓國・朝鮮人－若い世代のアイデンティティ』, 中央公論新社.
福岡安則・金明秀, 1997, 『在日韓國人青年の生活と葛藤』, 東京大學出版會.
藤田秀雄, 2001, 「ユネスコの學習權宣言」, 藤田秀雄 編, 『ユネスコ學習權宣言と基本的人權』, 教育史料出版會.
藤田結子, 2008, 『文化移民－越境する日本の若者とメディア』, 新曜社.
藤原史朗, 1992, 『生徒がチョゴリを着るとき－生徒とつくる人權教育』, 明石書店.
部落解放研究所 編, 1986, 『部落問題事典』, 解放出版社.
フランクル・V・E著, 池田香代子 譯, 2002, 『新版 夜と霧』, みすず書房.
文化廳, 2009, 『平成21年度「文化廳日本語教育大會」』.
裵重度, 1979, 「民闘連運動の位置づけ」, 『第5回民闘連全國交流集會特別基調報告』, 民族差別と闘う連絡協議會.
———, 1980,「靑丘社運動のあゆみ」, 靑丘社活動者會議 編,『民族差別と闘う地域活動をめざして』, 靑丘社.
裵重度・原千代子・李福美・吉崎篤志, 1991,「在日韓國・朝鮮人にとっての識字運動と非識字者の實態」, 國際識字年推進中央實行委員會 編,『識字と人權－國際識字年と日本の課題』, 解放出版社.
裵重度, 1993,「共に生きる地域社會をめざして」, 季刊『靑丘』No.15.
裵重度・金德煥・文京洙, 1996,「一九七○年から」, 李進熙 編,『「在日」はいま, 在日韓國・朝鮮人の戰後五○年』, 靑丘文化社.
法務省入局管理局 編, 1976,『出入國管理－その現況と課題』, 大藏省.
星野修美, 1993,「川崎市における『外國人教育基本方針』の制定と運用上の課題」,【月刊社會教育】編集部 編,『日本で暮らす外國人の學習權』, 國土社.
————, 2005,『自治體の變革と在日コリアン－共生の施策づくりとその苦惱』, 明石書店.
細見和之, 1999,『アイデンティティ/他者性』, 岩波書店.
————, 2005,『言葉と記憶』, 岩波書店.
每日新聞(神奈川版), 1985a,「指紋押なつ拒否－川崎市『告發せず』」, 1985年 2月 23日.
—————————, 1985b,「『人道上の問題』市長答弁－『法も規則も人間愛を越えるものではない』」, 1985年 3月 8日.
—————————, 1994,「川崎で『アリラン祭』－高校生が在日韓國・朝鮮人と交流」, 1994年 2月 11日.
前川惠司, 1981,『韓國・朝鮮人－在日を生きる』, 創樹社.
松尾知明, 2007,『アメリカ多文化教育の再構築－文化多元主義から多文化主義へ』, 明石書店.
松村高夫, 1966,「日本帝國主義下における植民地勞動者－在日朝鮮人・中國人勞動者を中心にして」,『經濟學年報 10』, 慶應義塾經濟學會.
松本俊郞, 1988,「朝鮮からの對日移民」, 溝口敏行・梅村又次 編,『舊日本植民地經濟統計』, 東洋經濟新報社.
馬淵仁, 2008,「多文化・異文化リテラシーにおける『文化』のとらえ方」, 小島勝 編著,『異文化間教育學の研究』, ナカニシヤ出版.
三國惠子, 1999,「在日韓國・朝鮮人の集住に關する研究：川崎南部地域を例として」,『人口學研究』第25號.
水野直樹, 2000,「『第三國人』の起源と流布についての考察」,『在日朝鮮人史研究』Vol.30, 在日朝鮮人運動史研究會.
美濃部達吉, 1952,『日本國憲法原論』, 有斐閣.
宮坂廣作, 1990,『生涯學習の理論』, 明石書店.
宮島喬・梶田孝道 編, 2002,『マイノリティと社會構造』, 東京大學出版會.
宮島喬, 2006,『移民社會フランスの危機』, 岩波書店.
民族差別と闘う關東交流集會實行委員會 編, 1985,『指紋押捺拒否者への「脅迫狀」を讀む』, 明石書店.
民族差別と闘う連絡協議會, 1976,「民闘連ニュース」第16號(1976年 12月).

———————————, 1977a,「民鬪連ニュース」第19號(1977年 3月).
———————————, 1977b,「民鬪連ニュース」第20號(1977年 4月).
———————————, 1977c,「民鬪連ニュース」第26號(1977年 11～12月合併).
———————————, 1979,「民鬪連ニュース」第29號(1979年 11月).
———————————, 1982,「民鬪連ニュース」第37號(1982年 7月).
——————————— 編, 1984,『第10回民鬪連全國交流集會資料集』, 民族差別と鬪う連絡協議會.
——————————— 編, 1985,『第11回民鬪連全國交流集會資料集』, 民族差別と鬪う連絡協議會.
——————————— 編, 1989,『第15回民鬪連全國交流集會資料集』, 民族差別と鬪う連絡協議會.
民團新聞, 2000,「ホームヘルパー養成研修講座－在日社會福祉法人青丘社に委託」, 2000年 2月 9日.
————, 2002,「川崎市ふれあい館子ども事業－同胞兒童だけの『ケナリクラブ』」, 2002年 2月 13日.
文京洙, 1990,「在日論の脈略」,『ほるもん文化』No.1.
元井一郎, 1990,「現代人權論と教育」, 海老原治善・黑澤惟昭・嶺井正也 編,『現代教育科學論のフロンティア』, エイデル研究所.
元木健, 1995,「社會教育研究と多文化・民族共生社會」, 日本社會教育學會 編,『多文化・民族共生社會と生涯學習』, 東洋館出版社.
森田芳夫, 1968a,「戰後における在日朝鮮人の人口現象」,『朝鮮學報』47號.
————, 1968b,「戰前における在日朝鮮人の人口統計」,『朝鮮學報』48號.
山口定, 1997,「『共生』とは何か」,『學術の動向』(1997年 1月).
矢野泉 編著, 2007,『多文化共生と生涯學習』, 明石書店.
山田貴夫, 1979,「在日朝鮮人問題への日本人の主體的な取組みについて」,『第5回民鬪連全國交流集會特別基調報告』, 民族差別と鬪う連絡協議會.
————, 1998,「市民同士の連帶を求めて－交流と協動の試み」,『世界』第653號.
————, 1998,「川崎市における外國人との共生の街づくりの胎動」,『都市問題』第89卷 第6號.
————, 2000,「川崎市外國人市民代表者會議の成立と現狀」, 宮島喬 編,『外國人市民と政治參加』, 有信堂.
山田正行, 2002,『アイデンティティと戰爭－戰中期における中國雲南省滇西地區の心理歷史的研究』, グリーンピース出版會.
山村政明, 1971,『いのち燃えつきるとも－山村政明遺稿集』, 大和書房.
山本繪美, 2003,『地域における在日外國人の教育問題』, 東京大學教養學部總合社會科學科卒業論文.
山脇啓造, 2001,「戰後日本の外國人政策と在日コリアンの社會運動－1970年代を中心に」, 梶田孝道 編,『國際化とアイデンティティ』, ミネルヴァ書房.
山脇啓造・柏崎千佳子・近藤敦, 2003,「多民族國家日本の構想」, 金子勝・藤原歸一・山口二

郎 編,『東アジアで生きよう!』, 岩波書店.
山脇啓造, 2008,「地域における多文化共生の推進に向けて」,『自治體國際化フォーラム』第223號.
梁泰旲, 1984,『釜山港にかえれない』, 創生社.
———, 1985,「事實としての『在日』―姜尙中氏への疑問」,『季刊三千里』第43號.
———, 1986,「共存・共生・共感―姜尙中氏への疑問(II)」,『季刊三千里』第45號.
———, 1996,『在日韓國・朝鮮人讀本―リラックスした關係を求めて』, 緑風出版.
尹健次, 1987,『異質との共存―戰後日本の教育・思想・民族論』, 岩波書店.
吉岡增雄 編, 1980,『在日朝鮮人の生活と人權―社會保障と民族差別』, 社會評論社.
リャン, ソニヤ著, 中西恭子 譯, 2005,『コリアン・ディアスポラ―在日朝鮮人とアイデンティティ』, 明石書店.
レーヴィ, プリーモ著, 竹山博英 譯, 1980,『アウシュヴィッツは終わらない―あるイタリア人生存者の考察』, 朝日新聞社.
『歷史教科書在日コリアンの歷史』, 作成委員會 編, 2006,『歷史教科書 在日コリアンの歷史』, 明石書店.
和田純, 1971,「朴君の『就職差別裁判』の經過と問題点」,『朝鮮研究』第106號.
和田純・內海愛子, 1977,「岐路に立つ在日朝鮮人問題(1)―法務省・總連の『定住化』認識」,『朝鮮研究』第169號.
和田春樹, 2003,『新地域主義宣言 東北アジア共同の家』, 平凡社.

英書

Marshall, Gordon (ed.), 1998, *A Dictionary of Sociology*, OXFORD UNIVERSITY PRESS.
Vasak, Karel, 1977, "A 30years struggle" *Unesco Courier*.

찾아보기

다문화교육과 공생의 실현
— 재일한국인을 통해 본 다문화시대의 교육

1판 1쇄 펴낸날 2010년 7월 6일

지은이 | 김윤정
펴낸이 | 김시연

펴낸곳 | (주) 일조각
등록 | 1953년 9월 3일 제300-1953-1호(구 : 제1-298호)
주소 | 110-062 서울시 종로구 신문로 2가 1-335
전화 | 734-3545 / 733-8811(편집부)
733-5430 / 733-5431(영업부)
팩스 | 735-9994(편집부) / 738-5857(영업부)
이메일 | ilchokak@hanmail.net
홈페이지 | www.ilchokak.co.kr

ISBN 978-89-337-0592-6 03330

값 22,000 원

* 지은이와 협의하여 인지를 생략합니다.
* 이 도서의 국립중앙도서관 출판시도서목록(CIP)은 e-CIP홈페이지
(http://www.nl.go.kr/ecip)에서 이용하실 수 있습니다.
(CIP제어번호 : CIP2010002315)